浙江省哲学社会科学规划
课题研究成果
11JCGL20YB

新创企业成长动能整合

INTEGRATING POWER FOR THE GROWTH OF NEW VENTURES

网络关系与内部能力

NETWORK RELATIONSHIP AND INTERNAL CAPACITY

余红剑 著

经济日报出版社

图书在版编目（CIP）数据

新创企业成长动能整合：网络关系与内部能力／余红剑著．—北京：经济日报出版社，2017.4

ISBN 978－7－5196－0128－7

Ⅰ．①新… Ⅱ．①余… Ⅲ．①互联网络－应用－企业内部管理 Ⅳ．①F272.3－39

中国版本图书馆 CIP 数据核字（2017）第 071735 号

新创企业成长动能整合：网络关系与内部能力

作　　者	余红剑
责任编辑	陈礼滟
责任校对	李艳春
出版发行	经济日报出版社
地　　址	北京市西城区白纸坊东街 2 号（邮政编码：100054）
电　　话	010－63567683（编辑部）
	010－63588446　63567692（发行部）
网　　址	www.edpbook.com.cn
E－mail	edpbook@126.com
经　　销	全国新华书店
印　　刷	北京建宏印刷有限公司
开　　本	710×1000 毫米　1/16
印　　张	23
字　　数	434 千字
版　　次	2017 年 4 月第一版
印　　次	2017 年 4 月第一次印刷
书　　号	ISBN 978－7－5196－0128－7
定　　价	48.00 元

内容简介

新创企业的巨大社会经济价值与普遍存在的低存活率及低成长性形成了巨大反差，这吸引着众多学者围绕新创企业成长问题进行了大量研究。纵观现有相关研究可知，尽管已有较多单独应用社会资本理论或资源能力理论解释新创企业成长绩效的理论与经验研究，但少有综合应用该两大理论将网络关系①、内部能力与成长绩效同时纳入一个整合模型的研究。因而，人们在社会资本理论与资源能力理论的内在联系以及它们在解释新创企业成长绩效上的层次关系等问题上仍然思维迷糊。基于此考虑，本研究从关系品质视角构建了新创企业网络关系、内部能力与成长绩效整合关系理论分析框架，从企业层面，结合新创企业各主要网络关系及各主要内部能力，沿着“网络关系—内部能力—成长绩效”的逻辑思路，就新创企业各网络关系通过相应内部能力这一中介传导机制对成长绩效产生的间接影响及机理进行了理论与经验研究，以试图从关系品质视角更为深刻地揭示新创企业网络关系、内部能力与成长绩效的关系及机理。

主要深入研究了以下问题：（1）新创企业内部能力与成长绩效关系；（2）新创企业网络关系与内部能力关系；（3）新创企业网络关系与成长绩效关系；（4）新创企业网络关系、内部能力与成长绩效三者整合关系。

主要按以下步骤进行研究：

（1）通过逻辑推理，建立关于各问题的相应理论分析框架，为拟构建模型勾勒大致轮廓；

（2）在“步骤（1）”的逻辑指引下，在充分考虑各内部能力相互关系基础上详细分析新创企业各主要内部能力对成长绩效的影响；详细分析新创企业与各主要网络关系对象间关系品质对内部能力与成长绩效的直接影响，以及通过相应内部能力对成长绩效的间接影响，并提出一系列相关假设，从而为拟构建模型刻画细致纹理；

（3）在综合考虑“步骤（1）”所建立各理论分析框架以及“步骤（2）”所提各假设所反映变量间关系基础上，构建数个待经验检验之竞争性理论模型；

① 本研究“网络关系”特指企业外部网络关系。

（4）运用样本数据对“步骤（3）”所构建各竞争性理论模型进行结构方程模型分析，以检验各研究假设得到样本数据的支持与否；

（5）对比假设提出与假设检验结果，推导并总结与各研究问题相关研究结论，讨论其理论与实践意义。

通过对276家高科技新创企业的经验研究，本文得出以下结论：

（1）关系品质为高阶多维度变量，沟通、信任、承诺、协调与满意五维度彼此存在互动关系，均属于关系品质重要维度，但关系品质测量维度选择可视具体研究情境而定。

（2）创业导向、技术能力、营销能力与融资能力构成新创企业主要内部能力。新创企业主要内部能力越强，越有利于提高成长绩效。

（3）新创企业技术能力、营销能力与融资能力的增强有助于提升创业导向，而技术能力与营销能力的提升在很大程度上受企业融资能力强弱的影响，即新创企业各主要内部能力之间存在一定的相互关系，因而它们在促进新创企业成长绩效上存在一定的层次关系。

（4）合作伙伴、顾客、政府部门与金融机构是新创企业的重要网络关系对象。新创企业与这些关系对象间的关系品质越高，越有助于提升成长绩效。

（5）新创企业与网络关系对象间的良好关系品质有助于内部能力提升。其中，新创企业与合作伙伴的良好关系品质有助于提升创业导向、技术能力与营销能力；与顾客的良好关系品质有助于提升创业导向、技术能力与营销能力；与政府部门的良好关系品质有助于提升创业导向、营销能力与融资能力；与金融机构的良好关系品质有助于提升创业导向与融资能力。

（6）关系品质是网络关系功效的决定要素之一，可用于解释企业多种网络关系对企业的影响，因而不失为网络关系研究的重要视角之一。

（7）新创企业内部能力对成长绩效具正向直接影响，网络关系主要通过促进内部能力提升而对成长绩效具正向间接影响。因此，网络关系是成长绩效的间接影响因素，而内部能力则是成长绩效的直接影响因素，并在网络关系与成长绩效间扮演了中介传导机制角色。其中：①合作伙伴关系与顾客关系均主要通过创业导向、技术能力与营销能力对成长绩效产生间接影响；政府部门关系主要通过创业导向、营销能力与融资能力对成长绩效产生间接影响；金融机构关系主要通过创业导向与融资能力对成长绩效产生间接影响。②技术能力主要在合作伙伴关系及顾客关系两者与成长绩效关系中扮演中介传导机制角色；营销能力主要在合作伙伴关系、顾客关系及政府部门关系三者与成长绩效关系中扮演中介传导机制角色；融资能力主要在政府部门关系及金融机构关系两者与成长绩效关系中扮演中介传导机制角色；而创业导向则在新创企业各种网络关系与成长绩效关系中均扮演中介传导机制角色。

（8）综合应用网络关系与内部能力，并充分考虑它们之间的关系，较应用其中单一因素解释新创企业成长绩效具有更强的解释力，并能更为深刻地揭示网络关系与内部能力对成长绩效的作用机理。

综合研究结论及所进行的其他研究探索，对比前人相关研究，本研究创新点主要表现在以下几个方面：

（1）发现新创企业与网络关系对象间的良好关系品质有助于内部能力提升，从而在社会资本理论与企业资源能力理论之间架设了又一新桥梁。

（2）发现新创企业网络关系对内部能力及成长绩效均具显著正向影响，因而开辟了从关系品质视角研究网络关系对新创企业影响的新视角。

（3）成功测量了新创企业与多种网络关系对象间的关系品质，从而拓展了关系品质的评估范畴。

（4）发现新创企业内部能力对成长绩效具正向直接影响，而网络关系主要通过促进内部能力提升而对成长绩效具正向间接影响。因此，网络关系主要是成长绩效的间接影响因素，而内部能力则是成长绩效的直接影响因素，并在网络关系与成长绩效之间扮演了中介传导机制的角色。因此，本研究较以往研究更为深刻地揭示了新创企业网络关系、内部能力与成长绩效关系，亦即更为深刻地揭示了社会资本理论与资源能力理论的内在联系以及它们在解释新创企业成长绩效上的层次关系。

（5）从新创企业对创业机会识别、获取与开发的角度研究新创企业成长绩效，发现新创企业内部能力与网络关系均对创业机会的识别、获取与开发具正面影响，从而将创业研究领域中的机会观由创业决策阶段延伸至创业执行阶段，并为新创企业成长绩效研究开辟了又一新视角。

最后，本研究亦较为系统地分析了研究的理论与实践意义，并深入剖析了研究不足之处，以期后续研究加以进一步完善。

目　　录

1 绪　论

1.1 问题提出

新创企业为社会提供了大量新增就业机会，降低了通货膨胀，加速了产业技术创新发展，为社会创造了大量新财富，从而成为国家与地方社会经济发展的重要推动力量（Schumpeter，1934；Lee 等，2001）。但是，众多新创企业却在早期成长阶段就夭折了，呈现低存活率现象。约有五成的新创企业仅能存活一年半左右，能够存活六年以上者通常不到 30%（Van de Ven 等，1984；赖宏志，2003，P. 2）。在以高技术企业发展著称的美国硅谷地区，全部新创高技术企业中存活期为 1 ~3 年的占 60% ~70%，仅有约 5% 的新创高技术企业才能进入成熟期（王晓飞，2001，P. 9）。在硅谷的圣克拉拉县，1991—1998 年间新创立的 21000 多家企业死亡率高达 70%（金泉，2006）。我国高技术新创企业平均寿命只有 2. 6 年（王晓飞，2001，P. 9）。

新创企业高死亡率究其原因有多方面。如"新创立的劣势"（liability of newness）（Stinchcombe，1965）。其中，新创立的劣势包括较高的新任务学习成本、较低的新产品品质（Singh 等，1986；Stinchcombe，1965）、与关键利益团体稳定关系的缺乏、企业产品或服务品质可靠性不足以及企业自身正当性的缺乏等（Hannan 和 Freeman，1984；Stinchcombe，1965；曾圣雅，2004）。在众多导致新创企业高死亡率的原因中，新创企业规模过小，难以获取规模经济利益；缺乏稳定的外部网络关系，企业声誉或"正当性"（Legitimacy）不足，难以顺利融资与开拓市场；企业技术能力等内部资源与能力有限，难以生产（或提供）适销对路的产品（或服务）等是较为常见的原因。

新创企业的快速成长有助于消除导致新创企业高死亡率的上述根源（Bruederl 等，1992；Carroll，1983；Freeman 等，1983；Gilbert 等，2006）。一般来说，企业规模越大，企业就越具有规模经济性与更强的声誉及市场力量（Ireland 等，2003），企业就具有更充足的资源与能力去开发各种创业机会，从而促进企业更快成长，并创造更多社会财富。企业可通过谋求现在的成长，从而为未来的获利等成长机会奠定基础（Baber 等，1996；Chung 和 Charoenwong，1991）。企业生存环境的复杂性与动态性程度日益提高，企业只有实现了高效快速成长，才能反映所提供的产品或服务是符合市场需要的，所采用的运作模式是具有市场价值的。这就如同产品要在市场上实现价值一样，高效快速成长对于新创企业可谓至关重要（金泉，2006）。因此，尽管新创企业的目标包含企业成长、获利、现金流量、市场占有率与稳定度（风险）等多重目标，但追求企业成长是最为重要的目标之一（Penrose，1959；Peng，1997）。如调查表明，80% 的创业者以新创企业的成长为主要目标（Chandler 和 Hanks，1994a；张炜，2005，P. 30）。

新创企业的成长不但对生存发展极为重要，亦对其各种社会经济价值的实现非常重要。但新创企业成长却绝非易事。据估计（Barringer 等，2005），美国每年约有 70 万家新企业成立，但仅有约 3.5% 的新创企业能最终成长为成熟大企业。有对 1053 家新创企业调查研究表明（Cooper 等，1994），只有 14% 的企业能实现快速成长，而高达 86% 的新创企业则要么失败（占 36%），要么处在生与死的边缘线上苦苦挣扎（占 50%）。

新创企业巨大的社会经济价值与普遍存在的低存活率与低成长性形成了巨大反差，这吸引着众多学者围绕新创企业成长问题进行了大量研究。其中，社会资本理论与企业资源能力理论是两大常用理论体系。纵观这些研究可知，尽管已有较多单独应用社会资本理论或资源能力理论解释新创企业成长绩效的理论与经验研究，但少有综合应用该两大理论将网络关系①、内部能力与成长绩效同时纳入一个整合模型的研究。因而，人们在社会资本理论与资源能力理论的内在联系以及它们在解释新创企业成长绩效上的层次关系及作用机理等问题上仍然思维模糊。本研究旨在充分考虑各类变量间层次关系的基础上，从关系品质视角综合应用社会资本理论与资源能力理论，对网络关系、内部能力与成长绩效三者关系进行整合分析，力争厘清新创企业网络关系、内部能力与成长绩效关系，从而深刻揭示社会资本理论与资源能力理论的内在联系，以及它们在解释新创企业成长绩效上的层次关系及作用机理。

1.2 研究目的、内容与意义

1.2.1 研究目的

本研究主要目的是以新创企业为研究对象，在充分考虑各类变量间层次关系的

① 本研究中“网络关系”特指企业外部网络关系，后文类似，不再重复说明。

基础上，综合应用社会资本理论与资源能力理论，从关系品质视角在企业层面研究网络关系、内部能力与成长绩效整合关系，从而深刻揭示社会资本理论与资源能力理论的内在联系以及它们在解释新创企业成长绩效上的层次关系及作用机理。

本研究对象为新创企业，但鉴于各学者对新创企业的概念及年限等问题存在分歧，本研究参考 Holt（1992）、Lussier（1995）、Chrisman 等（1998）、Yli－Renko 等（2001）、林强（2003）与曲延军（2005）等的做法，将新创企业界定为处于早期成长阶段，企业年龄为 10 年以下的新成立企业。考虑到新创企业网络关系的构建需要一定的时间周期，而且网络关系对内部能力及成长绩效的影响效应存在一定的时间滞后，本研究在抽样调研时将新创企业的年限标准进一步限制为 3 ~ 10 年。另外，由于大多数新创企业在早期成长阶段普遍规模较小，本研究在抽样调研时将新创企业进一步限定为企业规模介于 5 ~ 200 人之间的中小型企业。

1.2.2 研究内容

为实现上述研究目的，本研究主要围绕以下内容展开：

（1）新创企业内部能力与成长绩效关系

此部分主要包括：

①结合经由文献回顾所得出关于新创企业成长即是对创业机会的不断识别、获取与开发过程的认识，先理论分析内部能力对新创企业成长中的创业机会识别、获取与开发及企业其他方面的影响，提出关于内部能力与成长绩效关系之理论分析框架，为后文拟构建模型勾勒大致轮廓。

②再结合文献回顾中关于新创企业主要内部能力包括创业导向、营销能力、技术能力与融资能力的认识，主要遵循步骤①的思路，详细分析新创企业各主要内部能力对创业机会的识别、获取与开发及企业其他方面的不同影响，从而提出关于新创企业各主要内部能力与成长绩效不同关系的假设，为后文拟构建模型刻画细致纹理。

③在上述①与②基础上，综合考虑各理论分析框架与假设所反映的变量间关系范畴，构建若干待经验检验之竞争性理论模型。

④应用样本数据对有关内部能力与成长绩效关系的各竞争性理论模型进行结构方程模型分析，以检验各相关假设得到样本数据的支持情况。

⑤对比假设提出与假设检验结果，总结内部能力与成长绩效关系相关的研究结论，并讨论其理论与实践意义。

（2）新创企业网络关系与成长绩效关系

此部分主要包括：

①结合经由文献回顾所得出关于新创企业成长即是对创业机会的不断识别、获取与开发过程，以及关系品质是网络关系功效决定要素之一等认识，先从关系品质视角理论分析网络关系对新创企业创业机会识别、获取与开发及企业其他方面的影响，提出关于网络关系与成长绩效关系的理论分析框架，为后文拟构建模型勾勒大致轮廓。

②再结合文献回顾中关于新创企业主要网络关系对象包括合作伙伴、顾客、政府部门及金融机构的认识，主要遵循步骤①的思路，从关系品质视角详细分析新创企业与各主要网络关系对象间关系对创业机会的识别、获取与开发及企业其他方面的不同影响，从而提出关于新创企业各主要网络关系与成长绩效关系的假设，为后文拟构建模型刻画细致纹理。

③在上述①与②基础上，综合考虑各理论分析框架与假设所反映的变量间关系范畴，构建若干待经验检验之竞争性理论模型。

④应用样本数据对有关网络关系与成长绩效关系的各竞争性理论模型进行结构方程模型分析，以检验各相关假设得到样本数据的支持情况。

⑤对比假设提出与假设检验结果，从关系品质视角总结网络关系与成长绩效关系的研究结论，并讨论其理论与实践意义。

（3）新创企业网络关系与内部能力关系

此部分主要包括：

①结合经由文献回顾所得出关于企业内部能力提升即是组织学习与资源获取过程，网络关系可为关系各方提供组织学习与资源获取等功效，以及关系品质是网络关系功效决定要素之一等认识，先从关系品质视角理论分析网络关系通过影响新创企业组织间学习与资源获取而对内部能力提升产生的影响，提出关于网络关系与内部能力关系之理论分析框架，为后文拟构建模型勾勒大致轮廓。

②再结合文献回顾中关于新创企业主要网络关系对象包括合作伙伴、顾客、政府部门及金融机构，以及新创企业主要内部能力包括创业导向、技术能力、营销能力与融资能力等相关认识，主要遵循步骤①的思路，从关系品质视角详细分析新创企业与各主要网络关系对象间关系对主要内部能力提升的影响，从而提出关于新创企业各主要网络关系与各主要内部能力不同关系的假设，为后文拟构建模型刻画细致纹理。

③在上述①与②基础上，综合考虑各理论分析框架与假设所反映的变量间关系范畴，构建若干待经验检验之竞争性理论模型。

④应用样本数据对有关网络关系与内部能力关系的各竞争性理论模型进行结构方程模型分析，以检验各相关假设得到样本数据的支持情况。

⑤对比假设提出与假设检验结果，从关系品质视角总结网络关系与内部能力

关系的研究结论，并讨论其理论与实践意义。

(4) 新创企业网络关系、内部能力与成长绩效整合关系

此部分主要包括：

①在上述（1）—（3）的基础上，将网络关系、内部能力与成长绩效三者进行整合分析，提出关于它们之间整合关系的理论分析框架，为后文拟构建模型勾勒大致轮廓。

②主要遵循步骤①的思路，详细分析新创企业各主要网络关系、各主要内部能力与成长绩效之间的整合关系，并提出一系列相关假设，为后文拟构建模型刻画细致纹理。

③在上述①与②基础上，综合考虑各理论分析框架与假设所反映的变量间关系范畴，构建若干待经验检验之竞争性理论模型。

④应用样本数据对有关新创企业网络关系、内部能力与成长绩效整合关系的各竞争性理论模型进行结构方程模型分析，以检验各相关假设得到样本数据的支持情况。

⑤对比假设提出与假设检验结果，从关系品质视角总结新创企业网络关系、内部能力与成长绩效整合关系的研究结论，并讨论其理论与实践意义。

1.2.3 研究意义

本研究理论与实践意义主要表现在：

（1）理论上，从关系品质视角分析了新创企业与多种网络关系对象间关系对内部能力及成长绩效的影响，并深入研究网络关系、内部能力与成长绩效的整合关系，从而有助于尝试开辟从关系品质视角研究网络关系对新创企业影响的新视角；有助于在社会资本理论与资源能力理论之间建立内部联系；有助于深入揭示新创企业网络关系与内部能力对成长绩效的影响机理。研究中涉及对创业导向进行维度分析与测量，并进行经验研究，从而有助于为解决创业导向维度划分之争提供理论与经验研究支持。研究中涉及了对新创企业与多种网络关系对象间关系品质的测量，从而有助于在一定程度上丰富关系品质的测量模型研究，并拓展关系品质评估范畴。主要从新创企业对创业机会的识别、获取与开发等角度研究网络关系与内部能力对成长绩效的影响，从而有助于将创业研究“机会观”从创业决策阶段延伸至创业执行阶段，并为解释新创企业成长问题提供一条可供借鉴的新思路。

（2）实践上，经由文献回顾探讨新创企业主要内部能力构成，并在充分考虑内部能力间相互关系基础上，研究这些主要内部能力对成长绩效的影响以及它们在对成长绩效影响上的层次关系，从而有助于新创企业更好地对内部能力进行

战略管理。研究中还涉及新创企业主要网络关系构成，并从关系品质视角研究新创企业与这些主要网络关系对象间关系对新创企业内部能力提升及成长绩效的影响，从而有助于新创企业更好地拓展新的关系资源，更好地管理利用现有关系资源，更加重视关系品质的维护。同时，研究中涉及新创企业借助网络关系进行资源获取与组织间学习，以提升内部能力，无疑，这有助于新创企业树立正确的资源使用观，并为新创企业内部能力提升提供一条新思路。更为重要的是，网络关系属于企业外部因素，内部能力属于企业内部因素，因此，本研究对新创企业网络关系、内部能力与成长绩效进行整合研究有助于新创企业经营者正确处理企业成长的内、外因关系。

1.3 研究创新点

本研究从关系品质视角构建了新创企业网络关系、内部能力与成长绩效整合关系理论分析框架，从企业层面，结合新创企业各主要网络关系及各主要内部能力，沿着“网络关系—内部能力—成长绩效”的逻辑思路，对新创企业各网络关系通过相应内部能力这一中介传导机制对成长绩效产生的间接影响及机理进行了理论探索与经验检验，从而更为深刻地揭示了新创企业网络关系、内部能力与成长绩效关系的内部机理。与前人研究比较，本研究创新点主要体现在以下几点。

（1）发现新创企业与网络关系对象间的良好关系品质有助于内部能力提升，从而在社会资本理论与企业资源能力理论之间架设了又一新桥梁

Lee 等（2001）发现，长期以来，社会资本理论与企业资源能力理论长期相互隔离地并行发展，即前者过分将研究重点放在企业与网络主体的关系特征等方面，而后者则过分将目光聚焦在企业内部的资源与能力上。为此，有学者尝试在这两大理论间建立一定的联系。如 Lee 等（2001）在经验研究中发现这两大理论在解释新创企业绩效上存在一定的交互效应。但遗憾的是 Lee 等（2001）并未重点研究它们之间的作用机理，更未将该两大理论相关研究变量进行专门研究。类似的，国内杨鹏鹏、万迪昉和王延丽（2005）亦尝试从企业家层面上研究社会资本理论与资源能力理论的关系，认为企业家社会资本对企业动态能力以及企业绩效有重要的影响。但他们的研究只限于理论推导，并无相关经验研究之检验，因而研究结论有待进一步经验检验。因此，尽管各学者为在社会资本理论与资源能力理论间建立联系进行了不懈努力，但该领域仍然值得更多的理论与经验研究去探索。

本研究从新创企业组织间学习与资源获取的视角，从关系品质视角对新创企

业网络关系与内部能力关系进行理论与经验研究。结果发现，新创企业与网络关系对象间的良好关系品质有助于内部能力提升。其中，新创企业与合作伙伴的良好关系品质有助于提升创业导向、技术能力与营销能力；与顾客的良好关系品质有助于提升创业导向、技术能力与营销能力；与政府部门的良好关系品质有助于提升创业导向、营销能力与融资能力；与金融机构的良好关系品质有助于提升创业导向与融资能力。

从理论体系上看，网络关系与内部能力分别属于社会资本理论与资源能力理论两个不同的范畴。因此，对照 Lee 等（2001）所发现的社会资本理论与资源能力理论关系的研究现状，本研究无疑在社会资本理论与企业资源能力理论之间架设了又一新桥梁。

(2) 从关系品质视角发现新创企业网络关系对内部能力及成长绩效均具有显著正向影响，因而开辟了从关系品质视角研究网络关系对新创企业影响的新视角

据 Hoang 和 Antoncic（2003）在发表于创业研究领域国际权威期刊《Journal of Business Venturing》上关于网络关系视角创业研究经典综评中发现，网络关系的内容、治理机制（如信任等）与结构是该领域主要研究视角。曾圣雅（2004）在综述网络观点的新创企业研究时发现，学者大多将网络特质视为解释变量，并且主要关注网络特质中的关系对象（如正式网络或非正式网络等）、内涵（如交易内容、所交易资源种类等）与关系结构（如网络关系规模大小、组成、强弱联结的构成等）等维度对“新创企业获得哪些网络利益”及“网络利益对新创企业的影响”等方面。尽管已有部分学者研究了网络关系治理机制中的信任等对网络关系运作的影响，但关系品质是一个高阶变量，信任只是其中重要的维度之一，还远不能充分反映关系品质的深刻内涵。由此可见，目前尚缺乏从关系品质视角研究网络关系对新创企业影响的相关研究。

本研究通过文献回顾发现关系品质是网络关系功效的决定要素之一，并通过理论与经验研究发现关系品质的确是一个高阶可测量的变量，新创企业与合作伙伴、顾客、政府部门与金融机构的关系品质越高，越有助于提升成长绩效。另外，诚如“创新点（1）”所述，本研究亦发现新创企业与这些网络关系对象间的关系品质越高，越有助于提升相应的内部能力。因此，对照前述网络关系视角创业研究现状可知，本研究从关系品质视角研究网络关系对新创企业影响的思路无疑是一具创新性的尝试，此思路亦可供网络关系其他相关研究借鉴。

(3) 成功测量了新创企业与多种网络关系对象间的关系品质，从而拓展了关系品质的评估范畴

就关系品质的评估范畴而言，目前主要存在狭义与广义两种评估观。前者主

要用于评估企业与顾客之间的关系；后者则认为企业与所有利益相关者的关系都可以纳入关系品质的评估范畴。但在现阶段，狭义评估观是关系品质研究的主要形式，而广义评估观的相关研究则寥寥无几。

本研究除考察了新创企业与顾客的关系品质，还研究了新创企业与合作伙伴、政府部门及金融机构等外部组织之间的关系品质对内部能力提升及成长绩效的影响，并用经验数据进行了分析检验。结果显示，本研究用于测量新创企业与不同网络关系对象间关系品质的测量模型均具有较高的信度与效度，并且新创企业与不同关系对象的关系品质对新创企业不同内部能力提升及成长绩效具有不同的影响。无疑，这种研究突破了将关系品质评估对象仅限于企业与顾客关系的狭义评估观限制，而将关系品质的评估范畴拓展到企业与更为广泛的外部主体之间的关系上，从而在理论上拓展了关系品质的评估范畴。

（4）较以往研究更为深刻地揭示了新创企业网络关系、内部能力与成长绩效关系，亦更为深刻地揭示了社会资本理论与资源能力理论的内在联系以及它们在解释新创企业成长绩效上的层次关系

尽管已经有较多单独应用社会资本理论或资源能力理论解释新创企业成长绩效的理论与经验研究，但少有综合应用该两大理论将网络关系、内部能力及成长绩效同时纳入一个整合模型的研究。因而，人们在社会资本理论与资源能力理论的内在联系以及它们在解释新创企业成长绩效上的层次关系等问题上仍然思维模糊。

本研究综合应用社会资本理论与资源能力理论，通过构建多个竞争性理论模型并对经验检验结果进行比较分析，从关系品质视角研究了各网络关系与内部能力对成长绩效的影响、各网络关系与各内部能力在对成长绩效影响上的层次关系、各内部能力之间的相互关系以及各内部能力在对成长绩效影响上的层次关系。

研究表明，新创企业内部能力与网络关系均对成长绩效具有显著正向影响，但网络关系主要通过有助于提升内部能力从而达到间接促进企业成长的效果，内部能力在其中扮演了重要中介传导机制的角色。其中，合作伙伴关系与顾客关系均主要通过创业导向、技术能力与营销能力对成长绩效产生间接效应；政府部门关系主要通过创业导向、营销能力与融资能力对成长绩效产生间接效应；金融机构关系主要通过创业导向与融资能力对成长绩效产生间接效应。与此相应，技术能力主要在合作伙伴关系及顾客关系两者与成长绩效关系中扮演了重要中介传导机制的角色；营销能力主要在合作伙伴关系、顾客关系及政府部门关系三者与成长绩效关系中扮演了重要中介传导机制的角色；融资能力主要在政府部门关系及金融机构关系两者与成长绩效关系中扮演了重要中介传导机制的角色；而创业导向则在新创企业各种网络关系与成长绩效关系中均扮演了重要中介传导机制的角

色。除此以外，本研究还发现新创企业各主要内部能力之间存在一定的相互关系，因而它们在对成长绩效的影响上亦存在一定的层次关系。

因此，比较前人研究而言，本研究更为深刻地揭示了新创企业网络关系、内部能力与成长绩效关系，亦更为深刻地解释了揭示了社会资本理论与资源能力理论的内在联系以及它们在解释新创企业成长绩效上的层次关系。

（5）将创业研究中的机会观由创业决策阶段延伸至创业执行阶段，并为新创企业成长绩效研究开辟了又一新视角

创业研究领域中的机会观由来已久，但理论界较为公认对创业机会首次进行系统研究的当属 Shane 与 Venkataraman 两位教授。自 Shane 和 Venkataraman（2000）在其经典创业理论框架中提出机会是创业研究核心概念以来，越来越多的人逐渐认识到创业机会是创业的核心。但 Busenitz 等（2003）在检视近 15 年来发表在 7 个国际一流管理学期刊上有关创业研究的文献时发现，目前关于创业机会的研究仍然寥寥无几，更无关于机会对创业绩效影响的经验研究。仅有的一些创业机会研究多数仍然停留在创业决策阶段，而创业执行阶段的创业机会研究非常罕见。为此，Busenitz 等（2003）呼吁未来的创业研究不妨在创业机会及相关领域进行开拓性地尝试。

本研究通过对新创企业成长特征进行文献回顾发现，创业机会不但与创业决策阶段密切相关，亦与新创企业成长等创业执行阶段存在密切的联系，并发现新创企业成长亦是对创业机会的不断识别、获取与开发的过程，亦即新创企业对创业机会的识别、获取与开发等活动对成长绩效有着重要的影响。因而，本研究将新创企业对创业机会的识别、获取与开发活动作为研究方向之一。在理论模型构建中，本研究在理论分析框架的建立（模型轮廓勾勒）与相关假设的提出（模型纹理刻画）两个层次上从关系品质视角重点研究了各网络关系与各内部能力通过影响新创企业对创业机会的识别、获取与开发活动，从而对成长绩效产生的重要影响。因而，对照前述创业机会相关研究背景可知，本研究将创业研究领域的机会观由创业决策阶段延伸至创业执行阶段，并为新创企业成长绩效研究开辟了又一新视角。

1.4 研究方法与技术路线

1.4.1 研究方法

（1）文献回顾与实地调研

通过大量相关文献阅读与对新创企业的实地调研初步确定研究主题为新创企

业成长，研究视角包括网络关系与内部能力。接着通过对新创企业成长、内部能力、网络关系与关系品质相关研究分别进行更为深入的文献回顾，发现它们之间存在一定的内部关系。再在此关系的启发下，通过对成长绩效的相关研究文献进行总结，总结其主要研究进展与不足之处，从而确定主要研究问题。

（2）理论研究

结合主要研究问题，在文献回顾相关铺垫基础上，通过理论推理研究各变量间关系，提出一系列待经验检验的假设，并据此构建数个待经验检验的竞争性理论模型，从而对现有相关研究进行理论拓展。在具体理论模型构建过程中，先从关系品质视角勾勒网络关系、内部能力与成长绩效三类变量的两两相互关系及三类变量整合关系的理论分析框架，为后文拟构建模型勾勒大致轮廓。再结合各具体网络关系与各具体内部能力，详细深入研究这些变量间关系，并提出一系列相关假设，为后文拟构建模型刻画细致纹理。最后，再综合考虑各理论分析框架与假设所反映的变量间关系范畴，并构建若干待经验检验之竞争性理论模型。

（3）经验研究

为确保模型各变量测量的信度与效度，在测量量表设计时充分借鉴前人相关经验研究成果，并多次征求相关理论研究专家、创业者及新创企业高层管理人员等外部专家的意见。

在数据收集时，先进行小规模的预调研，以进一步精简并修正原有调研问卷，再据修正后的问卷进行大规模正式抽样调研。在正式大规模调研时，主要抽样选取杭州、南昌、苏州、南京、北京、上海、天津、广州、深圳、武汉、成都与西安等共12城市，企业年限介于3～10年，公司人数介于5至200之间的高技术新创企业为样本。

数据处理遵循了以下步骤：①就样本数据的正态性分布、调研方式、问卷响应偏差、问卷填答主体差异与共同方法变异等方面分析评估样本数据的质量；②逐个对模型各潜变量测量模型进行验证性因子分析（Confirmatory Factor Analysis，CFA），以评估各测量模型的信度与效度；③应用样本数据对各竞争性理论模型进行结构方程模型分析，以检验各假设是否得到样本数据支持，并比较各竞争性模型的优劣。

研究结论推导时，先对前文待经验检验的观点或假设进行简要回顾，再结合数据处理结果对照分析这些观点或假设是否得到样本数据的支持，并对获得样本数据支持的观点与假设加以分类归纳总结，以提炼总结相关研究结论。

1.4.2 技术路线

为尽可能使研究结论更为准确可靠，本研究采用如图1.1所示研究技术路线。

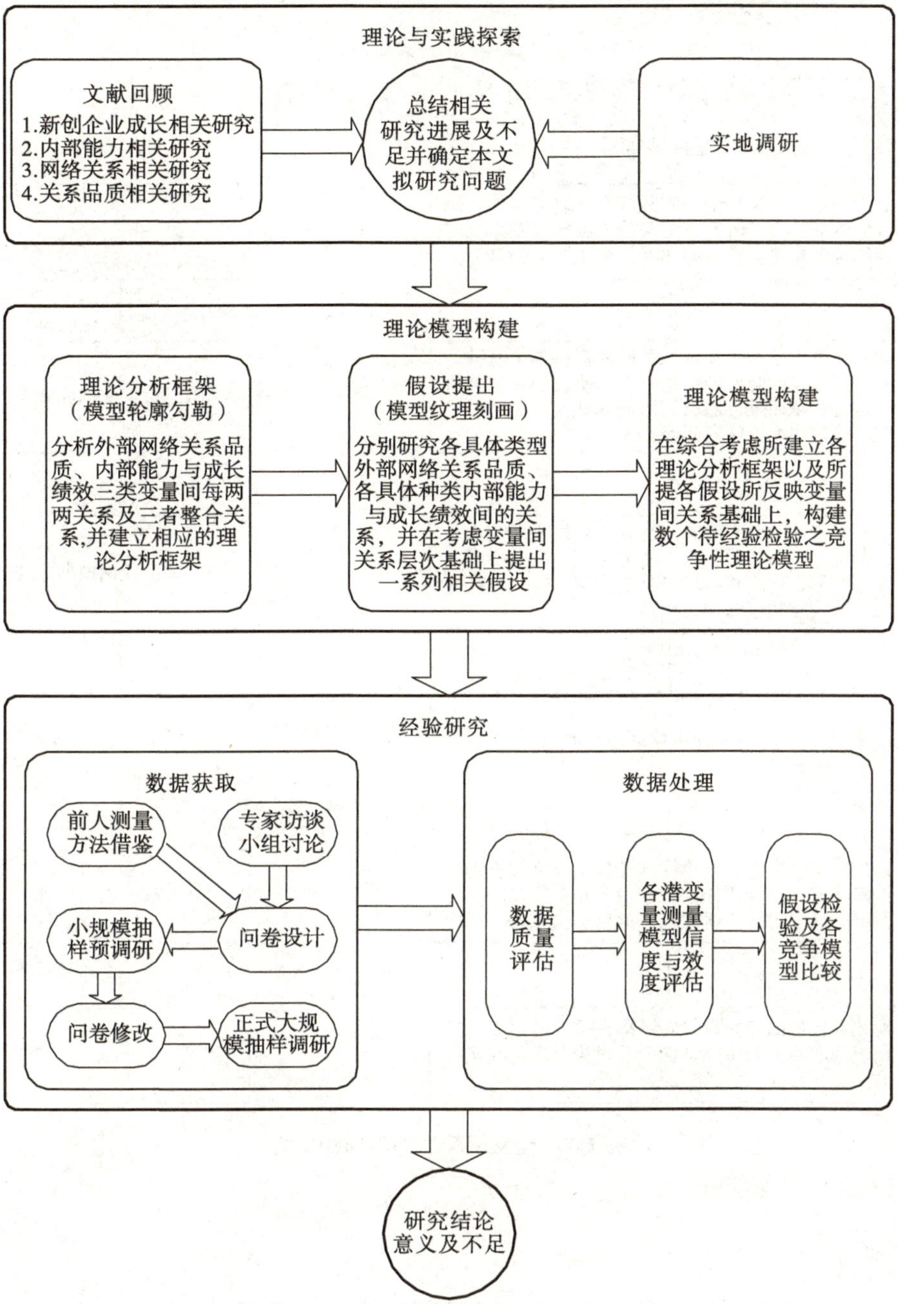

图 1.1　研究技术路线

资料来源：本研究整理。

1.5 内容结构安排

全文逻辑思路与结构安排如图 1.2 所示：

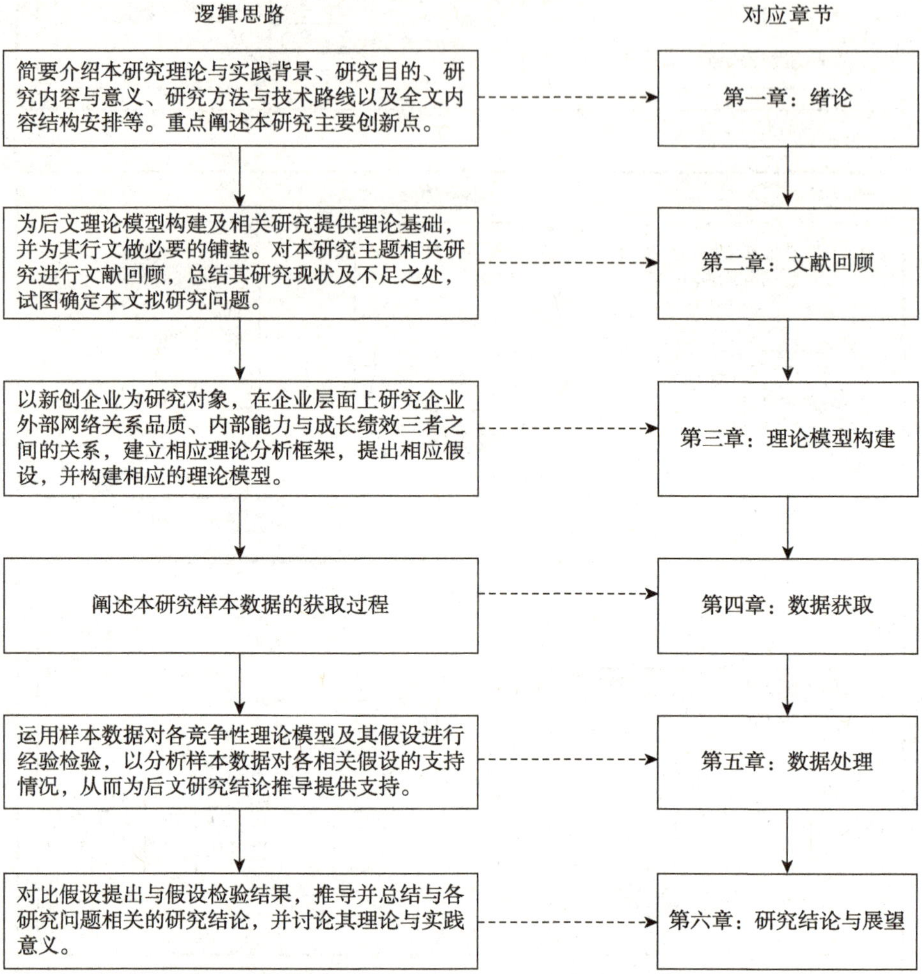

图 1.2　全文逻辑思路与结构安排

资料来源：本研究整理。

第 1 章：绪论

本章主要介绍拟研究问题的理论与实践背景；明确研究目的、内容与意义；界定研究对象与层次；说明所采用研究方法与技术路线；重点阐述本研究主要创新点；最后对全文内容结构安排做简要介绍。

第 2 章：文献回顾

此章先根据后文研究需要分别从新创企业成长相关研究、内部能力相关研究、网络关系相关研究、关系品质相关研究等方面进行文献回顾，为后文理论模型构建及相关研究提供理论基础，并做必要的行文铺垫。再对本研究主题相关研究进行文献回顾，结合文献探索所发现事物间的可能联系，总结相关主题研究进展及不足之处，并确定本研究拟主要研究问题。

第 3 章：理论模型构建

此章在上一章文献回顾的基础上，结合本研究目的，先从关系品质视角通过理论推理分析新创企业网络关系、内部能力与成长绩效三大类变量间每两两关系以及三者整合关系，并建立相应理论分析框架，为后文拟构建模型勾勒大致轮廓；再详细分析各具体网络关系与各具体内部能力对成长绩效的影响，分析各网络关系对各内部能力的影响，以及各网络关系与各内部能力在对成长绩效影响上的层次关系，并提出一系列相关假设，从而为后文拟构建模型进行细致的纹理刻画；最后，在综合考虑各理论分析框架与假设所反映变量间关系范畴的基础上构建若干竞争性理论模型。

第 4 章：数据获取

此章主要介绍各研究变量的测量方法以及问卷的设计过程；介绍小样本预调研过程与结果以及问卷的最后修正结果；介绍正式大规模抽样调研的数据获取过程；简要描述样本企业特征及样本数据的基本特征。

第 5 章：数据处理

此章先对正式调研所获样本数据进行数据质量评估；再运用所获数据对各潜变量测量模型进行探索性因子分析与验证性因子分析，以评估各测量模型的信度与效度；最后，应用样本数据对第 3 章所构建的各竞争性理论模型进行结构方程模型分析，以检验各模型中各假设获得样本数据的支持情况，并对各竞争性理论模型进行优劣比较。

第 6 章：研究结论与展望

本章通过将第 2 章经由文献回顾所获得的一些认识以及第 3 章所提假设与所构建模型同第 5 章假设检验结果做对照分析，从而经逻辑推理总结研究结论；再就研究结论及其他相关部分的研究，阐述本研究理论与实践意义；最后，再自我剖析本研究不足之处，以为后续研究提供一些仅供参考之建议。

2　文献回顾

本章的使命在于：（1）为后文理论模型构建及相关研究提供理论基础，并做必要的行文铺垫；（2）对本研究主题相关研究进行文献回顾，总结其研究现状及不足之处，寻找本研究的突破口，并确定本研究拟主要研究问题。

李怀祖（2004，P. 94－95；290）认为科学研究的写作结构应充分体现创新点导向，在具体写作时应坚持逆向写作原则，即从被证实的研究假设出发，围绕此结果来安排各章的结构、章内各节的结构以及筛选论证所需素材。以上“被证实的假设”即为本研究所要论证的各变量间关系，本研究暂用“论证点”代称之。由本研究目的与内容可知，本研究需要完成如表 2. 1 所示的几个“论证点”。遵循以上写作原则，兹将本研究各“论证点”所需文献回顾中提供的理论基础及铺垫点（亦即“素材”）与文献回顾各节内容所能提供素材的对应关系进行总结，如表 2. 1 所示。

表 2. 1　文献回顾内容安排及其与拟论证点对应关系

文献回顾章节安排	所提供素材或拟解决问题	所服务论证点			
		①	②	③	④
2. 1　新创企业成长相关研究	1；2	√	√		√
2. 2　内部能力相关研究	3；4；5；	√		√	√
	6；7；8			√	√
2. 3　网络关系相关研究	9；10；11；12；13		√	√	√
2. 4　关系品质相关研究	14；15；16；17		√	√	√
2. 5　文献回顾总结	在 2. 1—2. 4 基础上，总结新创企业成长绩效研究现状及不足，寻找本研究的突破口，并确定本研究拟主要研究问题。				

注：论证点编码：①内部能力与成长绩效关系；②网络关系与成长绩效关系；③网络关系与内部能力关系；④网络关系、内部能力与成长绩效整合关系。

素材编码：1：新创企业成长特征；2：新创企业成长理论；3：企业能力概念；4：新创企业主要内部能力构成；5：各内部能力概念；6：各内部能力影响因素；7：新创企业内部能力提升影响因素；8：新创企业内部能力提升战略；9：网络关系定义；10：网络关系功效；11：网络关系功效决定要素；12：新创企业主要网络关系构成；13：各主要网络关系概念；14：关系品质概念；15：关系品质维度构成；16：关系品质各维度内涵及与关系品质关系；17：关系品质各维度间关系。

资料来源：本研究整理。

2.1 新创企业成长相关研究

关于新创企业成长绩效，何谓企业成长？何谓新创企业？新创企业成长特征为何？……是必须首先厘清的基本问题。此部分还将试图寻找出适合解释新创企业成长的理论。

2.1.1 新创企业成长特征

(1) 企业成长概念

在 Penrose（1959）之前，企业成长与企业规模扩张为同义词。但 Penrose（1959）将其进一步延伸至既包括企业规模扩张，亦包括企业组织结构演变与企业能力提升等方面。科斯（1994b）认为企业成长指企业功能扩展。张玉利（2004）认为企业成长包括“量”的增长与“质”的提高两方面。其中，“量”主要表现为企业经营资源的增加，即销售额、资产规模、利润等；而“质”主要表现为变革与创新能力，指经营资源性质的变化与结构的重组等，如企业创新能力、环境适应能力等方面。孙学敏（2004）从企业成长的时期跨度与动态过程角度认为，企业成长指企业在一个相当长（至少3年）的时间内，保持企业整体绩效水平（产量、销售量、利润、资产总量等）平衡、稳定增长的势头，或持续实现企业整体绩效的大幅度提升和企业发展质量与水平的阶段性跨越的发展过程。由此可见，企业成长包括“量”的增长与“质”的提升两方面。其中，量的增长主要指企业内部资产与员工等经营资源数量的增加，或者销售额、利润等绩效指标的提高等方面；而“质”的方面主要指企业创新能力、环境适应能力、技术能力等企业能力的提升等方面。

(2) 新创企业概念界定

尽管各企业生命周期形态各异，但亦异中有同，存在一定的内在规律性（Haire，1959）。如 Holt（1992）[①] 从组织生命周期的角度，将创业过程分为创业前阶段（Pre - start - up Stage）、创业阶段（Start - up Stage）、早期成长阶段（Early Growth Stage）及晚期成长阶段（Later Growth Stage）共四阶段，如图 2.1 所示。

---

① 转引自刘常勇（2002，P.21）。

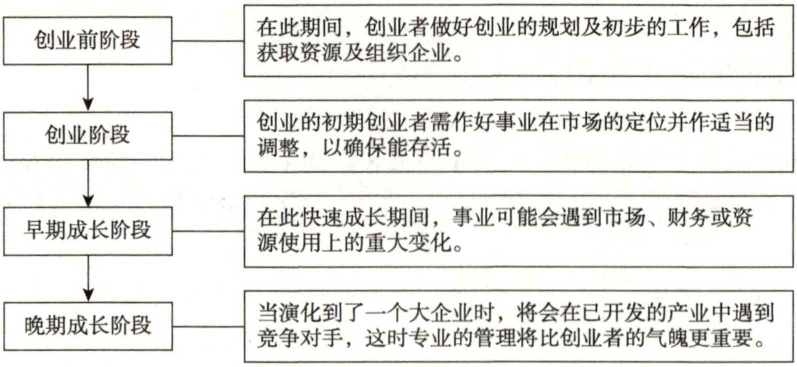

图 2.1　Holt（1992）的创业四阶段

资料来源：刘常勇（2002，P21）。

类似的，国内外 Adizes（1989）、Kazanjian 和 Drazin（1990）、陈佳贵（1995）与林强（2003）等亦在其研究中对企业成长阶段进行了略有不同的划分。但他们均认为新创企业自成立后至成熟前，都要经历一个特殊的早期成长阶段，处于此阶段的企业均可称之为“新创企业”（Chrisman 等，1998）。本研究对象即处于此早期成长阶段的新创企业。

林强（2003）在综观相关研究时发现，企业早期成长阶段的时期跨度长短取决于其所处行业、资源与战略等因素，这个时间最短为 3 到 5 年，较长为 8 到 12 年（Kazanjian 和 Drazin，1990），而且以往文献中采用不同的年龄范围标准。例如 Brush（1995）、Brush 和 Vanderwerf（1992）、Shrader（1996）与 Zahra 等（2000）等采用 6 年作为标准；Zahra（1996）等采用 8 年作为标准；Covin 等（1990）等以 12 年作为标准。Yli－Renko 等（2001）在研究新创企业的社会资本对其知识获取及竞争优势影响时，以企业年限在 1 年以上，10 年以下为其新创企业抽样的标准之一。Lussier（1995）在研究导致新创企业成功与失败关键因素的经验研究中，将新创企业的年限界定为 1 至 10 年。曲延军（2005）认为由于我国目前还没有非常健全的风险投资机制，故创业企业成长需要更长的时间。因此，其在研究新创企业战略选择及成长模式时将新创企业的年龄界定为 10 年以下。参照上述学者观点，本研究将新创企业界定为年龄在 10 年以下的企业。

（3）新创企业成长特征

从创业角度看，创业往往开始于创业者对某一特定投资等商业机会的识别、获取与开发。Eckhardt 和 Shane（2003）认为创业机会指通过创造性地利用手段、目的或“手段—目的”之关系而向市场引入新产品、服务、原材料及组织方法等过程。陈震红和董俊武（2005）认为创业机会又可称之为商业机会或市场机会，是指有吸引力的、较为持久的和适时的一种商务活动的空间，并最终表现在能够为消费者或客户创造价值或增加价值的产品或服务之中。Bygrave 和 Hofer（1991）认为创业的过程是组织不断获取并开发所识别机会的过程，在此过程中，企业持续进行资源整合，以不断推出新产品与服务，开拓新市场，并创新技术等（Morris，1998）。蒂蒙斯（2002）认为创业机会指具有吸引力、持久性和适时性，并且伴随着可为购买者或者使用者创造或增加使用价值的产品或服务，创业的关键是工作团队创造性地运用自身所拥有或潜在可利用资源进行机会发现、捕获与开发的过程，提出了包含商机、资源与工作团队三要素的创业过程模型，如图 2.2 所示。由此可见，企业外部商机是创业的核心要素。

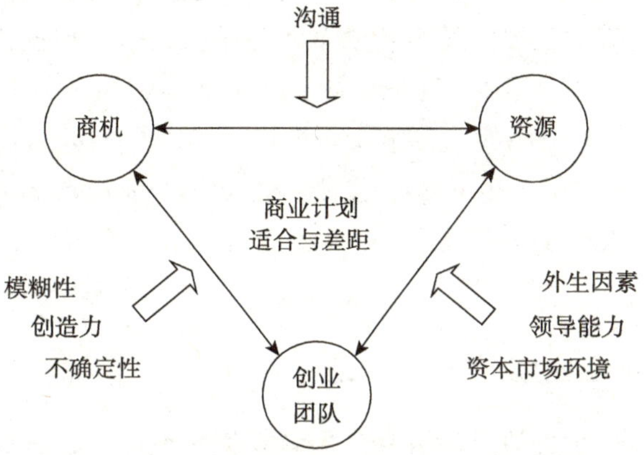

图 2.2　蒂蒙斯创业模型

资料来源：蒂蒙斯（2002，P56）。

创业机会的识别、获取与开发活动不光发生在新创企业成立之前，亦发生在新创企业成长过程中。因为，创业者可能因为拥有某项专有技术而创业，在企业发展中也许还会选择合适的时机开拓国际市场，或者调整产品结构进入新的利润更高的市场，这些都是企业面临的商业机会（曲延军，2005，P. 7）。林嵩，张帏和林强（2005）等将上述创业者整合创业资源、形成产品或服务并创造价值的过程称之为企业成长的过程。企业在成长初期能否不断地及时识别并把握各种市场机会直接关系到其新创企业能否顺利实现柔性成长（Alvarez 和 Barney，2002；李华晶，2004），乃至创业者创业成功与否（张玉利和徐海林，2002）。如林嵩，姜彦福和张帏（2005）在综合国内外创业研究成果的基础上提出了一个以机会搜索、识别及开发为核心的创业研究理论模型，如图 2.3 所示。

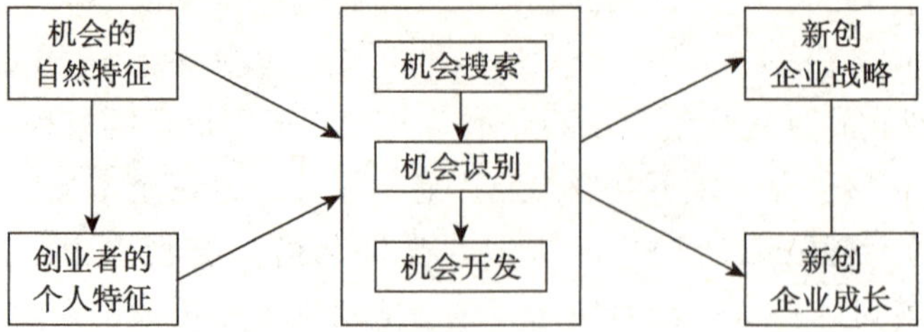

图 2.3　机会识别和创业研究的理论模型

资料来源：林嵩、姜彦福和张炜（2005，P131）。

由如图 2.3 所示模型可知，创业的本质是对创业机会的搜索、识别、获取与开发利用，创业研究的重要问题为新创企业的成长问题，新创企业对创业机会的识别、获取与开发将直接影响到新创企业的战略制定与成长状况。约翰·吉尔（John Gill）在 1985 年出版的《影响小企业生存与发展的因素》一书中对以往众多研究成果的研究结论进行了归纳，发现在推动小企业成长的诸多因素中，机遇以及识别和把握机会的能力最为重要。[①] 由此可见，新创企业的成长过程亦是企业对各种创业机会的识别、获取与开发的过程（Alvarez 和 Barney，2002）。

2.1.2　新创企业成长相关理论

企业成长可用多种理论进行解释，但就新创企业而言，其成长理论主要包括企业资源能力理论与网络关系理论。

（1）企业资源能力理论与新创企业成长

对新创企业而言，由前文新创企业成长特征分析可知，新创企业的成长过程亦是企业对各种创业机会的识别、获取与开发的过程（Alvarez 和 Barney，2002）。新创企业要实现快速成长，要求创业者与新创企业具备较强的创业机会识别、获取与开发能力（Teece，1998）。

就创业机会的识别（发现）来说，Shane 和 Venkataraman（2000）认为此过程主要受创业者及新创企业现有信息与知识体系以及对创业机会价值认识能力的影响。如 Kaish 和 Gilad（1991）研究发现，新创企业对创业机会的识别能力与其有关产品或服务使用者以及特定生产技术等相关信息与知识的拥有量密切相关。就创业机会的开发来说，Venkataraman（1997）发现，创业机会的开发与新创企业内部人、财、物、技术等资源与能力状况密切相关。此外，Shane（2000）与 Shane 和 Venkataraman（2000）等众多学者的研究亦充分表明了创业者及新创企业的相关信

---

① 转引自张玉利、任学锋（2001，p49）。

息与知识等资源与能力在创业机会的识别、获取与开发中扮演了重要的角色。

上述分析表明，新创企业与机会相关知识的多少对创业机会的识别、获取与开发具有重要影响。由于企业能力从本质上亦是一种知识，企业拥有某种能力意味着企业具有一定程度该相关领域的知识。同样，组织拥有某一领域的知识越多，亦在一定程度上反映了企业在该领域能力的强弱。因此，由以上分析可知，企业资源与能力的强弱与新创企业创业机会的识别、获取与开发密切相关，从而与新创企业的成长绩效密切相关。

企业成长亦是内部资源强化与能力提升的过程，尤其对资源及能力相对欠缺的新创企业更是如此。而以 Penrose（1959）及 Mahoney 和 Pandian（1992）等为代表的资源能力理论的分析视角正是企业内部的资源与能力的反映。根据 Penrose（1959）、Kester（1986）、Chatterjee（1990）、Chatterjee 和 Wernerfelt（1991）、Collis（1991）、Mahoney 和 Pandian（1992）、Ingham 和 Thompson（1994）与 Collis 和 Montgomery（1995）等的研究，企业内部资源与能力是其成长的基础，资源与能力状况在很大程度上决定了企业成长的极限、速度、方向、模式与经营战略等方面。因而，企业资源能力理论不失为新创企业成长研究的重要理论之一。

（2）企业网络关系理论与新创企业成长

上文分析表明，新创企业资源与能力与其成长有着密切的关系。但“在企业的成长壮大过程中，总有一种资源饥渴症，希望能够得到越来越多的资源，支撑企业不断发展壮大，不过资源又总是显得越来越稀缺。对绝大多数的企业来说，企业所拥有的资源，尤其是核心关键资源总是有限的。而且，随着企业的发展，市场需求及竞争情况的变化，企业原有的关键资源可能会变成一般资源。因此，相对于企业的成长战略企图而言，总是存在着资源‘缺口’”（张玉利和徐海林，2003，P. 82）。如新创高技术企业在成长中常常会面临经营管理经验不足、资本结构不合理、技术能力相对不足等资源与能力的缺口等问题（Baum，1996）。

宝贡敏（2004，P. 228）认为，企业在资源相对有限的情况下，可利用现有资源的杠杆效应，最大程度地整合利用各种外部资源，以填补所需资源与能力的缺口，从而实现超常发展。这实际上是在隐含地告诫企业经营者应适时地构建有关网络关系，以获取所需资源与能力。企业经营的实践亦证明了这一点，如东方嬴（2000，P. 153）所发现，企业实际发展中内部作业占 20%，利用外部资源占 80%。

新创企业成长所需资源具有稀缺性，且这些资源镶嵌于创业者及其团队的社会网络与新创企业所在的各种内、外部网络关系中（Ostgaard 和 Birley，1996）。Baum 等（2000）通过经验研究表明，新创中小企业可通过与外部组织（甚至包括竞争者）建立战略联盟，以提升早期成长阶段的绩效。Park 和 Luo（2001）对在中国江苏、上海两地部分地区注册登记的 22000 家企业中随机抽取了 400 家企业进行问卷调查，通过对最后回收的 128 份有效问卷进行的经验研究发现，新创企业较成熟企业更倾向于利用关系开展业务；规模越小，能力越弱的企业更倾向于利用网络关系；企业利用网络关系的能力与销售额等企业绩效之间存在正向的相关关系。Coviello 和 Munro（1995）发现高科技新创企业在进入国际市场时常常通过网络关系来获取并利用国外各种市场机会。Zhao 和 Aram（1995）与 Hansen（1995）均发现，新创企业的网络关系发达状况与成长速度呈显著正相关关系。由此可见，新创企业网络关系在其成长中扮演了重要的角色。

上述分析表明，网络关系对新创企业成长有着重要的影响。这亦得到许多正、反总结性发现的支持，如 Stinchcombe（1965）总结新创企业较高失败率的重要教训之一在于尚未建立有效的工作角色与关系，以及缺乏与外部购买者和供应商之间的稳定交易关系；而阿伦斯（1999，P. 179－180）总结许多高速成长公司成功的关键经验之一在于其有能力建立网络关系以获取免费而实用的帮助。类似的，正如罗莎贝茅斯·康特（1997）[①] 在她经典之作《世界等级》中所指出，最成功的公司是那些拥有 3C 的公司，即不光是拥有最棒的概念（Concepts）与最佳的能力（Competences），还需拥有最好的关系（Connections）。

总结以上分析可知，新创企业网络关系对成长有着重要的影响，新创企业能否有效构建并整合利用网络关系将直接关系到新创企业成长等方面的绩效，即网络关系理论亦不失为新创企业成长绩效的重要解释理论。

2.2　内部能力相关研究

由前文分析可知，新创企业内部能力与成长绩效有着密切的关系。Aaker（1989）与 Grant（1991）曾分别提出如表 2.2 所示数个战略管理实务问题，以指导企业正确制定成长战略。

表 2.2　企业资源能力理论视角的战略管理分析框架

管理重点	Aaker（1989）	Grant（1991）
辨析	①产业内关键资源与能力是什么？为取得竞争成功，应如何取舍资源与能力？ ②哪些资源与能力可构成企业可持续竞争优势的基础？其中哪些资源与能力最适合本企业发展、强化或维持？	①辨析、评估并确认能带来竞争优势的资源与能力体系。

① 转引自大卫·欧文（2003，p44）。

续表

管理重点	Aaker（1989）	Grant（1991）
提升	③应如何取得或发展这些有助于企业实现可持续竞争优势的资源与能力？	②对比发现企业资源与能力的缺口并及时填补，从而构建、强化其资源与能力。
运用	④如何应对竞争对手强大资源与能力？	③制定并执行最能有效利用其资源与能力的经营战略

资料来源：本研究整理。

综合如表2.2所示两位学者观点可知，企业资源能力理论视角的战略管理的重点是辨析对企业发展较为重要的主要资源与能力构成，对比分析现有资源与能力的缺口并及时填补或提升之，并通过制定相应的经营战略有效运用这些资源与能力，以谋取企业竞争优势或实现其他诸如成长等方面的目标。因此，借鉴如表2.2所示的思想，结合本研究后文研究之需要，本节（第2.2节）拟就如表2.3所示的数个问题进行相关文献回顾，为后文通过文献回顾试图寻找本研究的突破口（即确定本研究主要研究问题），并进行理论模型构建做必要铺垫。

表2.3　本研究企业内部能力相关文献回顾框架及章节安排

对应章节	拟回答问题
2.2.1　企业能力概念	1. 企业能力概念为何？
2.2.2　新创企业成长主要内部能力构成	2. 新创企业主要内部能力有哪些？
2.2.3　各内部能力概念及影响因素	3. 各内部能力的内涵及影响因素有哪些？
2.2.4　新创企业内部能力提升战略	4. 新创企业应如何提升其内部能力？

资料来源：本研究整理。

2.2.1　企业能力概念

为兼顾后文新创企业内部能力提升战略（第2.2.4小节）、内部能力与成长绩效关系（第3.1.1小节）及网络关系与内部能力关系（第3.1.2小节）等部分分析需要，本小节（第2.2.1小节）拟先分析企业能力概念，再对企业能力与知识及资源关系进行分析。

（1）企业能力概念

关于企业能力的定义，Grant（1991，1996）、Amit和Schoemaker（1993）与Hitt等（1997）等各有着许多不尽相同的观点，如表2.4所示。

表 2.4　各学者有关企业能力定义的主要观点

学者（年代）	主要观点
Selznick（1957）	企业能力是指能使一个企业比其他企业做得更好的特殊物质。
Richardson（1972）	企业能力指企业的知识、经验和技能。
Hofer 和 Scheudel（1978）	企业能力是用来实现企业经营目标的资源与技能存在、组合与相互协作的方式。
Reed 和 Defillippi（1990）	企业能力指企业所特有的资源、技能以及灵活运用该特殊资源与技能的方法与技巧等。
Grant（1991，1996）	企业能力指企业反复执行与将投入转换为产出，从而实现价值创造直接或间接相关的生产任务，以及对知识与资源不断的整合利用。（转引自：Vorhies，1998）
Stalk 等（1992）	企业能力是指企业具有战略意义的经营流程。
Amit 和 Schoemaker（1993）	企业能力是企业为达成预期效果而组合、运用现有资源与组织程序的能耐，其本质是在企业资源间交互作用的基础上演化而成的企业内部信息、实质或非实质的程序等。
Carlsson 和 Eliasson（1994）	能力指企业识别、拓展及开发商业机会的能耐，体现在企业将技术上的可能性转变为实际经济活动的手段上。（转引自：Petroni，1998）
Hitt 等（1997）	能力反映企业借助整合利用知识、无形与有形资源的特定组合以达成目标的程度。（转引自：Tsai 和 Shih，2004）

资料来源：本研究整理。

由表 2.4 可知，各学者分别从企业能力的基础、表现形式与功能等角度进行了论述。学者们认为企业能力的基础为企业资源，如 Hofer 和 Scheudel（1978）认为能力为“资源与技能存在、组合与相互协作的方式”。Amit 和 Schoemaker（1993）认为企业能力为“……在企业资源间交互作用的基础上演化而成的……”。学者们认为企业能力的表现形式为知识、技能、程序与流程等。如 Richardson（1972）认为“企业能力指企业的知识、经验和技能”。Stalk 等（1992）认为企业能力是指企业具有战略意义的经营流程。多数学者均认为企业能力有助于企业达成一定目标。如 Carlsson 和 Eliasson（1994）认为企业能力指企业识别、拓展及开发商业机会的能力。Grant（1991，1996）认为企业能力有助于企业将投入转换为产出，从而实现价值创造。

综合如表 2.4 所示各学者的观点可知，企业能力的基础是企业的资源，表现为对企业资源整合利用的知识体系，其目的是通过不断识别、拓展及开发商业机会，将企业特定投入转变为产出，以创造价值并实现企业预定经营目标。由此可见，企业能力与企业资源及知识有着密切的关系。

(2) 企业能力与资源关系

Grant (1991) 认为资源指企业诸如资本、设备、员工技能、专利、品牌、资金等生产投入要素，而能力则是企业执行特定任务或行动的资源组合。因此，“企业资源的类型、数量与品质制约了企业组织程序 (organizational routines) 的运行范围 (range) 与标准 (standard)，从而在很大程度上决定了企业能力的状况” (Grant, 1991, P. 122)。如 Grant (1991) 认为，尽管企业资源与能力均为企业竞争优势的来源，但企业资源、能力与竞争优势之间存在如图 2.4 所示的关系，即由于资源本身并不具备生产性，资源只有当得到企业整合能力的运用时，才可能产生一定的功效，而企业能力正是体现在这种对资源的组织、协调与整合利用过程中。企业正是不断地通过能力对资源加以整合利用，才得以不断增加企业资源基础，再结合一定竞争战略实施，才能不断地谋求企业的竞争优势，并在此过程中进一步强化企业现有的资源基础。

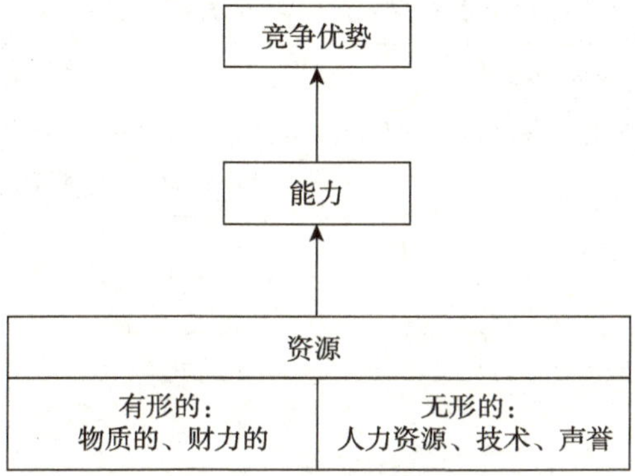

图 2.4　企业资源、能力与竞争优势之关系

资料来源：Grant (1991, P100)。

除此以外，亦有其他学者持类似观点，如 Amit 和 Schoemaker (1993) 认为资源是一组企业所拥有的，且可利用的要素 (factors)，而企业能力则为企业为实现预期目标，而对资源加以有效运用的专属、有形或无形的，并以信息为基础的程序，只有将企业资源与能力加以结合，才可能构成企业的战略性资产。吴思华 (2002) 将广义上的企业资源分为资产与能力两部分，将资产界定为企业所拥有或可控制的要素存量 (亦即本研究所称“资源”)，将能力界定为对资源的协调与整合能耐，故其认为资源指企业所拥有或可控制的要素存量，而能力则指企业协调与整合资源的能力。项保华 (2001, P. 56) 认为“企业资源指由管理者所完全掌控的外显、静态、有形、被动的‘使役对象’，而企业能力指最终体现在具体个人或群体身上的潜在、动态、无形、能动的可以胜任某项工作或活动的

‘主观条件’。其中，资源需要通过能力去实现增值，能力只有通过使用资源为顾客提供了价值才得以表现”。

综合以上各学者观点可知，企业能力与资源至少存在以下关系：资源是能力的基础，能力体现在对资源的有效运用过程中；资源的类型、数量与品质在很大程度上决定了企业能力的状况；资源需要通过能力去实现增值，能力只有通过使用资源才能使自身价值得以表现。

（3）企业能力与知识关系

各学者关于知识的理解不尽相同。Alavi 和 Leidner（2001）在检视前人有关知识的定义并对数据、信息与知识进行了概念区分后，按照各学者的研究视角，将现有知识定义的视角大致分为心理状态（State of mind）、对象（Object）、流程（Process）、信息获取（Access to information）与能力（Capability）五大类，并归纳了每种视角的知识含义及其对知识管理的启示，如表 2.5 所示。

表 2.5　知识定义视角及其对知识管理的启示比较

研究视角	知识定义	对知识管理的启示
心理状态	知识是人对客观事物知晓及理解的心理状态	知识管理通过向组织成员个体提供充分的信息，以提升个体学习与理解能力。
对象	知识是一种可被存储与利用的对象	知识管理的关键是要建立并有效管理知识库。
流程	知识表现在对专门技术的应用流程中	知识管理的焦点是知识的流动、创造、共享及传播。
信息获取	知识是一种信息可获得性的状态	知识管理的焦点应是建立知识有效存储及萃取机制。
能力	知识是影响行动的潜能	知识管理应重在构建核心能力并理解组织经营战略。

资料来源：节选自 Alavi 和 Leidner（2001，P111）。

由表 2.5 及前述各学者关于企业能力定义可知，企业能力与知识有着密切关系。如 Foss（1996）将能力视为一种特殊的知识资本。Iansiti 和 Clark（1994）认为企业知识、能力与行动之间存在如图 2.5 所示的关系，即企业欲完成特定的行动，需具备相应的能力，而这些能力则正是建立在企业的知识基础之上。当企业尝试获取或创造新知识，采取行动解决新问题时，组织亦不断强化或提升其能力。

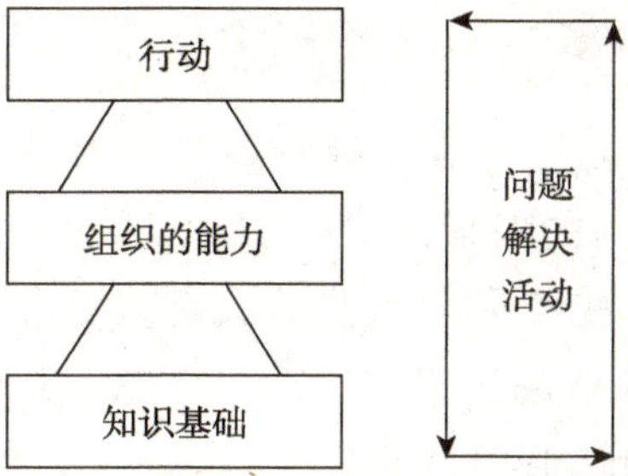

图 2.5　组织知识基础、能力、行动与问题解决活动之关系

资料来源：Iansiti 和 Clark（1994），转引自王振州（2000，P31）。

Grant（1996）在肯定知识为能力之基础的前提下，以一家私人电话交换设备（PCB）制造企业的能力体系展现了企业能力层次及其与知识层次的关系，如图 2.6 所示。由 Grant（1996）的研究可知，企业实际上是一个能力层级机构，而能力又可视为整合不同知识所形成的科层结构，能力层级越高，其能力建构所需要知识范围越宽广，组织正是通过对知识的蓄积、聚合、创造与更新，从而不断地构建并提升其能力。

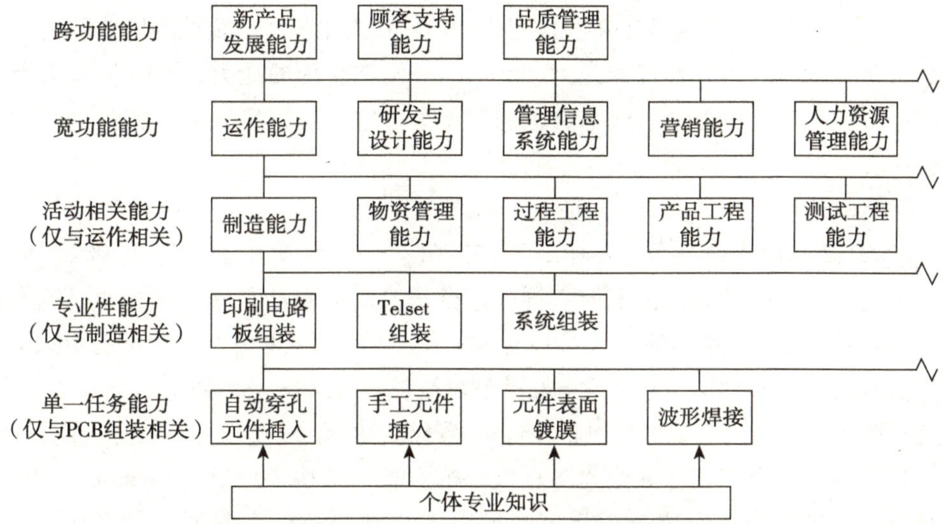

图 2.6　组织能力层级构架示意图

资料来源：Grant（1996，P378）。

综合以上学者关于知识与能力的关系论述，结合前文关于能力的定义，不难发现，知识与能力至少存在以下关系：知识是能力的基础，能力从本质上亦是一种知识的有机组合体系；组织能力提升的过程即是对知识的蓄积、聚合、创造与更新过程；组织知识的获取与创造活动直接影响其能力提升。

2.2.2 新创企业成长主要内部能力构成

企业在不同生命周期阶段所需关键资源与能力各有不同（Greiner，1972）。对新创企业而言，由于实力的限制，其不可能像大企业那样广泛积蓄资源，而必须集中力量发展那些对其成长最为重要的关键资源与能力（张玉利和徐海林，2003）。显然，明确新创企业的主要内部能力构成对其成长意义重大。那么，新创企业成长所需主要内部能力有哪些呢?

关于新创企业主要内部能力构成，许多学者有着不尽相同的观点。如 Greiner（1972）认为新创企业在早期成长初期，由于内部组织结构等并不复杂，企业的首要任务是谋求生存空间，求得企业快速成长，因而企业经营者应更为重视如何认清市场各种现实与潜在需求，发掘并努力开拓市场，及时有效生产并向市场推出其产品或服务。因此其认为市场能力与生产技术能力是新创企业成长初期最为重要的能力。Lee 等（2001）在研究韩国新创高技术企业成长绩效影响因素时，发现创业导向、技术能力及财务资源为新创企业关键能力。Möller 和 Anttila（1987）发现营销能力是小企业的关键成功因素之一。伊恩·蔡斯顿（Ian Chaston）与特瑞·曼格尔斯（Terry Mangles）（1997）认为影响中小企业成长的一系列能力，包括识别市场缝隙的能力、开发商业计划的能力、准对市场缝隙提供优质产品和服务的能力、融资的能力、新产品开发和管理的能力、有效的人力资源管理能力、质量管理能力、改进员工的劳动生产效率、信息技术和控制系统的开发运用能力。①

除此以外，尚有 Aaker（1989）、Dutta 等（1999）、Zehir 等（2006）、黄志娜（2003，P. 27）、余伟萍（2005，P. 65－67）与刘帮成和王重鸣（2007）等从不同角度就企业成长关键内部能力构成进行研究。但总结各学者的相关研究发现可知，多数学者认为企业的关键能力包括技术能力、营销能力、创业导向及融资能力等相关能力。技术能力与营销能力对企业的重要意义已经得到多数学者的认同，此处不再特别说明。以下将对创业导向与融资能力的重要性逐一展开论述。

长期以来，由于创业导向本身难以分析的复杂结构等原因（Connor，1991），在企业资源与能力理论中较少将创业导向整合到企业资源与能力体系中（Barney，2001）。但研究表明，创业导向是嵌入在组织惯例（organizational routines）中（Knight，1997；Lumpkin 和 Dess，1996），具有无形性并分布在组织成员中（Mosakowski，1998），具有类似企业文化的特点，是新创企业绩效的重要影响因素之一（Lumpkin 和 Dess，1996），能为企业带来长期可持续竞争优势（Zahra

① 转引自张玉利和徐海林（2003，p24）。

等，1999；Lee 等，2001）。因此，创业导向亦是企业内部能力之一。如 Jambulingam 等（2005）认为创业导向是一种能力，其强弱受企业在创新性、风险承担性等相关方面资源的强弱影响。Lee 等（2001）在其针对韩国新创高技术企业的创业绩效影响因素研究中，将新创企业的创业导向作为一种同企业财务能力与技术能力相提并论的企业内部能力之一。

新创企业在成立初期，由于产品研发、设备购买、市场开拓等原因需要投入大量的资金（财务资源）（Lee 等，2001）。研究表明，新创企业财务资源的充足与否及其程度与新创企业经营绩效有着密切的关系（Roberts 和 Hauptman，1987；Dollinger，1995；Shrader 和 Simon，1997），甚至直接事关企业的生死存亡（巴罗，1998，P. 52）。因此，财务资源是新创企业重要资源之一（Yusuf，1995）。但多项调查与研究均表明，新创企业普遍存在资金不足的问题，此时，新创企业能否有效自企业外部筹集所需资金将事关企业成长等问题（罗炜，2002，P. 220；Hyytinen 和 Pajarinen，2002；林汉川和魏中奇，2001）。因此，融资能力是新创企业重要能力之一。

需特别说明的是，尽管有学者（如 Aldrich 和 Fiol，1994；Dollinger，1995；Brush 等，2001；Man 等，2002；黄志娜，2003，P. 27；与余伟萍，2005 等）认为新创企业早期成长阶段的关键资源与能力还需包括人力资源及高层管理能力等。但本研究根据前人研究结论认为，这两种能力作为企业基础性能力，主要通过企业的技术能力与营销能力等能力表现出来。如王庆喜（2004）在其博士论文中提出并经验检验了企业人力资源能力主要通过影响企业制造能力、技术创新能力与营销能力，而间接对企业绩效产生重要影响，企业人力资源强弱更多地体现在企业技术能力与营销能力等对绩效影响更为直接的内部能力之中。再如 Lall（1995）认为企业技术能力是企业各级员工的技能与经验的结合，故本研究认为技术能力与营销能力已经涵盖了部分企业人力资源等方面的能力，而不再单独考虑人力资源能力。

综合以上分析可知，新创企业在早期成长阶段成长所需内部能力主要包括技术能力、营销能力、创业导向及融资能力。

2.2.3 各内部能力概念及影响因素

为兼顾后文（第 3.2 节）与各内部能力相关的假设提出分析及后文（第 4.2.1 小节）各内部能力测量等研究需要，本小节（第 2.2.3 小节）在上节（第 2.2.2 小节）基础上，对新创企业早期成长阶段各主要内部能力概念及影响因素等进行文献回顾。

（1）创业导向

Miller（1983）认为创业导向指组织敢于通过改革与创新，承担相应风险等方式谋求企业成长与竞争优势的倾向。除此以外，Covin 等（1994）、Stevenson 和 Jarillo（1990）与 Lumpkin 和 Dess（1996/2001）等亦对创业导向概念进行了不同论述，如表 2.6 所示。

表 2.6　各学者有关创业导向定义或论述

研究者（年代）	有关创业导向的概念定义或论述
Miller（1983）	指敢于通过改革与创新，承担相应风险等方式谋求企业成长与竞争优势的倾向。
Stevenson 和 Jarillo（1990）	指在创造、捕捉与把握创业机会的过程中能不受现有资源的约束。
Covin 等（1994）	指经营者在面对不确定情景下能敢于承担风险，积极实施有关产品深度与广度及技术的创新，并积极主动地与竞争对手开展竞争。
Lumpkin 和 Dess（1996/2001）	指作为创业精神表现形式，由新进入行为导致的程序、业务及各种活动，其中包括事先对产品、市场信息的收集、尝试应用新技术并愿意承担风险等。

资料来源：本研究整理。

综合表 2.6 中各学者的研究不难发现，多数学者认为创业导向主要反映在其创新性、风险承担性与预应性等方面。就本研究对象新创企业而言，前文（第 2.1.1 小节）分析表明，新创企业成长过程亦是对创业机会的不断识别、获取与开发的过程。创业的重要特征之一为创新性（Drucker，1985），如 Miles 和 Arnold（1991）认为创业型企业正是通过不断寻求创新性与富有柔性的方式开发创业机会，从而实现预定的目标。而创新本身意味要承担一定的风险，故新创企业成长充满了许多不确定性，具有较高的风险。结合新创企业成长中的这一特点，借鉴表 2.6 各学者观点，本研究将创业导向定义为新创企业在创业成长过程中，能不受其现有资源约束，在面对不确定性情境下敢于承担风险，积极主动地通过各种可能的创新方式创造、获取并开发创业机会（商机），并能积极主动地与竞争对手开展竞争，从而谋取企业快速成长的倾向。

尽管各学者关于创业导向维度划分说法不一（Zahra 等，1999），但多数学者认为创业导向主要包括创新性（innovativeness）、风险承担性（risk - taking）与预应性（proactiveness）三维度。其中，创新性指企业根据外部环境动态变化需要，通过在企业内部实现技术、工艺、管理等方面的创新，并适时地向市场推出新产品或服务，以不断创造、获取并开发创业机会（商机）的活动（Schumpeter，1934；Miller，1983；Morris 等，1994；Lumpkin 和 Dess，1996；Knight，1997；Dess 和 Lumpkin，2005）；风险承担性指企业为获取并开发创业机会（商机），以实现快速成长，而敢于做出大胆决策与行动，对高风险项目进行投资等做出承诺，并承担由此而带来风险的倾向（Miller 和 Friesen，1983；Dess 和 Lumpkin，2005；Jambulingam 等，2005）；预应性指企业通过市场调查，对未来市场需求变动等外部环境因素进行判断与预测，以发现市场机会，并不受其现有业务范围限制，赶在竞争者之前推出新产品或服务，以谋取“先占行动”所带来的“先动者优势”的行为倾向（Miller 和 Friesen，1978；Venkataraman，1989；Lumpkin 和 Dess，1996；Culhane，2003；Dess 和 Lumpkin，2005）。Lumpkin 和 Dess（1996）指出，创业导向的任何单一维度都不足以反映创业导向对创业绩效影响的全部解释力度。故在实际分析中，必须结合以上三维度同时进行分析，以更全面、准确地反映创业导向的深刻内涵。

企业创业导向受多种因素的影响，如 Manev 等（2005）通过对处于转型经济背景下的保加利亚 160 位小企业业主的调查数据进行实证研究发现，由企业业主所带给企业的社会资本及业主人力资本对企业创业导向具有显著正向影响。Ripollés 和 Blesa（2005）对西班牙新创企业的经验研究表明，创业者的个人网络关系对其新创企业创业导向具有显著正向影响。再有，Wassim 和 Alain（2005）认为尽管企业创业导向受其诸如组织结构、CEO 个人能力、企业资源与能力、组织开放性等内部因素与诸如环境动态性、充裕性等外部环境特性的影响。但他们发现，创业导向还受企业结合内部条件与外部环境分析后所感知的市场机会与企业可有效运作的资源多寡的影响。一般来说，企业所感知的市场机会越多，所能有效运作的资源越多，则其具有更高的创业导向，如图 2.7 所示。类似的，王重鸣等（2006）认为企业外部环境、组织架构、企业资源与能力等外显的战略性元素是创业导向的重要影响因素。如他们认为资源的缺乏会对企业的创业行为造成严重限制。因此，在实施创业行为的过程中，与资源稀少的组织相比，那些拥有丰富资源的组织可能有一个更强的创业导向（Covin 和 Slevin，1991）。同时，王重鸣等（2006）还认为，由于企业能力显示了企业的决策模式、公司鼓励的行为方式以及核心能力，因此企业较强的能力有助于强化企业的创业导向。

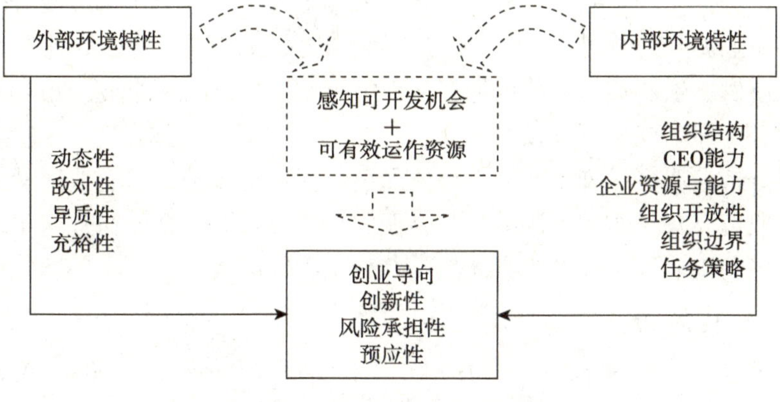

图 2.7　小企业创业导向影响因素模型

资料来源：Wassim 和 Alain（2005，P32）。

在影响创业导向的众多因素中，组织与外部组织或个人的互动关系是其重要影响因素之一。如研究表明，组织与外界的沟通对其创新性有重要影响。如Wolfe（1994）研究发现，组织成员通过各种正式与非正式的网络关系与外部组织或个人间进行的良好沟通与接触能有效促进组织与外部环境中的信息与知识的流通，扩大组织的信息与知识的涉及范围，提高组织的知识创造能力，从而使组织能有更多机会产生新的创意，并将新创意应用到组织的产品或服务等各个方面，使得组织表现出更强的创新性。

为取得快速发展，新创企业在成长过程中需不断自外界寻求资金等资源支持（Miller 和 Friesen，1982）。根据 Stuart 等（1999）与 Zimmerman 和 Zeitz（2002）的研究，外界主体只有当其相信或者感觉到该企业是适当的、有竞争力的、有效率的、值得信任并需要投资时，其才愿意对该企业给予资金借贷等资源支持，即新创企业与外部组织或个人间的信任能有助于其从外界获取资金等资源支持。而Aldrich 和 Zimmer（1986）发现，当创业者及其新创企业能从其所在网络关系中获取有关信息、资源、情感及社会支持时，创业者将具有更为积极的进取精神，表现出更强的风险承担性，亦即其新创企业将具有更强的风险承担性。由此可见，新创企业与外部组织间的良好信任关系有助于增强企业资源获取能力，从而增强其风险承担性。

由前文预应性的定义可知，企业如能领先于其竞争对手获取相关行动所需信息，必然会有助于其在行动上获取领先性，即增强组织的预应性。而研究表明，创业者如能经常与行业内部的技术权威、各职能领域的专家进行沟通，将更有机会获取最新的技术前沿及行业发展动态信息，以供其从中不断地捕捉、开发创新的机会（Miller，1983；Ostgaard 和 Birley，1996）。因此，企业与外部主体间的经常性良好沟通能通过有助于企业相关信息获取的方式对组织预应性产生正面影响。另外，当众多企业同时面临一个新的投资机会，并几乎同时开发该机会时，如其中某企业能与外界建立更广泛有效的合作关系，则其能更好地整合外界资源，缩短研发、生产等活动的周期，从而能更快地领先其他企业向市场推出其新产品或服务，即表现出更强预应性。

上述分析表明，尽管企业创业导向的影响因素有多种，但企业所感知的市场机会与企业可有效运作的资源多寡、企业内部能力强弱、企业与外部组织或个人互动关系中的沟通与信任等因素无疑是其重要影响因素。

（2）营销能力

根据 Vorhies（1998）、Day（1994）、Vorhies 和 Harker（2000）、Weerawardena（2003）与 Tsai 和 Shih（2004）等多位学者的观点可知，营销能力指企业将其内部集体性知识、技能及资源用于营销相关活动，以提升其产品或服务价值，增加产品或服务销售，并与顾客维持稳定长期互动关系，从而达到根据市场形势需要，充分识别、获取并开发市场机会或谋取竞争优势的能力。企业营销能力强弱表现在营销研究、定价、产品发展、分销渠道管理、促销、营销管理、顾客服务、销售人员素质、广告资源投入、产品差别化能力与产品导入速度等诸多方面。如 Vorhies 和 Harker（2000）认为营销能力体现在营销研究、定价、产品发展、分销渠道管理、促销与营销管理六个方面。Weerawardena（2003）认为营销能力体现在顾客服务、促销、销售人员素质、分销网络、广告资源投入、产品差别化能力与产品导入速度八个方面。

顾客对企业产品或服务的了解是其做出购买决策的前提。因此，企业能否向市场有效传播有关其产品或服务知识，能否让潜在顾客尽快了解产品的核心价值，是企业是否能完成整体解决方案，赢得市场的关键因素之一（熊伟，2005）。而上述企业促成潜在顾客对其产品或服务的真切认知与向市场有效传播有关其产品或服务知识的过程，实质是企业与营销对象等外部相关组织或个人的沟通过程。无疑，此沟通过程会影响顾客对产品或服务、乃至对该企业的认知与信任程度，这对顾客是否做出购买行为会产生重要影响，从而影响企业产品或服务的销售效果。

企业能否有效销售其产品或服务在很大程度上取决于其前期市场预测、评估、细分及利基的选择等工作。而企业能否正确有效做好这些工作的前提是掌握相关信息与知识。如林媛媛（2005）在其营销能力形成逻辑框架中认为，企业需要通过收集包括竞争者情况、消费者需求、政策法规等各种相关信息与知识，为管理者决策提供科学依据，使企业营销活动有的放矢，从而避免盲目营销带来的资源浪费，进而保证营销能力的正常发挥。类似的，Shaw 等（2001）认为企业需要先后经过营销知识的产生与获取、知识组织、知识整合、知识传播等过程，并借助决策支持系统的支持才能完成营销知识的提炼与更新，从而指导企业正确进行营销决策，以提升其营销能力，其中营销知识的获取与产生是前提条件。这些营销相关信息与知识主要来源于零售商、市场研究机构与第三方数据提供者等处（Shaw 等，2001），信息与知识的范围应主要包括对顾客的认知、有关营销－研发界面与竞争者的知识（Slater 和 Narver，1994），甚至还包括政府管制（Kohli 和 Jaworski，1990）与企业当前及未来潜在利益相关者（Moorman，1995）方面的有组织、有系统的结构化信息或知识。

企业实际营销活动的实施需要以一定的物质条件为基础。如林媛媛（2005）在其营销能力形成框架中认为企业的人力、物力与财力是其营销能力形成的重要影响因素。一般来说，这些企业能应用的营销相关物质条件越丰富、品质越高，越有利于其有效提升其营销能力。另外，根据熊伟（2005）等的研究，企业品牌知名度及企业形象等因素都是其营销能力形成与提升的重要影响因素。

综合以上分析可知，企业营销相关知识的获取与利用、营销对象对企业及其产品或服务的认知与态度、企业可应用的营销相关资源的数量与质量、企业品牌知名度及企业形象等因素是企业营销能力形成与提升的重要影响因素。

（3）技术能力

有关技术能力的相关研究可谓汗牛充栋，但多数学者认为技术能力需建立在企业内部人员、组织、信息与设备四要素基础之上（魏江，2002）；技术能力表现为知识、商业秘密与技能等形态（Dollinger，1995；Lall，1995；Acha，2000）；技术能力具有将科学研究中的知识应用于生产活动（Howells，1994；Kim，2000；Tsai，2004），支持企业在产品、过程与工程项目中实现创新（Teece 和 Pisano，1994），为企业提供产品或服务（Gallon 和 Stillman，1995）等方面的功效；技术能力是一个能力子集（subset），由许多相关能力组成，或者可进一步划分为若干相关子维度或组成要素（Westphal 等 1985；Teece 和 Pisano，1994；Panda 和 Ramanathan，1995；Gammeltoft，2004）等。

因此，借鉴上述学者的研究，本研究将企业技术能力界定为企业建立在其人员、组织、信息与设备等基础之上，为适应外界环境变化，求得生存与发展，在捕获、开发并利用商业机会过程中，将生产投入要素转化为预定产出，表现为技术知识、商业秘密、研发知识及其他特定技术细节性等知识形态的企业对技术的应用与创新等方面的能力。技术能力包括技术应用与技术创新两个方面。其中，技术应用指企业完成资源转换，生产出合格产品或服务的能力；而技术创新指企业不断利用现有技术相关知识与设备等实现现有技术能力的变革与提升，并提供新产品或服务的能力。

Cohen 和 Levinthal（1990）认为企业技术能力指企业对外部信息价值的识别与理解，并将其应用于企业生产中，从而实现其商业价值的能力。他们认为，企业技术能力既受其自身现有知识存量与知识创造能力的影响，也受其对外部技术相关信息与知识的吸收能力影响。企业内部的知识存量可通过组织学习或知识创造得到增加（Dollinger，1995）。而对新创企业而言，组织间学习是其组织学习的重要形式，可有效促进组织内部的学习与知识创造的效率与效果。如 Selznick（1957）、Prahalad 和 Hamel（1990）、Cohen 和 Levinthal（1990）、Myers（1990）、Levinthal（1992）及 Gima（1992）等亦认为企业的技术创新能力是企业经由组织学习与外部吸收等过程而逐渐培养与孕育而成。因此，新创企业有效组织间学习有助于其内部技术能力提升。

企业技术能力需建立在一定的物质资源基础之上（魏江，2002），企业如拥有丰富的技术相关物质基础，必然能更好地提升其内部能力。新创企业通常内部机器、设备等资源相对贫乏，从而不利于其技术能力的提升。但企业拥有资源的目的是对资源的利用，利用资源未必一定要拥有资源的所有权。新创企业进行技术创新、产品开发等活动所需的资源与能力既可来源于企业内部的自行研发，也可来源于从企业外部学习或购买等渠道（Lee 和 Om，1994）。由于从外界引进技术能比企业内部自行研发节省更多的时间（McDonough，1993），企业如采用从外界引进或与外界合作研发，则必能有效缩短研发周期，并降低技术开发成本（Karagozoglu，1993）。因此，新创企业应通过与外部组织合作等多种方式获取、整合利用外部技术相关资源，以达到提升内部技术能力的目的。此正如 Adler 和 Sbenbar（1990）[①] 在其提出的开放性技术能力框架中认为，企业外部资产是企业技术能力的重要组成部分，企业可通过与顾客建立良好的关系，获取有关顾客对企业产品或服务的意见及潜在的需求；与包括供应商、设备制造商等在内的合作伙伴建立良好关系，以充分获取并利用对方的互补性资源与能力；与行业协会等中介组织建立良好关系，以充分获取有关信息与技术；以及与政府有关部门建立良好的关系，以在产业政策与标准制定上发表自己的声音或争取政府有关支持。

由以上分析可知，新创企业的内部技术相关物质资源基础、组织间学习及通过与外部组织建立各种关系对所需资源的获取等是其技术能力提升的重要影响因素。

(4) 融资能力

融资能力指企业为满足生产经营发展需要而及时有效低成本筹集所需财务资源的能力。

从理论上说，企业融资活动存在内源融资与外源融资两种方式（罗正英，2004，P83）。内源融资指企业主要通过向业主或企业员工筹资，或将企业留存收益用于企业再投资等资金筹集方式；而外源融资指企业向外部组织、机构或个人，通过借贷、发行股票等方式筹集所需资金的行为。但 Fazzari（1998）与 AsliDemirguc - Kunt（1998）的研究均表明[②]，企业内部资金的积累速度相对缓慢，企业如仅仅依靠内源融资，将由于资金来源不足而错失许多潜在的投资机会，从而不利于企业快速成长。而由前文（第 2.2.2 小节）分析可知，新创企业普遍存在资金紧张的问题。因此，新创企业应特别重视通过外源融资筹集所需资金。那么，新创企业外源融资效果受哪些因素的影响呢？

巴隆和谢恩（2005）、罗正英（2004）、王铁军（2004）、陶凌云（2005）与陶新元和常庆欣（2005）等多位学者对企业融资能力影响因素进行了研究。根据

---

① 此段有关 Adler 和 Sbenbar（1990）的观点系本研究整理自：赵晓庆（2001，p16）。

② 转引自晏文胜（2004，p106）。

他们的研究可知，这些因素可大致归结为以下三个方面：①企业外部环境因素，如政策法规、资本市场、担保机制及国家金融支持体系等外部融资环境因素；②企业自身因素，如企业规模，可供抵（质）押资产；企业经营历史，信用记录；内部管理，经营活动透明度、产品与市场前景等因素；③投融资双方互动关系方面因素，如投融资双方间的信息不对称与彼此信任程度等。

在上述众多新创企业融资能力影响因素中，对于第一类因素来说，由于在很大程度上取决于国家的宏观经济政策，因而新创企业难以通过自身的努力对其施加影响。但对于第二、三类因素，新创企业则可通过自身努力在一定程度上加以克服或缓解其不利影响。

以投融资双方信息不对称为例。巴隆和谢恩（2005）发现这会导致投资方所感知风险高而进行“逆向选择”，从而不利于新创企业顺利融资。Chirinko 和 Schaller（1995）亦持上述观点，但他们通过对加拿大 212 家企业的经验研究表明，企业在融资过程中向外界披露的信息越多，越有利于降低投融资双方间的信息不对称，从而企业越不容易面临融资限制等问题。由此可见，融资方如能与投资方进行良好沟通，对其顺利融资必有裨益。

类似的，根据 Berger 和 Udell（1995）、Chirinko 和 Schaller（1995）、Boot 和 Thakor（1994）、费淑静（2004）、晏文胜（2004）与童牧（2004）等的研究，关系型融资（Relating Finance）有助于提升企业融资能力。因为，对投资（贷款）方而言，关系型信贷既有利于贷款方通过与拟融资企业长期多渠道的接触，积累大量关于借款企业的“硬”“软”两方面信息，有效缓解中小企业的信息难以获得性问题，增加了其投资（贷款）前的信息对称性（Boot 和 Thakor，1994），降低贷款方的信贷风险；对融资方而言，关系型融资有助于在一定程度上弥补中小型企业抵押品不足的缺点（Berger 和 Udell，1995），有助于融资方谋取“宣告效应”，保守商业秘密（Bhattacharaya 和 Chiesa，1995；彭文平，2004）等。关系型融资对企业融资能力的促进影响还得到许多经验研究与观察的证实。如 Petersen 和 Rajan（1995）曾利用小企业对贸易信用的依赖程度来说明银企关系的影响，他们的研究结果表明，与银行有密切关系的企业较少面临信贷约束。类似的，Fernando 和 Mallick 亦研究发现，与银行保持长期关系的企业获得的信贷额度更多[①]。郭斌和刘曼路（2003）在对温州民营企业融资的研究中发现，在民营企业发达的温州地区，作为关系型融资雏形的“地下钱庄”在特定时区内有着极强的生命力。

除此以外，根据 Shane 和 Cable（2002）与陶凌云（2005）等的研究，新创

---

① 转引自陶新元和常庆欣（2005）。

企业还可借助于各种网络关系树立并传播自身的正面声誉信息，从而实现向潜在投资者传递有关其开发创业机会、企业良好发展前景等方面的正面信息，减少潜在投资方的感知风险，增加其投资意愿，亦即有利于新创企业更好地融资。

总结以上分析可知，企业可通过与潜在投资方等多种外部关系对象进行良好沟通、建立相互信任等良好互动关系的方式促进其融资能力的提升。

2.2.4 新创企业内部能力提升战略

在动态变化的外部环境中，企业难以单凭过去的成功经验或现有的资源与能力适应不断变化的新形势。因而，能力构建与提升是每个企业，尤其是新创企业必须非常重视的课题（Teece 等，1997）。另外，为兼顾后文（第 2.5.3 小节）确定本研究问题，分析网络关系与内部能力关系（第 3.1.2 小节）及相关假设提出（第 3.2.5—3.2.8 小节）等部分需要，以下拟就新创企业内部能力提升战略相关问题进行文献回顾。

（1）能力提升与组织学习及资源获取关系

Zollo 和 Winter（2002）认为企业内部能力提升实质是其通过组织学习过程，不断进行经验积累、知识蓄积、连接与编码等活动的结果。Eisenhardt 和 Martin（2000）从组织对外部环境适应的角度定义动态能力乃组织持续不断的组织学习能力。在企业能力发展的演化学派看来，能力提升的过程实质是企业为了谋求产品或过程创新，以追求更高绩效而不断由知识的初级入门者（elementary levels）向技术掌握者（technological mastery）演化（evolves）的连续学习过程（Barney，1986；Petroni，1998）。Prahalad 和 Hamel（1990）指出，学习是企业获取、积累核心能力构建提升所需技能、技术等必要资源的重要途径。由此可见，能力提升需以组织学习为条件。

综合 Argyris 和 Schön（1978）与 Probst 和 Büchel（1997）等众多组织学习相关研究可知，组织学习可给企业带来如表 2.7 所示多方面影响。

表 2.7　组织学习对组织的影响

1	有助于组织不断监测外部环境的变化，开拓知识视野；（B/E/M/R）
2	有助于组织对比其现实与预期差异，发现自身现存的显性或隐性的问题；（C/E）
3	有助于组织通过重复实验、不断试错，经验积累等过程改正问题；（O）
4	有助于组织从组织外部获取知识；（H）
5	支持组织内部知识创造；（G）
6	丰富组织知识总量，改善知识品质，并更新组织价值观；（P）
7	促进组织各种知识的创新性应用；（A）

续表

8	有助于组织修正预期与现实的差距；（C/H）
9	提高组织解决实际问题的效率与效果；（C/D/F/I/J/K/M/P/Q）
10	改变组织行为方式；（A/D/F/L）
11	提升组织绩效。（M/N）

代表学者及年代：A：Schumpeter（1934）；B：Simon（1969）；C：Argyris 和 Schon（1978）；D：Fiol 和 lyles（1985）；E：Meyers（1990）；F：Huber（1991）；G：Kogut 和 Zander（1992）；H：Garvin（1993）；I：Watkins 和 Marsick（1993）；J：Dodgson（1993）；K：Helleloid 和 Simonin（1994）；L：Sinkula（1994）；M：Slater 和 Narver（1995）；N：Nevis 等（1995）；O：Teece 等（1997）；P：Probst 和 Büchel（1997）；Q：Jones（2001）；R：Hodge，Anthony 和 Gales（2003）

资料来源：本研究整理。

由表 2.7 可知，组织学习有助于组织通过对外部环境的监测，发现自身与外部，自身现实与预期差距，再通过分析与探究，找出问题的原因所在，并设法通过重复实验、不断试错，经验积累等过程改正问题。在改正问题的过程中不断从外部获取所需知识，支持企业内部知识创造，从而不断丰富其知识总量，改善知识品质，更新组织价值观，并通过对知识的创新性运用来达到提高组织解决实际问题的效率与效果，改进组织内部成员的行为方式与组织常规。再结合前文（第 2.2.1 小节）关于企业能力的定义及其与知识的关系分析可知，组织学习的过程亦是能力提升的过程。

Helleloid 和 Simonin（1994）认为在组织的信息、知识、组织学习、核心能力及其竞争优势之间存在如图 2.8 所示的关系。由该模型可知，组织学习的前提是信息、知识等学习投入要素的获取，组织经过对信息、知识的获取、处理、存储及应用，即完成了组织学习的整个环节后，可达到提升组织核心能力的效果，并最终提升企业竞争优势等企业绩效。

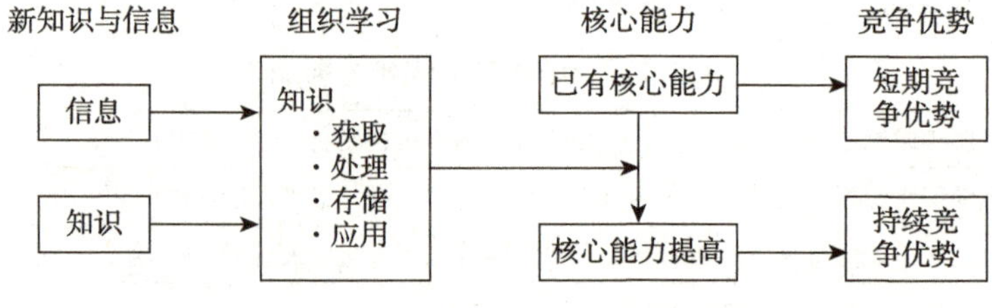

图 2.8 知识及信息、组织学习、核心能力与竞争优势之间关系

资料来源：Helleloid 和 Simonin（1994），转引自：罗炜（2002，P100）。

上述分析表明，企业能力提升的过程即是组织学习的过程。再由前文（第 2.2.1 小节）关于能力与资源的关系分析可知，资源是能力的基础，能力体现在对资源的有效运用过程中；资源的类型、数量与品质在很大程度上决定了企业能力的状况。因此，企业欲提升能力，则必须要进行相应资源的获取。因此，总结以上分析可知，新创企业内部能力提升需建立在其组织学习与资源获取的基础之上，亦即新创企业资源获取战略与组织学习战略是其内部能力提升战略的重要影响因素。

（2）新创企业资源获取战略

“经营是持久而执着的努力，唯有不断地累积资源，才能打造不败的组织能耐”（吴思华，2002，P77）。就新创企业而言，如果没有足够的创业资源支持，即使出现了好的创业机会，创业者也难以迅速抓住并利用这个机会（林嵩，张帏和林强，2005），从而影响其快速成长（Greve，1995；Kodithuwakku 和 Rosa，2002）。而事实上，新创企业通常内部资源相对欠缺。因此，资源获取是每个新创企业所必须面对的任务。

根据 Williamson（1981）、Helleloid 和 Simonin（1994）、Liebeskind 等（1996）、Grant（1996）、Sanchez 和 Thomas（1996）、叶学锋和魏江（2001）与吴思华（2002）等的研究，资源获取方式可大致分为内部化、内外结合与外部化三种类型。其中，内部化方式指企业通过内部 R 和 D 或其他部门的长期摸索、学习、创造与积累等方式获取所需资源；外部化指企业采取诸如购买、租借、购并等方式获取所需资源；内外结合则指企业兼而有之地采取前两种方式，如合作、战略联盟、网络关系等方式获取所需资源。各种资源获取方式均有其不同特征，如表 2.8 所示。

表 2.8　不同资源获取方式特点比较

获取方式	不同资源获取方式特点
内部	易于控制；有效防止泄密；能保证内部资源体系的连贯性，从长期看有利于培育自身核心能力；速度慢，周期长；要求有较好资源基础；资源结构单一；成本高；风险大；路径依赖性强。此种方式比较适合于对企业形象资源和部分规则资源，尤其是企业商誉和企业文化之类的具有独特性与不可复制性等特征的资源获取。
内外结合	风险小；可互动学习及其他介于内、外部方式之间的优点；难以管理，前景难预测；需较强协调能力；结果难以控制及其他介于内、外部方式之间的特征。比较适合于流动性与异质性均适中的资源获取。
外部	速度快，周期短；可获取多样化及互补性资源；管理简单；品质与数量难以保证；容易对外界形成依赖；需较高的资源整合能力。比较适合于对那些具有高流动性，低异质性特征的资源获取，如辅助资源或周边资源等。

资料来源：本研究整理自：叶学锋和魏江（2001）。

Ford（1998）与叶学锋和魏江（2001）等研究了企业进行资源获取方式抉择时应考虑的因素。综合他们的研究可知，企业在抉择其资源获取战略时应综合考虑企业素质因素、企业战略目标及该资源特性等因素。企业素质因素主要指企业内部现有的资源与能力强弱等；企业战略目标主要指企业对该资源的承诺程度，及获取该资源的时间紧迫性等因素；资源特性主要指资源异质性大小、流动性强弱、对企业发展的重要性程度、资源的显隐性程度、资源的潜在商誉及其可被企业操控程度等因素。如Ford（1998）以企业技术资源的获取为例，认为通常企业内部资源能力越弱，越应该优先考虑使用技术授权或直接购买的外部化，或采取合资开发与外部契约研发的内外结合资源获取方式；反之，则可以考虑采用内部化方式。类似的，所欲获取资源的时间紧迫性越强，则越应采取外部化或内外结合的资源获取方式；反之，则应采取内部化方式。

综合Ford（1998）与如表2.8所示的各不同资源获取方式比较可知，对新创企业来说，通常其内部资源能力相对欠缺，难以在短期内通过内部化方式获取所需众多资源。但新创企业在早期成长阶段的首要目标是实现尽快成长，要求能尽快地获取这些要素，即获取这些要素的时间紧迫性强，因而新创企业应采取内外结合或外部化方式获取创业成长所需大部分资源。

Hite（1999）认为新创企业通常是借助各种网络关系取得所需关键资源，并通过信任机制与关系契约等多种方式管理之。司徒达贤（2003）指出，企业的网络关系为企业提供了与外界进行资源与能力交流与合作的机会，因而成为企业资源外取的重要渠道。如根据Nohria和Garcia－Pont（1991）对跨国公司与东道国企业间的战略合作关系的研究可知，这种合作关系有利于双方有效开拓市场或获取技术，但更有利于各方获取所需互补性资源与能力，以便同自身现有的资源与能力进行有效整合，或是与类似企业共享相似的内部资源与能力（Porter和Fuller 1986），实现凭借自身有限资源与能力，“四两拨千斤”杠杆性地支配比自身多得多的资源（宝贡敏，2004，P344），以达到强化或提升自身资源与能力的目的（Dunning，1993）。再有，司徒达贤（2003）认为，网络关系内部各企业可以互相交流研发资源、调节彼此产能；大企业可以利用其财力雄厚、营销资源丰富的优势同小企业的创新速度快，信息灵活等优势进行互补；跨国公司可以用其能力高强、资源丰富的优势同本土企业政商关系发达等优势实现优势互补；科研机构可以用其高水准的研究人员与先进的研究设备等优势同企业拥有财力并了解市场需求等优势实现优势互补。

而研究表明，企业通过网络关系，从外部组织获得的信息、知识、技术、服务等资源对企业的产品创新、技术进步有着重要的促进意义（Von Hippel，1988；Takeishi，2001）。如Imai等（1985）的研究表明，日本的汽车、影印机、相机，以及个人电脑产业在产品发展、技术进步等方面曾得益于其供应商所提供的建议、知识与服务等。因此，寻求通过各种可能的网络关系的连结，以及时、低成本地获取所需资源与能力成为新创企业的首选之策。

（3）新创企业组织学习战略

Håkansson 等(1999）认为企业既可通过自身的过去经验进行学习，亦可通过向包括大学、科研院所、顾客等广大的外部主体进行组织间学习。Child 和 Faulkner（1998）认为组织可通过跟着学（learning from partners）与一起学（learning with partners）两种方式向其联盟或合作伙伴学习。因此，组织学习既可发生在企业部门内部成员间或部门间（Crossan 等，1999），亦可发生在企业与外部组织之间（Levitt 和 March，1988）。

研究表明，组织间学习有助于企业获取并利用外部组织所发展的知识，减少自身所面临的技术不确定性，从而更快地促进自身内部能力的发展（Grant 和 Baden - Fuller，1995）。如 Roth 和 Marubecheck（1994）将企业比作为知识工厂（knowledge factory），认为企业的竞争基础是其知识，因而企业为了获取竞争优势，必须不断地通过组织学习以创造新知识。在其对世界数家大型制药企业的研究中发现，企业必须与市场、顾客进行持续的互动，获取外部信息与知识，以促进内部的学习；企业可通过知识资源的扩张来提升竞争能力；企业可通过进行跨组织间的经验学习，提升内部成员与群体的学习水平，促进知识创造；企业可通过与外界进行有效沟通，借助于外部价值链的渠道了解市场的现实与潜在需求，从而提升自身内部操作的效率；企业可通过建立跨功能与跨组织的专门系统与外部分享知识的方式促进内部知识创造。Hobday（1995）在对我国台湾地区信息电子产业企业进行研究时发现，这些企业通过与国外企业建立直接投资、合资、OEM、ODM 等合作关系，在合作过程中能够不断地学习并吸收合作对方的先进技术与知识。

“当今世界唯一不变的就是‘变’”（Sterman，1994，P. 291），在这永恒变化的知识经济时代，技术进步速度日益加快，外部竞争日趋激烈，专业分工日益加深，而单个企业的资源与能力有限，时间往往决定了企业竞争或生存的关键，企业已经难以继续单纯沿用传统的内部途径来提升自身知识与能力（Dierickx 和 Cool，1989）。Cohen 和 Levinthal（1990）指出，出于时效、风险与组织资源有限的考虑，组织通过与外部组织或个人进行合作，以取得组织学习所需知识不失为一种较好的选择。能否从组织外部进行学习，取得所需的知识与资源已成为组织成功的关键要素之一（Anand 和 Khanna，2000）。如 Adams 和 Lamont（2003）从组织内、外部因素综合考虑的角度，认为组织学习是否成功在很大程度上取决于组织能否有效从外部环境中获取所需的知识等资源，并整合入内部的知识体系中。Hamel（1991）将日本NEC公司在20世纪80年代一跃成为电子通讯业领头羊的成功经验归因于其善于通过跨组织学习不断地吸收合作伙伴的知识与技能，并用于支持其内部的核心能力建设。

对于新创企业来说，尽管可通过外部市场交易、网络关系以及内部自行研发创造等方式获取组织学习所需的投入要素（Helleloid 和 Simonin，1994；朱文仪和黄延聪，2002），但由于其内部能力基础相对薄弱、难以在短时期内通过内部自行研发方式快速获得这些投入要素，而核心性知识与能力通常难以通过市场交易等方式获取。再有，出于时间上的经济性与经济成本节约等多种因素的考虑，通过网络关系的途径获取组织学习投入要素无疑是最佳之策（Badaracco，1991；Westney，1988）。因此，借助网络关系进行有效组织学习是新创企业首选战略。

（4）新创企业内部能力提升战略

Teece（1998）认为能力发展与提升的途径包括：①通过向外部组织学习，以获得所需关键性知识与能力；②在向外部组织学习的基础上，进行创新，以形成具有自身特色的能力；③激活并应用现有的能力到新的业务领域，以形成新能力。Collis 和 Montgomery（1995）认为企业既可通过自身独立培育与积累的内部途径，亦可通过市场交易、合作等外部途径提升其核心资源与能力。魏江（2002，P. 51）认为技术能力提升存在技术引进、自主研制开发与技术合作三种过程模式。由此可见，企业能力提升亦存在内部化、外部化与内外结合三种方式。但该三种方式各有其不同的使用条件，并且它们之间是相互联系、相互影响的，企业应审时度势地综合应用各种途径（赵晓庆，2001；罗炜，2002，P102）。

赵晓庆（2001）研究表明，企业的内部途径尽管具有情景依赖性，通过此途径发展而成的能力具有较强的难模仿性等特点，因而有利于企业保护该能力并借此获取竞争优势。但该途径通常伴随着高成本，由于投入的不可逆转性阻碍内部R和D投资、组织惰性（Nelson 和 Winter，1982）等影响而导致企业难以突破原有能力体系而形成一种全新能力等一系列缺点。与此相对，企业能力的外部提升途径尽管存在对外部过分依赖，难以培育与形成企业自身的核心能力等缺点，但该途径由于具有节省时间、分担费用与风险、获取全新知识、有效拓展现有能力开发平台、充分发掘现有能力价值等优点，因而仍不失为一种提升能力的良策。如Barney（1999）亦曾指出企业在能力建构与提升过程中，对于某些自身不具备的必需能力，可以通过合作、自行研发、购并另一已具备该能力的公司等方式获得。赵郁文（1997）在研究资源基础较弱的台湾信息电子供应商与跨国公司间的跨国委托制造问题时，通过综合专家座谈、问卷调查、与个案访谈等多种研究工具研究发现，能力较弱的企业可通过内部学习与外部学习两种互补的途径提升内部的营运能力。

对于处于转型期背景下，战略要素市场不能完全有效运行大背景下的新创企业来说，外部环境中产品生命周期日益缩短，技术发展变革日益加快，企业研发成本与风险大幅扬升，企业内部的资源与能力却相对有限，而其在早期成长阶段的重要目标是获取快速成长。因此，结合前文能力提升与组织学习、资源获取的关系分析可知，新创企业的成长目标的紧迫性要求其尽快通过有效组织学习与资源获取等过程提升其内部能力。再由前文新创企业资源获取战略与组织学习战略分析可知，充分借助网络关系，选用外部化或内外结合的方式进行资源获取与组织学习是新创企业的首选战略。因此，充分借助网络关系，采取外部化或内外结合的方式进行内部能力提升不失为新创企业内部能力提升的首选战略。

2.3 网络关系相关研究

当组织面临资源交换与外部竞争环境不确定时，组织会倾向与外部环境中的重要生产要素提供者建立各种连结关系，以稳定组织内部投入与产出，避开环境控制（Pfeffer 和 Salancik，1978）。尤其是在进入信息时代、因特网时代、知识经济时代的今天，企业通过有效运用各种战略网络关系，利用更多外部资源，并在较低风险水平下创造优异业绩已成为越来越多现代企业发展的重要战略方向（宝贡敏，2004，P. 180）。同样，对新创企业成长而言，前文（第 2. 1. 2 小节）的分析表明，新创企业网络关系对其成长有着重要的影响，新创企业能否有效构建并整合利用网络关系将直接关系其成长等方面的绩效，即网络关系理论亦不失为新创企业成长绩效的重要解释理论。

那么，①何谓网络关系？②网络关系究竟有哪些魅力（功效）让人们对其“情有独钟”呢？③是否只要构建了网络关系，就一定能顺利实现其应有功效呢？④新创企业应同哪些外部组织、机构或个人建立网络关系呢？……所有这些都是每个新创企业经营者所应思考的实际问题。

同样，网络关系相关研究亦包括很多方面，但鉴于研究篇幅与研究目的考虑，为兼顾后文确定拟研究问题（第 2. 5. 3 小节），分析网络关系与内部能力关系理论分析框架的建立（模型轮廓勾勒）（详见第 3. 1. 2 小节）与相关假设的提出（模型纹理刻画）（第 3. 2. 5—3. 2. 8 小节）等部分研究的需要，以下拟就上述问题①—④进行文献回顾，相应内容安排如表 2. 9 所示。

表 2.9　本研究网络关系相关文献回顾框架及章节安排

对应章节	主要拟回答问题
2.3.1　网络关系定义	①何谓网络关系？
2.3.2　网络关系功效	②网络关系究竟有哪些魅力（功效）让人们对其“情有独钟”呢？
2.3.3　网络关系功效决定要素	③是否只要构建了网络关系，就一定能顺利实现其应有功效呢？
2.3.4　网络关系组成分析	④新创企业应同哪些外部组织、机构或个人建立网络关系呢？

资料来源：本研究整理。

2.3.1　网络关系定义

在管理学领域，Thorelli（1986）、Johnson 和 Mattson（1987）与 Uzzi（1997）等对网络关系的定义有着不尽相同的观点，如表 2.10 所示。

表 2.10　各学者关于网络关系定义的主要观点

研究者（年代）	主要观点
Mitchell（1969）	指某一群体中各成员之间的相互连带关系。
Williamson（1979）	指两个独立组织间建立介于市场交易与组织层级之间的诸如契约、相互信任、授权等形式的相互关系。
Ouchi（1980）	泛指介于市场与层级之间的组织间关系。
Thorelli（1986）	指某一群体内部成员之间为了获取互补资源，共享知识等以追求各成员及所在群体整体利益协调一致发展而形成的介于市场与科层组织之间的交易关系。
Johnson 和 Mattson（1987）	指建立在专业分工基础上，某一特定群体内部成员间为更好地从对方获取资源、销售产品与服务、进行技术交流并维持相互竞争与互补关系稳定发展的一种相互沟通、依赖与协调的关系。
Powell（1987）	指企业与外部组织建立在共同利益，以信誉为保证，无须正式组织机构约束的，介于市场与科层组织之间相互依赖的交易关系。
Jarillo（1988）	指企业为了获取与竞争者相比较的竞争优势而有计划地编织的与外部各相关组织或个人之间相对长期稳定的关系。
Miles 和 Snow（1992）	指一群为了共享资产、信息等资源，而通过市场机制彼此积极联系起来的企业间相互关系。
Uzzi（1997）	指企业间为了有效实现组织间的优质信息转移与共同问题解决等目的，建立在彼此信任基础上的相互紧密联结的嵌入性互动关系。
吴思华（2002）	指两个或两个以上组织为了获取竞争优势，建立在彼此专业分工、合作、资源互补基础上的相互联结、交换关系。
司徒达贤（2003）	指各种企业活动中，或从事各种企业活动的组织，除了以所有权来彻底连结，或以纯粹的市场交易来分工合作以外的关系。

资料来源：本研究整理。

由表2.10可知，各学者关于网络关系的定义主要涉及了网络关系的基础、网络关系建立的动机及表现形式等方面。如就网络关系建立的基础而言，Johnson和Mattson（1987）认为网络关系建立的基础是各成员间存在专业分工。Jarillo（1988）认为网络关系建立的基础是成员间存在共同的利益。而Uzzi（1997）则认为网络关系建立的基础是成员间彼此信任。就网络关系建立动机而言，各学者的观点比较一致，认为企业建立网络关系的动机主要在于实现与关系对方进行互补性资源与能力的共享，以实现企业特定目标。而就网络关系的表现形式而言，多数学者认为网络关系是一种介于市场与层级之间的组织间关系（Williamson，1979；Ouchi，1980；Thorelli，1986；Powell，1987；司徒达贤，2003）。因此，综合如表2.10所示各学者的观点，本研究认为网络关系指关系主体为了更好地实现信息共享，获取互补资源与能力，销售产品与服务以及支持组织正常运转等，以实现各自预期目标，而建立在契约、相互沟通、信任、协调、依赖与授权等基础之上，与其他外部主体所建立具有持续性、重复性与互惠性特征的连结关系。

Thorelli（1986）按网络关系内部权力作用范围将网络关系分为组织中小团体内成员间、组织内部门间及组织间三个层次。Ghoshal和Bartlett（1990）将企业各地分支机构或子公司间因交换关系而形成的关系称为内部网络关系，而将企业与外部顾客、供应商、竞争者等不同主体间的关系称为外部网络关系。Michael和Yukl（1993）将组织内部成员间或部门间的互动关系称为内部网络关系，而将企业通过业务往来、合作、社会交往等方式同诸如经销商、供应商、客户、政府部门及其官员、科研机构等外部组织与个人建立的各种互动关系称为外部网络关系。Harryson（1998）亦持类似观点。秉承上述学者关于网络关系层次划分的思想，本研究将网络关系界定为新创企业因资源联结、业务合作、交换关系而与外部供应商、经销商、顾客、政府部门、金融机构、科研机构、竞争者与其他利害关系团体、机构、组织或个人之间组织层次上的网络关系。

2.3.2 网络关系功效

Dale（2003）通过对旅游中介企业的战略网络关系与其竞争优势的关系研究发现，企业的网络关系可为企业提供渠道、合作、分享、补充与沟通等方面的功能，其中渠道功能有利于企业借助关系对方的渠道快速推广、分销自己的产品或服务；合作功能则有助于其借助于与对方的合作，解决己方单独无法或难以完成的技术或营销等项目；分享功能主要指网络关系能为其中的企业提供信息与资源共享的平台；补充功能有助于使得企业将己方的产品或服务与对方的产品或服务进行组合，以形成一个更为完整的产品或服务系统；沟通功能有助于企业与其合作伙伴增进相互了解、促进彼此信任，使得在合作互动等过程中更加有效协调，并能有效抑制对方的背叛等投机主义行为。类似的，Porter 和 Fuller（1986）与 Jose（2003）等亦对企业网络关系功效进行了相关研究，如表 2. 11 所示。

表 2. 11　企业网络关系功效相关研究

学者（年代）	企业网络关系功效
Fombrum（1982）	获得目标约束（Goal constraints）、权力（Power）政治/经济利益、结构优化、促进创新、获取威望、提升绩效。
Porter 和 Fuller（1986）	降低风险、实现规模经济、改善组织学习曲线、降低成本、获取竞争优势。
Devlin 和 Bleackley（1990）	资源共享、开拓市场、分摊研发成本、促进技术创新、相互联合以增强市场地位、改变产业结构。提升产业竞争力、排斥竞争对手。
Oliver（1990）	应对政府政策、增加资源控制权、互惠、提高组织内部运行效率、增强对环境的适应性、增加组织正当性地位以及这些因素的交互效应。
Badaracco（1991）	降低成本与风险、加快新产品上市速度、增强经营弹性、监控竞争者动态、引导知识流动、降低竞争程度。
Walter 等（2001）	直接效应（收支平衡、现金流入与市场份额等）、间接效应（信息获取与提高组织知名度等）。
Dale（2003）	渠道、合作、分享、补充与沟通。
Jose（2003）	共同利益、应对外界环境的不确定性、增强经营弹性、技术合作、产品创新、经营战略需要等。
吴思华（2002）	降低成本、分散风险、有效取得关键资源、提高竞争地位。
司徒达贤（2003）	维持稳定关系、维持弹性简化组织管理、能力与资源互补、实现规模经济与提升营运效率、分担风险、共同改善环境、迅速掌握新机会等。

资料来源：本研究整理。

综合表 2. 11 中各学者的研究，可将企业网络关系的功效大致分为资源获取、组织学习、取得正当性、分散风险、降低成本、维持稳定的关系、获取创业机会、提高竞争地位等方面。

（1）资源获取

网络关系对企业资源获取的影响突出表现在：

①有利于企业获取互补性的资源与能力。根据司徒达贤（2003）等的研究，企业可通过网络关系互相交流研发资源，调节彼此的产能。如营销能力强的品牌拥有者可以将生产工作交给代工厂，未能自创品牌的也可以凭着代工发挥本身的制造能力与产能；大企业可以凭着其财力雄厚，营销渠道丰富的优势与具有创新速度快、信息灵活特点的小企业建立网络关系实现互通有无；具有高水准研究人

力与先进研究设备的科研机构可与拥有足够财力且了解市场需求的企业进行产学研合作；即使企业与政府之间亦可以建立良好的互动关系，因为政府拟定产业政策时，为求不闭门造车，需要广泛听取企业界各方的意见，而企业亦希望影响政府的政策走向，或至少可预先了解政策的走向或意图。

②有利于企业获取关键性的资源与能力。吴思华（2002）认为，企业一旦与某一组织建立了网络关系，那么就可以据由互动关系双方长期往来所建立的了解与信任，更容易获取某些特殊的关键性资源。例如，某一项电子零件产生世界性缺货时，零件生产企业常会优先供应给经常往来的企业。再如，当企业发展新产品或到其他地区销售、生产时，亦较容易从其网络关系对方持续获取必要的资源与能力（吴思华，2002）。研究表明，企业凭借网络关系所获得的诸如信息、渠道、资本、服务等关键性资源能有助于维持或强化企业的竞争优势（Gulati 等，2000）。如 Imai 等（1985）发现，日本的汽车、影印机、相机，以及个人电脑产业产品发展的高速度与灵活的弹性得益于各企业所建立的广泛供应商关系。

③有利于企业获取某些特殊的资源与能力。有许多管理或技术上的专业知识由于属于经验形态，隐藏在组织人力资源及其运作流程中，具有高度的内隐性的特点，因而难以具体化，不易有效转移，更难以通过简单的市场交易、授权或契约等方式分享或获取，而必须借助于双方的经常性互动与了解才可能实现。而网络关系的建立有助于企业获取这些特殊资源与能力，如 Wang 等（2005）以参与合作的虚拟企业为研究对象发现，各成员企业可通过项目合作、授权等多种方式实现包含隐性知识在内的知识等资源的共享。

（2）组织学习

组织学习的首要环节是知识获取。研究表明，网络关系有助于形成一定区域内人与人、人与组织及组织间互动关系，使得嵌入在各主体内部的知识能够在关系内部流动及共享（McDonald 和 Vertova，2001），企业可通过与对方互动接触对方的知识与技术等资源。如 Yli－Renko 等（2001）发现，组织与外界的关系联结越多，其在互动关系中接触知识的机会越多。另外，这种网络关系相对普通外部联系而言，其关系成员间具有更多互动沟通，更高相互信任。因而，网络关系能更有利于关系成员间进行知识的交流与共享，从而使得网络关系成为企业与外界交流信息与知识的重要渠道（Rogers 和 Kincaid，1981）。如 Hamel（1989）指出企业应将战略联盟看作是学习对方知识与机会的平台。由此可知，网络关系有助于企业更好地获取组织学习所需的知识资源。

就组织学习中知识获取后的知识处理阶段而言，组织能否有效处理消化所获取的知识直接关系到组织学习的成效。由于网络关系内部成员间有较高的互动机会，组织在学习的过程中有很多的机会与对方进行信息反馈、借鉴与再请教等，从而提高其对新知识的消化吸收效果。如 Pennings 和 Harianto（1992）以美国商业银行引进新系统过程为例，认为组织采用新系统的过程亦是一个组织学习的过程。他们研究发现，组织可通过与别的银行或其他使用过该系统的组织建立广泛的联系，从其互动中获取外部组织使用新系统的有关经验等信息，并加以借鉴，必要时及时向对方请教，从而促进本组织快速适应新系统，即促进了组织学习的效果。

正是由于网络关系能为组织学习提供一个良好的平台，从 20 世纪 80 年代始，越来越多的学者注重从组织学习的角度思考组织与外部的各种关系，如 Nonaka（2002，P81）。认为："知识不仅根植于组织的内部，而且它也根植于各个组织之间的相互关系中。……组织应建立一个网络系统来联系各知识团体之间的知识、这些知识团体包括知识的传播渠道、竞争者、顾客、用户、客户、辅助性行业、社区团体、下属机构等等"①。Lyles（1988）与 Kogut（1988）等人认为企业之所以与外界建立战略联盟，其重要目的之一是希望借联盟关系获取内部组织学习所需知识与技术等资源，从而达到提升技术等内部相关能力，强化竞争地位。近年来日益兴起的基于知识基础的网络观认为组织间的特定互动关系由于能够创造出比普通市场关系较强的成员间相互认同与协调，因而能够通过有效整合关系内部成员间的多元化知识，以创造并重组出新知识（Dyer 和 Nobeoka，2000；Hall，2000）。

（3）取得正当性

正当性（Legitimacy）指社会对某组织的可接受度、合适性以及受欢迎程度的评价（Suchman，1995；Zimmerman 和 Zeitz，2002），它表现为组织的经营活动所体现的价值观与社会规范的一致性程度（Zimmerman 等，2005）。企业是生存于一个现实环境之中的，需要接受政府主管机构、国家或地方法律法规的管理与约束，需要得到社会公众等外部组织在规范、价值观等方面的认可，亦即需要获得正当性（Legitimacy）（Oliver，1990）。

Sanders 和 Bovie（2004）认为，组织之所以缺乏正当性，其中重要的原因之一是其外部缺乏足够的关于该组织的正面信息。因此，组织可通过与网络关系对象进行广泛的沟通，向外界传递有关自身的正面信息，树立企业良好的信誉、声望与公共形象。同时，组织在与外界进行沟通的过程中亦会在其组织结构、价值观念等方面出现一定程度的同形性，从而更好地为外界所接受或认可（Zimmerman 等，2005）。

由于企业在行业进入、生产许可、卫生检验等多方面均要接受政府有关机构

① 转引自：拉各斯和霍尔特休斯（2002，p81）。

所制定的政策与制度的约束。在转型背景下，这种制度存在许多的空白地带。因此，企业为了能顺应政府有关机构的要求，而主动同其建立各种关系也就顺理成章了（Oliver，1990）。另外，根据 DiMaggio 和 Powell（1983）的研究，企业同大型或经营绩效较佳的企业建立稳定业务关系可有效增强外界对其的正面认知，亦即增强了该组织的正当性。

（4）分散风险

根据吴思华（2002）与司徒达贤（2003）的研究，企业可借助网络关系有效分散风险。尽管风险是客观存在的，但人们可通过增加信息的充分性以减弱或者规避风险。由于关系内部成员间具有较多的互动机会，彼此的信任程度相对较高，这样更便于企业了解经营相关的信息，以尽可能地规避风险。这正如 Morgan 和 Hunt（1994）所发现的，关系内部所蕴含的成员间相互信任、信息共享及关系承诺等机制，有助于降低成员企业决策时的不确定性，从而降低企业决策风险。并且，如前所述，网络关系有助于各成员间的资源共享，各企业不必直接投资其经营所需全部资源，故一旦投资失败，每个企业的损失也不至于过大，亦即其风险相对降低了。

另外，在关系的实际运作过程中，关系内部各成员都是相对独立的组织或个人，具有较大的弹性。当环境变化且压力过大时，各企业均可以结合自身情况，在一定范围内迅速调整其经营范围，重组资源，这无疑可降低其经营风险。正如格兰特与贝登 - 富勒（2003）所认为：“当现存的不确定性超过了未来的知识需要时，公司之间的协作能提供风险扩展利益”。在实务中，企业常常通过与政府部门、银行或大的知名企业联合投资或建立其他相对稳定关系的目的之一就是希望能与其分担风险。

综合以上分析可知，企业网络关系可有效为企业分摊风险，如 Ring 和 Van De Ven（1992）以交易风险与交易对信任的依赖度为两个指标考察企业与外界信息与资源的交易方式选择时发现，当两者均高时，应选择关系型契约的交易方式。

（5）降低成本

根据吴思华（2002）与司徒达贤（2003）等的研究，企业网络关系对企业的成本节约突出表现在实现规模经济利益、扩大范畴经济利益、降低交易成本与实现网络经济利益等方面：

①网络关系有助于企业实现规模经济利益。网络关系是建立在各参与主体之间专业分工基础上的合作关系，参与网络关系的每个企业都无须在机器、厂房等固定资产上进行重复投资，且可借代工、外包等多种方式增加现有资源的有效利用工时等，从而参与网络关系的每个成员的资源都能得到最大规模的使用，从而

实现规模经济利益。例如，中小企业可以通过共同研发分摊成本，并完成单个企业难以完成的项目，还可以实现联合采购，增加谈判力量，从而获取更低的购买价格等利益，这无疑可降低企业资源使用成本。

②网络关系有助于企业实现范畴经济利益。通常企业的某项资源与能力不光能用于某一特定的用途，特别是当企业对该资源的利用存在很大的空余时间时，企业可将此资源的空余资源有偿与其他相关企业共享，这样就可使得该资源的使用范围得到了扩大，从而实现其范畴经济利益。

③网络关系有助于企业降低交易成本。网络关系内部成员间通常具有较高的彼此了解与信任，因而可有效抑制投机主义行为，降低信息搜索、协商谈判、监督等交易成本。

④网络关系有助于企业实现网络利益。网络经济利益指绵密的网络关系所带来的经济利益，该利益的大小与网络关系的联结数量成指数关系（吴思华，2002）。吴思华（2002）以城市轻轨交通为例说明网络利益如下：当一个轻轨线通车时，只能解决甲乙两地间的交通；当两条轻轨线结成网络关系后，则能解决甲、乙、丙、丁四地之间的交通问题，效率是原来的六倍；如果三条路线都开始营运，则可形成十五条不同的运输线路。这种增加了的可通车线路就是网络利益，亦即任何一家轻轨交通公司如果通过合作等方式加入这个交通网络体系，则其只需付出少量的成本就可得到全部的网络利益。

（6）维持稳定关系

纯粹市场交易关系较不稳定，而企业有些交易活动却需要参与成员间具相对稳定关系，并且彼此相互信任、协调才能完成。如新产品联合开发或企业营销战略的调整都需要合作对方事先严格保守商业秘密（吴思华，2002；司徒达贤，2003）。企业一旦与某外部组织或个人间建立了一定的网络关系，那么就意味着双方均需对此关系做出某种特定的投资。无论这种投资是表现为固定资产上，人员安排上、还是生产工艺调整上，均意味着彼此的关系形成了一种“被套住”的局面，如其中一方中止此关系，则必然会面临一定的“转换成本”。所以，此时各方均会表现出一定程度的关系承诺，从而有利于维持彼此间的稳定关系。

（7）获取创业机会

创业机会既可来自于市场的供需变化（Shane 和 Venkataraman，2000；林嵩，姜彦福和张帏，2005），亦可来自政治因素、规章制度等的变动（司徒达贤，2003）。如新汽车尾气排放标准的出台可能使得那些过久的汽车被迫“退役”，这可能会引发新一轮汽车需求高潮。但所有这些创业机会均是建立在信息不对称基础之上的（Shane 和 Venkataraman，2000），谁拥有最广泛的网络关系，谁就最有可能最先获取这些关键信息，而站在信息更充分的一方，因为网络关系不仅有助于经营创业的启动，而且对信息搜索也大有帮助（司徒达贤，2003）。但信息不对称毕竟是一种短期内的暂时现象，它必将随着时间推移而减弱不对称程度，这就意味着由信息不对称所带来的商机可能稍纵即逝。因此，拥有最广泛网络关系的企业可较快地找到合作对象，以及时开发这些创业机会。

另外，网络关系本身亦可构成一种创业机会。如贸易公司正是利用其与上游生产企业及下游顾客之间建立的广泛的网络关系开展工作的。再有，当前为了提高顾客满意度，伴随旅游活动及国际会议活动出现的旅行社或国际会议公司，亦完全是因为能够促进网络关系更有效运作而出现的新兴产业。这些企业既无固定产品与固定客户，亦无固定生产方式与供应商，它们所依赖的完全是辛苦构建而成的发达网络关系，弹性而又富有效率地组合出各种不同商品，来满足顾客的不同需要（吴思华，2002）。

（8）提高竞争地位

吴思华（2002）认为，企业可借助网络关系与外部组织联结形成集体力量，合作开发新产品，进行产品改良，或者提供顾客的整体服务。如近年来世界各大航空公司纷纷与数家长期往来，且信誉良好的旅行社结成战略联盟，共同推出新的旅游商品，与其他航空公司进行竞争，以谋取竞争优势。

由前述网络关系对创业机会的获取分析可知，拥有良好网络关系的企业可在创业机会出现时，凭着其与关系对方长期以来建立的彼此信任与利益一致性的关系而能迅速有效获取机会开发所需的资源与能力，从而实现机会开发中的捷足先登。同时，根据吴思华（2002）的研究，处于企业网络关系体系下游的企业通常对市场需求变化的敏感性更高，因而，企业可通过其网络关系快速获取该信息，及时甚至提前做好应对措施，从而确保其竞争优势。

上述分析表明，企业网络关系能为企业带来多种功效。但在企业实际经营活动中，企业网络关系功效远非上述有限的数种。就上述几种网络关系功效而言，各功效间存在彼此相关关系，如网络关系的组织学习功效正是建立在网络关系有利于知识、技术等资源的获取的基础之上的。而资源获取能力又是与企业通过网络关系有效获取正当性密不可分的。再有，企业的某一特定网络关系可能同时给企业带来多种功效。如 McHugh 等（1995）发现企业业务外包有助于企业避免在业务高峰时添置更多的固定成本，从而降低作业总成本；有助于企业接触更为广泛的外部知识及技能；有助于企业简化内部管理；以及有助于企业将主要资源集中用于内部的核心能力及核心业务的发展上。最后，需特别指出的是，网络关系较那些一次（one shot）偶发性关系更有助于企业实现上述利益的关键在于前者较后者而言，关系成员间具有更好的沟通与信任等关系属性，上述关于网络关系各功效的分析都说明了这一点，这亦是后文（第 2.3.3 小节）将对此问题进行详细分析的原因之所在。

2.3.3 网络关系功效决定要素

细观前文（第2.3.2小节）关于网络关系功效的分析过程可知，网络关系的功效与网络关系内部成员间特有的彼此沟通与信任等治理机制密切相关。如倘若网络关系内部成员间彼此沟通不频繁，沟通效率不高或渠道不畅，那么网络关系又何以能为关系成员提供知识转移等组织间学习的效用呢？倘若关系成员间彼此不信任，关系一方又何以能得到对方的承认，从而获取正当性呢？倘若关系各方彼此不信任，网络关系又何以有助于关系各方降低交易费用，从而降低各方经营成本呢？倘若关系各方间没有形成较强的彼此关系承诺，那么网络关系又何以能维持关系成员各方间的相对稳定的长期关系呢？……此正如 Parise 和 Casher（2003）所认为的，互动关系双方间的沟通、信任、透明、承诺和兼容等因素与互动关系能否达到其功效密切相关。类似的，罗炜（2002，P.116－121）在综合分析国内外相关研究基础上发现，合作关系中彼此信任程度及沟通交流频率等是影响企业与外部组织合作过程中技术学习与能力发展的重要影响因素。

而根据 Crosby 等（1990）、Morgan 和 Hunt（1994）、Mohr 和 Sepkman（1994）、Lee 和 Kim（1999）、Garbarino 和 Johnson（1999）等的相关研究，这种网络关系成员间的沟通与信任等指标正好反映了网络关系的关系品质[①]。纵观相关研究，本研究认为关系品质是网络关系功效的关键决定要素之一。理由如下：

（1）低关系品质不利于网络关系应有功效的实现

以企业间的战略联盟为例，研究表明，尽管企业战略联盟能为企业带来诸如前述网络关系的多种功效（详见第2.3.2小节）。但由于联盟关系具有内在的不稳定性，而导致实际战略联盟成功率通常只有1/3到1/4之间，联盟的失败率也常高达60%～70%。如 Bleeke 和 Ernst（1991）针对49家国际战略联盟的调查发现，大约有2/3的联盟在成立后的两年内产生财务与管理问题，1/3的联盟最终归于失败[②]。

Sivadas 和 Dwyer（2000）研究发现，合作关系中各成员的投机主义或利益冲突等因素常常是导致合作关系失败的重要因素。Smith 和 Barclay（1997）研究发现，如果组织间存在彼此的不信任，则容易导致相互猜疑等有损相互合作关系的行为，使合作绩效大打折扣，从而降低合作双方的绩效。司徒达贤（2003）认为很多企业间的合作失败，未必是战略上的错误，而是合作中的双方人员，对彼此

① 本研究后文（第2.4节）将对“关系品质”进行文献回顾。

② 转引自杨农（2004，p179－180）。

的工作态度、要求标准、行动纪律、沟通方式不满所致。

如果说前述各学者关于联盟失败原因的研究由于视角不同而各有偏执的话，那么 Park 和 Ungson（2001）的研究则相对更为系统得多了。Park 和 Ungson（2001）整合相关学科领域关于战略联盟的研究后提出如图 2.9 所示的联盟失败整合性框架。根据此框架可知，尽管联盟成员间的信任与承诺不是联盟失败的最为直接因素，但却是一个极为重要的间接因素。因为倘若联盟成员间信任与承诺程度低，则可能会导致成员的投机主义、联盟系统难以有效整合、联盟内部利益分配不公等等问题，所有这些问题都将进一步导致联盟的失败。因此，联盟成员间的彼此低度信任与承诺等关系品质是导致联盟失败的重要因素。

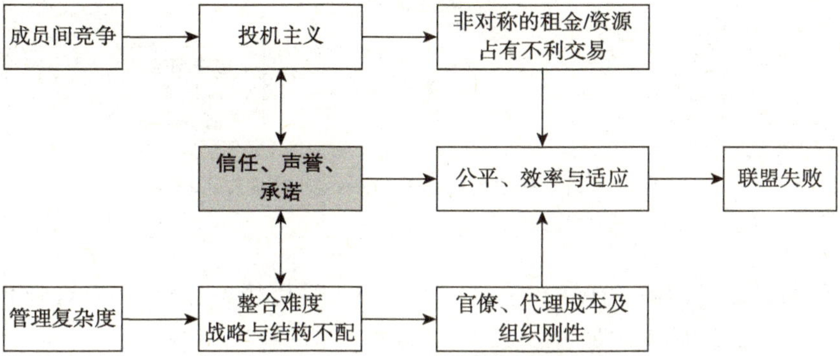

图 2.9 联盟失败因素整合模型

资料来源：Park 和 Ungson（2001）。

再以企业业务外包为例。尽管业务外包可为企业提供多种潜在功效（McHugh 等，1995；Ray，1995），但据 Barthelemy（2001）的研究可知，企业业务外包中约有 14% 的企业或组织不但未能从外包中获益，反而遇到令人沮丧的问题。再有，Shreeveport 管理顾问公司的研究也指出约有 30% 的外包案例是失败的①。导致外包失败的原因虽然很多，但据有关研究，未与外包商维持良好关系品质是其中重要原因之一（林隆仪和李水河，2005）。

信任是企业一切网络关系得以建立的基础与所具有的共同特征。因此，以上各学者有关信任等因素导致战略联盟与企业业务外包失败的分析可外推至企业其他网络关系功效影响因素的分析。如 Lorange 和 Roos（1990）所言，企业在与外部组织的合作、交易等互动关系中绝大多数都存在彼此缺乏信任的问题，导致企业并不能充分有效地借助外部关系来获取各种所需信息、资源与能力等补充要素，从而极大限制了外部关系应有功效的发挥。故本研究认为低关系品质不利于

① 转引自林隆仪和李水河（2005）。

网络关系应有功效的实现。

(2) 高关系品质有助于网络关系应有功效的实现

林隆仪和李水河（2005）以我国台湾地区交通部门及其所属机关将其非核心服务项目外包为例，研究了外包双方关系品质与外包后组织绩效的关系。在该研究中，他们以外包服务件数测量服务外包，以外包双方之间的沟通、信任、承诺及满意测量双方的互动关系品质，以外包后成本降低及服务品质提升情况测量外包后的组织绩效，提出了如图 2. 10 所示的研究构架。

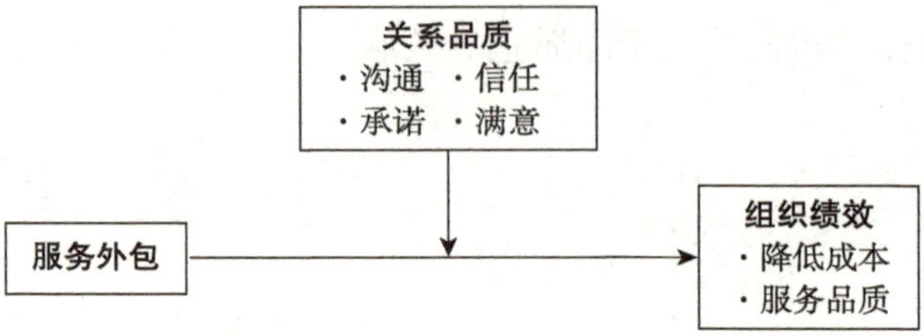

图 2. 10　关系品质与服务外包后组织绩效关系模型

资料来源：林隆仪和李水河。(2005)。

他们通过对所回收的 161 份有效问卷资料，采用相关分析与简单回归分析等方法进行经验研究后发现如表 2. 12 所示的各变量间相互关系。

表 2. 12　关系品质及其构成维度与服务外包后组织绩效关系之假设检验结果

假设内容	检定结果				
	解释变异量（%）	标准化β值	t 值	p 值	结论
外包双方关系品质愈好，降低成本成效愈佳	14. 5	0. 219	2. 831	0. 005 ***	支持
外包双方沟通愈好，降低成本成效愈佳	2. 7	0. 165	2. 113	0. 036 **	支持
外包双方信任愈好，降低成本成效愈佳	2. 1	0. 145	1. 852	0. 066 *	支持
外包双方承诺愈好，降低成本成效愈佳	3. 9	0. 198	2. 551	0. 012 **	支持
外包双方满意愈好，降低成本成效愈佳	6. 4	0. 253	3. 301	0. 001 ***	支持
外包双方关系品质愈好，服务品质成效愈佳	52. 8	0. 728	13. 394	0. 000 ***	支持
外包双方沟通愈好，服务品质成效愈佳	37. 3	0. 614	9. 801	0. 000 ***	支持
外包双方信任愈好，服务品质成效愈佳	45. 9	0. 680	11. 698	0. 000 ***	支持
外包双方承诺愈好，服务品质成效愈佳	25. 1	0. 506	7. 396	0. 000 ***	支持
外包双方满意愈好，服务品质成效愈佳	34. 5	0. 590	9. 218	0. 000 ***	支持

注：* 表示 p 值 <0.10；** 表示 p 值 <0.05；*** 表示 p 值 <0.01。

资料来源：本研究整理自林隆仪和李水河（2005）。

综合以上林隆仪和李水河（2005）的研究可知，外包关系中外包双方彼此沟通、信任、满意与承诺程度，及由沟通、信任、满意与承诺所建构的关系品质均与外包后组织绩效，即与外包绩效成正相关关系。

曹为忠，詹雪阑和陈郁雯（2003）以我国台湾中小企业间的战略联盟为研究对象，通过对随即调查所回收的 142 份有效问卷数据，运用 LISREL 软件进行结构方程模型分析。在对全部有效样本进行分析时发现，联盟伙伴间的信任程度对联盟绩效及未来与联盟伙伴继续合作的意愿有显著的正向影响；而联盟伙伴间的沟通程度尽管对联盟绩效的直接影响较弱，但对联盟伙伴间的信任程度有显著的正向影响，如图 2.11 所示。

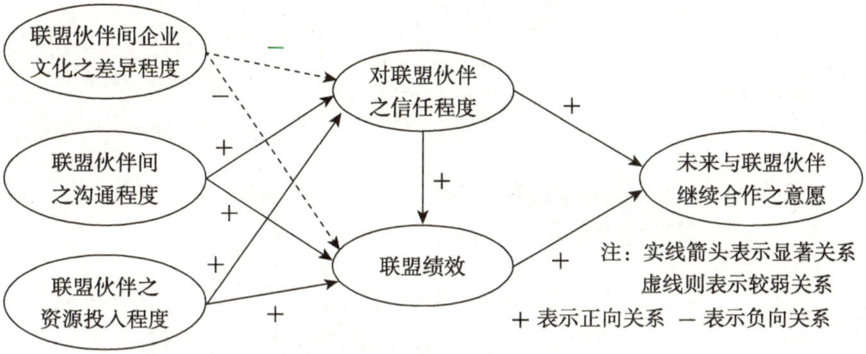

图 2.11　联盟绩效影响因素 LISREL 模型路径之检验（全部企业）

资料来源：曹为忠，詹雪阑和陈郁雯（2003）。

但当他们从前述 142 家全部企业中挑选出那些曾获台湾地方政府奖励的企业单独成群进行分析时，除发现类似前述联盟伙伴间信任程度对联盟绩效及未来与联盟伙伴继续合作意愿有显著正向影响外，还发现联盟伙伴间的沟通程度对联盟伙伴间的信任程度及联盟绩效均有直接的显著正向影响，如图 2.12 所示。

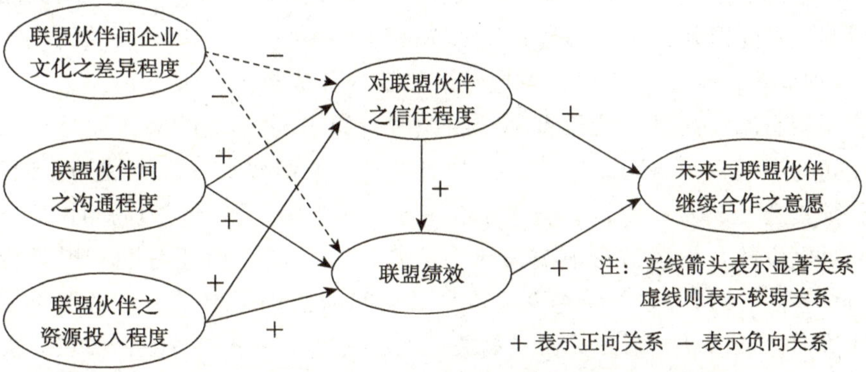

图 2.12　联盟绩效影响因素 LISREL 模型路径之检验（获奖企业）

资料来源：曹为忠，詹雪阑和陈郁雯（2003）。

再有，当他们采用同样方法对另一群未获奖的企业单独进行研究时发现，未获奖企业与获奖企业的不同之一在于：未获奖企业所参与战略联盟的联盟伙伴间沟通程度对联盟伙伴信任程度及联盟绩效均表现为较弱的负向影响关系，如图2.13所示。

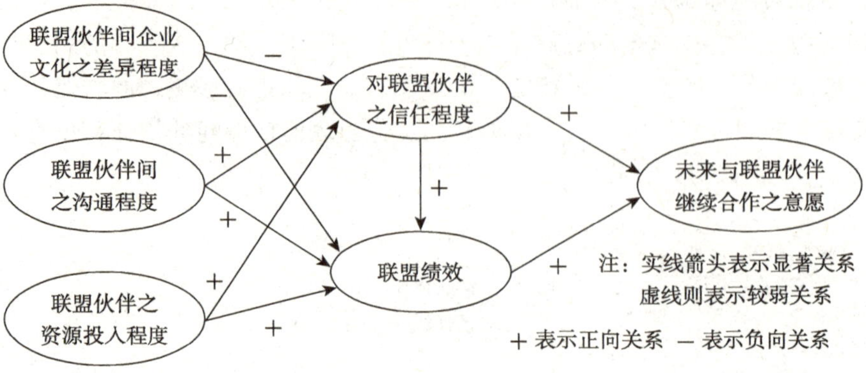

图2.13 联盟绩效影响因素LISREL模型路径之检验（未获奖企业）

资料来源：曹为忠，詹雪阑和陈郁雯（2003）。

综合以上三个模型分析结果可知，无论是对于获奖企业还是未获奖企业，联盟伙伴间的信任程度均对联盟绩效及联盟伙伴未来绩效合作意愿有显著正向影响。但据曹为忠，詹雪阑和陈郁雯（2003）的解释，对于获奖企业来说，由于其较重视联盟伙伴之间的沟通，彼此沟通的品质较高。所以，其沟通程度对联盟成员间的信任及联盟绩效有显著正向影响关系。与此相对，那些未获奖企业由于不够重视彼此之间的沟通，彼此沟通品质较差，因而在一定程度上呈现出沟通程度对信任程度及联盟绩效的弱负向影响关系。

综合以上有关战略联盟绩效影响因素及服务外包绩效影响的经验研究结果可知，企业与外部组织间的良好沟通、信任及其关系品质对组织与其互动的绩效具正向影响。除此以外，尚有相关研究如亦证明了关系品质对互动绩效的正向影响关系。如Davenport等（1999）发现网络关系内部成员间的彼此信任关系有助于重要知识的交流与共享，从而有利于组织进行组织间学习。Jao（1997）发现联盟伙伴间的沟通频率与沟通品质对提升研发联盟的绩效具有决定性的正向影响。林怡和张文杰（2003）以日、美汽车制造业企业为例，研究制造商与供应商间信任关系对供应链合作绩效影响时发现，合作双方的高度信任有助于提高合作绩效。Holm等（1996）认为网络关系内部成员间的信任与承诺关系有助于促进各成员的价值创造活动。由此可见，高关系品质有助于网络关系应有功效的实现。

上述分析表明，低关系品质不利于网络关系应有功效的实现，而高关系品质有助于网络关系应有功效的实现，即关系品质越高，越有利于网络关系应有功效的实现。

此外，尚有研究表明关系品质对互动关系中其他变量间关系有着重要的调节效应，甚至关系品质本身作为单一变量对关系绩效有直接的影响。如 Grover 等（1996）在其探讨企业信息系统外包（outsourcing）绩效影响因素时，以沟通、信任、合作及满意度来测量企业与其外包组织的合作关系品质。他们发现，尽管外包程度中的系统操作及通讯管理维护两维度与外包绩效间存在显著相关关系，但外包双方间关系品质对其具显著干涉效应。再有，何雍庆和曾真真（2003）在研究我国台湾地区保险业企业营销活动外包绩效时，发现关系品质是关系绩效的重要影响因素，如图 2.14 所示。

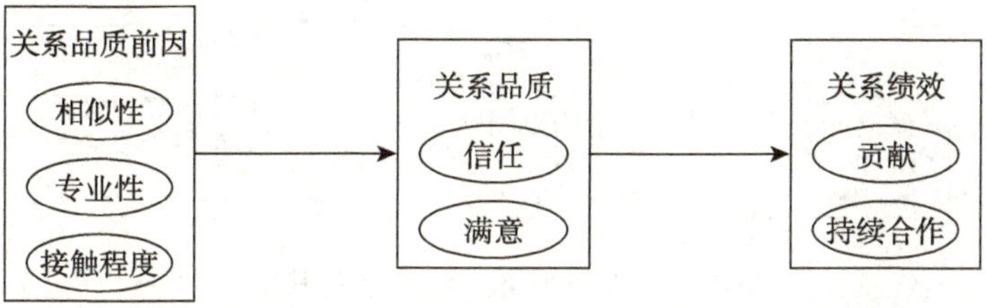

图 2.14　关系品质前因、关系品质及关键绩效相互关系模型

资料来源：何雍庆和曾真真（2003）。

因此，综合本小节（第 2.3.3 小节）分析可知，尽管网络关系功效受多方面因素的影响，但关系品质无疑是其中关键因素之一，因而关系品质亦不失为网络关系相关研究的重要视角之一。

2.3.4　网络关系组成分析

由前文（第 2.3.2 小节）分析可知，网络关系对企业具有多种潜在功效。因此，企业应努力构建网络关系，以辅助其经营。那么，企业应同哪些对象建立网络关系呢？对此，Gemunden 等（1996）与雷家骕和冯婉玲（2001，P. 45）等的研究值得借鉴。

Gemunden 等（1996）研究发现，企业创新活动所需网络关系对象主要包括行政管理机构、供应商与产品制造商、研究培训机构、合作供应商、竞争者、顾问、顾客及分销商等组织或个人（见图 2.15），各种网络关系对象对企业的价值贡献各有不同。如企业与行政管理机构的关系有助于企业获得各种补助与政治支持等。企业与合作供应商的关系有助于企业进行互动知识的共享，以解决共同问题。同样，企业与顾客的关系可为企业提供诸如定义新市场需求与解决市场接纳问题等利益。

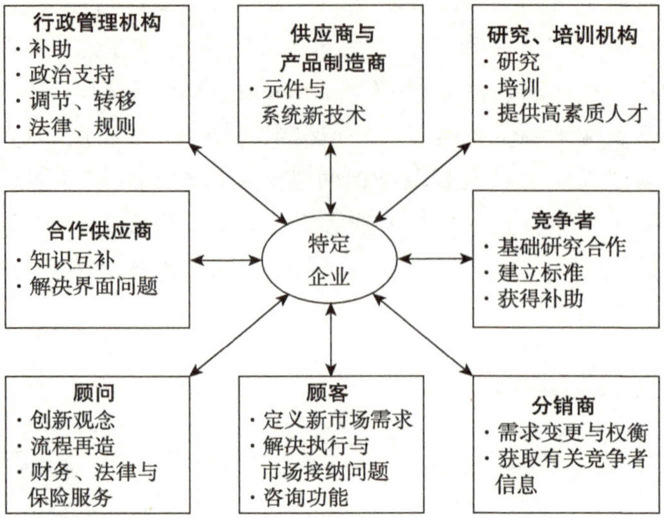

图 2.15　企业创新网络组成及其功效

资料来源：Gemunden 等（1996，P450）。

类似的，国内雷家骕和冯婉玲（2001，P. 45）认为，在面对可资利用的商业机会时，创业者需要从新创企业的长期生存与发展的实际出发，充分考虑哪些组织对于本企业发展是紧密相关的、有利的、有助的。因为新创企业如不建立广泛的社会联系，则起步之初即会处处碰壁。他们认为金融机构、政府部门、科研机构与同行是新创企业早期成长阶段最为重要的网络关系对象，因为新创企业往往资金短缺、资金周转过慢，特别需要得到金融机构的支持；起步之初缺乏起码的竞争能力与运营经验，需要得到政府部门的关爱；需要与科研机构建立紧密的伙伴关系，以便得到持续的技术支持；需要从同行企业处获取由其他渠道得不到的行业竞争信息、行业技术发展信息、用户信息以及某些问题的解决方案等。

除此以外，尚有 Lee 等（2001）与 Lechner 和 Dowling（2003）等对企业网络关系构成等问题进行了相关研究，兹总结如表 2. 13 所示。

综合表 2. 13 各学者研究并结合本研究实地调研可知，企业为保证其生产经营活动的顺利进行，需要在经营活动过程中同包括供应商、顾客、经销商、会计师事务所、律师事务所、管理咨询公司、行业协会、消费者协会、工商、税务、城管、城建、卫生、质监、物价等政府主管部门、合作企业、竞争者、大学、研究所、技术信息咨询或服务等科研机构、新闻媒体、各类政治或宗教团体、商业银行、外部劳动力市场、猎头公司、民间借贷机构或个人及外部投资者等在内的外部组织或个人发生各种不同的关系，因而需要同这些主体建立广泛的网络关系。

表 2.13 部分学者有关企业网络关系对象组成研究汇总

学者（年代）	（研究视角）主要网络关系组成
Smilor 和 Gill（1986）	（创业机会获取）其他企业、政府部门、专业机构、大学、其他社会团体
Morgan 和 Hunt（1994）	（关系营销）供应商、横向伙伴（政府部门、非营利组织、竞争者）购买者（最终顾客、中间商）
Leonard – Barton（1995）	（技术知识来源）顾问、客户、国家实验室、供应商、科研机构、其他竞争性与非竞争性企业
Gemunden 等（1996）	（创新网络）行政管理机构、供应商与产品制造商、研究与培训机构、合作供应商、竞争者、顾问、顾客、分销商
Lee 等（2001）	（资源交换）合伙型（其他企业、创投公司、科研院所等研究机构、创业组织或协会）、资助型（政府机构、银行等金融机构）
Lechner 和 Dowling（2003）	（主体层次）创业者层次的社会网络关系、新创企业层次的声誉网络关系、互惠网络关系、市场网络关系及知识与创新网络关系
科特勒（1997）	（营销活动）价值链上的供应商、经销商、合作者或竞争对手等；宏观环境中的政府与公众等；顾客等（转引自张广玲和吴文娟，2005）
吴思华（2002）	（成员性质）资源供应者、同业、异业、社会伙伴
司徒达贤（2003）	（双边利益）上下游厂商、国内外同行、劳工团体、投资人、政府机关、政治团体、大众媒体、学术界及研发机构
林景新（2005）	（公共关系管理）客户、供应商、销售商等单一产业链上的合作伙伴，产业链之外的政府、媒体、竞争对手、银行等

资料来源：本研究整理。

由于企业各种外部关系对象对企业的价值贡献各有不同（Gemunden 等，1996）。根据 Lechner 和 Dowling（2003）的研究，对某一特定企业而言，不但不同外部关系在企业某特定发展阶段重要性不同。而且某一特定种类外部关系在企业发展不同阶段对企业的重要性亦不同，如图 2.16 所示。

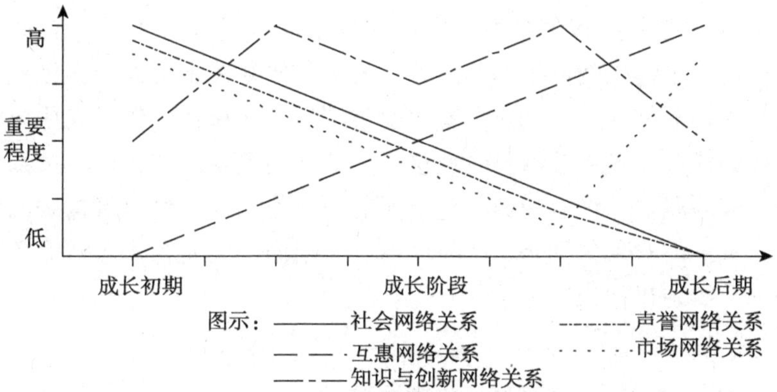

图 2.16 各网络关系相对重要性与企业发展阶段关系

资料来源：Lechner 和 Dowling（2003，P19）。

每种网络关系的构建与维持均需企业投入一定时间与财力等资源（Williamson，1979），有时还需企业主要经营者亲自参与，因而企业常常难以面面俱到（司徒达贤，2003）。更为重要的是，如果企业参与的网络关系过于广泛，还可能会出现网络关系边际成本超过边际收益的现象（司徒达贤，2003），而新创企业通常内部资源与能力非常有限。因此，其应在网络关系的参与决策上有所取舍，即应仔细比较每种网络关系的得失，选择那些对其发展最为重要的网络关系对象，重点构建并培育与其良好关系（Gemunden 等，1996；Kamath 和 Liker，1994）。基于上述文献回顾及本研究前期实地调研，本研究认为新创企业最为重要的网络关系对象包括顾客、合作伙伴、政府部门及金融机构，如图 2.17 所示。

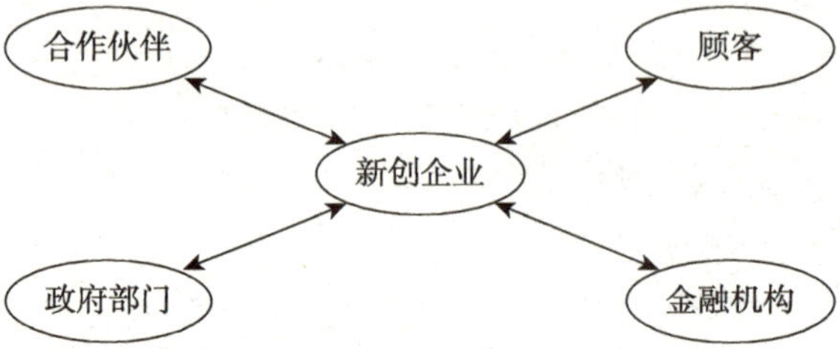

图 2.17　本研究新创企业主要网络关系组成

资料来源：本研究整理。

（1）合作伙伴

新创企业成长过程就是不断进行机会识别、获取与开发过程。为赢得快速成长，新创企业总是倾向于尽可能多地开发创业机会。但由于新创企业通常内部资源与能力相对欠缺，因而单个新创企业通常难以完全独立地开发所获取的创业机会。为了能更好地开发机会，新创企业必须向外界诸如供应商、经销商、同业者等外部主体寻求各种合作关系。借鉴 Lambert 等（1996）与 Lee 和 Kim（1999）等的观点，本研究将新创企业为开发创业机会而同其业务上下游企业、同业企业、科研机构等主体之间发生的关系称之为合作伙伴关系，即指新创企业与其合作伙伴间基于相互信任、公开、共享风险与利润，而相互协作以完成单个企业难以独立完成的任务，实现各参与者共享目标的互动关系。合作伙伴关系可表现为企业之间的战略联盟合作、业务外包、企业与其他企业或科研机构之间的合作创新等形式，关系的对象包括企业的供应商、经销商、同业合作者或竞争者、科研机构等外部组织、机构或个人。

（2）顾客

企业生存发展的第一任务是设法满足顾客需求（司徒达贤，2003），顾客是企业制定经营战略的依据，是评价经营战略有效性的标准（Arnold 等，1991）。

对新创企业而言，其创业机会表现为企业以特定产品或服务满足特定市场领域顾客需求的可能性。因此，企业能否准确认知其潜在顾客的需求特性将直接关系到企业能否为其产品或服务进行准确定位，这是企业能否识别、获取并开发创业机会的首要环节。企业能否让顾客接受并购买其品或服务又将直接关系到企业对创业机会开发的成功与否。而所有这些，无论是新创企业对顾客需求特性的认识，还是企业设法让顾客接受其产品或服务，均需企业与顾客保持密切的互动关系。因此，正如 Wayland 和 Cole（1997）所认为，企业为获取快速成长，就必须将重心置于顾客，并与顾客保持密切的互动关系，顾客成为新创企业重要的网络关系之一。在此，本研究将顾客关系界定为新创企业与所有购买其产品或服务的最终用户之间的互动关系。

（3）政府部门

在我国，新创企业的创立与市场准入等活动需要得到政府有关部门的批准。政府是规范企业行为的政策法规制定者与国家经济发展方向及模式的调控者，因而成为社会经济生活的重要信息中心与决策中心。企业在实际经营过程中需不断从政府有关部门获取方针、政策、有关法律等各种相关信息，以指导企业正确进行经营决策，并接受政府工商、税收、消防、公安等职能管理部门的管理与监督。因此，在现代有关企业契约理论模型中，对企业来说，政府部门如同银行、客户、供应商等主体一样成为企业必不可少且重要的外部利益相关者。而且，在任何一个国家，政府都对企业及其他众多利益相关者起统领、组织、协调的作用（曹楠，2004）。因此，与政府部门的关系对包括新创企业在内的任何一个企业而言，都是必不可少的重要网络关系之一。

曹楠（2004）与林惠春（2005）等均对企业政府关系的概念与范围进行了论述。在此，本研究参考他们的做法，将新创企业的政府关系界定为新创企业同诸如中央、省、市、县（区）、街道等各级政府、上级主管行政部门、诸如公安司法部门、工商税务部门，以及财政、海关、人事、环保、卫检等政府职能部门以及各级党委等政府组织与机构之间的关系。

（4）金融机构

如前文（第 2.2.2 小节）分析可知，融资能力是新创企业的主要内部能力之一。但根据 Robinson 和 Osnabrugge（2000）、张捷（2003）与晏文胜（2004）等的研究及本研究前期调研可知，银行、信用社及民间借贷机构与个人是新创企业最为重要，亦最为普遍的外源融资机构，因而成为新创企业重要网络关系之一。本研究所指金融机构主要指银行、信用社及民间借贷机构等组织、机构或个人。

2.4 关系品质相关研究

由前文（第2.3.3小节）知，关系品质是网络关系功效的决定要素之一。但由于篇章布局需要，前文并未对关系品质作深入探讨。为兼顾后文确定拟研究问题（第2.5.3小节），理论模型构建中建立网络关系与内部能力及成长绩效关系之理论分析框架（详见第3.1.2—3.1.4小节）与相关假设提出（详见第3.2.5—3.2.8小节）以及各网络关系品质测量（第4.2.2小节）等部分研究的需要，以下拟就关系品质的概念、各维度内涵及各维度间相互关系等主题进行文献回顾。

2.4.1 关系品质概念及维度构成

关系品质的相关研究最早可追溯到 Levit（1986）与 Dwyer 等（1987）的研究。如前者曾发现买卖双方的交易结果在很大程度上受交易物以外的无形价值的影响[①]，后者亦在研究买卖双方关系发展演化规律时发现，关系双方的信任、满意、最小机会主义倾向与相互承诺等因素对关系的建立、良好运转及持续发展，乃至关系的结果等会产生重要影响。但遗憾的是他们均只是单独从信任、满意等单一因素的角度进行分析，而未能将它们进行综合考虑，因而未能正式明确提出关系品质的概念。

（1）关系品质前人相关研究

目前理论界较为公认关系品质系由 Crosby 等（1990）最先正式提出并给予了明确定义。此后，Morgan 和 Hunt（1994）、Mohr 和 Sepkman（1994）与 Lee 和 Kim（1999）等众多学者先后对关系品质进行了大量研究。

Crosby 等（1990）在研究保险服务销售过程时发现，由于保险服务具有无形性，复杂性以及需较长时间才能感受服务效果等特性，而顾客在接受服务前处于信息不充分的状态，故所感知的不确定性及风险较高，这是导致顾客推迟或放弃做出购买决策的重要因素。此时如果保险服务销售人员通过一系列活动与顾客建立了良好的相互关系，使顾客对其与销售人员之间的过去互动经历感到满意，认为销售人员的诚实可值得依靠，并对销售人员的未来表现深有信心，则可显著降低顾客所感知的不确定性与风险，从而促进顾客做出购买决策。另外，他们还发现，销售人员给顾客留下的值得信任与感到满意的互动关系还有助于增加顾客对其的承诺，即增加其再次购买的几率。由此，Crosby 等（1990）将这种反映关系各方彼此信任与满意程度的指标首次正式称之为关系品质，并提出了如图2.18

① 转引自林隆仪和李水河（2005）。

所示关系营销情境下的关系品质模型。他们的研究显示，销售人员与顾客的关系品质是影响销售效果与预期未来互动水平的重要因素，而相似性、相关专业知识及关系销售行为则是影响该关系品质的重要因素。

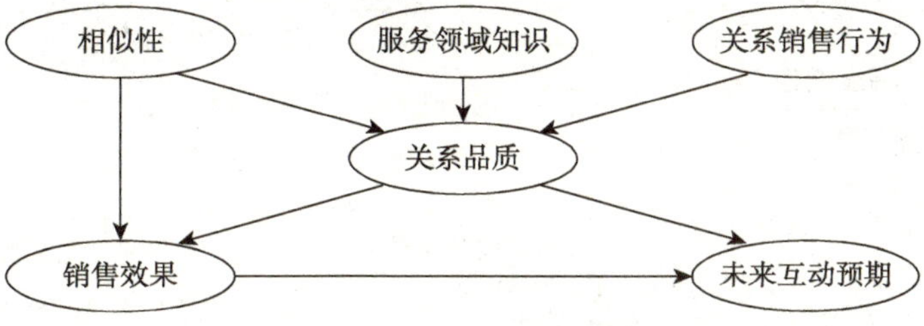

图 2.18　关系品质模型

资料来源：Crosby 等（1990，P69）。

Morgan 和 Hunt（1994）以 204 家汽车轮胎制造商与其经销商之间关系为对象，通过直接关系与间接关系模型的对比分析，探讨了关系中止成本、关系利益、共享价值观、沟通、投机行为、关系承诺及信任共七个自变量与默许认同、离去倾向、合作、功能性冲突及不确定性共五个因变量相互间的关系。他们发现，信任与关系承诺构成了调控其他五个自变量与五个因变量相互关系的中介变量，并将关系承诺与信任组合称为反映买卖双方关系性质的关系品质。由此提出了如图 2.19 所示的关键中介变量（KMV）模型并进一步发展出了颇具影响的“承诺 - 信任理论”。

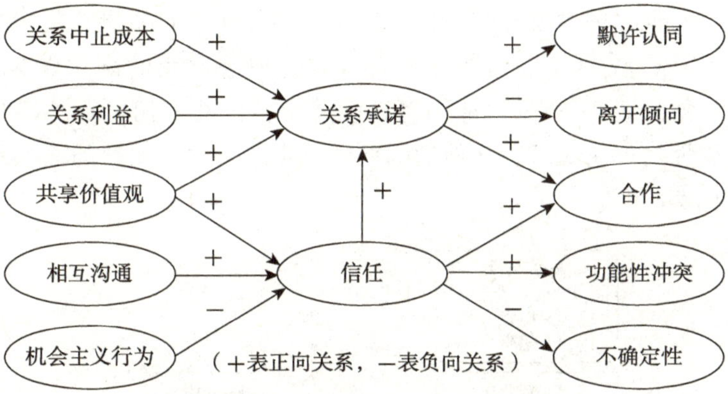

图 2.19　关系品质关键中介变量模型

资料来源：Morgan 和 Hunt（1994，P22）。

Lee 和 Kim（1999）在从社会学角度研究企业信息系统外包过程中合伙关系品质与外包绩效的关系时，选用信任、企业间彼此了解、利润及风险分享、冲突及承诺五项要素作为关系品质的衡量要素，通过对发生于 36 家服务接受者与 54

家服务提供者之间74对外部关系进行经验分析发现这五项要素能有效聚合用来测度关系品质。他们发现关系品质是外包成功的关键影响因素，而诸如参与、沟通、信息共享、高层管理支持以及相互依赖等因素则又构成关系品质的重要影响因素，如图2.20所示。

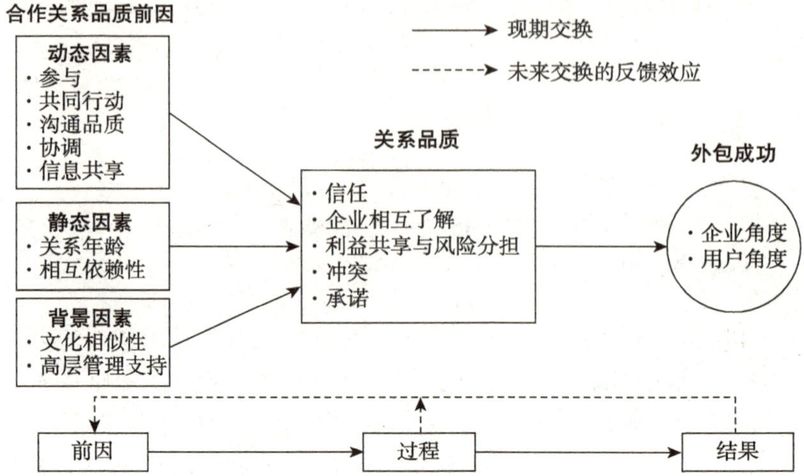

图2.20　合伙关系品质模型

资料来源：Lee和Kim（1999，P35）。

Mohr和Sepkman（1994）以124家制造商与其经销商之间垂直合作关系为研究样本，探讨合作伙伴关系属性、关系各方的沟通行为及冲突解决技术对关系成功的影响时发现，关系各方间承诺、协调、信任、沟通品质、参与冲突解决技术是影响关系是否成功（以销售额增长及双方主观感受的满意度为测量指标）的关键因素，如图2.21所示。他们将其中关系各方间的信任、承诺与协调综合称之为关系属性（attribute）。从他们的概念界定看，关系属性与关系品质为同一概念的不同称谓。

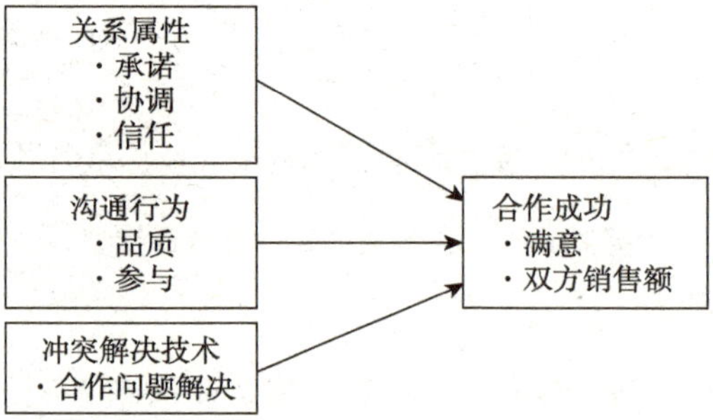

图2.21　合作成功影响因素模型

资料来源：本研究整理自Mohr和Sepkman（1994）。

（2）关系品质概念

除上述数位学者的研究外，亦有众多学者对关系品质进行了相关研究。在这些研究中，由于各互动关系的类型不同，而各研究者通常假设每个关系主体对关系的内涵及其结果有着其特定的直觉认识，导致各关系所强调的方面及其好坏标准亦不同（Hennig－Thurau，2000；Naudé 和 Buttle，2000；Walter 等，2003）。因而各学者对关系品质的概念有着不同的理解，如表 2.14 所示。

表 2.14　关系品质的定义

学者（年代）	定　义
Levit（1986）	可以影响买卖双方交易结果的一组无形价值组合。/a
Gummesson（1987）	是企业与客户互动关系的质量，是客户感知质量的组成部分，高的关系品质能够引起客户对质量的正向感知并构建双方的长期业务关系。/b
Crosby 等（1990）	指反映顾客对其与销售人员之间的过去互动经历感到满意，从而降低其感知的不确定性，认为销售人员的诚实可值得依靠，并对销售人员的未来表现深有信心的指标。
Liljander 和 Strandvik（1995）	顾客在关系中所感知到的服务与某些内在或外在质量标准进行比较后的认知评价。/c
Jarvelin 和 lehtinen（1996）	是指客户对于关系是如何满足其期望、预期行为、目标的感知并要求客户关注整个关系。/b
Gemuenden（1997）	就是对纯产品（服务）领域的交换、组织间的联系、个体间交流和组织间权力关系的评价。/b
Hennig－Thurau 和 Klee（1997）	指满足顾客关系需求方面的适当程度。
Smith（1998）	由反映整体关系力量以及关系满足参与双方的需要和期望的程度的一系列积极结果所构成的高级结构。/d
Johnson（1999，P.6）	反映组织间关系的总体深度与气候（climate）。
Holmlund（2001）	感知关系品质是指商业关系中合作双方的重要人士根据一定的标准对商业往来（效果）的综合评价和认知。/c
朱沆，齐文娥和汪纯孝等（1997）	在研究房地产中介企业与其客户互动关系时，认为关系品质指客户对企业及其员工的信任与满意程度。
刘人怀和姚作为（2005）	指关系主体根据一定的标准对关系满足各自需求程度的共同认知评价，亦即指能够增加企业提供物的价值，加强关系双方的信任与承诺，维持长久关系的一组无形利益。

注：表中斜线“/”后字母表间接引用关系，其中 a：林隆仪和李水河（2005）；b：莫庆云（2005）；c：刘人怀和姚作为（2005）；d：姚作为（2005）。

资料来源：本研究整理。

由表2.14可知，就关系品质的定义而言，多数学者均参考了Crosby等（1990）的观点，并结合各自所研究关系类型特征等因素适当加以发展。如Crosby等（1990）在对情节（一次交易）与关系（多个连续的情节）进行严格区分后，从人际关系的角度认为销售人员与顾客之间关系品质指顾客在过去满意的基础上，对销售人员未来行为的诚实与信任的依赖程度。而Liljander和Strandvik（1995）根据顾客感知的特点，详细界定了情节与关系的含义，进一步提出了情节品质与关系品质的区分，将服务行业中的关系品质定义为顾客在关系中所感知到的服务与某些内在或外在质量标准进行比较后的认知评价。由此可见，Liljander和Strandvik（1995）的关系品质定义充分继承了Crosby等（1990）的思想，且他们的研究框架实现了一般质量概念与关系品质概念的对接，为后来的关系品质理论演进奠定了基础（刘人怀和姚作为，2005）。

综合各学者的定义可知，关系品质实际上反映了关系各方对互动关系过去经历的评价（Crosby等，1990；Gemuenden，1997）以及由此而产生的即期心理感受（Crosby等，1990；Liljander和Strandvik，1995）与关于关系未来发展的主观意愿（Crosby等，1990；Gummesson，1987），因而能对关系效果与未来发展产生重要影响（Levit，1986）。

另外，就关系品质评估的范畴而言，目前主要存在狭义与广义两种评估观（张广玲和吴文娟，2005），前者如Crosby等（1990）认为关系品质评估的对象仅仅是企业与顾客之间的关系，不涉及其他利益相关者。而后者则如Holmlund（2001）认为除企业与顾客关系外，企业与其所有利益相关者之间的互动关系均为关系品质评估的范畴，从而大大拓展了关系品质的应用范围。如其从更为抽象的角度将关系品质的定义界定为商业关系中合作双方重要人员根据一定标准对商业往来（效果）的综合评价和认知。毫无疑问，此商业关系远远不仅仅指企业与顾客之间的买卖关系，还包括各种业务合作伙伴等更为广泛的关系类型。就现阶段而言，狭义评估观仍然是现有关系品质研究的主要形式，但随着关系品质概念的日益成熟，其研究范围必将得到日益拓展。可以预见，广义评估观是关系品质研究的最新阶段与未来发展趋势（张广玲和吴文娟，2005）。

（3）关系品质维度构成

多数学者认为关系品质是一个包括多维度的高阶变量，不存在单一维度的测量方法（Crosby等，1990；Naudé和Buttle，2000；Walter等，2003）。由于各学者研究问题不同及关系品质维度选择具有特定情境导向（Woo和Ennew，2004）的原因，各研究者关于关系品质的维度构成亦各不相同，如表2.15所示。

表 2.15 各学者关于关系品质维度划分比较

学者（年代）	主要维度					其他维度
	沟通	信任	满意	承诺	协调	
Crosby 等（1990）		√	√			
Anderson 和 Narus（1990）	√	√	√			合作、冲突、互赖
Mohr 和 Spekman（1994）		√		√	√	相互依赖
Morgan 和 Hunt（1994）		√		√		
Storbacka 等（1994）			√			强度、关系年龄、营利性
Kumar 等（1995）		√		√		冲突、连续期望、投资意愿
Grover 等（1996）	√	√	√			
Storbacka 等（1994）	√		√	√		联结
Wilson 和 Jantrania（1996）		√	√			联结、目标一致性、投资
Hennig - Thurau 和 Klee（1997）		√		√		关系品质整体认知
Dorsch 等（1998）		√	√	√		机会主义、顾客导向、道德形象
Johnson（1999）		√				公平、机会主义
Lee 和 Kim（1999）		√		√		企业彼此了解、利益与风险分享、冲突
Naudé 和 Buttle（2000）		√	√		√	权力、利润
Cheng 等（2000）	√	√	√	√	√	
Hibbard 等（2001）		√		√		
Lang 和 Colgate（2003）		√	√	√		社会联结、冲突
Walter 等（2003）		√	√	√		
Keating 等（2003）	√	√				努力、价值、了解、整体认知
Hsieh 和 Hiang（2004）		√	√			
Johnson 等（2004）		√		√		稳定性
Fynes 等（2005）	√	√		√		协作、互赖、适应
Lages 等（2005）	√		√	√		信息共享
韩小芸和汪纯孝（2003）		√	√	√		友谊、归属感
简俊成和洪清德（2003）	√	√			√	
刘人怀和姚作为（2005）		√	√	√		
金萍和赵民杰（2005）			√	√		

资料来源：本研究整理（注：出于排版需要，将此表位置略微提前至此）。

由表 2.15 可知，各学者在关系品质的维度划分上各有不同，但几乎所有学者均认为信任是关系品质的必要维度之一，除此以外，沟通、满意、承诺与协调等亦是较为重要的常用维度。同样，由于关系品质维度选择具有特定情境导向

（Woo 和 Ennew，2004），因而亦不存在一种适合所有情境的关系品质维度选择方案，即应视具体研究需要而相机抉择关系品质维度组合方案。

因此，关系品质指反映关系各方经过沟通，建立彼此信任，在行动及计划等方面进行彼此协调，以促成各方特定目标的实现，从而使关系各方感到满意并愿意对关系做出承诺的反映关系总体好坏程度的指标。关系品质主要包括沟通、信任、满意、协调与承诺维度等。其中，就各维度在关系品质中的相对功能与地位而言，沟通更多地扮演了关系建立、维持与发展的手段等角色，信任则主要反映了互动关系各方的心理状态，而满意、协调及承诺则主要反映了互动关系的结果等方面。

2.4.2 关系品质各维度概念与重要性

深入认识关系品质各构成维度概念与重要性是在具体研究情境中更好地进行关系品质维度选择与测量的前提条件。

（1）沟通

沟通指关系各方为实现某特定目标而进行的彼此信息交换与共享的活动（Anderson 和 Narus，1990；Mohr 和 Nevin，1990；Mohr 和 Spekman，1994；罗宾斯，2004；王桂林和庄贵军，2004）。沟通在关系的初期构建、运转、功能发挥及长期发展等方面都扮演着重要的角色。

Dwyer 等（1987）将关系发展分为知晓（awareness）、探索（exploration）、拓展（expansion）、承诺（commitment）与解离（dissolution）等阶段。在关系初期构建的知晓与探索阶段，关系各方均需同潜在关系对象就各自动机与资源及能力条件等信息进行有效沟通，以吸引对方的关注，并通过协商寻求共同的利益点（Lee 和 Kim，1999），从而使合作等各种关系得以建立（Dwyer 等，1987）。因此，正如 Kumar（1996）与 Hutt 等（2000）等从关系实践的角度观测认为，沟通是社会联系得以发生的重要机制。

关系建立后，由于关系各方在目标、组织文化、管理制度等诸多方面存在或多或少的不同之处，为保证关系的正常运转，关系各方需进行有效沟通，以避免在合作协议制定、利益分配等方面发生冲突（王桂林和庄贵军，2004），从而使关系各方更为紧密有效结合在一起（Kothandaraman 和 Wilson，2000）。否则，可能出现如 Park 和 Ungson（2001）所观察到的，沟通不畅常常直接导致关系发展受阻，甚至中止。因此，沟通可谓是关系有效运转的黏着剂（glue）（Mohr 和 Nevin，1990）。

沟通使人们清楚地明白该了解什么、谁已知道什么、应通过何种途径及如何快速了解所欲知道的事物等问题（Holden 和 Otoole，2004）。Dwyer 等（1987）

与 Lee 和 Kim（1999）均认为关系各方若缺乏相互沟通，就不可能建立良好的工作关系，更难以达成共同的目标。以组织间关系的重要功效之一的组织学习为例，Robinson（1998）认为组织间技术转移（组织学习的形式之一）的过程即为沟通的过程。因此，沟通是关系应有功效得以实现的机制（Kumar，1996；Kale 等，2000；Hutt 等，2000）。

研究表明，关系各方间的良好沟通是形成彼此信任与对彼此关系承诺的重要原因，反之，关系则难以长期发展（Anderson 和 Narus 1990；Morgan 和 Hunt，1994）。由此可见，沟通使关系的长期发展成为可能。

正是由于沟通在关系发展中具有上述重要的意义，Schein（1994）将沟通比喻成关系的“生命之源”（lifeblood）“循环系统”（circulatory system），关系各方间的沟通好坏成为关系好坏的重要标志（Holden 和 Otoole，2004），沟通日益成为关系品质的重要维度之一。

（2）信任

信任指在充满不确定性的环境下，互动关系一方相信另一方诚实可信，行为具有良好的动机，并具有完成相关事务的能力，而愿意依赖对方，或将己方的利益置于对方控制之中的信念（Anderson 和 Narus，1990；Moorman 等，1993；Mayer 等，1995；Sividas 和 Dwyer，2000）。信任在关系的构建、运转与发展等阶段扮演了重要的角色。

在关系构建阶段，关系一方对另一方的信任意味着其相信另一方具有完成特定任务的能力，并且能如期给其带来正面的利益，因而其才愿意与关系对方构建特定的互动关系。如顾客正是相信企业的产品或服务能给其带来正面利益，可满足其特定需要，才愿意购买企业的产品或服务，从而与企业建立特定的买卖关系。试想，如果顾客不信任企业，认为其产品或服务不能满足其需要，其还有必要与企业建立买卖关系吗？显然不会。由此可见，信任是互动关系建立的前提条件。

特定的互动关系建立后，关系各方间的良好信任有助于使互动关系更为透明化、就互动相关事务达成建设性的共识、增加各方对彼此行动的接受程度，减少不必要的冲突，并预防各种投机主义行为等，从而使互动关系实现有效运转。如 Bauer 等（2002）指出，互动关系中的信任有助于降低彼此间的交易成本，减少投机行为，减少冲突，增加协调，稳定互动关系的发展，从而增加各方进一步互动的意愿，提升各方对关系的忠诚度与承诺。相反，如果互动关系各方缺乏信任，或信任程度较低，则容易导致各方互相猜疑，孳生各种冲突，甚至导致关系的破裂（Das 和 Teng，1998）。另外，Morgan 和 Hunt（1994）认为关系各方间的信任还有助于促进关系各方增加关系专用性投资，放弃诸如投机主义等短期行为，从而有助于关系的长期持续发展。由此可见，信任既是互动关系良好运转的基础，亦是互动关系持续发展的保证。

由于信任有助于互动关系的构建、运转与持续发展，信任对关系绩效有重要的正向影响，如 Kanter（1994）通过对来自 11 个国家的 37 家企业的战略联盟关系进行研究，发现信任是联盟成功的重要因素。社会学家 Granovetter（1985）从社会嵌入的观点分析交易活动中信任的价值时发现，交易双方的信任关系不但有助于防止相互的欺诈行为等机会主义行为的发生，还特别有助于各方以最经济、最快捷的方式获得有关信息。由此可见，关系中的信任，有助于关系各方目标的实现。

正是由于信任在互动关系的构建、运转、持续发展与关系各方目标的实现等方面具有如此重要的意义，越来越多的学者（如 Crosby 等，1990；Morgan 和 Hunt，1994；Dwyer 等，1987）充分认识到信任在各种商业关系中的重要性，而将信任作为研究各种互动关系的重要变量之一，如 Morgan 和 Hunt（1994）与 Garbarino 和 Johnson（1999）等众多学者将信任作为关系品质的重要维度之一。

（3）满意

满意指关系各方对互动关系过去经历的认知性与情感性的总体正面评价（Crosby 等，1990；Anderson 和 Narus，1990；Fornell，1992；Mohr 和 Spekman，1994；Storbacka 等，1994；Garbarino 和 Johnson，1999；科特勒，2001；Roberts 等，2003）。

满意从本质上是关系主体的一种复杂认知性与情感性的感受，根源于关系主体对互动关系的感知价值与期望价值比较后的差异值，因而，满意度水平是组织间关系的重要结果（Anderson 和 Narus，1984，1990；Frazier，1983；潘晓靖，2005），亦即关系各方对互动关系过去表现的评价。因此，关系满意通常被作为商业关系中互动的结果，是重要的因变量而非过程变量（谢延浩，2003）。

除此以外，关系各方越是对互动关系的过去感到满意，则越倾向于对关系的未来发展充满信心（Frazier，1983），这种信心会对现有互动关系形成一种正反馈效应，不断强化现有关系的稳定程度，并在很大程度上决定了其继续保持现有互动关系的可能性（Schul 等，1985）。因而，亦有研究将满意作为自变量来研究各种互动关系。如 Garbarino 和 Johnson（1999）在研究满意与信任对承诺的影响关系时，将满意作为自变量之一，通过文献综述与一系列顾客定性访谈，以及对金融咨询服务业顾客样本进行经验研究发现，顾客满意是影响其关系承诺的重要影响因素，尤其是在顾客感知转换成本较高及存在高选择吸引力的情况下，这种影响关系更为显著。由此可见，关系满意亦是互动关系的重要自变量之一。

另外，尚有研究表明，关系满意通常与一些有形的结果，如合作、冲突、关系存续、关系好坏、以及公司盈利等紧密相连（Anderson 和 Narus，1990；Dorsch 等，1998；谢延浩，2003）。如 Dorsch 等（1998）发现高满意度的购买者通常与其卖主之间具有较好的互动关系。

上述分析表明，满意既可作为互动关系研究的自变量，亦可作为因变量，并且与互动关系的好坏等现象紧密联系在一起。因此，满意被作为各种互动关系的重要组成部分，成为国内外有关互动关系经验研究的变量或维度之一（谢延浩，2003）。如 Mohr 和 Spekman（1994）在其研究中认为，要全面评价合作伙伴间的互动关系，应该从关系各方关于对方所给予支持的满意度、所获利润的满意度等多方面进行评价。Mohr 和 Nevin（1990）认为应从协调、满意与承诺三方面全面评价定性的渠道结果（qualitative channel outcomes）。Anderson 和 Narus（1990）以满意度来测量制造商与经销商之间伙伴关系的成功与否。由此可见，满意不失为关系品质的重要维度之一（Lages 等，2005）。

（4）承诺

承诺指关系各方认为现有关系对其有重要价值，愿意为此进行资源投入或承担短期利益牺牲等努力，以期现有关系能得到继续发展的意愿（Dwyer 等，1987；Anderson 和 Weitz，1992；Moorman 等，1992；Morgan 和 Hunt，1994；Mohr 和 Spekman，1994；Wilson，1995；Kim 和 Frazier，1997；Henni - Thurau 和 Klee，1997；Goodman 和 Dion，2001）。

关系各方一旦形成了相互关系承诺，意味着各方视该关系对其有着重要的意义，对关系的未来发展前景持乐观态度（Anderson 和 Weitz，1992；Anderson 和 Sullivan，1993；Morgan 和 Hunt，1994；Mohr 和 Spekman，1994；Garbarino 和 Johnson，1999）。承诺使各方在行动时表现出关系长期发展倾向（Hennig - Thurau 和 Klee，1997），适当增加对该关系的投资，并更为积极主动地配合关系各方的行动，尽其所能地参与关系各方共同问题的解决，减少了许多不必要的冲突和投机行为的发生（Gundlach 等，1995），以维护该具有价值关系的存续与发展（Morgan 和 Hunt，1994；Moorman 等，1992），从而对关系成功起到正向的促进作用（Mohr 和 Spekman，1994）。如 Anderson 和 Weitz（1992）将承诺等同于关系的长期导向，认为这种基于关系长期发展的良好愿望会促使合作关系各方努力合作，以更好地满足共同顾客的需求，同时增加关系各方的盈利能力。Gundlach 等（1995）认为承诺对相互关系、忠诚度、关系选择有着正向的促进作用。Morgan 和 Hunt（1994）亦认为关系各方高承诺能在有效降低彼此离去倾向的同时，亦能有效加强各方的合作意愿。Gunlanch 和 Murphy（1993）发现，关系各方的彼此承诺程度越高，则他们之间的交易活动越倾向于采取关系型的交易，这无疑会给双方带来极大地降低彼此的交易成本与可感知风险等裨益。

综合上述分析可知，承诺不失为关系管理的重要概念之一。正如 Berry 和 Parasuraman（1991）所认为，关系是建立在关系各方相互承诺的基础之上的，关系各方对关系的承诺成为关系稳固的代名词。因此，承诺已被众多学者（如 Dwyer 等，1987 与 Morgan 和 Hunt，1994 等）作为关系品质重要维度之一。

（5）协调

协调指关系各方为实现特定的目标，而通过彼此沟通，主动调整各自计划，统一行动，以使得互动关系有效运转的过程（Malone 和 Crowston，1994；Celly 和 Frazier，1996；Jap，1999；Cannon 和 Perreault，1999；简俊成和洪清德，2003）。协调既是一个过程，亦是关系有序运转状态的指标。

关系各方在行为目标、企业文化等各方面存在一定的差异，加之外部环境日益动态变化，为维持关系的良性运转，实现既定的目标，关系各方均需要在战略、政策、程序、计划等行动上统一、朝向共同目标努力，亦即关系各方企业之间的协调显得尤为重要（Narus 和 Anderson，1987；Pfeffer 和 Salancik，1978）。

良好协调能给关系各方带来诸多裨益。如 Pfeffer 和 Salancik（1978）认为企业间良好协调有助于降低外部环境动态变化给单个企业的冲击。Mohr 和 Spekman（1994）通过经验研究显示，经销商与制造商之间的协调对于满意度、各方的销售量、关系的稳定性等有着正向的影响。Sandy（1999）在其针对买卖双方的合作关系的研究中发现，关系各方的协调对于提升双方的绩效及其所感知的竞争优势有着重要的影响。此外，亦有研究表明，企业与外部组织间良好的协调还能增加关系各方对彼此的容忍度、各方的经营弹性，并减少关系发展的阻力（Angeles 和 Nath，2001；Morris 和 Cadogan，2001）等。

相反，如果企业与其关系对方之间缺乏有效协调，则势必给企业带来生产中断、非功能性（dysfunctional）失调等问题，并有可能导致关系各方间信息交流减少，事实遭到扭曲（Morris 和 Cadogan，2001），增加与关系对方的潜在冲突，甚至导致关系的发展难以为继等问题（Serapio 和 Cascio，1996；Mohr 和 Spekman，1994）。以供应链企业间关系为例，供应链企业间的良好协调有利于企业合理安排其产供销的流程，做到稳定供应，按节奏生产，从而在节约成本的同时提高企业的利润（蒋阳升，2004）。反之，则容易出现由于关系各方决策分散而出现供应链各方博弈的 Nash 均衡总效用小于系统最大可能总效用的“双重边际”效应，或者出现下游需求微小波动而导致供应链由下游至上游需求逐级波动的“牛鞭效应”现象，这无疑会增加企业生产、库存、运输、劳动力等方面的成本，甚至还可能会破坏供应链各企业间的现有信任关系，使得日后的协调更为困难等（杨皎平，2004）。

正是由于协调在企业管理实践中对企业具有如此重要的意义，故在现实中，关系的成功总是与关系各方较高的协调水平如影相随（Narus 和 Anderson，1987），学者们亦日益将协调作为企业外部关系好坏的重要指标之一。如 Bronder 和 Pritzl（1992）在研究企业战略联盟关系管理时，将企业间的协调界面（Coordination Interface）作为重要的层面之一。Mohr 和 Spekman（1994）在其有关成功伙伴关系模型的开创性研究中，将协调作为企业伙伴关系属性的重要维度之一。Lassar 和 Kerr（1996）在研究音响制造商与其经销商之间的互动关系时，将制造商的协调与支持程度作为该互动关系管理的重要维度之一。Kauser 和 Shaw（2001）则发现在跨国战略联盟中，协调同承诺、信任和沟通类似，为成功伙伴关系的有效预测因子之一①。由此可见，协调不失为企业与外部组织间合作关系的重要维度之一。

2.4.3 关系品质各维度相互关系

由前文分析可知，关系品质是一个高阶变量（详见第 2.4.1 小节），沟通、信任、满意、承诺与协调均为其维度（详见第 2.4.2 小节），但在实际研究中，其具体维度选择具有很强的情境导向（Woo 和 Ennew，2004）。无疑，厘清各维度间相互关系既有助于加深对前文（第 2.4.2 小节）关于关系品质与其各维度关系的认识，亦有助于在具体研究情境中对关系品质的测量维度正确相机抉择。

（1）沟通与信任关系

在互动关系中，沟通与信任密切相关，这表现在它们彼此间的正面影响上。在互动关系发展的前期，由于关系各方彼此不熟悉，有关对方的信息了解不多，存在很高程度的信息不对称，各方对关系的感知风险较高，亦即关系各方彼此信任程度较低（Dyer 和 Chu，2000）。此时，关系各方借助于各种渠道与方式进行彼此信息交流与共享等沟通行为，将逐步增加关系各方的相互了解，降低关系各方的信息不对称，使各方所感知的不确定性等风险感降低，从而促进各方建立相互信任（Anderson 和 Narus，1990；Wolff，1994；Morgan 和 Hunt，1994；Kumar，1996；Simpson 和 Mayo，1997；Lee 和 Kim，1999）。如 Kumar（1996）认为良好的沟通品质与经常性的沟通是促进关系成员间互相了解，进而提高彼此信任程度的重要途径。Wolff（1994）在研究美国企业战略联盟关系内部信任机制时，通过经验研究发现，沟通是关系各方建立彼此信任的重要因素。Simpson 和 Mayo（1997）在研究美国 349 家啤酒制造商与经销商之间的合作关系时发现，伙伴关系各方间的沟通有助于促进他们之间有效交流意见，更好地达成共识，增进相互了解，从而建立彼此信任。

---

① 转引自：简俊成和洪清德（2003）。

一旦关系各方彼此信任，则意味着彼此相信对方的动机良好，会兼顾己方的利益。因此，关系各方将更愿意将己方的有关信息与对方交流或共享，并在沟通中彼此开诚布公，亦即促进关系双方更好地沟通（Dwyer 等，1987；Klepper，1995）。由此可见，可借用 Anderson 和 Narus（1990）的观点将互动关系中的沟通与信任相互关系总结为：建立与维持互动关系是一个不断重复、多次反馈的过程，即在互动关系发展的过程中（尤其是在早期阶段），关系各方的良好沟通可增进彼此的信任，而信任亦可促进各方更好地沟通，两者存在密切的互动关系。

（2）信任与承诺关系

由前文信任定义可知，当互动关系一方信任另一方，则意味着其相信对方具有完成互动关系相关事务的能力，并动机良好与言行一致，即其认为与关系对方维持现有关系能在较低风险的情况下给其带来正面的利益。因此其自然会期望该关系能得到长期发展，并愿意彼此更为开放地共享有关信息与资源，不断增加对关系的投资，彼此的关系将更为紧密，结果将增加该关系对各方的重要性，亦即提升了各方对关系的承诺。相反，没有任何一方会对不信任的关系进行承诺，因为那意味着高风险，即关系各方间的不信任将降低各方的关系承诺，使长期交换关系转变成短期交易（McDonald，1981）。由此可见，关系各方间的信任对承诺有正面影响，这可从众多学者的研究发现中得到佐证。如 Morgan 和 Hunt（1994）在对汽车轮胎业供应链企业间关系的研究中，将信任与承诺一同视为导致关系成功的关键中介变量，同时亦发现，关系各方间的信任会对彼此关系承诺产生直接正面影响。Shemwell 等（1994）对理发、医疗照顾及汽车销售三种服务产业商家与顾客关系的研究表明，顾客对服务提供者的信任程度愈高，则会增加再次购买服务的承诺。Siguaw 等（2003）在从经销商的角度研究交换关系的组成因素与其结果关系时，通过对来自 453 位由经销商填答的问卷进行经验研究发现，经销商对其供应商越信任，则越可能增加其对与供应商关系的承诺。

此外，一旦关系各方对互动关系做出了类似关系专有性投资等表明关系承诺的行为，则等于向对方传递了一种其积极维持现有关系的信号，则将强化对方对其言行一致等方面的信任。如在渠道情境中，Ganesan（1994）发现，对供应商专用资产投资的感知增加了零售商对供应商的信任，因为对特性资产的投资意愿为供应商能够被相信提供了证据，证明其是关心该关系的，并且愿意为此接受损失（Doney 和 Cannon，1997；谢延浩，2003）。由此可见，关系各方的信任与承诺存在密切的相互正向影响关系。

（3）信任与满意关系

在互动关系中，当关系甲方信任乙方时，则表明甲方更能预见乙方的行为，不用担心乙方会欺骗或损害甲方利益，并具有足够的能力完成互动关系相关事务，从而相信乙方能满足甲方的需要，使甲方满意。即使在某些特殊情况下，乙方的表现并没有达到甲方的预期标准，但为了降低认知的不一致，甲方也可能会表示出较高的满意程度（郭锐，2005），即信任对满意有正面影响。如 Anderson 和 Nurus（1990）以制造商与经销商之间的合作关系为例，通过经验研究发现关系各方的信任会导致满意。Gittell（2002）通过对 9 家医院 878 位外科手术后的住院病人与医疗服务提供者之间互动关系的研究发现，发现前者对后者的信任有助于增加前者的满意度。Johnson 等（2003）在研究企业顾客向他人推荐其上游供应商业务代表意愿时，通过对随机抽取的 406 位企业决策者进行研究发现，顾客对上游企业业务代表的信任会通过直接与间接的方式影响其对该代表的满意度。

此外，由于满意是指关系一方对互动关系过去经历的正面评价。因此，当关系甲方对与乙方的互动关系感到满意时，意味着甲方认为该互动关系给甲方带来了正面利益，即乙方具有足够的能力让甲方从关系中获利。因此，关系各方的满意会增加其对关系对方能力等方面的信任（Tax 等，1998；Bauer 等，2002）。如 Tax 等（1998）在研究商家处理顾客申诉后顾客行为特征时，以 4 家大中型企业员工为样本，发现当他们遭遇不满意服务而向服务提供者申诉后，如服务提供者在处理申诉时能使顾客满意，则能有助于增加顾客对该服务者的信任与承诺。由此可见，信任与满意之间存在相互促进的效应（Singh 和 Sirdeshmukh，2000）。

（4）信任与协调关系

在协调过程中，只有当关系各方间彼此信任，彼此认为对方具有实现共同目标的能力，其行为是为了更好地实现共同目标，而不仅仅是为了实现私利，且能做到言行一致，即关系各方认为对方的行为能在一定程度上有助于己方实现特定目标时，关系各方才愿意根据关系的实际发展需要而自觉调整自身计划，给予对方主动配合，从而有助于共同目标的实现。由此可见，关系各方间的信任是它们进行良好协调的必要条件（Münch，1993）。依此逻辑推理亦可知，关系各方间的信任程度越高，则必能使得彼此进行更好地沟通，及时分享有效信息，在共同目标的指引下实现彼此更好地协调。

反过来，当关系各方在关系的实际运作过程中给予了对方及时有效的配合，与对方在行动计划等各方面良好协调时，即等效于向对方传递了其为实现共同目标而积极努力，即具有良好动机的信号。无疑，这会有助于增强关系对方对其的信任程度。所以，综合以上分析可知，关系各方的信任与协调是密切相关，相互促进的。

（5）关系品质其他维度间关系

以上分析表明，沟通与信任、信任与满意、信任与承诺及信任与协调之间彼此存在正面影响关系。除此以外，沟通、信任、满意、协调与承诺之间还存在更多的互动关系。如 Bauer 等（2002）在研究如何应用 Internet 来建立顾客关系时，通过对来自保险、金融服务、音乐、书籍、房地产中介、旅游等产业 94 份有效样本数据分析发现，关系各方间的满意对承诺有显著的正向影响。Bloemer 和 Odekerken - Schröder（2002）通过对欧洲某大型连锁超市的 317 位顾客进行研究发现，顾客满意会通过影响顾客信任而对顾客承诺产生重要的正面影响。而关系承诺会促进关系各方为了共同目标而共同努力，解决各种短期问题，以实现互动关系的长期目标（Mohr 和 Spekman，1994）从而会让关系对方从中获益，即让关系对方满意。如 Farrelly 和 Quester（2005）在对澳大利亚足球联盟（AFL）与其主办者之间的关系进行经验研究发现，承诺是经济满意的重要影响因素。

Lawler 和 Yoon（1998）认为承诺是关系双方在社会交换过程中所生成的一种情感状态，其强度与双方沟通品质等互动频率成正相关关系。Mohr 和 Spekman（1994）发现，关系各方的沟通有助于化解彼此冲突，提高双方互动的绩效，因而能够提高彼此对关系的满意度。再由协调的定义可知，沟通是协调的重要手段之一。无疑，良好的沟通会促进关系各方更好地协调。

（6）小结

由上述关于关系品质各维度内涵及其相互关系分析可知，沟通、信任、满意、承诺与协调均为关系品质的重要维度。而且，它们之间还存在密切的互动关系，这使得它们之间在某一特定关系中还存在互相强化的效应（reinforcement effect），从而出现要么均表现很高，要么均表现很低的同高同低的现象（Monczka 等，1995），这充分表明这些变量可共同组成一个共同的更高阶变量关系品质（Anderson 和 Narus，1990；Fynes 等，2005）。

2.5 文献回顾总结

本研究主题为新创企业成长绩效。本节（第 2.5 节）内容旨在通过对现有新创企业成长绩效相关研究进展及不足进行总结，并结合前文（第 2.1—2.4 节）经由文献回顾所取得的发现，寻找本研究的突破口，并确定拟主要研究问题。

2.5.1 新创企业成长绩效主要研究进展

新创企业的巨大社会经济价值与其普遍存在的成长性不足等问题形成极大反差，这吸引着众多学者围绕新创企业成长绩效等相关问题进行了大量研究（详见表 2.16）。此领域较系统的研究始于 Sandberg（1986）对有风险资本支持的，以成长为导向的新创企业的研究，其发现新创企业成长绩效是创业者、产业结构与企业战略三变量的函数。此后，Chrisman 等（1998）在其基础上将企业资源、组织结构、过程与系统等因素纳入企业绩效函数中。

在此前后，亦有大量学者就新创企业成长相关影响因素进行了研究。如 Box 等（1993）研究了创业者心理特征及背景因素、对环境的扫描强度（scanning intensity）与产业动态性等对成长绩效的影响。Chandler 和 Hanks（1994b）综合研究了市场吸引力、资源基础的能力与企业战略对成长绩效的影响。Zhao 和 Aram（1995）研究了中国高新创技术型企业的网络关系对其成长绩效的影响。Thakur（1999）研究了创业者对资源的获取、机会选择与管理能力对新创企业成长的影响。Baum 等（2001）分析了创业者特征、组织与环境三层次变量对新创企业成长绩效的影响，提出了一个多层次的整合模型并进行了经验研究检验。Baum 和 Locke（2004）研究了创业者个性、技能及动机对新创企业成长的影响。

此外，亦有其他学者分别从孵化器（Cooper，1985）、创业团队、战略及环境（Eisenhardt 和 Schoonhoven，1990）、起始人力资本与财务资源（Cooper 等，1994）、业务与技术战略（Dowling 和 McGee，1994）、网络活动（Coviello 和 Munro，1995）、渐进创新（Banbury 和 Mitchell，1995）、合作战略（McGee 等，1995）、产业结构（Robinson，1998）、竞争环境对技术战略与成长绩效关系调节效应（Zahra 和 Bogner，1999）、进入战略（Bamford 等，2000）、进入壁垒（Robinson 和 McDougall，2001）、战略联盟（Park 等，2002）、企业资源（Bruton 和 Rubanik，2002）、金融因素（Bollingtoft 等，2003）、联盟对资源与绩效关系的调节效应（Edelman 等，2005）、闲置资源（George，2005）、地理集群规模（Folta 等，2006）、风险资本家参与（Arthurs 和 Busenitz，2006）与高层管理团队（Amason 等，2006）等方面对新创企业成长绩效进行了研究。综合现有研究可知，多数研究者们所主要关注的是创业者特征、资源（人力资源、财务资本与外部资源）、地理位置、企业战略、产业背景与企业组织结构及系统等方面（Gilbert 等，2006）。

就研究视角而言，以上基于创业视角的企业成长理论研究可大致分为技术衍生观的创业成长、战略管理视角的技术创业成长及资源能力观的创业成长三大类（张炜，2005；李虹霖，2006）。其中，技术衍生观主要关注技术创业者特征、公司特征、技术公司与其孵化组织之间的关系以及技术公司与非技术公司之间可能存在的差异。这类研究主要有 Saxenian（1994）与 Westhe 和 Stoery（1994）等。如他们发现科技园区（Westhe 和 Stoery，1994）与地区文化（Saxenian，1994）等因素对新创企业成长绩效存在重要影响。战略管理视角的技术创业理论注重从公司水平或者行业水平的变量来考虑影响公司成长的因素。这类研究主要有 Maidique 和 Patch（1982）、Kazanjian（1988）、Eisenhardt 和 Schoonhoven（1990）与 Baum 等（2001）等。如 Maidique 和 Patch（1982）的技术策略分类模型、Kazanjian（1988）的技术创业成长阶段模型与 Baum 等（2001）的多水平创业成长模型等。资源能力观的创业成长研究除肯定了企业内部资源与能力对成长绩效的重要影响外，亦认为新创企业可通过获取资源或者与外部环境中的其他组织进行知识等资源的交换及其他各种交易，从而认为新创企业外部环境亦是新创企业成长绩效的重要影响因素。这类研究主要有 Eisenhardt 和 Schoonhoven（1990）、McGee 等（1995）、Zhao 和 Aram（1995）、Yli－renko 等（2001）、Kelley 和 Rice（2001）与 Lee 等（2001）等（详见表 2.16）。

前文（第 2.2.4 小节）在探讨新创企业资源获取与能力提升等问题时发现，新创企业在充分利用现有内部资源与能力的同时，应适时从外部获取资源，整合利用各种可能的外部资源与能力，以满足内部能力提升等企业成长所需。由前文（第 2.3.2 小节）企业网络关系功效分析可知，网络关系可对嵌入其中的企业提供诸如资源获取与组织间学习等方面的功效。再由前文（第 2.2.4 小节）新创企业能力提升战略分析可知，借助网络关系进行能力提升所需的资源获取与组织间学习是新创企业内部能力提升的重要战略选择。因此，网络关系为新创企业能力提升提供了潜在的可能。此外，网络关系还有助于企业降低生产与经营成本、分散风险、维持稳定的业务关系、获取外界的承认等正当性与获取创业机会等，从而有助于企业提高经营绩效，这得到了许多前人研究的证实。如表 2.16 所列 Hansen（1995）、Zhao 和 Aram（1995）、Ostgaard 和 Birley（1996）、Brüderl 和 Preisendörfer（1998）、Lee 和 Tsang（2001）、Premaratne（2001）、Hite 和 Hesterly（2001）、Lee 等（2001）、Lechner 和 Dowling（2003）、Elfring 和 Hulsink（2003）、Lechner 等（2006）、Watson（2006）与柯俊杰（2006）等的研究表明，新创企业网络关系确实对其成长绩效有着重要影响。因此，正如前文（第 2.1.2 小节）分析所发现，网络关系亦不失为新创企业成长绩效研究的重要理论视角。

学者们从网络关系视角对新创企业成长问题进行了大量的相关研究，根据 Hoang 和 Antoncic（2003）与曾圣雅（2004）等人的研究总结，这类理论与经验研究的问题可分为两类：一类为网络如何影响创业过程，以及网络对新创企业的绩效影响。此类型的研究为结果导向，寻求了解网络关系变量如何解释新创企业的结果，网络关系为解释变量，比较典型的研究有 Hansen（1995）、Zhao 和 Aram（1995）、Stearns（1996）、Ostgaard 和 Birley（1996）、Brüderl 和 Preisendörfer（1998）、Littunen（2000）、Baum 等（2000）、Havnes 和 Senneseth（2001）、Premaratne（2001）、Lee 等（2001）、Hite 和 Hesterly（2001）、Lechner 和 Dowling

（2003）、Elfring 和 Hulsink（2003）、Lechner 等（2006）与 Watson（2006）等（详见表 2.16）。

另一类为创业活动与结果如何反馈、影响网络发展，属于程序导向，研究焦点为网络的动态发展与变化，将网络视为因变量，比较典型的研究有 Starr（1990）、Starr 和 Macmillan（1990）、Larson 和 Starr（1993）、Hite 和 Hesterly（2001）与 Schutjens 和 Stam（2003）等。根据曾圣雅（2004）的总结，这类研究又可细分为两类：第一类主要研究新创企业与网络成员之间关系的形成与发展，以新创企业与交易对象之间的对偶关系为分析单位（Starr，1990；Starr 和 MacMillan，1990；Larson 和 Starr，1993）。如有研究将网络关系视为新创企业的特殊统治模式，探讨随着新创企业的形成与发展，市场交易关系如何变成伙伴型关系，而提出新创企业的网络组织形成经历三个阶段，每个阶段的网络关系均具有其独特的关系内容与关系治理机制（Starr 和 Macmillan，1990；曾圣雅，2004）。学者们还发现，新创企业与交易对象从单一交易内涵的关系，发展成为具有信任基础，而且有多元交易内涵的关系，而且通过例规、程序化过程，将人际间连结转为组织间连结（Larson 和 Starr，1993；曾圣雅，2004）。第二类研究主要结合组织生命周期或创业历程的动态时间观点，以新创企业的整体网络为分析单位，企图了解在不同创业活动与企业发展阶段，新创企业网络的特色与演化轨迹（Birley，1985；Hite 和 Hesterly，2001；Schutjens 和 Stam，2003）。例如，Hite 和 Hesterly（2001）认为，由于新创企业在初创阶段及成长阶段面对不同的资源挑战。因此，其初创阶段的网络关系凝聚力强、以社会连结为基础（创业团队的人际关系），而当企业逐渐成长，企业会刻意地扩大管理交易对象，不再局限于社会连结的对象，网络结构由强烈凝聚性逐渐转为结构洞与凝聚性两者平衡的模式（曾圣雅，2004）。Schutjens 和 Stam（2003）收集荷兰新创企业连续 3 年的纵断面资料，利用问卷统计的定量方式，针对交易对象的类型（销售关系、供应与生产关系、合作关系）、数量、来源（社会基础或商业基础）等构面，描述新创企业设立三年内的网络特色，结果发现，新创企业的网络变异及数量随着时间增加，而且销售关系来源从商业性主导转为商业性结合社会性的综合关系（曾圣雅，2004）。

表 2.16　企业资源及能力与网络关系视角的新创企业成长绩效相关研究总结

研究者（年份）	研究方法	研究对象	影响因素	成长绩效测量	主要发现
Eisenhardt 和 Schoonhoven（1990）	经验研究；历史回溯、年度跟踪调查等；历史事件分析与多种回归分析	92 家美国半导体行业新创技术型企业	战略、创业高层管理团队、环境	销售增长率	1. 创业高层管理团队与市场发展阶段在对成长绩效的影响上存在较强的交互效应，而企业战略的技术创新与市场地位竞争却相对并不重要；2. 随着企业的日益发展壮大，创业高层管理团队与市场发展阶段的影响日益重要；3. 环境因素与战略选择运作均对新创企业有重要影响。
Starr 和 Macmillan（1990）	理论研究	企业成长过程中网络关系演化规律			随着新创企业形成与成长，其外部网络关系经历三阶段的变化，每个阶段的网络关系均具有其独特的关系内容与关系治理机制。
Larson 和 Starr（1993）	理论研究	新创企业发展中网络关系演化规律			解释了新创企业与其外部网络关系对象间的交换关系由相对简单，通常单维度的双重关系向密集、网络型、稳定、多维度与多层面组织间交换关系演化的规律。
Hansen（1995）	经验研究；结构访谈；多重线性回归分析；	44 位创业前有相关工作经验的创业者	创业者网络活动频率、程度与规模	全职员工数与员工薪水增长率	创业者网络活动频率、程度与规模均与新创企业成长绩效正相关。
Zhao 和 Aram（1995）	田野研究；面谈与公司文件等二手资料	6 家中国大陆境内新创技术导向型企业	网络关系的密集程度与范围（宽度）	销售增长率与利润率	企业外部网络关系密集程度与宽度均对其成长绩效具正向影响。
McGee 等（1995）	经验研究；IPO 公告、公司内部报表等；回归分析	高技术行业新创企业	管理团队成员经验、竞争战略选择、协力安排的使用	平均销售增长率	管理团队成员相关行业工作经验、协力安排均对企业成长绩效有正向影响，但协力安排尤其能给那些高层管理团队有丰富相关行业工作经验的企业带来极大的益处。

续表

研究者（年份）	研究方法	研究对象	影响因素	成长绩效测量	主要发现
Stearns（1996）	经验研究、问卷调查、回归分析	美国 225 家新创高技术企业	战略联盟特征等	销售、资产与员工数	对 7 年以下的新创企业而言，外部战略伙伴的存在与企业成长率成正相关；对于 7 至 12 年的新创企业来说，安排的多样性与成长绩效成负相关等。
Ostgaard 和 Birley（1996）	经验研究；问卷调查；多重回归	159 为亲自管理新创企业的英格兰企业主。	社会网络与专业网络规模、网络内容、全球网络规模、网络关系构建与维护、网络活动代表、个人联系网络多样性与密集程度。	销售额、员工数与利润增长	表明网络活动对企业绩效与成长极为重要。
Brüderl 和 Preisendörfer（1998）	经验研究；访谈调研，OLS 回归分析与双变量概率模型等	1710 家成立于 1985 至 1986 年间的新创企业	强联系支持、弱联系支持、配偶积极协助、配偶情感支持	销售增长与员工数增长	源自于创业者个人网络关系的支持极大地增加了新创企业存活概率与销售增长率，尤其是来自创业者家庭成员的情感支持对新创企业成功具有显著正向影响；在解释新创企业存活问题上，强联结关系比弱联结关系更为重要。
Baum 等（2000）	经验研究、观察法与二手资料等；回归分析等	142 家加拿大生物技术新创企业、	联盟网络、网络效率、潜在竞争伙伴、创新性	收入与员工数的绝对增长率	新创企业成立之初的网络结构对其成立后的早期成长绩效等方面的绩效有重要影响，如联盟伙伴的多样性与其财务绩效及创新绩效均有显著正向影响。
Littunen（2000）	经验研究；访谈；Logistic 回归分析	129 家英格兰新创企业	管理能力、战略选择、当地环境		发现网络活动与新创企业成功之间并没有显著的联系。
Havnes 和 Senneseth（2001）	定期调查研究	1700 家企业	网络活动	销售增长、员工数增长、市场范围扩张	网络活动短期内并不能给企业带来销售额与员工数增长方面的好处，但网络活动能给企业带来市场地理范围方面的迅速扩张的好处。因此，网络活动主要能给企业带来长期方面的好处。

续表

研究者（年份）	研究方法	研究对象	影响因素	成长绩效测量	主要发现
Kelley 和 Rice（2001）	经验研究；第二手数据为主；回归分析	67 家计算机与通信产业新创企业	技术资源的创新性、专利组合等	销售额	技术创业企业的初始技术资源状况影响其随后专利组合决策等技术相关战略，从而奠定了技术创业行为基础并在很大程度上影响企业成长，而且技术资源质量正向影响技术创业结果。
Lee 和 Tsang（2001）	经验研究；问卷调查与访谈相结合；结构方程模型分析	168 位新加坡华人中小型新创企业创业者	创业者受教育程度、经历、成就需要、内部控制倾向、合伙人数、网络活动频率、网络活动宽度与创业者性格外向性及自信性。	销售额与利润额增长率	1. 创业者经历、网络活动、合伙创业人数、内部控制倾向、成就需要对成长绩效有正向影响；2. 性格的自信性与外向性均与合伙创业人数负相关，但均对网络活动有正向影响；3. 创业者受教育程度与成长绩效关系受企业规模影响。
Premaratne（2001）	经验研究；当面访谈；Logit 回归	303 位小企业业主或创业者	创业网络（社会、支持性与企业间）、免费资源（资金、信息与其他非物质支持）	销售额与利润增长	1. 创业网络为新创企业提供重要资源，其中社会网络主要提供更多非物质性支持与信息，而组织网络（尤其是支持性网络）提供财务支持；2. 更多的资源有助于新创企业实现高绩效。
Yli – Renko 等（2001）	经验研究；问卷调查；结构方程模型分析	180 家英国高技术新创企业			1. 社会资本的社会交往与网络联系维度有助于企业进行知识获取；2. 关系品质维度与知识获取呈负相关关系；3. 知识获取与新产品开发、技术差异化与销售成本效率中知识开发正相关；4. 知识获取在社会资本与知识开发之间扮演中介媒体角色；5. 企业核心技术模仿能力越强，则其国际成长绩效越高。
Wiklund 和 Shepherd（2001）	经验研究；访谈与问卷调查相结合；独立样本 T 检验、分层回归等	200 家独立小企业及其 326 位管理者	成长企图、人力资本、财务资源可获得性、环境动态性	销售增长率与员工数增长率	1. 小企业业主扩张企业业务的企图与其企业的成长绩效正相关。但这关系受业主或主要管理者人力资本及企业所在外部环境动态性的放大效应的影响；2. 高成长企图的业主更倾向于新建独立的新企业，而不是在现有企业框架内谋求成长。

续表

研究者（年份）	研究方法	研究对象	影响因素	成长绩效测量	主要发现
Hite 和 Hesterly（2001）	理论分析	企业成长的不同阶段			社会镶嵌连结的凝聚网络或者富于结构洞的稀疏网络均对企业成长有重要影响。但为适应企业的资源需求，不同网络关系会随着新创企业成长发展而发展演化，新创企业各种网络关系的相对构成不断发生变化，各网络关系的重要性亦发生相应变化。如在企业成立之初，其网络关系主要表现为密集、凝聚连接的社会性嵌入关系，而在企业早期成长阶段，其网络关系主要基于成本与利益比较而形成。
Lee 等（2001）	经验研究；问卷调查为主，辅于当面访谈；回归分析	137 家韩国新创技术型企业	内部能力（创业导向、技术能力、财务资源）、外部网络关系（赞助型关系、伙伴型关系）	销售额增长率	1. 创业导向、技术能力与财务资源均对成长绩效有显著正向影响；2. 在外部网络关系中，只有与风险投资公司的关系对成长绩效有显著正向影响；3. 内部能力与伙伴型关系存在交互效应，并共同影响成长绩效；4. 赞助型关系对成长绩效没有直接的单独影响，但其中与金融机构的关系对技术能力及财务资源与成长绩效间的关系存在交互效应。
Lechner 和 Dowling（2003）	案例研究；访谈	10 家处于不同成长阶段的 IT 产业高成长创业企业	关系能力、各种网络关系组合		1. 企业为多种目的使用各种关系，且每个企业均有其独特的各种关系组合，该关系组合随着企业的发展而不断变化；2. 随着企业发展，社会与声誉网络的重要性逐渐减弱，而合作网络的重要性却日益递增；3. 知识与创新网络是企业声誉与管理能力的函数，营销网络的发展依赖于企业文化与管理风格；4. 强关系与弱关系均是企业成长所需的重要关系，因为它们各自有着不同的功能；5. 企业成长受路径依赖的关系能力影响。

续表

研究者（年份）	研究方法	研究对象	影响因素	成长绩效测量	主要发现
Elfring 和 Hulsink（2003）	案例研究	三家不同成长绩效新创高技术企业	网络关系组合		网络关系通过影响新创企业正当性获取、机会发现与资源获取等途径影响新创企业成长绩效及其他方面的绩效，其中企业创新程度（分为激进与渐变创新两种）在其中具有不同干涉效应。
Schutjens 和 Stam（2003）	经验研究、问卷调查、描述性统计分析与卡方分析等	158 家荷兰新创企业			随着企业成长，销售关系的来源越来越社会化；由于新创企业头三年主要将业务范围局限在其所在地区内部，因而地区内的关系较地区外的关系更为重要；网络关系的异质性与数量与日俱增。
Wiklund 和 Shepherd（2003）	经验研究、问卷调查、回归分析	384 家瑞典中小企业	知识基础资源、创业导向	销售额与员工数增长等	创业导向及可用于机会识别与开发的知识基础资源均与企业绩效显著正相关，且创业导向对该关系的强弱具显著调节效应。
Shelton（2005）	理论研究	新创企业			1. 新创企业成长需要采取各种战略克服由于规模小与新生特点所带来的表现为竞争能力不足、管理与组织缺陷及财务资源匮乏等的规模障碍。因此，新创企业的成长过程亦是不断进行资源获取与积累过程；2. 环境宽裕性与产业条件影响障碍大小；3. 资源积累战略与初始风险捐赠决定企业克服规模障碍的能力。
Heirman 和 Clarysse（2005）	经验研究；结构化问卷访谈；GLS 回归分析	171 家成立于 1991 至 2000 年间的研究型新创企业	初始资源（产品所除开发阶段、财务资源、风险投资、创业团队人力资本）、市场战略（战略宽度与国际化程度）	员工数、销售收入与资产增长率	1. 员工数、销售收入与资产增长率可有效聚合成单一变量维度，故可用来有效测量成长绩效；2. 企业资产，尤其是大量的风险投资、创业团队商业经验与国际化市场战略等因素对成长绩效有重要影响。

续表

研究者（年份）	研究方法	研究对象	影响因素	成长绩效测量	主要发现
Wiklund 和 Shepherd（2005）	经验研究；问卷调查；多重线性回归分析、纵向研究等	413 家瑞典小企业	创业导向、财务资源、外部环境动态性	销售增长与员工数增长	创业导向对企业绩效有显著正向影响，但这种影响关系的强弱受企业对财务资源的可获得性及外部环境动态性等变量的调节，因为创业导向、财务资源可获得性及外部环境动态性三者在对企业绩效的影响上存在交互效应。
Colombo 和 Grilli（2005）	经验研究；问卷调查；经济计量模型分析等	506 家意大利新创技术型企业	创业者人力资本（受教育程度、专业背景、相关行业与职位工作背景、前期创业经历等）	员工数增长	1. 创业者受教育程度与专业对新创企业成长有重要影响，经济学或管理学专业教育对成长的影响较强，而科技类专业的影响相对较弱点；2 创业者的相关行业工作经验对新创企业成长影响较强，而其他行业的工作经历似乎并无影响；3. 创业者技术或经济方面的工作经验对新创企业成长有重要影响；4. 创业团队成员的创业经验对新创企业的成长有正向影响。
Lechner 等（2006）	经验研究；问卷调查；回归分析	60 家具有风险支持的新创企业	关系组合、网络大小、社会网络、声誉网络、合作竞争网络、营销信息网络、协作技术网络。	销售额	1. 网络关系的组合类型比网络关系的大小对企业发展更为重要；2. 声誉网络与企业发展显著正相关，而协作技术网络与企业发展微弱负相关；3. 社会网络在企业成立之初对企业发展无直接影响，且与销售额呈显著负相关。
Cooper 等（2006）	经验研究；跟踪调查；多项 logit 分析	1053 位创业者	创业能力、相关知识与经历、财务资源	员工数增长率	创业能力、相关知识及经历与财务资源均对新创企业成长绩效有重要正向影响。
Chen（2006）	经验研究；问卷调查；OLS 模型	70 家集成电路设计产业新创技术型企业	与风险资本家联系、与行业相关其他企业联系、创新能力、高层管理团队凝聚力	销售额减去制造成本的毛利润增长率	1. 与其他行业相关企业的联系对技术型新创企业绩效有正向影响；2. 创新能力对技术型新创企业绩效有正向影响；3. 高层管理团队凝聚力对企业绩效有正向影响。

续表

研究者（年份）	研究方法	研究对象	影响因素	成长绩效测量	主要发现
Walter 等（2006）	经验研究；邮寄问卷调查；回归分析	149 家高校衍生企业	关系能力、创业导向	总销售额增长率与人均销售额增长率	企业关系能力与其绩效呈显著正相关关系。创业导向与销售增长之间并没有显著的直接联系，但它们之间的关系受企业关系能力的影响。
Watson（2006）	经验研究；问卷调查；回归分析等	5014 家澳大利亚小企业	正式网络、非正式网络、网络关系密集程度、网络关系范围	总收入	网络关系密集程度与生存率密切相关，而网络关系范围与成长率密切相关。
柯俊杰（2006）	理论研究	新创企业			1. 网络关系有助于新创企业进行资源获取，从而有助于其发展；2. 前期企业（创业者创立新企业前的工作单位）阶段的资源、能力是否可顺利为新创企业带来新的资源、能力和网络关系，与新创企业同其前期企业间存在的关系性质（如是否存在竞争关系）有关。

资料来源：本研究整理。

由于各研究者的不断努力，目前有关新创企业成长绩效的研究取得了许多重要的进展。兹根据本研究之需要将这些主要研究进展总结如下：

（1）创业机会为创业研究的核心概念，与新创企业的成长密切相关

自 Shane 和 Venkataraman（2000）提出创业机会的识别、获取与开发是创业学主要研究问题的观点以来，越来越多的研究人员开始认识到创业机会是创业的核心（林嵩和姜彦福，2005）。如 Bygrave 和 Hofer（1991）认为创业的过程是组织不断获取并开发所识别机会的过程，在此过程中，企业持续进行资源整合，以不断推出新产品与服务，开拓新市场，并创新技术等（Morris，1998）。蒂蒙斯（2002）认为创业的关键是工作团队创造性地运用自身所拥有或潜在可利用资源进行机会发现、捕获与开发的过程，并提出了如图 2.2 所示包含商机、资源与工作团队三要素的创业过程模型。Busenitz 等（2003）在其关于创业研究的综述文章中指出创业研究的主要要素包括机会、创业者个体或其团队、创业的组织活动及创业活动所处外部环境特征等四个方面。其中，机会通常源自于市场和环境之间的交互作用；创业者和创业团队要素考察的是创业者和创业团队的个性特征，创业人力资本的动态发展，以及不同类型的创业者之间，或者创业者与非创业者之间的差异；组织要素包括了管理实践、资源的获取和开发，系统、战略和结构的发展；环境要素主要考察创业活跃程度，以及鼓励或者阻碍创业活动的文化、经济或者市场等因素（林嵩和姜彦福，2005）。

研究者还发现，创业机会亦与新创企业成长密切相关。如 Alvarez 和 Barney（2002）与李华晶（2004）认为企业在成长初期能否不断地及时识别并把握各种市场机会直接关系到其新创企业能否顺利实现柔性成长。而林嵩，姜彦福和张帏（2005）在综合国内外创业研究成果的基础上提出了一个以机会识别为核心的创业研究理论模型（如图 2.3 所示），认为创业的本质是对创业机会的搜索、识别、获取与开发利用，新创企业对创业机会的识别、获取与开发将直接影响到新创企业的战略制定与成长状况。类似的，约翰·吉尔认为机遇以及识别和把握机会的能力是推动小企业成长的最为重要因素之一（引自张玉利、任学锋，2001，p49）。Elfring 和 Hulsink（2003）以三家不同成长绩效的新创高技术企业进行案例研究时发现，网络关系可通过影响新创企业的创业机会发现等活动而对新创企业成长绩效及其他方面的绩效产生重要影响。

（2）企业内部资源及能力与新创企业成长绩效密切相关

自 Penrose（1959）首提资源基础理论认为企业是资源与能力的集合以来，资源能力理论在企业成长研究中不断得到应用。同样，基于新创企业的成长研究亦不例外，创业研究者们从不同角度研究了新创企业资源及能力与其成长绩效间的关系。如 Kelley 和 Rice（2001）对 67 家计算机与通信产业新创企业的经验研

究表明，技术创业企业的初始技术资源状况影响其随后专利组合决策等技术相关战略，从而奠定了技术创业行为基础并在很大程度上影响企业成长，而且技术资源质量正向影响技术创业结果。Lee 等（2001）对韩国新创企业的经验研究表明，新创企业创业导向、技术能力与财务资源对其成长绩效具正向影响。Heirman 和 Clarysse（2005）对 171 家成立于 1991 至 2000 年间的研究型新创企业（RBSUs）的经验研究表明，企业资产，尤其是大量的风险投资、创业团队商业经验与国际化市场战略等因素对成长绩效有重要影响。Wiklund 和 Shepherd（2005）对 413 家瑞典小企业的经验研究表明，创业导向对企业销售增长与员工增长具正面影响。Cooper 等（2006）对 1053 位创业者的经验研究表明，创业者的创业能力、相关知识及经历与财务资源均对新创企业成长绩效有重要正向影响。Chen（2006）对 70 家集成电路设计产业新创技术型企业的经验表明，技术型新创企业的创新能力对其销售额减去制造成本的毛利润增长率具正面影响。综合上述学者的研究可知，上述学者的研究实际是在不同的角度检验了资源能力理论在新创企业中的适用性，并反复经验检验了其正确性，即新创企业内部资源与能力越强，越有助于实现更快成长。

（3）新创企业网络关系是其成长绩效的重要解释变量

就网络关系对成长绩效的影响而言，学者们从网络关系的不同维度进行了大量研究。如 Hite 和 Hesterly（2001）对企业在不同成长阶段网络关系对企业成长影响的理论分析表明，社会镶嵌连结的凝聚网络或者富于结构洞的稀疏网络均对企业成长有重要影响。Lechner 等（2006）对 60 家具有风险支持的新创企业的经验研究表明，网络关系的组合类型比网络关系的大小对企业发展更为重要；声誉网络与企业发展显著正相关，而协作技术网络与企业发展微弱负相关；社会网络在企业成立之初对企业发展无直接影响，且与销售额呈显著负相关。Hansen（1995）对 44 位创业前有相关工作经验的创业者的经验研究表明，创业者网络活动频率、程度与规模均与新创企业成长绩效正相关。Zhao 和 Aram（1995）与 Watson（2006）等均研究了网络关系的密集程度与宽度（范围）与企业成长绩效等关系。Brüderl 和 Preisendörfer（1998）对 1710 家成立于 1985 至 1986 年间的新创企业的经验研究表明，源自于创业者个人网络关系的支持极大地增加了新创企业存活概率与销售增长率，尤其是来自创业者家庭成员的情感支持对新创企业成功具有显著正向影响；在解释新创企业存活问题上，强联结关系比弱联结关系更为重要。除此以外，亦有很多学者从不同角度研究了网络关系对新创企业成长绩效的影响，如表 2. 16 所示。但综合这些研究可知，多数学者的研究均表明，新创企业网络关系是其成长绩效的重要解释变量。

（4）尝试整合应用企业资源及能力理论与网络关系理论解释新创企业成长绩效

综合表2.16所列这两大理论视角的新创企业成长绩效的主要研究可知，多数研究集中在企业内部资源及能力或网络关系的单一视角上，在考察资源及能力对新创企业成长绩效影响时并没有结合其所在网络关系进行分析（如Eisenhardt和Schoonhoven（1990）、Kelley和Rice（2001）、Wiklund和Shepherd（2001）、Shelton（2005）、Heirman和Clarysse（2005）、Wiklund和Shepherd（2005）、Colombo和Grilli（2005）、Coopep等（2006）与Chen（2006）等，详见表2.16），或者在研究网络关系对新创企业成长绩效影响时，并没有明确深入到企业内部资源及能力的层面上（如Hansen（1995）、Zhao和Aram（1995）、Ostgaard和Birley（1996）、Brüderl和Preisendörfer（1998）、Littunen（2000）、Havnes和Senneseth（2001）、Hite和Hesterly（2001）、Lechner和Dowling（2003）、Lechner等（2006）与Watson（2006）等，详见表2.16），而只有少数的研究尝试整合应用企业资源及能力理论与网络关系理论解释新创企业成长绩效问题。如Lee和Tsang（2001）在考察新创企业成长绩效时综合考虑了表现为创业者受教育程度与创业或工作经验等的人力资本与新创企业与网络关系对象之间的互动活动等因素；Premaratne（2001）、Elfring和Hulsink（2003）与柯俊杰（2006）等在充分肯定网络关系与内部能力对成长绩效的重要性时，均明确提到网络关系可通过有助于企业更好地进行资源获取、机会发现等，从而达到促进企业成长绩效的效果。Lee等（2001）综合应用企业资源能力理论与社会资本理论对韩国新创高技术型企业的研究表明，新创企业内部能力与网络关系均为成长绩效的重要影响因素，且两者在对成长绩效的影响上存在一定的交互效应。

2.5.2 新创企业成长绩效主要研究不足

尽管学者们围绕新创企业成长绩效进行了孜孜不倦的探求，但仍然存在许多不足之处。兹根据本研究之需要将这些主要研究不足之处总结如下：

（1）缺乏关于创业机会的深入研究

尽管目前理论界普遍接受认为创业机会是创业的核心概念，与新创企业的成长有着密切的关系。但Busenitz等（2003）在检视近15年来发表在7个国际一流管理学期刊上有关创业研究的文献时发现，目前多数研究主要集中在创业者个体或其团队、创业的组织活动及创业活动所处外部环境特征三个方面，而关于创业机会的研究却寥寥无几（如图2.22所示），更缺乏关于机会对创业绩效影响的经验研究。尽管目前已有探讨创业者的知识与机会发现关系的研究（Shane，2000），但此研究属于创业决策阶段而非创业执行阶段（朱沛，2005，P7）。由此可见，目前创业研究领域关于创业机会的研究仍然相对不足。

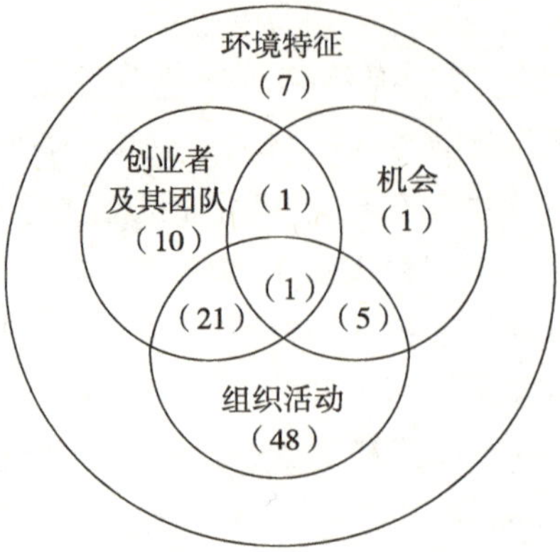

图 2.22 创业研究框架及研究文献分布

注：图中括号中的数字表相关领域文献的数量。

资料来源：Busenitz 等（2003，P297）。

(2) 企业内部资源与能力的涵盖范围有待进一步拓宽

尽管研究者们通过各自研究反复检验了资源能力理论对新创企业成长研究的适用性，并且有了许多研究发现。但这些研究多数集中在创业者及其团队的人力资源能力、企业财务资源、创业导向与技术能力等有限的几种企业内部能力上，而涉及诸如新创企业的营销能力与组织能力等企业其他能力相对较少。但正如前文（第 2.2.2 小节）分析可知，多数学者均认为营销能力是新创的重要内部能力之一。由此可见，现有新创企业内部能力与成长绩效的相关研究所选为研究变量的内部能力涵盖范围有待进一步拓宽。

(3) 忽视了关系品质对网络关系功效实现的影响

回顾现有网络关系视角的创业成长研究可知，各学者关于网络关系对新创企业成长等绩效影响的研究结论并不一致。尽管多数研究表明网络关系对新创企业成长具有显著的正向影响（如 Hansen（1995）、Zhao 和 Aram（1995）、Ostgaard 和 Birley（1996）、Lee 等（2001）与 Watson（2006）等研究），但亦有部分研究表明新创企业网络关系对其成长绩效并无显著联系，如 Littunen（2000）通过对 129 家英格兰新创企业（其中 18 家倒闭企业）的经验研究表明，网络关系与新创企业成功之间并没有显著的必然联系。Cooper 等（1991）对 2246 家美国新创企业研究亦表明，创业者的网络活动与其新创企业的存活情况之间并没有显著的联系。Aldrich 和 Reese（1993）对美国北卡罗来纳州 444 位创业者的研究发现，创业者网络关系的大小及其所花在网络关系上的时间多少与创业成功与否并无显著联系。

为何各学者关于网络关系与创业成长等绩效的关系会如此不稳定呢？Witt（1999）在考察中小型企业信息网络与企业从信息网络中受益关系时认为，造成它们之间关系不稳定（如非线性）的根本原因在于信息网络对企业网络的功效在很大程度上受企业对信息网络关系的利用频率及借助网络关系所交换信息的平均质量等因素的影响。其中所交换信息的平均质量受关系各方之间的信任程度、信息与企业的相关性、信息交流的速度等因素的影响。唐翌（2003）在分析社会网络特性对社会资本价值实现的影响时，通过数理模型的推导发现，社会资本价值的实现需要依托一个稳定的社会网络。而社会网络的稳定又取决于网络成员的合作性。社会网络的范围和复杂性，将直接影响到社会网络成员合作的维持程度，从而影响社会资本的价值。网络关系成员间的沟通将通过影响网络关系的复杂性与范围间接影响网络成员的合作性，进而影响网络关系的稳定性，从而最终影响基于网络关系的社会资本价值的实现。另外，本研究前文（第 2.3.3 小节）关于网络关系功效决定要素分析表明，企业与网络关系对象之间建立在沟通、信任等维度基础上的互动关系品质是其网络关系功效的关键决定因素。由此可见，关系品质不失为解释网络关系对企业影响的重要研究视角。但对照如表 2.16 所示各学者的研究可知，多数网络关系视角的创业成长研究主要将目光集中在网络关系的密集程度、宽度、多样性、规模与种类等维度上，尚缺乏关系品质对网络关系功效实现等相关研究。

（4）整合应用企业资源及能力理论与网络关系理论解释新创企业成长绩效的研究相对欠缺

尽管已有 Lee 和 Tsang（2001）、Premaratne（2001）、Lee 等（2001）、Elfring 和 Hulsink（2003）与柯俊杰（2006）等开始尝试应用企业资源及能力理论与网络关系理论解释新创企业成长绩效。但由表 2.16 可知，Lee 和 Tsang（2001）只是将创业者受教育程度与创业或工作经验等的人力资本与新创企业与网络关系对象之间的互动活动等因素作为相互独立的并列因素加以考虑，而并未深入研究它们之间的关系，故在研究深度上有待继续深入。Premaratne（2001）与 Elfring 和 Hulsink（2003）的研究考虑了网络关系对企业资源获取的影响，但亦只是停留在资源层面上，而并未明确提及网络关系对企业能力的影响等问题。柯俊杰（2006）尽管提及了网络关系对企业能力的影响，但其只进行了理论探讨，故其研究结论有待经验研究的进一步检验。将网络关系、内部能力与成长绩效进行有效整合较为成功的研究要数 Lee 等（2001）对韩国新创高技术企业的经验研究。但 Lee 等（2001）在其研究中只是从统计上证明了网络关系与内部能力在对成长绩效的影响上存在交互效应，而并未深入研究其内部作用机理。由此可见，综合应用企业资源及能力理论与网络关系理论考察新创企业成长绩效的研究较单独应用其中一种理论的创业成长研究在数量上更少，且缺乏大量的经验研究支持。

2.5.3 拟研究问题

基于以上前人研究进展及不足之处，结合前文文献回顾的发现，本研究拟就以下几个问题开展研究。

（1）新创企业各主要内部能力对成长绩效的影响

在现有综合应用社会资本与企业资源及能力理论解释新创企业成长绩效的研究中，如上所述，较为经典的研究要数 Lee 等（2001）的研究。他们在研究中选取了新创企业创业导向、财务资源与技术能力三种内部能力，这与其研究对象高技术行业新创企业密切相关。但由前文（第 2.2.2 小节）分析可知，就绝大多数的新创企业而言，其早期成长阶段的主要内部能力组成包括创业导向、技术能力、融资能力与营销能力共四种能力。因此，本研究拟结合此四种新创企业主要内部能力研究新创企业内部能力与成长绩效的关系。

（2）从关系品质视角研究网络关系

前文关于网络关系视角新创企业成长研究之不足的分析表明，关系品质不失为解释网络关系对企业影响的重要研究视角。由前文关于关系品质的文献回顾可知，理论界至今并没有就关系品质的概念与维度划分达成完全一致的认识。但多数学者均认为关系品质是一个多维度的概念，信任是关系品质的重要维度之一，并认为具体维度的选择应视关系对象等研究需要而定。本研究同意这个观点，并认为关系品质指反映关系各方经过沟通，建立彼此信任，从而在行动及计划等方面进行彼此协调，以促成各方特定目标的实现，从而使关系各方感到满意并愿意对关系做出承诺的反映关系总体好坏程度的指标。其核心维度主要包括沟通、信任、满意、协调与承诺等，各维度之间存在一定的相互关系。无疑，这种理论分析的结果仍需经验研究之检验。另外，刘人怀和姚作为（2005）在对国内外现有关系品质相关文献进行综述时指出，未来关系品质相关研究应考虑构建适合我国本土文化背景的关系品质模型，将关系品质理论运用于其他诸如企业与政府之间的关系、企业与公众之间的关系和企业与非营利机构之间的关系等多种类型的关系，并经验检验企业与这些主体之间关系品质对企业绩效的影响关系。因此，本研究拟结合新创企业的四种主要网络关系，从关系品质视角研究网络关系对企业的影响。

（3）新创企业各主要网络关系对成长绩效影响

现有经验研究并未回答诸如创业者及其新创企业应同哪些外部组织建立关

系，各种组织间的关系是否对新创企业具有同样的功效之类的问题（Zhao 和 Aram，1995）。前文（第2.3.4小节）在关于新创企业网络关系组成分析的文献回顾中发现，对某一特定企业而言，不同网络关系在企业某特定发展阶段重要性各不相同。对新创企业而言，其较为重要的网络关系包括顾客关系、合作伙伴关系、政府部门关系与金融机构关系四种关系。因此，结合该四种具体的网络关系探讨新创企业网络关系对新创企业成长的影响具有重要的理论与实践意义。

（4）从关系品质视角研究新创企业各主要网络关系对各主要内部能力提升的影响

由前文（第2.2.4小节）关于企业内部能力相关研究的文献回顾可知，企业内部能力提升的过程是企业组织学习与资源获取的过程，即企业组织学习与资源获取活动的效果对企业内部能力提升有着重要的影响。通常企业组织学习包括组织内学习与组织间学习两个方面，此两方面存在互相促进的关系。企业资源获取亦大致存在外部化、内外结合与内部化三大类型，企业可相机抉择其资源获取方式。而由前文（第2.3.2小节）分析表明，企业网络关系正好具有为关系各方企业提供组织间学习、资源获取等多种功效的可能。这意味着网络关系与内部能力之间存在一些可能的内部联系，值得研究。而同样由前文（第2.3.3小节）分析表明，网络关系功效的决定要素之一是关系品质，即关系品质是网络关系功效研究的重要视角之一。因此，基于以上分析，再参照前文“研究问题（2）”的考虑，本研究拟从关系品质视角研究新创企业各主要网络关系对其各主要内部能力提升的影响。

（5）从新创企业的创业机会识别、获取与开发的视角研究新创企业成长

正是由于创业机会是创业研究的核心概念，与新创企业成长有着密切关系，但目前又存在研究不足的问题。因此 Busenitz 等（2003）主张未来的创业研究不妨在创业机会及相关领域进行开拓性的尝试，比如研究个体差异如何影响机会识别的过程，或者如何整合企业资源来开发机会，以更为深刻地揭示创业这种新价值创造过程中的内在特征（林嵩和姜彦福，2005）。的确有研究表明，创业企业的机会探索与开发活动对其绩效有重要影响。如张玉利和李乾文（2006）发现创业导向可通过影响创业企业的机会获取与开发活动，从而对组织绩效产生重要影响，并通过185份有效样本进行经验分析检验了机会获取与开发在创业导向与组织绩效（以销售收入增长率、市场占有增长率与税前利润增长率测量）之间关系的中介效应。再由本研究前文（第2.1.1小节）关于新创企业成长特征的分析可知，新创企业成长的过程亦是其不断识别、获取并开发创业机会的过程。因此，从新创企业的创业机会识别、获取与开发过程的视角研究新创企业的成长绩

效问题不失为一重要的新研究方向。

Shane 和 Venkataraman（2000）认为创业者及其新创企业现有信息与知识体系以及其对创业机会价值认识能力对其创业机会的识别有着重要影响。Venkataraman（1997）发现，创业机会的开发与新创企业内部人、财、物、技术等资源与能力状况密切相关。Shane（2000）与 Shane 和 Venkataraman（2000）等众多学者的研究以充分表明了创业者及其新创企业的相关信息与知识等资源与能力在创业机会的识别、获取与开发过程中扮演了重要的角色。而上文分析已提及，本文拟从关系品质视角研究新创企业网络关系与内部能力对成长绩效的影响。前文（第 2.2.1 小节）关于企业能力与知识及资源的关系分析表明，企业资源与知识是其能力的基础，资源与知识的状况决定了企业能力的发展水平，而能力的强弱亦在一定程度上反映了企业知识与资源的质量与数量。由此可见，新创企业内部能力与其创业机会的识别等密切相关。同样，前文（第 2.3.2 小节）企业网络关系功效分析表明，企业网络关系可为企业提供资源获取与组织间学习等潜在功能。显然，企业网络关系可通过企业资源获取与组织学习等影响其对创业机会的识别等。而由前文（第 2.3.3 小节）分析可知，关系品质是网络关系功效的重要影响因素之一。因而，新创企业网络关系品质亦与新创企业创业机会的识别等活动密切相关。基于以上分析，本研究拟从新创企业创业机会的识别、获取与开发等角度，从关系品质视角研究新创企业网络关系与内部能力对其成长绩效的影响。

（6）从关系品质视角对新创企业网络关系、内部能力与成长绩效进行整合分析

由表 2.16 可知，现有新创企业成长绩效研究少有将网络关系、内部能力及成长绩效同时纳入一个整合模型进行研究，以分析成长绩效各影响因素之间内部层次关系，从而更为深刻地揭示这些影响因素对成长绩效的作用机理。而事实上，企业成长受多种因素影响，这些影响因素之间存在一定层次关系。如金泉（2006）在纵观前人有关新创企业成长影响因素时发现，前人所提的社会强、弱联结关系、社会网络中的结构洞、社会资本及正当性与企业资源与能力均为新创企业成长影响因素，但社会强、弱联结关系等因素正是通过增强企业资源与能力，从而达到促进企业成长的效果。Perren（2000）[①] 将企业成长影响因素分为独立因素与中间（过渡）因素两类，尽管两类因素均对企业成长有重要的影响，但独立因素并不能直接影响企业的成长，而是通过影响相应中间（过渡）因素，而间接对企业成长产生影响。类似的，杨鹏鹏，万迪昉和王延丽（2005）认为企

① 转引自伊丽莎白·切尔（2004，p333－334）。

业家社会资本与动态能力均为企业竞争优势等企业绩效的影响因素，但企业家社会资本正是通过获取企业所需的关键资源，并将资源通过内部学习和整合机制转化为动态能力，最后才达到保持企业竞争优势、提升企业绩效的效果。基于此认识，本研究认为有必要从关系品质视角对新创企业网络关系、内部能力与成长绩效进行整合分析，以更为深刻地揭示它们之间的层次关系。

总结以上分析，本研究拟围绕新创企业成长过程中的机会识别、获取与开发等活动，从关系品质视角分析新创企业各重要网络关系以及各主要内部能力对新创企业成长绩效的影响机理，并进行经验研究之检验。因此，本文拟研究问题可进一步提炼为以下四个主要问题：

①新创企业内部能力与成长绩效关系；

②新创企业网络关系与内部能力关系；

③新创企业网络关系与成长绩效关系；

④新创企业网络关系、内部能力与成长绩效三者整合关系。

3　理论模型构建

根据第2章通过文献回顾而确定的本文拟研究问题，本章任务旨在以新创企业为研究对象，在企业层面上从关系品质视角研究企业网络关系、内部能力与成长绩效三者之间的关系，并构建相应的理论模型。为实现此研究目标，本着“由浅而深，由粗而细”，逐渐深入细化认识事物的原则，本章内容安排如下：

（1）首先，（第3.1节）从关系品质视角建立新创企业网络关系、内部能力与成长绩效三者间关系的理论分析框架，为下节（第3.2节）假设提出提供逻辑思路借鉴，亦为后文（第3.3节）拟构建模型勾勒出大致轮廓；

（2）接着，（第3.2节）在前文（第3.1节）理论分析框架的逻辑指引下，以假设提出的方式从关系品质视角详细分析新创企业各主要网络关系、各主要内部能力与成长绩效之间的关系，为后文（第3.3节）拟构建模型刻画出细致纹理；

（3）最后，（第3.3节）综合考虑前文所建立各理论分析框架及各假设所反映变量间关系，完成数个待后文（第5.3节）经验检验之竞争性理论模型构建。

3.1　理论分析框架

本节（第3.1节）任务旨在从关系品质视角建立新创企业网络关系、内部能力与成长绩效关系理论分析框架，为下节（第3.2节）假设提出提供逻辑借鉴，亦即为后文（第3.3节）拟构建模型先勾勒出大致轮廓，故本节内容安排如下：

①研究新创企业内部能力与成长绩效关系（详见3.1.1小节）；

②研究新创企业网络关系与内部能力关系（详见3.1.2小节）；

③研究新创企业网络关系与成长绩效关系（详见3.1.3小节）；

④在上述①、②与③研究基础上，研究新创企业网络关系、内部能力与成长绩效三者整合关系（详见3.1.4小节）。

3.1.1　内部能力与成长绩效关系

本小节拟从新创企业内部能力对其成长物质基础、内外资源与能力整合利用、成长动机、创业机会的识别、获取与开发、资源与能力的延伸与建构以及企业其他方面绩效的影响等方面探讨新创企业内部能力与成长绩效的关系。

（1）企业内部能力是成长的物质基础

Penrose（1959）认为，企业是物质资源、人力资源与无形资产等各种资源的集合体，企业资源与能力是其成长的物质基础。企业在成长过程中如缺乏足够的资源与能力基础，势必会制约其对投资机会的获取与开发，从而影响其成长。如 Wernerfelt（1989）认为企业内部资源与能力是其能否投资进入特定市场及获利水平高低的制约因素。再有 Mahoney 和 Pandian（1992）发现，当企业现有管理能力无法满足企业经营发展需要时，势必会制约企业的成长速度。同时，他们还发现企业内部其他诸如人、财、物等资源越充足，相关能力越强，越有利于消除企业成长的瓶颈因素。

（2）企业内部能力越强，越有助于更好地整合利用内外资源与能力

尽管企业内部资源与能力是其成长的物质基础，但新创企业内部资源与能力相对欠缺，难以在短期内通过内部积累等方式快速获取成长所需资源与能力。因此，新创企业应把其有限资源与能力投入最需要的地方，把目光瞄向企业外部，在战略性地充分利用现有内部资源与能力的同时，“四两拨千斤”地杠杆性获取、支配及最大限度地利用外部资源与能力，实现超常发展（宝贡敏，2004）。由前文（第 2. 3. 2 小节）关于企业网络关系功效分析以及（第 2. 2. 4 小节）关于新创企业内部能力提升过程中资源获取战略分析可知，企业网络关系有助于企业获取互补性，甚至某些特殊性或关键性资源与能力（吴思华，2002；司徒达贤，2003），而且以这种方式获取所需外部资源与能力的经济成本与时间成本均较低。因而，网络关系不失为新创企业外部资源及能力获取与利用之重要途径。但新创企业能否有效整合利用网络关系中的潜在资源与能力在很大程度上取决于其在网络关系中的所处位置，而这种位置又在很大程度上受新创企业内部资源与能力强弱影响（宝贡敏和余红剑，2005）。一般来说，新创企业内部资源与能力越强，越有利于其在网络关系中占据更为有利的中枢性位置，从而越有利于其整合利用更多网络关系中的资源与能力（宝贡敏和余红剑，2005）。因此，新创企业内部能力越强，越有利于其在网络关系中占据有利位置，从而更好地整合利用企业成长所需内外资源与能力。

（3）企业内部能力越强，越有助于提升成长动机

企业内部各类资源与能力之间存在相互依赖关系，任何一种资源与能力的价值发挥均离不开其他相关资源的支持，因而资源与能力本身具有不可分割性。企

业在实际运作过程中，企业经营者关于资源与能力使用等方面的知识与能力有限，因而他们在资源与能力使用时表现为有限理性，导致企业常常存在资源与能力使用不平衡的问题，即在一定程度上存在某些资源与能力的相对过剩现象。通常，企业资源与能力有着多种功能（Teece，1982），故企业常常会选择诸如管理整合、组织重整、购并、多角化发展、扩大经营规模等方式充分利用其相对过剩资源与能力，以实现该资源与能力的价值最大化（Chandler，1962），从而在客观上促进企业追求不断成长。

当企业通过诸如管理整合、组织重整、购并、多角化发展、扩大经营规模等方式成长到新的阶段后，同样由于资源及能力的不可分割性与企业经营者的有限理性等原因，企业又会面临类似前一阶段的资源及能力使用不平衡与相对过剩等问题，这同样会导致企业继续充分利用其相对过剩资源与能力，以实现其价值最大化，亦即促使企业“百尺竿头再进一步”，继续成长到一个新的高度。由此可见，企业对内部相对过剩资源与能力价值实现的不断追求构成了企业不断成长的内在动机之一（Penrose，1959）。无疑，企业内部资源与能力越强，企业成长的动机势必更为强烈。如 Farjoun（1991）研究发现，企业内部较强的员工经验等人力资源能力极易导致企业不断实现多角化经营，以实现企业成长。因此，企业内部能力越强，越有助于提升其成长动机。

（4）企业内部能力越强，越有助于更好地识别、获取与开发创业机会

前文（第 2.1.1 小节）关于新创企业成长特征分析表明，新创企业成长的过程亦是其对创业机会不断识别、获取与开发的过程。因此，新创企业及其创业者对创业机会的识别、获取与开发能力对其成长绩效具有重要的正向影响。

Shane（2000）与 Shane 和 Venkataraman（2000）等指出，新创企业能否有效识别、获取并开发创业机会在很大程度上受创业者及其新创企业对如何向市场提供产品或服务、如何解决客户问题等市场相关知识及过去所累积其他相关信息与知识掌握与灵活应用程度的影响。一般来说，企业对市场、产品生产或服务提供以及客户问题解决等相关信息与知识积累越多，了解越充分，越有可能在创业机会出现时表现出敏锐的识别能力（Kaish 和 Gilad，1991），从而使其较同行其他企业更好地识别、评价并利用各种相关机会，将创业机会转化为企业成长的商机。研究表明，企业亦可用对相关信息与知识的重新组合，或将旧知识与新机会相结合等方法创造并掌握新的创业机会（Shane 和 Venkataraman，2000）。

由前文（第 2.2.1 小节）关于企业能力与知识关系分析可知，知识是能力的基础，能力是知识的有机组合体系。因此，企业内部能力越强，则意味着企业对相关知识的掌握越充分，从而越有助于企业对创业机会的识别、获取与开发。如

新创企业营销能力越强，意味着其具有更多关于顾客潜在需求、市场细分、产品定价等方面的知识（Weerawardena，2003；Tsai 和 Shih，2004）。无疑，这会有助于新创企业识别新的创业机会，并借助其较强的市场开拓能力有效开发该创业机会。

总之，新创企业内部能力越强，其对创业机会识别、获取与开发所需知识与资源就越充分，从而越有利于其在成长过程中不断识别、获取并开发创业机会。如 Penrose（1959）认为组织如能拥有强大的内部资源与能力，必有利于其捕捉并开发各种合适的成长契机。Venkataraman（1997）发现，创业者及其新创企业内部人、财、物等资源越充足，相应技术能力等机会开发相关内部能力越强，网络关系越发达，风险承担性越强，则其越有可能及时开发创业机会，实现快速成长。

（5）企业内部能力越强，越有助于不断构建成长的物质基础

从新创企业成长的时间序列（纵向）维度看，新创企业现期的内部能力是其下期成长的物质基础，这突出表现在其资源与能力的延伸与建构过程中。根据 Sanchez 和 Thomas（1996）的研究可知，企业能力延伸主要指企业运用现有资源与能力进入新的经营领域，以创造新价值，从而使企业资源与能力发生强化、杠杆性运用等“量”的增加；而能力建构主要指企业在进入新的经营领域后，由于现有资源与能力难以完全满足新经营活动的需要，而不断创造与寻求新的资源与能力，从而使企业资源与能力发生扩充、再造、提升等“质”的提升。对新创企业而言，资源与能力延伸过程即是企业对创业机会的识别、获取与开发过程，在此过程中，企业实现了内部资源与能力“量”的增加。同时，在机会开发过程中，企业常常会面临现有资源与能力难以满足新经营活动需要的问题，因而会在机会开发过程中不断建构新的资源与能力，从而实现企业资源与能力“质”的提升。企业在资源与能力发生“质”的提高后，又可在成长动机的驱动下启动新一轮的资源与能力的延伸及建构过程，从而不断建构企业成长的物质基础。由此可见，新创企业内部能力越强，则越有助于不断进行现有资源与能力的延伸，并在此过程中不断建构新的资源与能力，从而有助于新创企业不断构建成长的物质基础。

在上述分析中，有一个问题需要特别说明，即为什么新创企业在资源与能力延伸过程中会进入一些现有资源与能力难以完全胜任，而需继续建构新资源与能力的新领域呢？这可从 Hamel 和 Prahalad（1989/1993）关于企业对资源与能力的战略性整合利用中得到解释。Hamel 和 Prahalad（1989）认为，为实现企业快速成长，企业经营者应注意给企业制定一个适当超前的战略目标，使企业战略目标适当高于企业现有资源与能力，形成一个富有挑战性的资源与能力缺口

（Grant，1991），这样才能促进企业去建构、补充、累积、强化或提升自身的资源与能力，从而实现企业的成长。那么，为什么企业的战略目标可以适当超前企业现有资源与能力呢？对此，Hamel 和 Prahalad（1993）的解释是，企业能力强弱并不取决于其拥有多少资源，关键在于企业能通过资源的杠杆效应有效运用多少资源，现有资源与能力比较弱，或企业战略目标适当高于现有资源与能力水平的企业可以通过将有限资源与能力聚焦使用于企业主要战略目标；通过自身的萃取与外借的方式有效累积现有资源与能力；通过整合与综合平衡的方式补充自身资源与能力；通过回收利用、合作与保护等方式合理、高效利用现有资源以及通过及时收获的方式收回投资及回报等多种方式杠杆性地运用各种可能的资源与能力，以从质与量两方面强化或提升自身内部资源与能力，从而实现企业成长并谋取竞争优势（Sanchez 和 Thomas，1996；Collis 和 Montgomery，1997）。Hamel 和 Prahalad（1993）以上关于资源与能力聚焦、外借、内部整合与外部合作等思想对于资源与能力尚相对欠缺的新创企业成长具有重要借鉴意义。

综合以上分析可知，新创企业内部资源与能力是其成长的物质基础，内部能力越强，越有助于企业更好地整合利用内外部资源与能力，增强其资源与能力基础，使其在面对创业机会时具有更强的成长动机与机会识别、获取及开发能力，从而更好地通过现有资源与能力的延伸去获取并开发创业机会，并在创业机会的开发过程中通过能力建构不断构建其新的资源与能力基础。待完成上述一轮企业资源与能力延伸与建构过程后，企业就实现了其资源与能力在数量上的扩张与质量上的提升。由前文（第 2.1.1 小节）关于新创企业成长特征分析可知，新创企业的成长既包括企业内部资源与能力数量的增加，亦包括其相应质量的提升两方面，其成长过程即是其对创业机会不断识别、获取与开发的过程。因此，新创企业通过资源与能力的延伸与建构而在机会识别、获取与开发过程中实现的企业资源与能力在数量上的扩张与质量上的提升正好表明企业确实获得了成长。新创企业在经历上一轮资源与能力的延伸与建构达到新的成长阶段后，又会在新的资源与能力基础上开始新一轮资源与能力延伸及建构，从而实现新创企业类似上一轮过程中的企业质与量的成长。如此继续螺旋前进，新创企业得以不断成长。

我们可将上述企业内部能力对新创企业成长的具体影响过程形象地表示为如图 3.1 所示。假设新创企业在最初成长起点时，其现有资源与能力基础为图中“能力 1”。此时，由于资源与能力使用者的有限理性等原因，新创企业必然会存在一定程度的内部资源与能力相对过剩。为实现该相对过剩资源与能力的价值，新创企业会产生一定强度的成长动机。这种成长动机会促使新创企业以其既有“能力 1”为基础，通过“能力 1”的延伸去识别、获取并开发“商机 1”，在此过程中实现企业资源与能力的数量扩张。但由于资源与能力的不可分割性，新创企业在“商机1”的开发过程中会面临现有资源与能力不足的问题，从而促使新创企业通过其现有资源与能力去整合利用内外各种资源与能力，创造并蓄积新的资源与能力，以实现企业资源与能力的建构，从而使企业资源与能力提升到“能力2”的新高度。经过此一轮创业机会识别、获取与开发过程中资源与能力的延伸与建构过程后，企业实现了质与量的成长。然后，新创企业又会以“能力2”为起点，继续在新的起点上重复如前一阶段类似在创业机会识别、获取与开发过程中资源及能力的延伸与建构，从而使企业成长到“能力3”的水平……如此不断螺旋前进，新创企业得以不断成长。由此可见，新创企业在成长中，内部能力越强，越有利于实现快速成长。

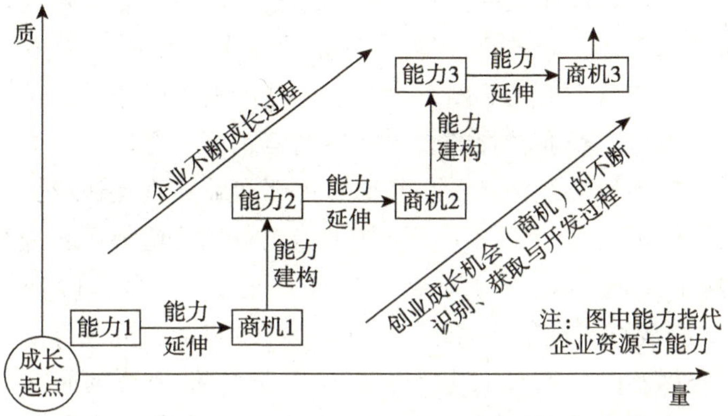

图3.1　能力延伸及建构、机会开发与企业成长关系图

资料来源：本研究整理。

（6）企业内部能力与成长绩效关系的其他相关研究借鉴

除以上分析外，我们还可从其他学者基于不同视角的企业成长影响因素相关研究中间接洞悉出企业内部能力与成长绩效的密切关系。

新古典学派的代表人物马歇尔（1890）在其《经济学原理》一书中认为企业成长的因素可大致归结为外部经济与内部经济两大类因素。其中，外部经济指企业所拥有足以支持其成长的市场空间，内部经济则指企业超出行业平均水平的生产效率（孙学敏，2004）。从这个意义上说，企业如具有较强的营销能力，则更能有效选择并开辟适合自身发展的利基市场，为其谋取成长的市场空间，即能更为有效地促进企业成长。类似的，企业如能有较强的技术能力，意味着其更能有效地生产并向市场提供产品或服务，亦即其具有较高的生产效率，这同样可促进企业成长。类似的，科斯（1994a）认为当企业内部管理能力增强后，其内部管理费用低于外部的相应交易费用时，企业就会有扩大经营规模的动机。由此可见，企业内部能力的增强可促进企业成长。

在古典经济学家看来，企业成长的动力在于对规模经济的追求。正是对规模经济的追求，才导致企业在产品技术不断改进与创新的情况下，不断通过市场渗透与新产品及新市场开发等途径实现企业规模日益扩大，并在此过程中不断调整企业经营范围，从而实现企业边界的扩大。如 Chandler（1990）通过对欧美工业国家成功企业成长历程的回顾发现，绝大多数成功企业在其早期发展阶段都曾依靠其较强技术能力等产品生产或服务提供相关能力进入其利基市场，并继而增加投资，扩大市场占有率，实现产品或服务规模的扩大，实现规模利益，并据此获取在市场上的竞争优势。待企业取得领导地位后，再凭借其较强的技术能力开发新产品或新服务，通过其较强的营销能力伺机进入新市场或业务领域，以充分实现范畴经济效益。待新产品或服务在新市场站稳脚跟后，企业再通过扩大新产品或服务在新市场的市场占有率等方法实现企业在另一更高标准上的规模经济效益，从而实现企业经营规模的不断扩大与业务范围的不断拓展，即实现了企业的不断成长。由此可见，企业较强的技术能力与营销能力等内部能力有助于企业更好地追求规模经济与范畴经济利益，从而有助于企业实现更快成长。

最后，我们还可从各学者关于企业能力与企业竞争优势等企业绩效关系的研究中间接推测企业内部能力对其成长绩效的重要影响。如 Spanos 和 Lioukas（2001）综合运用波特的竞争战略理论与最近兴起的企业资源与能力理论，探讨企业绩效的影响因素时，通过对 147 份希腊企业 CEO 填写的问卷数据进行经验研究发现，产业力量与“企业资产”均对企业绩效有着重要的影响。其中，产业因素能影响企业的市场与利润绩效，“企业资产”则对企业的市场绩效存在显著正向直接影响，并通过高效的市场运作达到提升其利润绩效的效果。另外，“企业资产”还可通过影响企业的战略制定及参与产业内部竞争等途径对企业绩效有着间接影响，如图 3.2 所示。

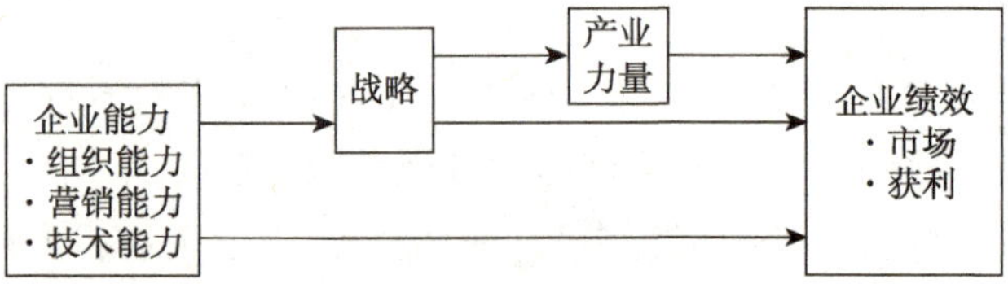

图 3.2　组织资源、产业力量与企业绩效关系模型

资料来源：Spanos 和 Lioukas（2001，P913）。

Spanos 和 Lioukas（2001）尽管将模型的最左端变量称之为“企业资产”（Firm Assets），但其在研究中对“企业资产”进行概念界定与维度分析时，选用了技术能力、营销能力及组织管理能力等维度进行分析并测量，故其所称的“企业资产”可视为本研究的企业内部能力。因而，由该研究可知，企业内部能力与市场绩效及获利能力成正相关。而企业市场与获利等方面的绩效与企业成长绩效密切相关。因此，企业内部能力越强，越有利于企业获取更高的市场与获利绩效，从而实现更快成长。

再有，Day（1994）认为公司卓越绩效来源于公司在市场上的竞争优势，竞争优势来源于企业的独特能力，独特能力来源于企业各职能相关的业务能力，而业务能力指的是公司的各项技能等所蓄积的知识资源，表现为公司业务执行活动的效率与效果，并提出如图 3.3 所示的竞争优势与卓越绩效来源逻辑图。由该图及其相关分析可知，以知识为基础的业务能力越强，越有助于企业实现竞争优势与卓越绩效。显然，企业竞争优势的获取势必有助于企业实现快速成长。

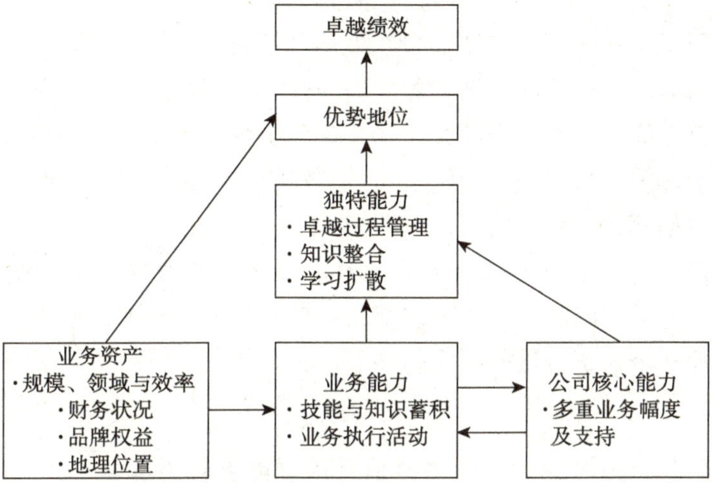

图 3.3　竞争优势与卓越绩效来源逻辑图

资料来源：Day（1994，P40）。

（7）小结

上述分析表明，企业内部资源与能力是其成长的物质基础，内部能力越强，越有助于企业更好地整合利用内外部资源与能力，增强其资源与能力基础，使其在面对创业机会时具有更强的成长动机与机会识别、获取及开发能力，从而有助于企业通过现有资源与能力的延伸去获取并开发创业机会，在创业机会的开发过程中通过能力建构不断构建其新的资源与能力基础，以实现企业资源与能力的数量增加与质量提升，即有助于企业实现更快成长。另外，企业内部能力越强，越有助于企业实现规模经济利益与谋取在市场上的竞争优势，从而促进企业成长。因此，本研究提出如图 3.4 所示的新创企业内部能力与成长绩效关系理论分析框架。

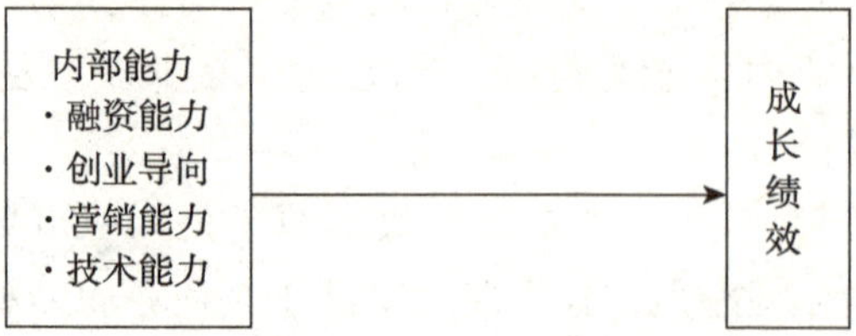

图 3.4　新创企业内部能力与成长绩效关系理论分析框架

资料来源：本研究整理。

3.1.2　网络关系与内部能力关系

前文（第 2.2.4 小节）关于新创企业内部能力提升战略分析表明，充分借助网络关系，采取外部化或内外结合的方式进行内部能力提升不失为新创企业内部能力提升的首选战略。而再由前文（第 2.3.3 小节）关于企业网络关系功效决定要素分析可知，关系品质是企业网络关系功效的决定要素之一。那么，新创企业网络关系与内部能力关系如何呢?

本小节拟先从企业借助网络关系提升内部能力的数种常见运作模式分析入手，寻找出企业借助网络关系进行内部能力提升的主要影响因素，再从关系品质视角分析企业网络关系对这些因素的影响，从而推理出新创企业网络关系与内部能力之关系。

（一）企业组织间学习及资源获取与内部能力提升关系

企业借助网络关系提升内部能力的主要形式有企业与外部组织间的合作创新、企业参与各种战略联盟以及企业与更为广泛外部主体间更为多样化的各种交换关系等。

罗炜（2002，P121）认为企业与外部组织间的合作创新过程亦是企业技术学习与能力发展的过程。此过程包括三个阶段（参见图 3.5）：（1）资源与能力共享。借助优化组合的协同效应，这种异质性资源的集成常常能够创造出市场中更加稀缺的资源，产生“1 + 1 > 2”的有机迭加效果；（2）技术学习。在共享资源的基础上，企业合作进行研究开发。在此过程中，每个企业借助合作互动中的交流和沟通从对方获取所需知识，实现相互知识转移，并对所转移知识加以处理、存储及应用，从而完成技术学习；（3）产生创新成果，该成果既包括新产品、新工艺等的改善，亦包括企业能力的发展，如组织技术经验知识及个人素质的提高。因此，企业可通过资源与能力共享、技术学习、技术转移等方式与外部组织合作，以创造新的资源与能力，从而达到提升内部资源与能力的目的。根据罗炜（2002，P.105）的能力提升模型（参见图3.5）可知，企业与外部合作对象间的资源投入程度、企业间的知识转移程度、企业的消化吸收能力、企业的组织间学习效果等因素是影响其能力提升的重要因素。

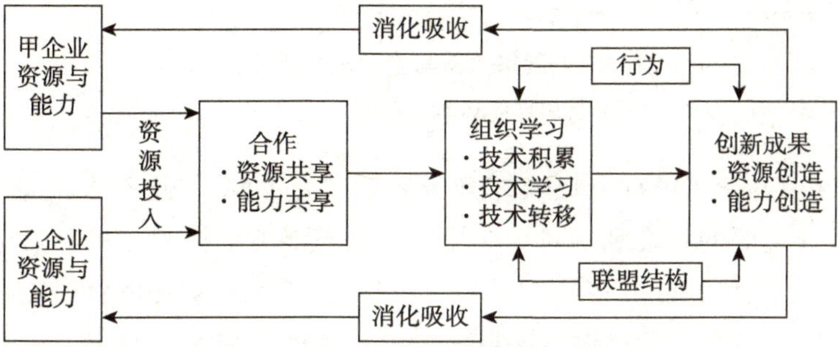

图3.5　合作创新过程中的组织学习与能力发展过程模型

资料来源：本研究节选自罗炜（2004，P122）图4-6。

朱文仪和黄延聪（2002）以参与国际战略联盟的企业为研究对象，发现企业通过参与战略联盟以提升能力的过程可大致分为从联盟活动中获得知识转移与企业能力的建立或提升两个阶段，并提出了如图3.6所示的联盟企业能力提升模型。由该模型可知，企业间的知识转移、企业自身的吸收能力及企业内部的组织学习是影响其通过参与战略联盟提升内部能力的重要影响因素。

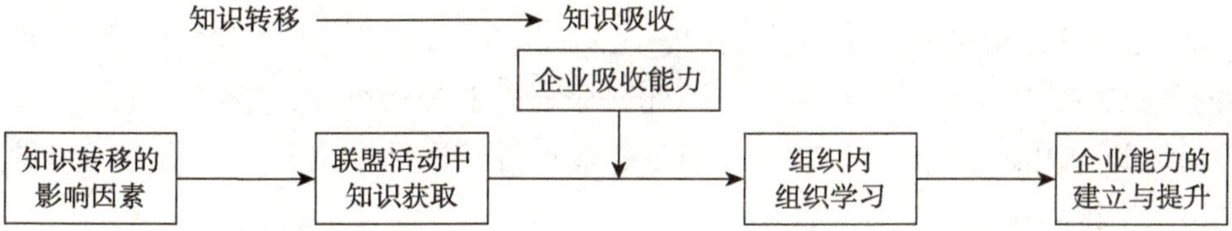

图3.6　联盟企业能力提升模型

资料来源：本研究根据朱文仪和黄延聪（2002）图1及其研究整理而成。

Awuah（2001）研究发现企业能力的形成依赖于其与外界组织或个人的交换关系。这些外部组织或个人包括顾客、顾客的顾客、供应商、供应商的供应商、竞争者、政策制订者、大学与研究机构等。企业通过与网络关系主体进行产品、服务、信息及资金交换，乃至进行社会交换，以获取所需知识与资源，进行组织学习与调适，从而达到提升企业能力的目的，如图3.7所示。由Awuah（2001）的能力提升模型可知，企业在这种互动关系中的组织间学习与调适的效果将直接影响其内部能力的提升效果，而企业与外部组织间的产品、服务、信息及资金交换，乃至社会交换等因素亦能通过组织间学习与调适对其能力的提升产生正面影响。

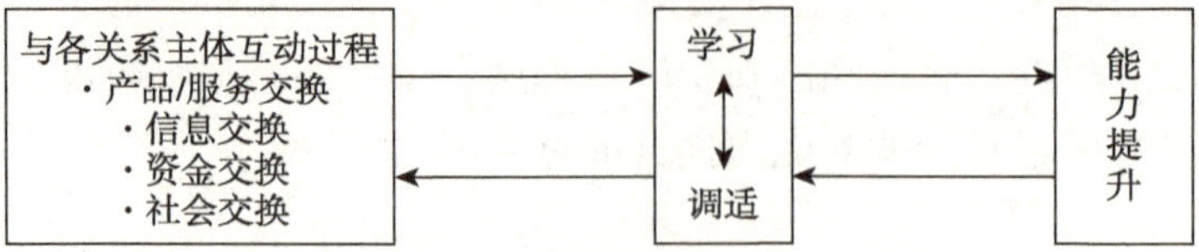

图 3.7　网络关系与企业能力提升机制

资料来源：Awuah（1997，P78）转引自：Awuah（2001）。

Iansiti 和 Clark（1994）以汽车及计算机产业的新产品开发活动为例发现，企业内、外部资源的整合利用对企业绩效及动态能力的构建与提升具正向促进作用。畲日新、许嘉文和陈厚铭（2003）通过对台湾制造业中的信息电子业、机械设备业与化学材料业参与国际战略联盟的企业为研究对象，对 187 份有效问卷进行的经验研究发现，企业能通过与国际企业建立一定的资源联结关系，运用其关系能力，获取相应资源，进行有效组织间学习等方式提升其内部的研发、制造与营销等内部能力。由此可见，组织资源获取能力在很大程度上影响其内部能力提升。

前文（第 2.2.4 小节）关于新创企业内部能力提升战略的分析表明，企业内部能力提升的过程亦是企业不断进行组织学习与资源获取的过程。其中，组织间学习是新创企业的重要组织学习方式。再上述罗炜（2002，P.121）、朱文仪和黄延聪（2002）、Iansiti 和 Clark（1994）、畲日新，许嘉文和陈厚铭（2003）与 Awuah（2001）等的相关研究亦表明，组织间学习效果与组织资源获取能力是组织内部能力提升的重要影响因素。因此，综合以上分析可知，新创企业与外部组织互动过程中的组织间学习效果及新创企业资源获取情况是其内部能力提升的重要影响因素。

（二）互动关系品质与组织间学习效果

就新创企业组织间学习而言，如果把新创企业与其网络关系对象间的互动关系比作为“学生方—老师方”之间的关系，且暂且不考虑新创企业网络关系对象向新创企业学习这一方面，则新创企业即为学生方，新创企业网络关系对象为老师方。本研究认为学生方的知识吸收能力以及互动关系中的知识分享是组织间学习的重要影响因素，而互动关系各方间基于沟通与信任等的互动关系品质亦能通过影响学生方的吸收能力及互动关系中的知识分享而对组织间学习效果产生重要影响。理由如下：

（1）知识分享与组织间学习效果

Senge（1997）认为知识分享指关系一方通过与另一方互动，将已方的知识与对方分享使用，从而形成并提升对方行动能力的过程。Nonaka 和 Takeuchi（1995）认为此知识分享的过程亦是隐性知识与显性知识互动的过程，在此过程中组织能够实现知识的创造。根据 Dyer 和 Nobeoka（2000）与 Von Hippel（1988）的研究，组织间知识分享有助于己方了解对方行为方式、经验与技能，从而借鉴用于己方生产与经营中。另外，知识分享还可有助于在相互间营造良好的学习氛围，并在分享的过程中由于互补性知识与资源的共享、碰撞而产生新的智能火花。Dyer 和 Nobeoka（2000）研究发现，日本 Toyota 公司正是通过努力在其与供应商之间营造一个良好的知识分享氛围，从而产生了高效率组织间学习或网络学习。Hoopes 和 Postrel（1999）经验研究发现，知识分享对其新产品开发能力有正向的影响。因此，组织分享亦是一个组织学习的过程，良好的知识分享可有效地促进组织学习，促进组织相关能力的提升。

知识分享既可发生在企业内部成员间或部门间（Swap，Leonard 等，2001），亦可发生在企业与外部组织的互动关系中（Tsai，2001；Howell，1996）。但无论是哪种类型的知识分享，知识分享的过程即是沟通的过程，涉及沟通双方两个主体（Hendriks，1999）。无论知识分享者是多么地希望去分享与学习该知识，但如果知识拥有者不愿意与其进行知识分享，那么该知识分享的过程就无法进行。因此，知识拥有者的知识分享意愿是知识分享的首要前提。知识分享过程中常常涉及隐性知识的分享问题，通常该类知识较难以在组织间进行转移与分享。此时，如果知识拥有者的知识分享意愿强，则其可能会主动与知识分享者进行良好沟通，使知识分享者能更有效地掌握并应用该隐性知识，提升其行动能力，亦即知识分享的效果就越高。

上述分析表明，组织间良好的知识分享对其组织间学习效果具正面影响，其中知识拥有者的知识分享意愿是知识分享效果的重要影响因素。

（2）互动关系品质与组织间知识分享

知识分享即是沟通的过程（Hendriks，1999）。Shannon 和 Weaver（1949）认为沟通是一方与另一方分享态度、观点、信息、知识与意见的社会互动过程。良好的沟通有助于消除双方的误会与冲突，并使得知识拥有者更好地了解知识分享者的现实与潜在知识需求及知识分享过程中存在的问题，从而帮助知识分享者更好地掌握所分享的知识，即提高知识分享的效率。如 Tsai（2000）认为组织可通过各种非正式的沟通渠道进行隐性知识的转移与分享。Thorelli（1986）、Hsu（1997）与 Uzzi（1997）等亦发现网络关系内部成员间的沟通越频繁，越有利于彼此交流与共享优质信息（fine - grained information）。

Nonaka 等（2000）以组织内部成员间知识分享为例发现，组织成员间只有感到彼此间存在强烈的爱、信任、关怀与承诺时，才会有与组织其他成员分享知识的意愿。Jones 和 George（1998）亦在其研究中发现，一旦人们对其关系对方产生完全信任，就会倾向于愿意与对方共享己方有关信息与知识。

同样，组织间知识分享最终要依靠双方组织的具体成员来完成，故组织内部成员间信任对知识分享意愿的影响机理同样适用于组织间的知识分享问题。Limerick和 Cunnington（1993）等有关信任的研究发现，信任有助于降低关系双方的交易成本与所感知的风险，降低对机会主义的防范成本，从而增加知识拥有者的知识分享意愿。Lane 等（2001）亦在其对国际合资企业的研究中发现，合资双方彼此信任关系能促进双方发展长期稳定关系，增加知识分享意愿。Moorman 等（1992）发现关系双方的信任能促进双方更好地沟通，并降低各方采取投机主义行为的概率，从而便于各方采取开诚布公的态度交流信息与知识，即提高了互动关系各方的知识分享意愿与效果。

这种信任对知识分享意愿的影响机理还可从 Kale 等(2000）的研究中得到佐证。他们研究发现，联盟双方建立在彼此良好信任关系基础上的关系资本，在增加关系各方透明度及涉入程度的同时，亦可有助于在关系各方间建立一套默契配合、协调执行的正式与非正式的规则来约束关系各方哪些是可以学习的，哪些是不便涉及的问题，并抑制各方的投机主义行为，从而保护各方核心技术秘密不被泄密。类似的，Blau（1964）依据社会交换的有关理论，认为交换关系一方如果对另一方产生了信任，就认为对方亦会从长期利益考虑来处理互动行为，即当己方给予对方善意的利益时，对方亦会做出相应的回报。因此，其就会有与对方进行知识或技术共享的意愿。反之，正如 Davenport 和 Prusak（1998）的研究所发现，关系双方如果缺乏彼此的信任，那么就会在互动过程中倾向于言多保留，即呈现较弱的知识分享意愿。

以供应商与制造商之间的信任关系为例，如果供应商对制造商有高度的信任，即其相信制造商不会采取机会主义行为，则其不但更愿意在产品设计和过程创新上进行投资，亦更愿意与制造商分享技术信息而不至于担心对方将技术成果外泄给另一个竞争对手，这无疑对制造商的技术学习有重要的裨益；反之，若供应商对制造商缺乏信任，那么即使来自制造商的建议对供应商很有利，供应商也可能会从自身利益出发采取自我保护措施，对有利于解决产品缺陷的技术信息进行封锁、保护，更不会主动暴露产品自身固有的问题，这无疑不利于制造商进行有效技术学习（杨农，2004，P335）。

类似的，Mentzer 等（2000）与 Mohr 和 Speakman（1994）研究发现，组织与其合作伙伴间较好的关系承诺有助于双方为了协作解决共同问题而进行有效信息分享。

上述分析表明，组织间的良好的沟通、信任与承诺等互动关系品质对组织间知识分享意愿及知识分享效果具正面影响。

(3) 吸收能力与组织间学习效果

吸收能力(absorptive capacity)指组织识别新价值、获取、消化、吸收外部知识并将此知识应用于商业用途的能力(Cohen 和 Levinthal, 1990)。组织吸收能力对其组织学习意图、外部知识获取、知识转移与外部知识应用等具有重要影响。

就组织的学习意图而言,学习意图指组织将合作等组织与外界的互动行为看作是学习机会的态度(Hamel, 1991)。Makhija 和 Ganesh(1997)发现组织吸收能力越强,越有助于提升其学习意图。而研究表明,学习意图越强的组织越倾向于主动塑造一个良好的学习环境,从而越愿意为组织学习投入更多的资源,相反,若组织学习意图越弱,组织越倾向于在面对学习机会时消极被动,对新知识缺乏敏感性、反应迟钝,也无兴趣为组织学习投入更多的资源,更难以激励员工进行学习,从而在实际上不利于组织学习(Szulanski, 1996)。另外,根据 Pfeffer(1994)的研究,学习意图越强的组织,越倾向于采用授予团队责任与权力的企业文化,从而更有利于激发组织成员学习的欲望,有利于组织持续性地改进工作效率,从而提升其行动能力。因此,组织吸收能力越强,越有助于通过增强组织学习意图而提高组织间学习的效果。

就组织外部知识获取而言,较强的吸收能力意味着组织具有较强的信息价值识别能力,从而能更有利于组织对外界信息的捕获,有利于其对行业技术、市场动态等前沿信息的监测(Szulanski, 1996),也有利于组织从关系对方组织中识别对己方有价值的信息与知识(Dyer 和 Singh, 1998),从而能更好地指导其有效获取知识(Lane 和 Lubatkin, 1998)。简俊成和洪清德(2003)通过对制造业企业的 142 份有效问卷进行经验研究发现,吸收能力对企业参与外部知识转移中的知识获取能力有显著正向影响。由此可见,组织吸收能力的提升有利于增强组织外部知识获取能力。而外部知识获取是组织间学习的首要环节,组织外部知识的有效获取对其组织学习无疑具有正面影响。因此,组织吸收能力有助于增强组织外部知识获取能力,从而促进组织间学习效果的提升。

就知识转移而言,Pisano(1988)指出,较强的吸收能力有助于克服知识内隐性所带来的转移困难。Sher(1996)在研究台湾信息产业企业技术转移时发现,企业自身的吸收能力是组织间学习中知识转移绩效的重要影响因素之一。Hakam 和 Chang(1988)在对新加坡 20 家电子信息企业的研究中发现,技术接受者的吸收能力强弱是关系技术转移成败的重要因素,吸收能力越强,则技术转移的绩效越高。因此,组织吸收能力越强,越有助于提高知识转移效果(Tsai, 2001; Daghfous, 2004)。

就外部知识应用而言，Cohen 和 Levinthal（1990）发现，组织若缺乏吸收能力，则无法吸收应用自外部转移而来的新知识与信息。反之，正如 Zahra 和 George（2002）所发现，企业的吸收能力越强，越有利于其监测环境的动态变化趋势，吸收并应用外部新知识，从而改善自身现有知识结构与存量。Daghfous（2004）亦认为组织吸收能力对其知识运用能力具正面影响。Makhija 和 Ganesh（1997）发现，组织的吸收能力越强，其越能有效消化、吸收并应用自外部获取的知识与技能，以增强自身的学习。由此可见，组织吸收能力越强，越有助于增强其对所获取外部知识的应用能力。

上述分析表明，组织吸收能力越强，越有助于增强组织的学习意图，增强组织对外部知识的获取能力、提高组织间学习过程中知识转移绩效，并提高组织对所获取外部知识的应用能力。因此，组织自身的吸收能力为其组织间学习效果的重要影响因素，即组织吸收能力越强，越有助于提高其组织间学习效果。如 Lane 和 Lubatkin（1998）指出，企业组织间学习效果取决于其对外部知识的识别、评价、消化与应用的能力（即吸收能力）。Lane 和 Lubatkin（1998）对来自 48 家制药公司与 22 家生化科技公司的 69 个研发联盟的研究发现，组织的吸收能力对其在联盟活动中组织间学习绩效有显著的正向影响。

吸收能力对组织间学习效果的影响充分表现在其对组织相关能力的提升上。如 Cohen 和 Levinthal（1990）发现组织的吸收能力对其创新机会识别、获取与应用开发有重要的影响，因而是组织创新能力的关键要素。Liu 和 White（1997）通过对我国境内 29 个产业共 145 家企业的研究发现，企业的吸收能力对其创新能力有正向的影响。再有研究表明，吸收能力有助于提升组织知识创造与组织运作效率（Arvind 等，2005），有助于提升组织创新活动的效果与效率（Tasi，2001），并增强组织对外界环境的适应能力（Dodgson，1993；Daghfous，2004）。

再以企业吸收能力对其动态能力的影响为例，Wheeler（2003）认为企业动态能力的提升要求其不断地监测外部环境的变化、行业的最新动态变化趋势，及时获取并消化外部信息与知识，而 Szulanski（1996）认为组织吸收能力越强，越有利于其捕获外界信息，有利于其对行业技术、市场动态等前沿信息的监测，从而可指导企业进行正确投资、研发与市场开发。因此，企业吸收能力有助于企业动态能力的形成（Zahra 和 George，2002）。此正如日本企业常将吸收能力比作企业这棵树的根系，树干比作企业的能力，认为要实现树干强壮，需要有发达的根系不断地从土壤中吸收水分等营养物质，亦即企业的吸收能力强弱（根系发达与否）是影响其内部能力（树干）提升的重要因素（Giget，1988）。

总结以上分析可知，组织吸收能力越强，则其组织间学习效果越高，从而越有助于其相关能力的提升。

(4) 互动关系品质与组织吸收能力

Cohen 和 Levinthal (1990) 发现组织吸收能力受组织先前知识基础、努力程度、组织与外部环境沟通结构、组织 R 和 D 投入、员工教育训练、沟通机制及外部环境特征等因素的影响。Cohen 和 Levinthal (1990) 发现组织内部诸如技术守门员 (Technological Gatekeepers)、跨越疆界者 (Boundary Spanners) 等负责接触外部新信息的人员与外部环境的沟通情况、对新知识或信息的敏感程度，辨别能力在很大程度上决定了组织对外部知识的获取能力，因而其主张组织通过与外部建立广泛、主动的沟通网络，增加组织接触外部知识与信息的渠道，从而及时获取各种所需知识与信息，提升组织吸收能力。类似的，Leonard - Barton (1995) 研究发现，企业可通过广泛扫描外部环境的知识，为学习双方提供持续互动，在组织内部安排专任人员负责对外界信息与知识的筛选与传播，安排专门的跨越疆界人员活跃在组织与外部组织之间，以促进组织与外部的沟通等方法加深组织对外部知识扫描，从而有助于提高组织的吸收能力。Dyer 和 Singh (1998) 在其将吸收能力的概念应用在组织间学习时研究发现，如果学习双方能进行更好地密切互动，这样学习方能更好地知道什么知识应该从哪里获取，具体该如何获取等基本信息。显然，这有助于学习方有针对性地学习所需知识，从而提升其对外部知识的吸收能力。Zahra 和 George (2002) 发现组织拥有与外部知识接触沟通的渠道越多，越有助于组织对外界的知识吸收。综合上述数位学者关于吸收能力的影响因素的研究发现可知，组织与外部组织间的沟通是组织吸收能力的重要影响因素之一，即组织与外部组织间的良好沟通对其吸收能力具正面影响。

Lane 和 Lubatkin (1998) 对生物技术制药产业企业组织间学习的研究发现，如果把学习双方的关系比作为“学生—老师”之间关系，那么师生双方在知识基础、组织结构、薪酬政策与组织问题等方面的相似程度越高，越有助于提高学生方的吸收能力。而 Lane 和 Lubatkin (1998) 与 Hamel (1991) 的研究表明，师生双方的有效沟通能让学生方企业充分了解老师方企业的组织结构、薪酬制度、企业目标等方面的信息与知识，并在自身组织内部参考执行，从而在一定程度上增加了与老师方企业的同形性或相似程度。由此可见，学习双方的有效沟通有助于提高它们的相似程度，从而提高学生方的吸收能力。

Zahra 和 George (2002) 发现，组织对外部知识吸收的过程亦是知识吸收方与提供方社会互动的过程，该互动过程中良好的社会整合机制有利于组织间信息自由流动，有利于双方合作解决共同问题，从而有利于知识吸收方对知识的消化、转化与创造性地利用。而此社会整合机制主要体现在组织间沟通、信任与协调程度等方面 (简俊成和洪清德，2003)。简俊成和洪清德 (2003) 以组织的学习投入、吸收经验及市场导向反映组织的吸收能力，以组织间的沟通、信任与协调反映组织的合作能耐，通过对我国台湾地区制造业企业的经验研究发现，组织合作能耐对其吸收能力具显著正向影响。

综合以上分析可知，组织间良好的沟通、信任与协调等互动关系品质对其吸收能力具正面影响。

（5）小结

上述分析表明，组织间互动关系品质对组织间知识分享及学生方吸收能力均具正面影响，而组织间知识分享及学生方吸收能力均对组织间学习具正面影响。因此，组织间互动关系品质越高，则越有助于提升组织间知识分享效果，增强学生方的吸收能力，从而对组织间学习产生正面影响。类似的，对新创企业而言，其在运用网络关系进行组织间学习时，其与关系对方间的互动关系品质越高，越有助于其吸收能力的提升以及互动关系双方的知识分享，从而越有助于提高其组织间学习的效果。

（三）互动关系品质与企业资源获取

由前文（第2.3.2小节）关于企业网络关系功效分析可知，企业网络关系有助于企业获取互补性及关键性的资源与能力。在网络关系内部，关系一方能否自另一方获取或享用所需资源取决于资源拥有者的意愿（Pfeffer 和 Salancik，1978）。因此，该互动关系的品质与关系各方的资源获取密切相关。

Johnson 和 Mattson（1987）认为网络关系内部成员间的良好沟通、信任与协调有助于各方更好地从对方获取资源，销售产品或服务及进行技术交流等。Oliver（1990）发现，由于网络关系通常建立在一定的合作等共同活动的基础上，因而内部成员间存在共同的利益，成员间由于长期的沟通而形成的彼此信任关系有助于增加各关系成员进一步协调与合作的动机，降低互动关系中资源控制者的投机主义及“敲竹杠”行为，从而有助于关系各方对所需资源的获取。如 Dore（1987）对日本纺织业企业间互动关系的经验研究表明，互动关系双方信任、承诺关系等社会规范有助于增强双方的互相依赖程度，从而有助于关系各方进行资源的共享。吴思华（2002）认为组织间的良好信任关系有助于关系各方从对方获取某些特殊的关键性资源。上述学者的研究表明，互动关系各方间的良好沟通、信任、协调、承诺等因素对关系各方的资源获取具正面影响。

前文（第2.2.4小节）关于新创企业资源获取战略分析表明，借助网络关系获取所需资源是新创企业的重要战略选择。同样，新创企业与其网络关系对象间的互动关系品质亦对其资源获取具重要影响。以新创企业的资金资源获取为例，由于新创企业内部资金相对有限，为获得更快发展，其需要在成长过程中不断自外部获取资金支持，即向网络关系对象融资。从新创企业潜在投资者角度看，其必须相信或者感觉到该企业是适当的、有竞争力的、有效率的、值得并需要投资时，才愿意对该企业进行投资，或者与其合作，如此才能最大可能地降低投资风险，确保收益（Stuart 等，1999；Zimmerman 和 Zeitz，2002）。故新创企业要从外界获取资金支持，首先必须赢得对方的信任，使对方相信其具备开发创业机会、赢得竞争优势并获利的能力（Ireland 等，2003）。再如，我国各级政府为促进本辖区内新创企业的成长，制定了许多优惠政策对这些新创企业加以扶持。但政府的政策资源是有限的，政府总是希望能让现有的政策资源发挥最大化价值。因而通常会对新创企业有选择性地加以重点扶持。显然，在当前各方面制度尚不够健全的情况下，与政府部门有着良好的沟通，赢得政府部门信任，让政府部门感到满意的新创企业将具更大的可能获取政府相关资源的支持。由此可见，新创企业与其网络关系对象间互动关系品质的高低对其资源获取能力具有正面影响。

（四）小结

上文关于新创企业组织间学习及资源获取对其借助网络关系提升内部能力影响的分析表明，新创企业组织间学习与资源获取能力均对其内部能力提升具重要的正面影响。同时，上文关于互动关系品质与组织间学习及资源获取关系的分析表明，新创企业与其网络关系对象间的互动关系品质越高，越有助于提高其组织间学习的效果，增强其自外部获取资源的能力。综合以上分析可知，新创企业网络关系品质越高，越有助于提高其组织间学习的效果，增强其自外部获取资源的能力，从而越有助于其内部能力的提升，即新创企业网络关系对其内部能力具正向影响。因此，本研究提出如图 3. 8 所示的新创企业网络关系与内部能力关系理论分析框架。

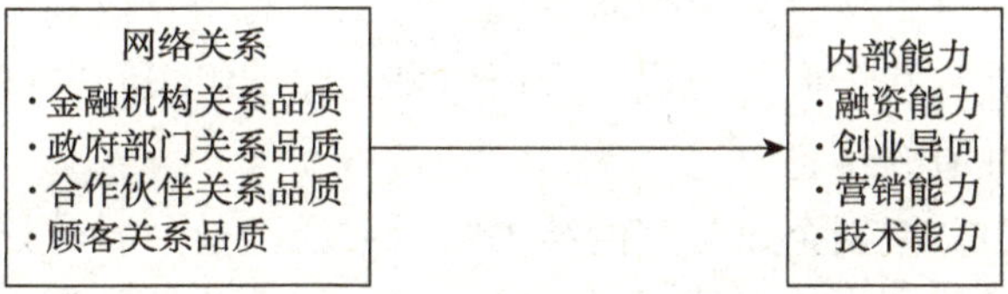

图 3. 8　关系品质视角新创企业网络关系与内部能力关系理论分析框架

资料来源：本研究整理。

3. 1. 3　网络关系与成长绩效关系

本小节拟从关系品质视角探讨新创企业网络关系对创业机会的识别、获取与开发，竞争优势的获取及企业其他方面绩效的影响，以分析网络关系与成长绩效的关系。

（1）网络关系与创业机会识别

创业机会的识别包括感知市场需要、发现市场需要与满足这些需要资源之间的匹配以及创造一种商业概念来利用发现资源与需要之间的匹配三个过程（张世云和薛有志，2006）。Endres 和 Woods（2006）在总结 Kirzner 等的研究时发现，尽管创业机会广泛地存在于市场环境中，但并不能被所有创业者及新创企业管理者们及时地发现，而只能被某些特定的创业者所发现。这可以从 Shane 和 Venkatraman（2000）的创业机会观中得到解释，他们认为尽管创业机会是客观存在的，但创业机会的发现需以一定的信息为基础，而这种信息并非随机分布在所有创业者与新创企业中，即各创业者及其新创企业所掌握的信息并不完全一致，存在很大的信息不对称。正是这种信息的不对称才导致各创业者与其新创企业在创业机会的识别与发现能力上存在很大的差异，即创业者及其新创企业掌握的信息越充分，越完备，则越有利于识别并获取更多的创业机会。

在信息的获取过程中，企业网络关系扮演了一个重要的信息过滤与传递桥梁的角色。如 Goerzen 和 Beamish（2005）发现，网络关系有助于企业更为及时地获取其他方式难以获取的有用信息。前文（第 3.1.2 小节）关于企业网络关系与内部能力关系的分析表明，新创企业与其网络关系对象间的关系品质越高，越有利于增加关系对方的知识分享意愿，有利于新创企业更好地从外界获取相关信息与知识。如 Yli－Renko 等（2002）针对芬兰新创电子企业的研究表明，新创企业的创业者、高层管理人员、销售人员与企业外部包括顾客在内的组织或个人的接触沟通越多，则其所获取的相关市场等信息与知识越多。Uzzi（1996）与 Tsai 和 Ghoshal（1998）也都指出，网络关系成员之间的良好信任关系能有助于各成员相互交换并整合重要的信息与知识。Kraatz（1998）在探讨组织间强弱连结关系对组织适应能力等组织行为影响时发现，组织间的相互依赖关系将使彼此的利益相结合，从而更有利于彼此交换有价值信息，此即组织间的高承诺关系能有助于组织间交换有价值的信息。

上述分析表明，新创企业与其网络关系对象的沟通品质越好，相互信任程度越高，彼此对关系的承诺程度越高，越有利于新创企业掌握更充分、更完备的创业机会相关信息与知识，从而更有利于其识别或发现更多创业机会，赢得更快成长。

（2）网络关系与创业机会获取

商机通常表现为各种合作与交易机会。由于交易双方存在信息的不对称性与不充分性，通常潜在客户会选择接受其所了解并信任的企业进行交易，此时组织成员与交易对方良好的互动关系必然会增大交易成功的概率（Burt，1992）。根据 Goerzen 和 Beamish（2005）的研究，新创企业与现有网络关系对象间良好的合作等互动关系可有效地向其他潜在的合作或交易对象间接传递关于新创企业自身的正面信息，从而使其赢得更多的合作与交易等市场机会。如 Tsai 和 Ghoshal（1998）研究发现组织间的信任关系有助于增加彼此合作的机会。Kale 等（2000）从关系资本的角度发现，一旦企业与网络关系对象建立了特定的互动关系，企业与外部组织间通过建立彼此良好的信任与承诺关系，建立共同的利益基础，形成彼此社会经济性镶嵌关系，可有效拓展双方未来进一步合作的机会。叶明（2002）认为企业如能与其外部合作联盟伙伴间建立积极有效地沟通，并尽可能地保持本企业的发展目标与合作目标的高度一致，则必能更有利于企业对瞬息万变的市场环境做出迅速反应，从而能更好地把握促进企业成长的市场机会。邬爱其（2005，P. 16）在研究网络资源对企业网络化成长影响路径时亦发现，企业与其网络关系成员间的频繁交流等良好互动关系，有助于企业同网络关系成员开展创新协作，对获取的市场机会做出更快更有效的反应，如加快新产品开发速度，赢得市场先占优势与技术优势，从而开拓新的成长空间。由此可见，新创企业与网络关系成员间的良好关系品质有利于新创企业获取更多的创业机会。

（3）网络关系与创业机会开发

按照 Shane 和 Venkataraman（2000）的观点，新创企业能否有效开发创业机会在很大程度上取决于其能否将现有的知识与能力同商机进行有效结合，亦即取决于新创企业是否具备开发商机的资源与能力。毫无疑问，如创业机会开发所需的资源与能力水平低于新创企业现有资源与能力水平，则新创企业必能顺利有效地开发该创业机会。但事实上却是，一方面新创企业普遍存在内部资源与能力有限，常常难以创业机会开发及企业成长的需要，即存在“能力落差”的问题（Leonard - Barton，1995）；另一方面，企业常常制定一些适当超前的战略目标，使企业战略目标适当高于企业现有资源与能力，形成一个富有挑战性的资源与能力缺口（Hamel 和 Prahalad，1989；Grant，1991），亦即新创企业常常为了获取更快的成长速度而有意去尝试开发一些超出其现有资源与能力水平的创业机会。显然，这要求新创企业具有足够的资源获取、组织学习与风险承担等方面的能力。

就新创企业资源获取而言，由前文（第 3. 1. 2 小节）关于新创企业网络关系与资源获取关系的分析可知，新创企业良好的网络关系品质有助于其更好地通过网络关系获取所需资源。如 Gulati 等（1994）研究发现，组织间的良好互动可促进双方更好地进行资源互补。吴思华（2002）发现，企业与外部组织间经由良好互动关系所形成的彼此了解与信任有助于企业更容易地获取某些特殊的关键性资源。因此，新创企业网络关系品质越高，越有助于其进行外部资源获取，以满足创业机会开发的需要。

就新创企业组织学习而言，当新创企业拟开发的创业机会超出了其现有能力水平后，新创企业就有进行组织学习以提升其相应能力的必要。而由前文（第2.2.4小节）关系新创企业内部能力提升中的组织学习战略分析可知，为更快地实现能力提升，新创企业应充分借助其所拥有网络关系进行组织间学习。再由前文（第3.1.2小节）关于新创企业网络关系与其组织间学习关系的分析可知，新创企业良好的网络关系品质有助于组织间更好地进行知识分享，提升新创企业的吸收能力，从而有助于提高新创企业参与组织间学习的效果。如Kale等（2000）研究发现，组织间一旦建立了彼此良好的信任关系，则能有效克服由于各组织目标、价值观、文化及利益差异所带来的负面影响，并可借助对来自各方的互补性多元化信息与知识的整合来提高其组织学习的效果。因此，新创企业网络关系品质越高，越有助于其进行组织间学习，以满足创业机会开发的需要。

就新创企业风险承担能力而言，新创企业在开发所获取创业机会时必然要承担一定的可能失败风险。尽管机会开发的风险是客观存在的，但人们可通过增加信息的充分程度，以尽可能地减弱或者规避风险（吴思华，2002；司徒达贤，2003）。新创企业如能与其网络关系对象经常进行有效信息沟通、建立彼此良好信任关系，则有助于其获取更多与待开发机会相关的信息与知识，降低机会开发决策风险。如Morgan和Hunt（1994）研究发现，网络关系内部所蕴含的成员间相互信任、信息共享及关系承诺等机制，有助于降低成员企业决策时的不确定性，从而降低企业决策风险。另外，由前文（第3.1.2小节）关于新创企业网络关系与其资源获取关系分析可知，新创企业网络关系品质越高，越有助于其更好地自外界获取或共享互补性资源与能力，而不必独自投资全部机会开发所需资源与能力，因而亦可在一定程度上降低可能由机会开发失败而造成损失的风险。所有这些，必然会有利于提高新创企业风险承担能力，增强其开发机会的主动积极性与倾向，从而使其更有可能开发更多优质商机（Barringer和Bluedorn，1999）。

总结上述分析可知，新创企业的创业机会开发要求其具有足够的资源获取、组织学习与风险承担等方面的能力，而新创企业良好的网络关系品质有助于其进行外部资源获取，有助于其进行组织间学习，有助于提高其风险承担能力。因此，新创企业网络关系对其创业机会的开发具有正面影响。

（4）网络关系与企业竞争优势

Dunning（2003）与Galbreath（2002）等认为，企业与外部各种利益相关者间所建立基于彼此信任与互相承诺的长期稳定良好关系可视作为企业的“关系资本”。企业与其网络关系对象间良好的信任关系可成为各方开展良好合作与集体行动的基础（Nahapiet和Ghoshal，1998），新创企业则可籍此不断降低交易过程中的交易成本并使交易价值最大化（Dyer，1997），增加关系对方的信息与知识分享意愿（Cohen 和 Levinthal，1990；Dyer 和 Singh，1998），提高彼此知识分享效果（Gulati，1998），从而使新创企业能更好地获取所需信息与知识（Tsai，2001），不断获取各种有形与无形的所需资源。而由于来自不同主体的知识与资源具有较大的互补性，因而，新创企业可籍由良好品质的网络关系不断获取并积累关系租（relationship rent），从而不断谋取自身竞争优势（Dyer 和 Singh，1998）。如司徒达贤（2003，P. 260）发现企业与其协作厂、经销商、广告代理商、会计师、产业工会及劳工团体等产业链上长期合作伙伴间建立的良好合作关系有助于企业提高整体竞争力。

以新创企业竞争优势重要来源之一的新产品开发活动为例，由前文（第 3.1.2 小节）关于新创企业网络关系与内部能力关系分析可知，新创企业良好的网络关系品质有助于改善组织间知识分享的效果，增强组织吸收能力，从而提升组织间学习效果。此亦即新创企业网络关系品质越高，越有助于其有效获取各方专业知识并加以有效整合、应用于组织内部，使组织知识与技术有效重整（Grant，1996）。Petroni（1998）发现企业外部知识整合对其概念创新具有重要促进作用，在其看来，企业通过内部投资形成的一定知识基础，一旦同自外部沟通而来的新知识相结合，则必更有利于企业成功识别、整合与创新性运用各种知识，从而对其新产品开发产生正面影响。

另外，Lundavall（1988）发现合作双方间的信任能有助于减少产品合作创新中的不确定性。吴晓波，韦影和杜健（2004）在探析社会资本在企业开展产学研合作中的作用时发现，企业与科研院所和高等院校之间的良好信任关系有助于合作各方对所关注的事情进行探讨，在社会资本向企业智力资本转化过程中使各方更愿意参与合作性社会互动，使参与各方在开发新产品和新技术时有非常大的安全感，从而使得新产品开发等合作项目取得更高成效。由此可见，企业良好品质的网络关系能通过提升企业知识整合能力，降低产品创新风险，从而促进企业新产品开发绩效，进而有助于企业获取竞争优势。

Barney（1991）认为当企业的某项投入要素来源于一个非常复杂、超越系统化管理与控制的社会背景时，该要素就具有很强的社会复杂性（Social Complexity），难以被竞争对手所模仿。如此要素有助于企业在争夺市场机会时具有相对竞争对手的竞争优势，则企业可籍此获取长期竞争优势。上文分析表明，企业良好的网络关系品质有助于其获取新产品开发等方面的竞争优势，而网络关系通常与企业创业者个人的家庭、教育与工作背景、企业文化、企业所有制背景等因素密切相关，使其形成具有较强的路径依赖性与社会复杂性等特点，而高关系品质的形成过程则更为复杂与漫长。因此，新创企业良好的网络关系品质亦有助于企业获取长期可持续竞争优势。如 Saxenian（1991）指出：“与具有创新意识的供应商建立起的长期的、以信任为基础的合作的网络是生产商获得竞争优势的一个来源，而这种竞争优势是竞争对手无法复制的。这种网络为共同学习和技术交换提供了一个灵活性框架”①。

（5）网络关系对企业的其他影响

互动关系中的信任有助于关系各方间隐性知识的转移，有助于降低任何一方采取机会主义的可能性，有助于各方规避诸如市场与机会主义等方面的风险，并使各方建立持久的互动关系，从而使关系各方能够从合作中受益（张方华和林仁方，2004）。因此，企业良好的网络关系品质亦可对企业其他方面的绩效产生重要正面影响。

如马金书（2003）在分析企业网络成员间信任水平与收益水平关系时发现，建立在良好信任基础上的企业网络关系有助于企业节约交易费用，提高收益水平。林隆仪和李水河（2005）发现良好的关系品质有助于企业在外包活动中降低成本与提高服务品质。Mohr 和 Sepkman（1994）以 124 家制造商与其经销商之间垂直合作关系为研究对象，发现合作双方以信任、协调及承诺表示的合作关系品质与双方销售额成显著正相关关系。Crosby 等（1990）发现销售人员与顾客间的良好关系品质对其销售效果有正向的促进效应。Lee 和 Tsang（2001）在总结 Aldrich 等（1987）、Hansen（1995）与 Ostgaard 和 Birley（1996）等前人网络关系视角的创业研究基础上发现，新创企业与网络关系的沟通频率与其创业绩效亦存在正相关关系。Van de Ven 等（1984）研究发现，与客户、金融家等来往较为频繁的企业通常具有更佳的绩效表现。

再有研究表明，创业者与供应商或顾客的关系好坏程度与其新创企业的存活概率成正相关关系（Uzzi，1996）。Gulati（1998）发现，无论是对于企业的产业网络关系，还是社会网络关系，其与外部组织间的镶嵌关系有助于增加彼此的信任关系，这种信任关系又可以促进彼此更好地实现信息沟通，并使得彼此的镶嵌关系更为紧密，从而形成彼此更多的共同利益，这种共同利益有助于相互进一步协调合作，从而使得企业的经营活动更为顺利。因此，Gulati（1998）认为，企业外部组织间的良好信任不但有助于企业达成其获利目标，提升知名度，还可以确保企业能更好地生存并获取更快的成长速度。

（6）小结

上述分析表明，新创企业良好的网络关系品质有助于其更好地识别、获取并开发创业机会。而由前文（第 2.1.1 小节）关于新创企业成长特征分析可知，新

---

① 转引自张方华和林仁方（2004，p33）。

创企业成长过程即是其对创业机会的不断识别、获取与开发的过程。因此，本研究认为，新创企业良好的网络关系品质有助于其创业机会的识别、获取与开发，从而有助于其成长绩效的提高。再由上文分析可知，企业良好的网络关系品质有助于企业获取竞争优势，并为其带来诸如收益水平提高、成本降低、服务品质提高、销售额增加、创业绩效提高、存活率提高与经营活动效率提高等方面的裨益。无疑，所有这些受益必将对企业的成长产生正面影响。因此，基于以上分析，本研究认为新创企业网络关系品质越高，越有助于其提升成长绩效，并提出如图 3.9 所示的新创企业网络关系与成长绩效关系理论分析框架。

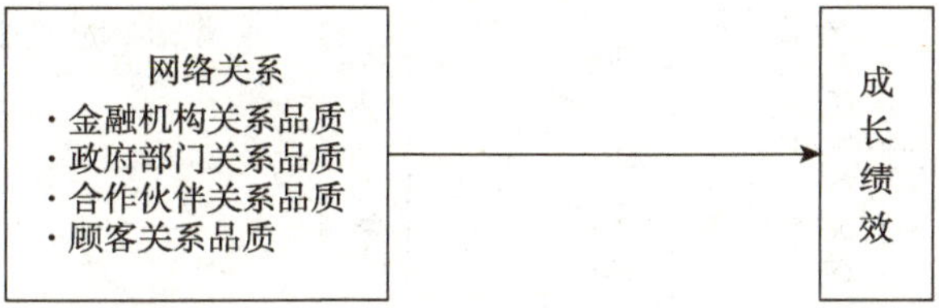

图 3.9　新创企业网络关系与成长绩效关系理论分析框架

资料来源：本研究整理。

3.1.4　网络关系、内部能力与成长绩效三者整合关系

当单独考虑新创企业网络关系、内部能力与成长绩效三者间两两关系时，前文（第 3.1.1—3.1.3 小节）分析表明，新创企业网络关系与内部能力均对成长绩效具正向影响，其中新创企业网络关系亦对内部能力具正向影响。那么，如同时考虑新创企业网络关系、内部能力与成长绩效三者整合关系时，它们内部又将是一种什么样的关系形态呢？以下拟在借鉴前人相关研究基础上对上述问题做出回答。

金泉（2006）在分析有关新创企业成长影响因素时发现，有些学者从社会学等领域与角度分析新创企业的成长，试图从中找到影响新创企业成长的原因。如他们发现强弱关系（Granovetter，1973）、网络关系（Lechner 和 Dowling，2003）、结构洞（Burt，1992）、社会资本（Lin，1999）与正当性（Zimmerman 和 Zeitz，2002）等是新创企业成长绩效的重要影响因素。但金泉（2006）认为所有这些因素正是通过帮助增强企业内部资源与能力，从而达到促进企业成长的效果。因此，其将上述虽不能直接促进新创企业成长，但在新创企业获取关键因素以促进企业成长过程中发挥重要推动作用的因素称之为“催化”因素。

尽管已有众多研究表明企业家（创业者）的社会资本与其企业经营（创业）绩效存在显著正相关关系，但杨鹏鹏、万迪昉和王延丽（2005）在深入研究企业家社会资本影响企业绩效的机理时发现，企业家社会资本正是通过有助于企业获取所需关键资源，并将资源通过内部学习和整合机制转化为动态能力，最后才达到有助于提升企业绩效的效果（如图 3.10 所示），此亦即企业家社会资本正是通过一系列的中间过程而对企业绩效产生重要影响的。由此研究不难发现，如果企业不借助学习机制与整合机制将其借助企业家社会资本获得的关键资源转化成企业动态能力，那么企业家社会资本对企业经营绩效的影响就势必“隔岸观火”，即企业家社会资本难以发挥其对企业经营绩效的促进效应。因此，可将企业家社会资本理解为促进企业经营绩效提升的间接、催化性因素。

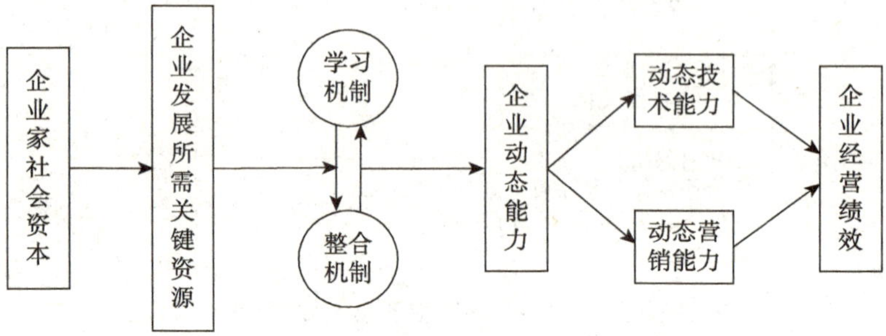

图 3.10　企业家社会资本对企业绩效影响机理

资料来源：杨鹏鹏，万迪昉和王延丽（2005，P88）。

类似的，林润辉（2004）的研究表明企业所参与网络关系信任与企业成长绩效之间存在如图 3.11 所示的关系。林润辉（2004）通过大量案例研究发现，网络关系为企业利用其社会资本，整合内外各种资源与能力创造了一个平台，这个过程亦是网络关系成员间互动的过程。成员间的相互信任机制有助于企业在创新过程、方法及程序等方面开展协作创新，根据环境、市场和消费者需求，能力条件及时空状况等实现适应性创新，提高各自创新能力等内部能力，从而有助于企业实现高成长绩效，如图 3.11 所示。

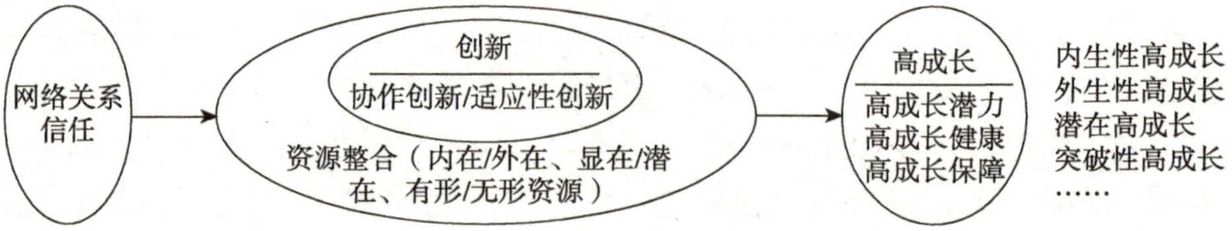

图 3.11　网络关系信任、创新、资源整合与企业成长绩效关系

资料来源：本研究据林润辉（2004，P345）图 11－2 及其相关论述整理而成。

Perren（2000）[①] 在研究企业成长影响因素时，运用归类法，将影响企业成

① 转引自伊丽莎白·切尔（2004，p333－334）。

长的因素分为独立因素与中间（过渡）因素两大类。尽管两类因素均对企业成长有重要的影响，但独立因素并不能直接影响企业的成长，而是通过影响相应中间（过渡）因素，而间接对企业成长产生影响，如图 3.12 所示（其中独立因素与中间（过渡）因素的对应影响关系如该图中虚线所示）。参照上述金泉（2006）与林润辉（2004）的研究以及本研究对杨鹏鹏、万迪昉和王延丽（2005）研究的分析思路，亦不难发现，Perren（2000）所言的中间（过渡）性成长影响因素是企业成长最直接的主导性因素，而独立因素只是一种间接、催化性因素。

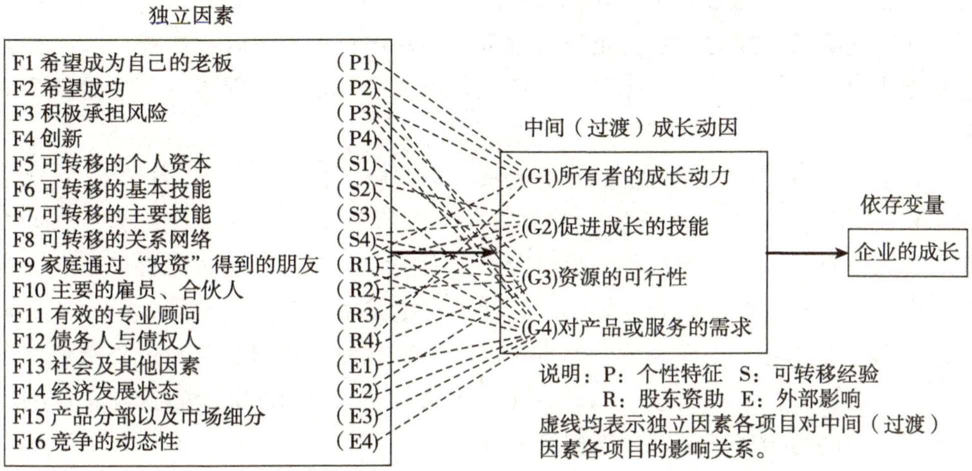

图 3.12 企业成长及其独立因素与中间（过渡）因素相互关系模型

资料来源：Perren（2000），转引自伊丽莎白·切尔（2004，P334）。

总结上述各学者的研究可知，企业成长影响因素可大致划分为直接因素与间接因素两类。两类因素均对企业成长有重要的影响，但直接因素有赖于间接因素而形成，而间接因素则必须借助于直接因素才能起作用，即直接因素在间接因素与企业成长间关系中扮演了中介传导机制的角色。

就本研究而言，前文（第 3.1.1 与 3.1.3 小节）分析表明，新创企业网络关系与内部能力均对其成长绩效具正面影响。但就新创企业内部能力提升而言，由前文（第 2.2.4 小节）关于新创企业内部能力提升战略分析可知，充分借助网络关系进行组织学习与资源获取，从而提升其内部能力是其重要的战略选择。再由前文（第 3.1.2 小节）关于新创企业网络关系与内部能力关系分析可知，新创企业在利用网络关系进行内部能力提升时，其网络关系对其内部能力提升具重要的影响。由此可见，新创企业的内部能力提升对网络关系存在很大的依赖性。

再就新创企业网络关系与成长绩效关系而言，由前文（第 3.1.3 小节）分析过程可知，新创企业良好品质的网络关系正是通过有助于新创企业更好地获取识别创业机会所需知识与信息，有助于其更好地获取能促进其成长的外部合作、交易等市场机会，有助于其更好地进行机会开发所需的资源获取、组织学习与风险承担等而促进新创企业更快成长。其中，信息获取、组织学习与资源获取等过程实质为企业内部能力提升的过程。如新创企业获取更多创业机会识别所需知识必能有效提升企业对市场机会的细分、发掘能力，亦即提升了其营销能力。同样，企业获取更多能促进其成长的外部合作、交易等市场机会，必能提升其市场开拓能力。类似的，企业在机会开发时正是通过资源获取、组织学习等过程直接提升其技术能力与营销能力等机会开发所需内部能力，才能更好地开发更多的创业机会。其中资源获取能力更是与企业的融资能力密切相关。风险承担能力亦与新创企业创业导向密切相关。由此可见，新创企业网络关系通过促进内部能力提升对新创企业成长绩效产生促进效应。

基于以上分析，再借鉴上述 Perren（2000）、杨鹏鹏、万迪昉和王延丽（2005）、林润辉（2004）与金泉（2006）等的研究思路，本研究认为，新创企业内部能力对其成长绩效具正向直接影响，而网络关系主要通过促进内部能力提升对成长绩效具重要正向间接影响。因此，网络关系主要是成长绩效的间接影响因素，而内部能力则是成长绩效的直接影响因素，并在网络关系与成长绩效之间扮演了中介传导机制的角色。因此，本研究提出如图 3.13 所示的新创企业网络关系、内部能力与成长绩效关系整合框架。

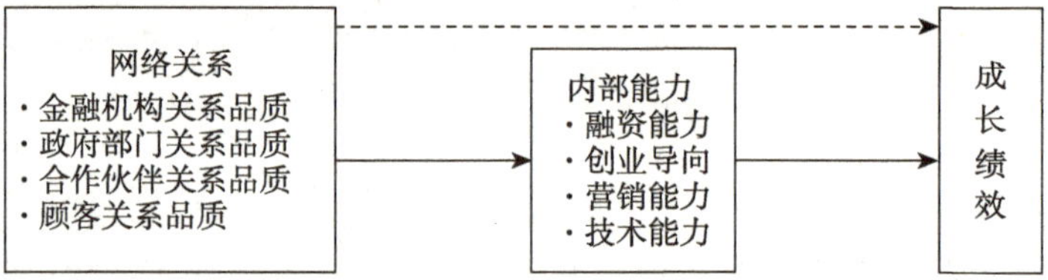

图 3.13　新创企业网络关系、内部能力与成长绩效关系整合框架

资料来源：本研究整理。

3.2　假设提出

前文（第 3.1 节）分析表明，新创企业网络关系、内部能力与成长绩效之间存在如图 3.4、图 3.8、图 3.9 与图 3.13 所示的相互关系。但由前文（第 2.3.4 小节）关于新创企业主要网络关系组成分析可知，新创企业主要网络关系对象包括合作伙伴、顾客、政府部门及金融机构等，各不同网络关系对企业的影响不尽相同。类似的，前文（第 2.2.2 与 2.2.3 小节）关于新创企业主要内部能力构成及各内部能力影响因素分析可知，新创企业主要内部能力包括创业导向、营销能力、技术能力与融资能力，各内部能力的影响因素亦不尽相同。因此，前文（第3.1节）仅仅勾勒出了企业网络关系、内部能力以及成长绩效三者关系的大致轮廓，并没有深入细致地刻画各具体网络关系、各具体内部能力与成长绩效的对应关系。显然，前文（第3.1节）的研究仍然存在不足之处，即一方面，这种关系的大致轮廓难以进行经验检验；另一方面，在应用于实践时难免会给人许多模糊之处。

为解决前文（第3.1节）的“不足之处”，本节任务旨在前文（第3.1节）理论分析框架的逻辑指引下，以假设提出的方式详细分析新创企业各主要网络关系、各主要内部能力与成长绩效之间的关系，为后文（第3.3节）拟构建模型刻画出细致纹理，故本节内容安排如下：

①先逐个研究新创企业主要内部能力体系中的创业导向、营销能力、技术能力及融资能力与新创企业成长绩效的关系，并提出相关假设；

②再逐个研究新创企业与其各主要网络关系对象间的关系品质（即合作伙伴关系品质、顾客关系品质、政府部门关系品质与金融机构关系品质）对其内部能力及成长绩效的影响，并提出相关假设。

3.2.1 创业导向与成长绩效关系

由前文（第2.2.3小节）关于各主要内部能力概念的文献回顾分析可知，创业导向主要包括创新性、风险承担性及预应性三维度，以下拟结合此三维度分析创业导向与成长绩效的关系。

（1）创新性与成长绩效

同成熟企业相比，新创企业存在规模不经济、资源短缺与市场声誉尚未建立等许多不利之处。此时，新创企业倘若不进行创新，仍然沿用传统的经营方式、传统的产品或服务、传统的分销渠道去同行业内的成熟企业开展正面（Head - to - head）竞争，这就如同“鸡蛋碰石头”，势必落败（Lee 等，2001）。因此，新创企业应通过系统化、有目的性地进行创新（Drucker，1985），引进各种可能的具有创新性的生产工艺和技术，从而提高其生产或服务的能力，改变其原有的资源投入产出结构，推出新的产品与服务，创造新的市场需求，形成与强劲竞争对手相比较的差异化（Porter，1985），从而在其有竞争优势的领域内谋求自身的生存空间。而企业的创新性越强，意味着企业越支持其员工进行产品、服务与流程等方面的研发与改进等探索活动，这有助于企业实现产品或服务等方面的更新换代（Hurley 和 Hult，1998），并有助于寻求更好地解决顾客问题及满足顾客需要的新方法与途径（Cho 和 Pucik，2005），从而有助于企业形成差异化并同竞争对手相抗衡（Hughes 和 Morgan，2006）。因此，新创企业创新性越强，越有助于其更好地进行产品或服务方面的创新，更好地满足顾客或市场需要，从而更好地谋求自身的生存空间。

在环境日益动态变化的知识经济时代，技术进步日益加快，市场规则亦不断变化，企业已经难以仅凭一两项原有的单一技术或经验获胜，而只有不断地追求创新，才能不断地适应新生存竞争形势的需要，并谋取相应的竞争优势（Roberts，1999）。如 Roberts（1999）所认为，公司唯有不断地进行创新，才能维持其长期持续性的利润。而研究表明，企业创新性与其内部研发人员的数量与质量以及他们各自相互间的社会关系有着密切联系，竞争者通常难以在短期内模仿或复制该创新（Lee 等，2001），因此，新创企业得以借助创新谋求难以被竞争对手模仿或复制的竞争优势。

除此以外，尚有研究表明，企业创新性与其绩效存在显著正相关关系。如 Hamel（2000）在总结美国硅谷企业的成功发展经验时发现，硅谷企业成功的经验不是电子商务，而是其无处不在的创新。Brüderl 和 Preisendörfer（2000）以德国新创企业为对象，通过选取高质量的大样本进行快速成长企业与缓慢成长企业的对照研究发现，创新性是企业成长绩效众多较为重要的影响因素之一，即企业的创新性与成长绩效存在显著正相关关系。类似的，Lee 等（2001）以韩国新创企业为例，亦发现新创企业的创新性与其成长绩效存在显著正相关关系。Calantone 等（2002）发现企业创新性可通过促进企业组织学习中的创意产生而对企业绩效及竞争优势产生正面影响。Hult 等（2004）发现，无论市场形势如何动态变化，企业创新性均有助于企业实现更好的绩效。

综合以上分析可知，新创企业创新性越强，越有助于企业更好地进行产品或服务方面的创新，更好地满足顾客或市场需要，从而更好地谋求自身的生存空间，并获取难以被竞争对手模仿或复制的竞争优势。另外，多项前人研究表明，新创企业创新性越强，越有助于企业提高成长绩效等方面的企业绩效。因此，本研究认为新创企业创新性对其成长绩效具有正面影响。

（2）风险承担性与成长绩效

新创企业作为创新的实现形式之一，自其成立伊始就伴随着风险的存在（Nelson 和 Winter，1982）。但创业者并不必然要承担高风险，创业者总是不断地对其所面临的风险与可能的报酬做出综合评价，以寻求风险与报酬的平衡点（Drucker，1985）。企业的风险承担性与企业的战略决策速度密切相关，但企业的风险承担性是较不容易建立的（Mosakowski，1998）。

通常，那些具有高风险承担性的新创企业通常愿意对高风险的项目投入较多的资源，较风险承担性低的新创企业赢得更多的发展机会（Miller 和 Friesen，

1983；Hughes 和 Morgan，2006）。如从资源整合利用的角度看，新创企业在成长早期普遍存在资源不足的问题，因而其在创业机会的获取与开发过程中必然承担一定的风险。在创业者对其所面临的风险与可能的报酬做出综合评价，以寻求风险与报酬平衡点的过程中，创业者及其团队的胆识是其重要影响因素之一（Mosakowski，1998）。而 Miller（1992）指出，此时如新创企业创业者及其团队具有较高的创业进取心与敢于承担风险的精神，则可在企业及其制度尚不健全的条件下，以充足的精神资产来弥补物质资产的不足。由此可见，新创企业的风险承担性越强，越有助于弥补企业资源不足的问题，从而有助于其对创业机会的获取与开发。

相反，那些风险承担性较低的企业则可能不能及时进行创新，不能进行开拓性活动并对市场变化反应迟钝，这可能使企业在市场环境日益动态变化，市场机会稍纵即逝的条件下不能及时赢得顾客与捕获市场机会，从而对企业绩效产生负面影响（Miller 和 Friesen，1982；Eisenhardt，1989；Hughes 和 Morgan，2006）。

上述分析表明，新创企业风险承担性越强，越有助于新创企业更好地获取与开发市场机会，从而对其成长绩效产生正面影响。除此以外，亦有研究表明，企业风险承担性对其市场绩效具有正面影响。如 Wiklund（1999）通过对瑞典小企业的电话访谈、问卷调查及相关经验分析发现，企业的风险承担性与其营业收入增长率等企业绩效成正相关关系。因此，综合以上分析可知，新创企业风险承担性对其成长绩效具有正面影响。

（3）预应性与成长绩效

组织的预应性越强，意味着组织越具有前瞻性的眼光去寻求发展并导入新产品或改进产品的机会，研究组织现有战略与战术的变化，并密切关注市场的变化趋势（Lumpkin 和 Dess，1996；Slater 和 Narver，1995）。因此，预应性越强，越有助于增强组织对市场信号与顾客现实与潜在需求的敏感性（Hughes 和 Morgan，2006）。而研究表明，组织对市场信号越敏感，越有助于组织更准确地预见未来市场需求（Venkataraman，1989），调整其战略与战术，使其与市场变化趋势更为吻合，并能更为及时地以新产品或服务取代现有竞争者而成为行业“先动者”（first - mover）（Christensen，1997），从而使组织能较其竞争对手更及时地获取满足顾客现实与潜在需求的机会（Hamel 和 Prahalad，1991）。新创企业一旦通过对新生市场的正确预见，领先进入了某一市场领域，就能有效获得相应超额利润，并率先建立消费者对该企业品牌的认同，从而谋取“先动者优势”（first - mover advantage）（Lieberman 和 Montgomery，1988）。

另外，具有高预应性的新创企业能够通过较同行业其他企业引入更多的新产品或服务来努力影响其生存环境，而不仅仅是对竞争环境做出被动的简单反应

（Miller 和 Friesen，1982），并不断寻求变革，从许多在常人看来是麻烦的事物中发现新的市场机会。如 Miller 和 Camp（1985）通过对 84 个战略事业单位进行调查研究发现，行业的后位者（如行业第二位）能通过有效运用预应性，而在新的创业机会面前表现出远见卓识和坚忍不拔的超常意志，在战略行动上表现出更快的反应速度，不再简单追随前位企业，而是积极主动地谋取更多市场机会，获得更快发展速度，从而取得与前位企业（如行业第一位企业）类似、甚至更高的经营业绩。再如 Kotey 和 Meredith（1997）通过对澳大利亚新南威尔士地区 224 家小型制造业企业的经验研究发现，企业绩效与业主或管理者的预应性成正相关。

类似的，亦有研究表明，企业预应性与其绩效水平呈正相关关系。如 Lumpkin 和 Dess（2001）对美国西南部大都会地区 94 家不同产业企业的 124 位业主或高级经理人进行问卷调查，对所获取的数据进行因子分析与复回归分析发现，企业的预应性与其绩效呈现显著正相关关系，尤其是当外部环境充满了动态变化性而对企业不利时，企业的预应性更凸现出其对企业绩效所特有的正向促进效应。正是基于此发现，Lumpkin 和 Dess（2001）认为企业在成长初期应采用高预应性的行为方式。

上述分析表明，新创企业预应性越强，越有助于新创企业更好地识别、获取与开发市场机会，并在机会开发过程中赢得“先动者优势”；越有助于新创企业更好地通过较同行业其他企业引入更多的新产品或服务来努力影响其生存环境，从而谋取更多市场机会，获得更快发展速度；越有助于新创企业提高企业绩效水平。因此，综合以上分析可知，新创企业预应性越强，越有利于其快速成长。

除以上创业导向各维度分析外，尚有大量研究表明，由上述三维度构成的创业导向对企业绩效有着重要正面影响。如 Matsuno 等（2002）以美国等国家或地区共 308 家企业为研究对象，通过对企业创业精神倾向（从其测量维度及指标看，创业精神倾向与本研究之创业导向实质为同一概念的不同称谓）、组织结构特征、市场导向与企业绩效四个变量进行经验研究，发现创业精神倾向不但对市场导向产生直接正向影响，还通过降低组织结构中的部门化程度来间接对市场导向产生正向影响。增强的市场导向有助于企业对目前与未来更大范围的信息进行广泛扫描与收集（Barringer 和 Bluedorn，1999），并在企业内部各部门间进行有效快捷传播，引起企业内部上下各级、各部门对该信息的积极反应（Jaworski 和 Kohli，1993），促进组织学习（Menon 和 Varadarajan，1992），从而提高企业对顾客与市场的整体关注与反应能力（Deshpande 等 1993）。这有助于企业及时发现顾客现实与潜在需求，并有针对性地开拓市场，从而对企业产品市场占有率、新产品销售百分比、投资报酬率等绩效产生正向影响（Matsuno 等，2002）。

除此以外，尚有研究表明，企业创业导向与成长绩效存在显著正相关关系。如 Morris 和 Sexton（1996）通过对美国佛罗里达州 50 家员工数大于 50 的小企业进行经验研究发现，企业创业导向与其顾客群数、新顾客数、员工数、销售等增长率呈显著正相关关系。Zahra 和 Garvis（2000）通过对美国 149 家制造业企业的问卷调查与经验分析发现，创业导向与营业收入成长率呈显著正相关关系。Wiklund 和 Shepherd（2005）对 413 家瑞典小企业的经验研究表明，尽管创业导向与成长绩效的关系强弱受企业对财务资源的可获得性与外部环境动态性等因素的影响，但从总体上来说，创业导向与企业成长绩效呈显著正相关关系，尤其是在企业外部环境较为稳定，且企业内部资本等资源相对不足的情况下，创业导向越强的企业，越容易实现更高的成长绩效。

上述分析表明，新创企业创业导向的创新性、风险承担性与预应性均对企业成长绩效具有正面影响。而且大量研究亦表明，由上述三维度构成的创业导向对企业产品市场占有率、新产品销售百分比、投资报酬率等方面的绩效均具有正面影响。因此，本研究认为新创企业创业导向对其成长绩效具有正面影响，并提出假设：

H91[①]：新创企业创业导向对成长绩效具有正向直接影响。

3.2.2 营销能力与成长绩效关系

营销活动处于企业内部价值创造流程的下游，与顾客最为接近。企业正是通过满足顾客需求，获取销售收入，使企业不断获取各种投入的回报，从而使企业价值创造活动得以继续循环进行，并在此过程中实现企业不断成长。因此，营销能力是企业成长及竞争优势获得最为直接的影响因素之一（Chang，1996；Fahy 等，2000）。

企业所拥有的市场知识越丰富，越有助于企业意识到客户的问题，从而有助于企业发现真实的市场机会，越有助于企业发现科技发明与技术变革等方面的市

---

① 由于本研究拟提出的假设数量较多，如果沿用传统的假设编号 H1、H2、H3 ……Hn 对各假设进行编号，在后文引用假设编号进行相关分析论证时容易造成混乱，亦可能给论文评审专家造成不便。考虑到本研究所有拟提出假设共涉及 9 个变量，本研究将此 9 变量分别用相应数字代替，各数字与变量名称对应关系为：1. 创业导向；2. 营销能力；3. 技术能力；4. 融资能力；5. 合作伙伴关系品质；6. 顾客关系品质；7. 政府部门关系品质；8. 金融机构关系品质；9. 成长绩效（这些编号与后文附录中的调研问卷相应排序一致）。为尽可能避免传统假设编号方法的上述弊端，并使假设编号更为准确地反映更丰富信息，本研究尝试采用如下方法对全文所有假设进行编号：

本研究中假设编号“H [数字 1] [数字 2]”中，“数字 1”表假设关系中的因变量；“字母 2”表假设关系中的自变量。如 H91 表反映变量 1（创业导向）对变量 9（成长绩效）影响关系的假设；H36 表反映变量 6（顾客关系品质）对变量 3（技术能力）影响关系的假设。后文各假设编号的含义与此类似。

场价值，越有助于企业更好地进行各种相关创新（Cohen 和 Levinthal，1990；Shane，2000），故市场知识有助于企业提高发现和利用机会的能力（Wiklund 和 Shepherd，2003；刘帮成和王重鸣，2007）。而企业的营销能力从本质上亦是一种知识体系，企业营销能力越强，意味着企业的市场知识越丰富。因此，企业营销能力越强，越有助于企业对创业机会的发现及利用。

较强的营销能力意味着企业具有更多关于顾客及市场的相关知识，这些知识有利于企业更好地进行目标市场细分与定位（Fahy et al，2000），找出适合自身并有效避开竞争者的利基市场（Chang，1996），从而为自身谋取良好的生存与发展空间。而一旦企业进入了该利基市场，由于企业能更好地了解顾客需求，因而可更有效地根据顾客的现实与潜在需求进行产品或服务，乃至经营方式等方面的创新，向市场提供相应更具个性化的产品或服务（Day，1994；Shane，2000），并使企业产品或服务的特点更好地同顾客的需求相吻合，从而能更好地服务顾客（Kohli 和 Jaworski，1990），使顾客对企业产品或服务产生信任，增加顾客满意度。这无疑会促进顾客的再次购买或增加购买量。如 Shane（2000）发现，关于客户相关问题的以前知识有助于客户问题解决方案的开发；相反，缺乏对客户问题的了解则使组织很难制定出满足客户需要的解决方案，也就难以有效地设计营销策略与销售产品（刘帮成和王重鸣，2007）。更为重要的是这种为顾客所提供的个性化产品或服务将使顾客更愿意为此支付更高的溢价（premium），从而使企业产品或服务销售收入得到进一步增长。这既提高了企业资本循环效率，亦使企业能有更多资本积累，从而促进企业进一步加大、加快投资，即促进企业快速成长。

此外，尚有大量研究表明企业营销能力与企业绩效存在显著正相关关系（Day，1994；Hunt 和 Morgan，1995；Spanos 和 Lioukas，2001；熊伟，2005；王庆喜，2005）。如 Spanos 和 Lioukas（2001）通过对 147 份希腊企业 CEO 填答的问卷数据进行经验研究时发现，企业营销能力与企业的市场绩效有显著的正相关关系。熊伟（2005）在对 100 家中国高新技术企业问卷调查的基础上，经验研究发现企业营销能力与其市场绩效存在显著正相关关系。王庆喜（2005）对浙江民营制造业企业资源与竞争优势关系的研究中亦发现，企业营销能力与其竞争优势存在显著正相关关系。

上述分析表明，新创企业营销能力越强，越有助于其更好地发现并利用市场机会，在市场机会的开发过程中更好地满足顾客需求，赢得顾客信任，提高市场绩效，增加企业销售收入，提高企业资本循环效率，促进企业更好地进行资本积累，从而促进企业快速成长。因此，总结以上分析可知，新创企业营销能力对其成长绩效具有正面影响，故本研究提出假设：

H92：新创企业营销能力对成长绩效具有正向直接影响。

企业内部资源与能力是其创业导向的重要影响因素（Covin 和 Slevin，1991；Wassim 和 Alain，2005；王重鸣等，2006）。由上文关于营销能力与成长绩效关系分析过程可知，新创企业营销能力越强，越有助于新创企业根据顾客的现实与潜在需求进行产品或服务，乃至经营方式等方面的创新，从而增强新创企业的创新性；有助于新创企业在机会开发过程中，更为及时有效地向市场推出其产品或服务，赢得市场先动者优势，从而增强新创企业的预应性。而由前文（第 2. 2. 3 小节）关于创业导向的概念分析可知，创新性与预应性均为新创企业创业导向的重要维度之一。由此可见，新创企业营销能力越强，越有助于增强其创业导向。因此，本研究提出假设：

H12：新创企业营销能力对创业导向具有正向直接影响。

上述关于假设 H12 的推导分析表明，新创企业营销能力对其创业导向具有正向直接影响。而由前文（第 3. 2. 1 小节）关于创业导向与成长绩效的关系分析可知，创业导向对成长绩效有正向影响。因此，本研究认为营销能力可通过创业导向对成长绩效产生间接影响，并提出假设：

H92′：新创企业营销能力通过创业导向对成长绩效具有正向间接影响

3. 2. 3　技术能力与成长绩效关系

前文（第 2. 2. 3 小节）关于技术能力的概念分析表明，技术应用与技术创新是技术能力的两个重要方面。以下结合此两维度进一步深入分析新创企业技术能力对其成长绩效的影响。

就技术能力的技术创新方面而言，企业较强的技术创新能力有助于企业不断地进行工艺创新，不断地在开发新产品或服务的同时降低生产或服务的成本，获得在与同业竞争时的价格优势，并据此开拓新市场，促进企业产品或服务的销售，从而使企业规模得以进一步成长，并实现永续经营（赵鹏，1999；朱和平、王韬，2004）。这可以从国内外成功与失败企业的经验教训中得到佐证。如日本索尼公司就是把“从事别人没有搞过的事情”视为企业经营的原则，把“研究与开发本来没有过的新产品”作为企业的宗旨，源源不断地将众多全新的产品推向市场，使自己进入了世界闻名的大公司之列。美国的苹果电脑公司，自创业起之所以能有持续 10 多年的高速成长，关键就在于他们看准了技术和市场发展的趋势，通过其较强技术创新能力自主开发出了适应市场需求的苹果系列微电脑。美国微软公司亦是通过其较强的技术创新能力自主开发出了深受市场欢迎的 BASICA、MS－DOS、WINDOWS 等微型计算机软件，从而迅速成长为计算机软件业第一大厂商。我国上海尼赛拉公司依靠其较强的技术创新能力将其创办者——中国科学院上海技术物理研究所近 20 年的传感器研究成果迅速商品化，开发出独有的高性能传感器，占领了80%以上的世界市场，仅用两年时间就成长为销售额达2亿元的中型企业。[①] 相反，不少在国内曾名噪一时的企业，由于缺乏持久的技术创新力，短短几年后便难以为继，不得不退出竞争的前沿阵地（赵鹏，1999）。

类似的，Baker等（1986）认为技术创新既可发生在产品或服务技术领域，亦可发生在其产品或服务生产制造工艺当中，也可在这两个领域兼而有之地同时发生。其据此将企业技术创新分为产品技术创新、制造工艺创新与产品兼制造工艺创新三大类型，并发现不管是何种类型的创新，均对企业存在直接与间接的最终影响，如表3.1所示。由此研究可知，企业技术创新可直接有助于企业强化市场地位、增加销售额、降低产品或服务的生产成本，最终有助于企业增强盈利能力并树立良好的企业形象。对企业而言，这种增加了的销售额、竞争地位及盈利能力均意味着企业的规模得到了发展，具有进一步投资发展的能力，亦即企业具有更高的成长绩效。因此，综合以上分析可知，新创企业技术创新方面的能力越强，越有助于其实现更快成长。

表3.1　技术创新对企业的影响

技术创新类型	直接影响	间接最终影响
产品技术创新	增强市场竞争地位	增强盈利能力
产品兼制造工艺创新	增加销售额	树立良好的企业形象
制造工艺创新	降低产品或服务的成本	增强盈利能力

资料来源：Baker等（1986，P41）。

就技术能力的技术应用而言，新创企业技术应用能力直接关系其能否及时有效获取并开发创业机会。Shane和Venkataraman（2000）认为，创业过程即是创业机会获取与开发过程，创业者及其新创企业正是在创业过程中不断把握一个又一个创业机会，才能实现企业不断发展壮大。Shane（2000）认为企业有关如何服务市场，提供产品或服务的知识拥有程度对其创业机会识别有重要正向影响。技术应用能力是企业有关如何生产制造产品或提供服务的知识。因此，新创企业技术应用能力在很大程度上影响了新创企业的机会识别、获取与开发能力（Wiklund和Shepherd，2003；刘帮成和王重鸣，2007）。由此可见，只有具有较强技术应用能力的新创企业才能够不断地捕获各种发展的契机，快速有效实现技术成果的商品化，完成机会的有效开发，成为某一特定产品或服务领域的先行进入者，谋求该领域内的先动者优势。另外，企业的技术应用能力不仅是其开拓市场的利器，亦是其进一步提升自身技术层次的基础（Chanaron和Perrin，1987）。

① 此处有关苹果电脑公司、微软公司与上海尼赛拉公司的实例，系转引自杨德林和陈春宝（1997）。

因此，新创企业的技术应用能力对其成长绩效具有正向影响。

技术应用与技术创新两者亦存在密切关系。魏江（2002）认为技术能力指企业内在潜力及蕴涵在企业内部人员、信息、设备与组织等要素中所有知识的总和。企业可通过不断积累其知识与信息等资源提高其技术能力，并将这些资源激活到企业技术创新活动中，为技术创新提供资源基础，从而提高自身技术创新能力。技术创新能力的提高有助于促进企业的新产品开发与研制工作，使企业能更快，更好地及时向市场推出新产品或服务，从而有力地增强企业的市场竞争力。因此，在企业的技术能力与企业市场竞争能力之间存在如图 3.14 所示关系，即企业技术应用能力为其技术创新能力的基础，两者均对企业的市场竞争力有重要的正向影响。① 无疑，企业市场竞争力的提高会更有利于企业成长。因此，企业技术能力的技术应用与技术创新之间存在密切的相互关系，共同对企业成长产生重要正面影响。

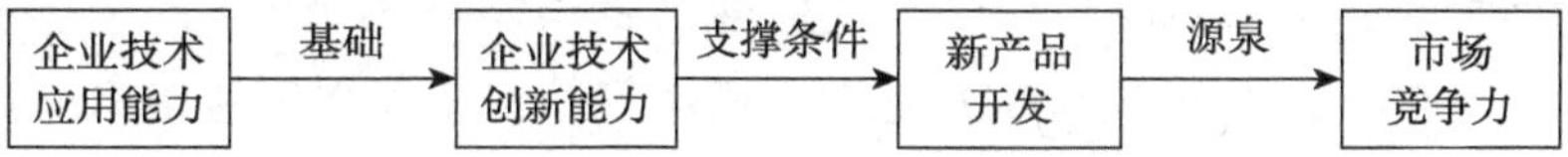

图 3.14　企业技术能力与市场竞争力关系

资料来源：魏江（2002，P37）②。

上述分析表明，企业技术能力的技术应用与技术创新两方面均对企业成长具正向影响。而且，技术能力的技术应用与技术创新之间存在密切的相互关系，共同对企业成长产生重要正面影响。这得到了朱和平和王韬（2004）的调查研究发现的支持。如朱和平、王韬（2004）通过抽取 2000—2002 年期间江苏省无锡市 235 家持续经营的高新技术企业的统计资料作为样本进行调查研究发现，技术创新与技术应用能力是中小型高技术企业或高成长性企业保持长期增长的物质基础，企业的成长主要依靠以技术创新、模仿和转化为核心的连续新市场开拓和驱动组成。除此以外，尚有研究表明，企业技术能力对其市场与盈利等方面的绩效具有正向影响（Teece，1986；Lee 等，2001；Spanos 和 Lioukas，2001）。如 Lee 等（2001）对韩国新创高技术型企业的经验研究表明，企业技术能力与其销售增长等绩效呈显著正相关关系。Spanos 和 Lioukas（2001）通过对 147 份希腊企业 CEO 填写的问卷数据进行经验研究时发现，技术能力与市场绩效及盈利情况存在显著正相关关系。无疑，企业市场与盈利等方面绩效的提升会对其成长绩效产生正面影响。因此，基于以上分析，本研究认为新创企业技术能力越强，越有助于

---

① 魏江（2002）定义的技术能力主要指本研究的技术应用方面的能力。

② 魏江（2002）定义的技术能力主要指本研究的技术应用方面的能力，因而本研究对其原来的模型适当加以调整，即将原模型最左端的“企业技术能力”调整为现模型的“企业技术应用能力”。

其提升成长绩效，并提出假设：

H93：新创企业技术能力对成长绩效具有正向直接影响。

企业内部资源与能力是其创业导向的重要影响因素（Covin 和 Slevin，1991；Wassim 和 Alain，2005；王重鸣等，2006）。由前文（第 2.2.3 小节）关于创业导向的概念分析可知，创业导向的创新性指企业根据外部环境动态变化需要，通过在企业内部实现技术、工艺、管理等方面的创新，并适时地向市场推出新产品或服务，以不断创造、获取并开发创业机会（商机）的活动。无疑，由以上关于技术能力对成长绩效影响的分析过程可知，企业技术能力越强，越有助于其更好地进行技术与工艺等方面的创新，更好地不断开发新产品或服务（Baker 等，1986；魏江，2002），从而促进企业创业导向的提升。再有研究表明，企业技术性知识越丰富，越有助于其提高对竞争对手快速响应的能力（Cohen 和 Levinthal，1990；刘帮成和王重鸣，2007）。而根据 Lumpkin 和 Dess（1996/2001）的研究，企业对竞争对手快速响应能力强弱即是其创业导向强弱的重要指标之一。由此可见，企业技术能力越强，意味着其技术性知识越丰富，从而越有利于增强其创业导向。因此，综合以上分析，本研究认为新创企业技术能力越强，越有助于增强其创业导向，并提出假设：

H13：新创企业技术能力对其创业导向具有正向直接影响。

前文关于假设 H13 的推导表明，新创企业技术能力对创业导向具正向直接影响。而前文（第 3.2.1 小节）关于创业导向与成长绩效关系的分析表明，新创企业创业导向对其成长绩效具正向影响。因此，本研究认为技术能力不但对创业导向具正向影响，亦可通过创业导向对成长绩效产生间接影响，并提出假设：

H93′：新创企业技术能力通过创业导向对成长绩效具有正向间接影响。

3.2.4 融资能力与成长绩效关系

早期创业研究者普遍认为创业者及其团队的融资能力对其能否顺利创业具有重要影响，而很少提及融资能力对新创企业成立后早期成长的影响。实际上，融资能力不光与创业过程有关（Birley，1985），更与新创企业早期成长绩效密切相关（Ostgaard 和 Birley，1996）。

新创企业的产品与技术开发、市场开拓、新生产线的组建等活动需要大量的资金投入。尽管企业财务资源并不具备稀少性、模糊性、难以模仿性与不可转移性等特点。但是，企业只有拥有了足够的资金，才可能借此累积企业其他方面的战略性资源与能力；反之，资金投入不足则会妨碍企业累积此资源与能力（Dierickx 和 Cool，1989），从而影响企业在创业初期的经营绩效（Roberts 和 Hauptman，1987；Schoonhoven 等，1990；Dollinger，1995；Shrader 和 Simon，1997）。

如新创企业充足的财务资源有助于其不断积累各种诸如机器、设备等有形资源与人力资本等无形资源，并使企业更容易识别、获取与开发各种创业机会（Ireland 等，2003）。反之，财务资源贫乏的新创企业可能难以“挺”过成长初期而夭折，或在创业机会的获取与开发活动中会受制于其贫乏的财务资源。Roberts 和 Hauptman（1987）在对26家生化与医药产业新创企业进行访谈研究后发现，企业的经营绩效与其财务资源投入充沛程度存在显著正相关关系，即财务资源投入充足，则企业经营绩效较佳；反之，财务资源投入不足，则企业经营绩效较差。类似的，Roure 和 Maidique（1986）研究发现，新创企业财务资源充足程度与其成长性存在正相关关系。Lussier（1995）在综合分析前人相关研究后，认为资金因素是影响企业成败的重要因素之一，通常资金充足的企业比资金紧张的企业更容易取得成功。

上述分析表明，新创企业财务资源的充足程度与其成长绩效密切相关。对于新创企业而言，其通常难以拥有大量的剩余存量财务资源，其财务资源的充足与否在很大程度上取决于企业对资金等财务资源的筹集能力。一般来说，新创企业在早期成长阶段普遍存在自有资金相对紧张的特点，故企业财务资源充足与否在很大程度上取决于其不断自外部融资的能力，亦即新创企业融资能力越强，则其在创业机会的获取与开发过程中就越不会受限制于财务资源的不足，从而能更有利于实现财务资源充足所带来的高成长率等企业绩效。

另外，国际成功企业的实践经验与国外相关理论与经验研究亦表明融资能力对企业成长具有重要的正向影响。如张玉利和刘竹青（2001，P.58）对美国成长速度最快的500家私营企业进行研究发现，几乎所有健康发展的高成长企业都经历过资金短缺的困难，但它们最终都通过各种可能的办法及时有效地筹集到了所需资金，超强的融资能力是这些高成长企业的共同特征与成功经验。Yusuf（1995）在研究南太平洋国家企业家的创业经验时发现，创业企业在初期的资金筹措能力是影响其成功的关键因素。Thorsten 等（2002）① 用54个国家企业层面的调查数据对融资能力与企业成长关系进行经验研究发现，企业融资能力对企业成长，尤其是小企业的成长有着显著正向影响。

总结以上分析可知，新创企业融资能力越强，越有助于其更好地进行创业机会的获取与开发，从而对新创企业成长绩效产生正面影响，这亦得到了国际成功企业的实践经验与国外相关理论与经验研究的有力支持。因此，本研究认为新创企业融资能力对其成长绩效具有正面影响，并提出假设：

H94：新创企业融资能力对成长绩效具有正向直接影响。

---

① 转引自蔡梨、苗淑娟与李雪灵（2004）。

由前文（第 2.2.3 小节）关于技术能力与营销能力概念分析可知，企业技术能力与营销能力均需建立在一定物质基础之上，如企业财务资源越充分，越有助于其更好地进行技术创新与开展营销活动。而由上文关于融资能力与成长绩效关系分析可知，新创企业融资能力越强，越有助于其更好地筹集所需资金，从而有助于新创企业更好地累积许多其他方面的战略性资源与能力，如有助于新创企业更好地提升其技术能力与营销能力。因此，本研究认为新创企业融资能力对技术能力与营销能力具正面影响，并提出假设：

H24：新创企业融资能力对营销能力具有正向直接影响。

H34：新创企业融资能力对技术能力具有正向直接影响。

企业内部资源与能力是其创业导向的重要影响因素（Covin 和 Slevin，1991；Wassim 和 Alain，2005；王重鸣等，2006）。如 Covin 和 Slevin（1991）发现，企业创业导向是一种需以大量资源为基础的战略导向，即企业内部资源越充分，越有助于增强企业的创业导向。在企业内部众多资源中，财务资源是各种资源类型中最普通的资源，它可以相对简单地转化为其他类型的资源（夏霖和陆夏峰，2006）。因此，企业财务资源越充分，越有助于增强企业的创业导向。依此逻辑，企业融资能力越强，越有助于企业获取更多的财务资源，从而对企业创业导向产生重要正面影响。如企业较强的融资能力可支持企业更好地进行各种创新活动，使新创企业表现出更强的创新性，在投资项目选择上表现出更为大胆的行动倾向等特征，即有助于提升新创企业的创业导向。因此，本研究认为新创企业融资能力对其创业导向具有正面影响。并提出假设：

H14：新创企业融资能力对创业导向具有正向直接影响。

上述关于假设 H24、H34 与 H14 的推导分析表明，新创企业融资能力对其营销能力、技术能力及创业导向均具正向直接影响。再由前文（第 3.2.1—3.2.3 小节）关于创业导向、营销能力及技术能力与成长绩效关系的分析可知，新创企业创业导向、营销能力及技术能力均对成长绩效具正向影响。因此，本研究认为融资能力不但对创业导向、营销能力及技术能力有正向影响，亦可通过影响创业导向、营销能力及技术能力等内部能力而对成长绩效产生间接影响，并提出假设：

H94′：新创企业融资能力通过创业导向对成长绩效具有正向间接影响。

H94″：新创企业融资能力通过创业导向、营销能力与技术能力对成长绩效具正向间接影响。

3.2.5 合作伙伴关系与内部能力及成长绩效关系

新创企业与合作伙伴互动中必然会发生信息与知识等的流动，从而发生组织间学习。另外，新创企业亦可通过这种方式不断自外部获取所需资源。Mohr 和 Spekman（1994）经验研究发现，合作伙伴关系属性中的沟通、信任、协调、承诺等互动关系品质是影响合作伙伴关系功效的重要影响因素。再由前文（第 3.1.2—3.1.4 小节）关于新创企业网络关系与内部能力及成长绩效关系的理论分析框架可知，新创企业网络关系对其内部能力及成长绩效均具重要影响。因此，以下拟遵循此理论分析框架的逻辑探讨新创企业合作伙伴关系对其主要内部能力及成长绩效的影响。

（1）合作伙伴关系与技术能力关系

由前文（第 2.2.1 小节）关于企业能力与知识关系分析可知，知识是能力的基础，能力从本质上亦是一种知识的有机组合体系；组织能力提升的过程即是对知识的蓄积、聚合、创造与更新过程；组织知识的获取与创造活动直接影响其能力提升。因此，企业技术相关知识是其技术能力构建与提升的重要条件之一。研究表明，大学等科研机构（陆立军等，2002）、供应商（Kamath 和 Liker，1994；Dyer 和 Nobeoka，2000）、外包企业（Jao，1996）等合作伙伴是企业技术性知识与创新的重要来源之一。如 Kamath 和 Liker（1994）在研究日本企业新产品开发模式时发现，精明成功的制造企业通常更倾向于与少数具较强技术能力、完善管理制度并在全球范围广泛设有分支机构的供应商合作，从而得以在互动中共享对方技术信息与知识。

由前文（第 3.1.2 小节）关于网络关系与内部能力关系分析可知，新创企业与其合作伙伴间良好的关系品质有利于新创企业与其合作伙伴更好地进行知识共享，有利于提升新创企业吸收能力，从而有助于新创企业在与合作伙伴间的互动中更好地进行组织间学习，以不断吸收、利用自外部获取的技术性知识，从而提升其技术能力。这突出表现在企业与合作伙伴间基于良好沟通、信任与协调等的关系品质对其技术创新与技术应用的影响上。

就合作伙伴关系对企业技术创新的影响而言，以技术创新方面的新产品开发为例，企业可与外部组织进行合作创新，以缩短创新时间、共享创新成果、分散创新风险等。但不论是何种合作形式，都程度不一地存在信息不对称问题（王立平，张先锋和刘志远，2005）。这种信息不对称必然会影响合作创新应有功效的正常发挥。此时，企业如能与合作伙伴进行良好沟通，建立彼此信任，则势必能有效降低彼此信息不对称程度，提升合作绩效。如企业可借助与供应商之间的良好沟通从供应商处获取更多有关供应物的特性、用途及最佳性能方案等知识，甚至该供应物在其他企业使用中的经验或教训等信息。这必能有助于新创企业充分吸取其他同行的经验教训，促进自身的技术学习。另外，企业还可根据从供应商处获取的有价值信息改进现有产品与服务。如 Nutra Sweet 公司向市场推出的一种深受大众欢迎的全新脂肪替代品 Simplesse，就是在听取其一位供应商的意见后所取得的成果①。

相关研究表明，企业与合作伙伴间的良好沟通有助于其提升其新产品开发等方面的绩效。如 Ragatz 等（1997）研究发现，企业通过与供应商及时有效沟通有关技术路径图、技术规划、新产品开发进展等方面的信息，可使供应商尽早介入企业新产品开发，在所供应的原材料等方面做尽可能得调整与配合，协助企业发现新产品开发中各种潜在问题，以便企业及时采取相应解决措施，从而减少新产品开发的时间与成本。类似的，Kamath 和 Liker（1994）在对日本三大汽车厂商及其十多家零件供应商进行深度访谈、并对美、日数家汽车制造商的约三百多家零件供应商进行问卷调查后发现，企业在新产品研制过程中，若能与其供应商保持经常性沟通等密切的互动关系，吸引其参与企业新产品研制，则有助于企业从供应商处获得有关零部件材料规格、发展动态信息及相关技术支持，从而有利于企业缩短研发时间、减少研制成本、提高研发绩效。

再有研究表明，企业与合作伙伴间的良好信任对其新产品开发具有正向影响。如 Sivadas 和 Dwyer（2000）发现，合作双方彼此信任程度对其新产品开发的成功与否有重要影响。方世荣，杨伟智和周文琼（2004）从关系管理的角度研究企业新产品开发时发现，企业与其合作伙伴间的信任关系可有效降低彼此合作中冲突发生的概率，促进彼此信息与知识分享、资源共享等，从而促进相互间的组织学习。他们最后通过经验研究发现，企业与合作伙伴间的信任程度与其新产品开发绩效存在显著正相关关系。

上述分析表明，企业与其合作伙伴间建立在良好沟通与信任基础上的关系品质对其新产品开发具正向影响，即对其技术能力的技术创新方面具有正面影响。

再就合作伙伴关系对企业技术应用的影响而言，研究表明，企业如与合作伙伴进行良好沟通，建立彼此信任，则有助于双方在诸如价格、订货量以及生产进度等方面实现良好协调（Kohli 和 Park，1989），或者在品质控制上实现良好信息反馈（Reyniers 和 Tapiero，1995），这有利于企业稳定生产进度，实现良好品质管理等，从而有助于企业提升生产或服务的技术应用水平。罗炜（2002，P. 197）发现企业与供应商间的良好协调有助于企业提高供应链管理效率，使其物流更为合理，资源配置更为优化，从而达到降低生产成本等效果。Takeishi（2001）对汽车制造企业与供货商之间合作关系的研究发现，关系双方间良好协调与沟通有利于汽车制造企业提高零配件的设计水平。由此可见，企业与其合作伙伴间建立在良好沟通、信任与协调等基础上的良好关系品质对其技术能力中的

① 有关 Nutra Sweet 公司例子整理自温齐默（2003，p89）。

技术应用亦有正面影响。

上述分析表明，企业与与其合作伙伴间建立在良好沟通、信任与协调等基础上的良好关系品质对其技术能力中的技术应用与技术创新均具正面影响。除此以外，前文（第3.1.2小节）分析表明，企业网络关系品质对其吸收能力具正向影响。而Szulanski（1996）的研究表明，企业吸收能力越强，则其对外部信息的掌握、辨析与整合应用能力就越强。因此，企业与其合作伙伴良好的关系品质有助于增强企业的吸收能力，从而有助于企业更好地进行外部技术性知识与信息的获取，即有助于企业提升技术能力。如Cohen和Levinthal（1990）研究发现，企业内部成员间、部门间、上下级间的沟通情况以及企业与外部组织的沟通品质对企业吸收能力与技术能力有正向影响，而较强的吸收能力又有助于提升企业与外部组织间的技术转移绩效，有利于企业获取并利用外部知识、从而亦对企业技术能力产生正向影响。因此，基于以上分析，本研究认为新创企业良好的合作伙伴关系品质对其技术能力具有正面影响，并提出假设：

H35：新创企业合作伙伴关系品质对其技术能力具有正向直接影响。

（2）合作伙伴关系与营销能力关系

由前文（第2.2.1小节）关于企业能力与知识关系分析以及营销能力影响因素（第2.2.3小节）分析可知，企业营销活动相关知识的获取与利用是企业营销能力的重要影响因素。Slater和Narver（1994）认为有关顾客、营销——研发界面以及竞争者等方面知识是企业正确营销决策的前提。Shaw等（2001）认为企业可从经销商、市场研究机构及第三方数据提供者等处获取这些营销决策所需信息。Slater和Narver（2000）发现企业可通过与供应商或战略合作伙伴建立各种合作关系等方式获取这些市场知识。由此可见，企业合作伙伴与企业营销相关知识的获取，乃至营销能力的提升密切相关。

由前文（第3.1.2小节）关于网络关系与内部能力关系的分析可知，企业网络关系品质越高，越有利于企业更好地自互动关系中获取相关知识，以促进其组织间学习，达到提升其内部能力的效果。如Moorman等（1993）发现企业与外部组织互动中的良好信任可有效增加企业的认知地位，使企业能更为有效地利用市场相关信息与知识。因此，遵循此逻辑推理，企业与其合作伙伴间关系品质越高，越有利于企业更好地获取有关营销决策所需信息与知识，指导其进行正确营销决策，从而达到提升营销能力的效果。

以企业同其合作伙伴之一的经销商之间互动关系为例。由于分工不同，通常新创企业较经销商更熟悉自身产品或服务的有关特性，而经销商则较新创企业更了解最终顾客的现实与潜在需求。因此。新创企业如能与其经销商进行良好信息与知识沟通，则势必有助于双方在互动过程填补各自的知识落差，即经销商能更好地了解产品的特性，便于其更好地向顾客销售所经销产品或服务，增加销售量；而新创企业亦能更好地了解最终顾客的现实与潜在需求，指导企业进行正确的市场细分等营销决策。特别是在当市场或顾客的需求与偏好发生变化时，企业可及时从与其合作的下游经销商或分销商等合作伙伴处获取该相关信息，有助于企业在此后的经营管理或生产、研发过程中加以必要的调整与改进，有针对性地开发出符合顾客需求的新产品或服务，更好地为顾客服务，以适应顾客需求日趋变化的新形势，这无疑是企业营销能力提升的过程。

研究表明，信任是企业与合作伙伴间营销活动成败的关键要素之一（Wigand，1997）。Morgan 和 Hant（1994）从关系营销的角度研究发现，企业与其营销合作伙伴间的良好信任与承诺关系有助于合作各方为了进一步合作进行关系投资，有利于各方从长期利益出发考虑彼此关系，而放弃投机主义倾向以及降低更换合作对象的概率，使现有合作活动更为顺利地进行，从而促进关系营销的成功。如他们发现合作伙伴间的信任程度越高，则合作关系各方的销售量越高。无独有偶，国外一项针对某家汽车配件企业与其 429 家零售商关系的调查研究亦表明了类似情况①，如表 3.2 所示。该项研究表明，信任制造商的零售商比不信任者对双方关系的投入要高 12%，寻找其他供货商渠道的可能性要低 22%，更为重要的是其所销售制造商的产品数量要远远高出 78%。无疑，这必有利于该制造企业销售更多的产品，亦即提升了其营销能力。

表 3.2　信任度对生产商业绩的影响

	低信任度的零售商	高信任度的零售商
零售商发展其他供货渠道的可能	100	78
继续销售供应商产品的可能	100	112
销售的供应商产品	100	178
生产商对零售商的评价	100	111

资料来源：《哈佛商业评论》，1996（Dec），转引自杨农（2004，P336）。

另外，亦有研究表明企业与其合作伙伴间良好的协调有利于其营销能力的提升。如格兰特与贝登·富勒（2003）发现，在新产品开发时，公司之间的有效协调与协作能产生出先行者优势，从而有利于企业及时掌握市场机会，快速进入与打开市场。司徒达贤（2003）亦发现企业如能在新产品开发上同合作伙伴保持良好的协调关系，则可充分利用各自专业分工，最大程度地利用新产品的时效性，快速进入并打开市场，从而提升其市场开拓能力。

---

① 转引自杨农（2004，p336）。

综合以上分析可知，新创企业如能与其合作伙伴间建立基于良好的沟通、信任、协调与承诺等基础上的关系品质，则势必对其营销相关知识获取、营销决策、产品销售与市场开拓等营销活动产生正面影响，从而有助于提升其营销能力。因此，本研究提出假设：

H25：新创企业合作伙伴关系品质对营销能力具有正向直接影响。

(3) 合作伙伴关系与融资能力关系

由前文（第 2.2.3 小节）关于新创企业融资能力影响因素分析可知，新创企业与其潜在投资者或资金借贷者之间的互动关系是其融资能力重要影响因素之一，其中最为重要的是该互动关系各方的彼此信任程度以及互动关系各方的信息对称程度。

笔者在实地调研中发现，新创企业与其合作伙伴间的良好彼此信任关系有助于新创企业在必要时通过合理延期付款、提前收回并运用应收借款，开展同业间的拆借等多种方式灵活有效筹集所需资金，从而在一定程度上间接增强了企业融资能力。

Stuart 等（1999）发现，由于新创企业资金、技术等能力非常有限，外界组织与个人对其信息了解不充分，企业发展前途等方面充满不确定性等原因，潜在交易者或投资者通常会根据该新创企业是否同行业知名企业建立联盟关系及这种关系的品质如何等信息来对该新创企业的现状及发展前途等方面做出判断，从而决定是否对其投资或与之进行交易。而根据 Shane 和 Cable（2002）与陶凌云（2005）等的研究，新创企业如能与其合作伙伴建立良好的关系品质，则势必有助于其树立并传播自身的正面声誉信息，从而实现向潜在投资者传递有关其开发创业机会、企业良好发展前景等方面的正面信息，减少潜在投资方的感知风险，增加其投资或借贷意愿，亦即有利于新创企业更好地融资。

从企业内部管理来说，新创企业与其合作伙伴间的良好沟通，有助于其更好地获取外界诸如行业发展动态、趋势等高品质信息，从而有利于企业更好地进行市场预测，并结合自身经营发展战略需要未雨绸缪地提前做好融资计划，这无疑会有利于提升企业实际融资效果，亦即有利于增强新创企业的融资能力。

综合以上分析可知，新创企业如能与其合作伙伴进行良好沟通，建立彼此信任，则势必对其融资活动产生正面影响。因此，本研究提出假设：

H45：新创企业合作伙伴关系品质对融资能力具有正向直接影响。

(4) 合作伙伴关系与创业导向关系

由前文（第 2.2.3 小节）关于创业导向影响因素的分析可知，企业与外界的沟通对创新性有重要影响。再由上文关于新创企业合作伙伴关系品质对其营销能力及技术能力的影响分析可知，在新创企业与合作伙伴互动过程中，良好的沟通有助于新创企业更有效获取外部信息与知识，更好地进行组织学习，提高知识整合能力，提升自身知识创造能力，从而使新创企业能有更多机会产生新的创意，并将新创意应用到其产品或服务等各个方面。这无疑会有助于新创企业表现出更强的创新性。

由前文（第 3.1.2 小节）关于网络关系与内部能力关系的分析可知，新创企业良好的网络关系品质有利于其更好地获取所需资源。因此，新创企业与其合作伙伴关系品质越高，越有利于其更好地自合作伙伴处获取机会开发所需资源。根据 Aldrich 和 Zimmer（1986）的研究，当创业者及其新创企业能从其所在网络关系中获取有关信息、资源、情感及社会支持时，创业者将具有更为积极的进取精神，表现出更强的风险承担性。而组织层次的创业导向是企业创业者及其团队主要成员创业精神的体现（Lumpkin 和 Dess，1996），即创业者风险承担性越强，则其新创企业亦会表现出更强的风险承担性。由此可见，新创企业与其合作伙伴关系品质越高，越有助于其更好地自合作伙伴处获取机会开发所需资源，从而有助于增强企业的风险承担性。

新创企业与其合作伙伴间的良好沟通与信任有助于其获取相关前沿、最新信息，从而更为及时地识别并获取更多创业机会。通过新产品或服务开发所获取的创业机会是新创企业的常用机会开发策略。而由前文关于新创企业合作伙伴关系与技术能力关系分析可知，新创企业与其供应商等合作伙伴关系品质越高，越有利于其缩短研发时间，提高创新绩效，更快地向市场提供新产品或服务。无疑，这样的企业在市场竞争中将能较其他竞争对手更快地向市场推出新产品或服务，谋取先动者优势，即表现出更强的预应性。

综合以上分析可知，新创企业如能与其合作伙伴建立基于良好沟通与信任等基础上的关系品质，则势必有助于增强其创新性、风险承担性与预应性，即有助于提升其创业导向。因此，本研究提出假设：

H15：新创企业合作伙伴关系品质对创业导向具正向直接影响

（5）合作伙伴关系与成长绩效关系

由上文关于新创企业合作伙伴关系与各内部能力关系的分析可知，新创企业与其合作伙伴间的良好关系品质有助于其获取更多的高品质信息。这无疑会有助于新创企业更好地识别并获取各种创业机会。通常企业与合作伙伴间彼此信任与满意程度越高，意味着双方在资源与能力上能满足对方要求。这对新创企业而言，意味着其能不断借助与合作伙伴的互动来整合内外资源与能力，从而更好地开发创业机会。如 Granovetter（1992）发现企业可凭借合作伙伴关系内部的信任与互赖机制实现与合作伙伴有效进行利益交换与知识分享，以弥补自身资源与能力的不足。由此可见，新创企业与合作伙伴间的良好关系品质不但有助于新创企业更好地识别并获取创业机会，还可有助于新创企业整合利用内外资源更好地开发创业机会，从而有助于新创企业提升成长绩效。

研究表明，企业合作伙伴关系品质与企业其他方面的绩效亦存在密切关系。如 Tan 等（1998）以供应链企业间的合作关系为例研究发现，良好沟通所带来的准确信息与及时分享除可降低企业经营的不确定性等风险外，还可使供应链运作更为顺畅，有效降低供应链各节点企业生产前置周期与存货成本等。反之，如果企业与其合作伙伴间不能进行良好的信息沟通，则可能会导致信息扭曲，从而出现如存货过量累积、生产计划失调、客户服务品质下降，利润降低等一系列问题（Lee 等，1997）。

以新创企业与供应商关系为例。通常，企业为了从其供应商处采购原材料等企业生产、服务的输入品，需要支付相当多的费用。对于有些企业来说，用于供应商方面的支出占据了其总成本的一半以上（Handfield 等，1999）。因此，新创企业如能与其供应商建立良好的互相信任，进行良好协调，则势必有助于新创企业更好地实现 JIT 生产，减少原材料库存，获取优质原材料等，减少企业用于供应商方面的成本支出，提升生产或服务的品质，并对顾客的各种个性化或临时要求做出快速反应，从而提升企业绩效（Dyer 和 Nobeoka，2000）。当今市场竞争激烈、市场形势变化多端，供应商需要根据不断变化的市场形势在战略及具体投资等方面做适时调整，因而难以为了配合某特定企业而作战略与投资上的长期承诺，否则势必会增加其成本与经营风险，更重要的是可能会影响其对其他买家的业务。通常，新创企业规模较小，原材料等物资的采购量较小。因此，新创企业更难得到供应商长期特定投资的配合。但来自供应商方面的变化可能会给新创企业带来诸多不便，甚至造成直接损失。此时，由新创企业与供应商之间良好关系品质所带来高效、及时与准确的信息分享，必能有助于新创企业更好地预测未来变化趋势，以提前做好应对准备，将由市场变化所导致的可能损失降到最低限度。

除此以外，亦有研究表明企业与其业务上下游合作伙伴间的良好关系品质对其绩效有重要影响。如张保隆与陈玮玲（2004）采用分析制造战略相关文献及对业界专家进行访查调研的方法，分析我国台湾地区 IC 制造业企业竞争力提升战略时发现，在晶圆生产制造过程中，从光罩制作、外围材料供应、投产、封装及测试至最后出货为止，各环节彼此依存。因此，制造商与上下游厂商之间具良好品质的合作关系有助于更好地维持企业供应流程的稳定性，从而有利于企业更好地提升竞争优势。林建煌和彭庆怀（2003）以我国大陆主要汽车制造厂之相关经销商为研究对象的经验研究表明，合作伙伴间的信任程度与彼此关系承诺程度越高，其合作绩效越高。

最后，众多企业成功实践经验表明，企业与其合作伙伴的关系品质越高，越有利于其获取更快发展。如思科公司与微波通讯（MCI）、惠普公司、微软和英特尔等大公司建立战略合作伙伴关系，并一直非常注意与这些合作伙伴以及其他电脑、电信巨头们保持密切的相互关系。这为思科公司的顺利成长与发展提供了良好条件。正如思科公司总裁钱伯斯所言："大家知道谁也无法独当一面，建立在充分信任基础上的密切合作不但有利于把握市场契约，而且能使每个人都吃到馅饼"[①]。再有，方卫华（2001）在借鉴 Saxenian（1994）等前人相关研究基础上发现，硅谷高科技企业快速成长的重要原因之一在于，这些企业在成长过程中始终同其合作伙伴维持基于高度信任的战略合作关系，这种良好品质的关系不断促进相互间新产品研制开发及其他生产方面合作活动的顺利进行，使其既赢得在某一特定领域内具有国际级大企业般的竞争力，又保持了"小企业"所特有的战略灵活性，从而促进了这些企业的快速发展。

综合以上分析可知，新创企业与其合作伙伴间的良好关系品质有助于新创企业更好地识别、获取与开发创业机会，从而促进其快速成长。而且，众多理论研究与成功企业实践经验均表明企业良好合作伙伴关系品质对企业其他方面的绩效亦有正向的影响，从而亦可在一定程度上有助于企业快速成长。因此，基于以上分析，本研究提出假设：

H95：新创企业合作伙伴关系品质对成长绩效具有正向直接影响。

由上文关于新创企业合作伙伴关系与其各内部能力关系分析可知，新创企业合作伙伴关系对其创业导向、技术能力、营销能力及融资能力等内部能力均具正向影响。而前文（第 3. 2. 1—3. 2. 4 小节）关于该四种内部能力与成长绩效关系的分析表明，这四种内部能力均对新创企业成长绩效具正向影响。因此，本研究认为新创企业合作伙伴关系可通过影响该四种内部能力而对成长绩效产生正向间接影响，故提出假设：

H95′：新创企业合作伙伴关系品质通过创业导向、营销能力、技术能力与融资能力对成长绩效具有正向间接影响。

3. 2. 6　顾客关系与内部能力及成长绩效关系

满足顾客需求是任何企业必不可少的重要任务之一。企业必然要通过各种方式同顾客发生互动关系。前文（第 2. 3. 4 小节）分析表明，顾客关系是新创企业重要的网络关系之一。前文（第 2. 3. 3 小节）分析表明，关系品质是企业网络关系功效的决定要素之一。再由前文（第 3. 1. 2—3. 1. 4 小节）关于新创企业网络

① 转引自林润辉（2004，p297）。

关系与内部能力及成长绩效关系的理论分析框架可知，新创企业网络关系对其内部能力及成长绩效均具重要影响。因此，以下拟遵循此分析框架的逻辑探讨新创企业顾客关系对其内部能力及成长绩效的影响。

（1）顾客关系与技术能力关系

技术能力从本质上亦是一种知识，企业对技术相关信息与知识的获取将有助于其技术能力的提升。企业在与顾客的互动中，必然会发生信息与知识的流动。企业从顾客处获取的信息与知识对其技术能力的技术应用与技术创新两方面均有着重要影响。

就企业技术能力的技术应用方面而言，技术应用表现为企业能否生产出满足顾客需求的合格产品或服务及其满足程度。因此，企业为满足顾客需求，不断根据顾客需求进行生产工艺与程序等方面改进的过程亦其不断提升技术应用方面能力的过程。企业与顾客的互动关系为企业从顾客处获取顾客对企业产品或服务的评价、改进建议等其他各种反馈信息提供了重要的平台。如 Lee（1996）通过对日本机器设备制造业企业与其顾客的互动关系进行研究发现，企业所提供的产品越是复杂、个性化与特殊化，则越需与顾客就产品各方面的性能指标、设计等进行深层次的密切沟通。

研究表明，企业对这些信息的整合处理（即进行组织间学习）有利于其在产品或服务生产或提供等过程加以应用，不断改进相应的工艺、程序等技术环节，从而有利于企业不断提升其技术应用方面的能力。如 Evans 和 Laskin（1994）发现，与顾客良好的互动关系，有助于企业在生产产品或服务的过程中考虑顾客的期望，而进行相应地改进，从而在更好地满足顾客需求的情况下增加企业产品或服务的差异化与实用价值。Iansiti 和 Clark（1994）研究发现，企业如能有机会了解顾客有关企业产品或服务使用过程中的信息与知识，则企业可将这些信息与知识加以消化吸收，转变成对企业有用的知识，并融入企业内部现有知识体系，从而有利于企业不断改进其生产工艺与程序方面的细节。无疑，这会有利于企业不断快速有效生产出合格产品或服务，亦即有助于企业提升其技术应用方面的能力。

再就企业技术能力的技术创新方面而言，研究表明，顾客是企业技术创新的重要信息来源之一（Maidique 和 Ziger，1985；Nonaka 和 Takeuchi，1995）。如奎恩（2002，P. 145）在纵观许多有关创新的理论文献后发现，超过 50% 的创新发生在消费者与制造商之间的结合部分。

以企业技术创新中的新产品开发活动为例。Drucker（1985）认为企业新产品开发能力在很大程度上取决于企业对包括顾客需求特性在内的内外知识整合应用程度。Cooper 和 Kleinschmidt（1987）认为，企业在新产品或服务开发前，如能事先准确定义拟开发产品或服务的目标市场、顾客需求等方面的特点，以及由这些特点而延伸出的顾客对企业产品或服务的具体要求，则必能有助于企业详细地明确其拟开发产品或服务的概念，以及相应的规格等，从而有利于企业新产品或服务的成功开发。Karagozoghu 和 Brown（1993）发现，企业在其新产品研制开发过程中如果能够与顾客进行良好的沟通，将能有助于其获取顾客对产品的期望及使用过程中需要改进的技术等信息，企业对这些信息的处理可有助于企业明确新产品开发研制的目标、缩短研发周期、并提高研发的成功率。陈震红和董俊武（2005）认为，企业通过各种正式与非正式的方式与顾客进行良好的沟通，可有助于了解顾客的需求或潜在需求，从而形成更多有关产品或服务的创意。Campbell 和 Cooper（1999）指出，顾客既可为企业提供主要改进创新质量的想法，亦可能为企业提供一些内部欠缺的资源与能力，从而增加企业新产品开发成功的概率。由此可见，企业可通过与其顾客互动获取所需信息、知识、互补性能力等资源，从而有利于企业新产品或服务的开发。

众多企业新产品开发过程及成功经验亦表明，顾客关系在企业新产品开发过程中扮演了重要角色。如当年日产公司为开发"霹雳马"新产品以开发欧洲市场时，就曾事先派员 1500 人去欧洲实地了解当地有关汽车市场信息，并现场体会当地的开车环境，以指导企业进行正确的新产品开发设计（Nonaka 和 Takeuchi，1995）。微软公司曾在其 MS－DOS6.0、Windows3.1、NT3.0 与 Windows95 等新产品开发过程中先后分别在约 7000 名、15000 名、75000 名、40000 名潜在用户身上进行上市前测试（Cusumano 和 Selby，1995）。Boeing 公司当年在开发波音 777 客机时曾与其顾客（航空公司）进行密切的沟通，认真听取了航空公司对 Boeing 公司现有客机的意见，并就新客机的设计、定价等问题广泛征求了意见，所有这些信息有效促进了 Boeing 公司对新客机的研发与生产，从而使其新一代客机更加符合市场的需要（Condit，1994）。Silicon Graphics 公司当年在开发能产生图像的电脑 Onyx 时曾积极主动地与顾客进行沟通，获取图像使用者的相关知识，并整合应用于产品设计与开发中，使其新产品更符合图像使用者的要求，从而使 Onyx 上市后很快成为最受消费者欢迎的图像超级电脑之一（Li 和 Calantone，1998）。

上述分析表明，企业与顾客的互动关系为企业提供了获取提升技术应用与技术创新方面能力所需信息、知识，甚至资源的可能平台。但据前文（第 3.1.2 小节）关于企业网络关系与内部能力关系的分析可知，企业能否及在多大程度上能从与顾客互动关系中获取技术相关信息、知识与资源等，并加以整合利用，转变为企业自身资源与能力则在很大程度上取决于这种互动关系的品质。因为互动关系品质越高，越有利于企业提升其知识吸收能力，增强顾客与企业间的信息与知识共享意愿，从而有利于企业更好地进行组织间学习，即有助于企业提升技术能力。研究表明，企业与顾客的互动关系品质对企业技术应用与技术创新等相关活动具有显著正向影响（Maidique 和 Ziger，1985；Gruner 和 Homburg，2000；Li 和 Calantone，1998）。如 Maidique 和 Ziger（1985）研究发现，顾客是提供企业技术创新的重要信息来源，企业为取得产品开发成功，就必须在产品开发过程中与顾客进行经常且深入的信息沟通等互动。再如，Gruner 和 Homburg（2000）在研究企业与顾客互动强度对其新产品开发影响时，以企业与顾客沟通时间长短、频率、人员参与等指标测量企业与顾客互动强度，以机械产业企业作为研究样本进行经验研究发现，企业与顾客的互动强度确实对新产品的成功开发具显著正向影响。类似的，Li 和 Calantone（1998）亦经验研究发现企业与顾客的良好互动关系对其新产品开发有正向的影响。

综合以上分析可知，企业与顾客良好的互动关系品质有助于企业更好地从顾客处获取技术相关信息与知识，并加以整合利用，以提高企业技术应用与技术创新活动的效率与效果，从而对企业技术能力的提升产生正向影响。因此，本研究提出假设：

H36：新创企业顾客关系品质对技术能力具有正向直接影响。

（2）顾客关系与营销能力关系

企业营销活动的目标之一是实现产品或服务的销售。企业前期市场预测、评估、细分及利基市场选择等营销决策，以及顾客对企业产品或服务的认知状况等因素直接关系到企业能否成功销售其产品或服务，从而成为企业营销能力提升的重要影响因素。而企业与顾客的互动关系对企业营销决策、顾客对产品或服务的购前认知、消费过程行为及购后行为等方面均具重要影响。

1）良好顾客关系有助于企业正确进行营销决策

企业营销决策的前提条件之一是掌握大量的市场与顾客相关知识（Slater 和 Narver，1994）。由前文（第 3. 1. 2 小节）关于新创企业网络关系与内部能力关系分析可知，关系双方间的彼此信任会有助于各方更好地分享信息与知识等资源。因此，企业与顾客间的良好关系品质有助于企业在更为广泛的范围内与更为深刻的程度上获取顾客对企业产品或服务的反馈意见，乃至顾客潜在需求等精细的顾客信息（Day，1994）。如 Yli－Renko 等（2002）对芬兰电子行业新创公司的经验研究表明，企业在成长初期，越是能够吸引高度的顾客涉入（customer involvement），与顾客等外部组织或个人等建立基于良好沟通与信任的互动关系，则企业越能够获取更多有关市场的信息与知识，从而企业的销售增长率也就越高。

企业从顾客处所获取的信息与知识有助于企业进行正确营销决策。如 Shahala（2000）发现企业可通过与顾客之间的良好沟通等互动关系获取更多、更为精细的有关顾客人口统计、生活习惯、消费偏好、顾客对产品的满意程度、顾客希望的改进建议等高品质信息，从而有助于企业更为准确地预测顾客的购买、消费等行为，从而有助于企业进行正确营销决策。Shaw 等（2001）发现良好顾客关系有助于企业充分应用其数据挖掘（data mining）技术发掘那些隐藏在顾客购买模式（purchase patterns）中的顾客信息，提高顾客知识管理的效率与效果，支持企业正确进行营销决策（marketing decisions）。戴尔公司通过直销模式与顾客直接接触，或采用“白金会议”等多种方式与大型顾客进行沟通，以不断强化其与顾客的关系，并支持公司不断获取顾客的需求、价格敏感性及其变化情况等信息，从而有助于公司做好市场预测，降低市场风险等。

2）良好顾客关系有助于促进顾客购买

Crosby 等（1990）发现，顾客在决定购买前，常常会因为所购买服务的多样化与异质性而感到不安与不确定，推迟购买或放弃购买。通常高技术企业的产品或服务具有技术信息含量高、专业性强，创新性强且价格相对较高等特点，顾客在购买前难以凭其现有知识与能力对该产品或服务的效用与价值等做出全面准确评价。另外，对新创企业而言，顾客对企业的经营宗旨、技术能力、信用等信息了解不多。因此，顾客在购买新创高技术企业的产品或服务前所感知的价值风险与社会风险均较高。此时，为尽可能地降低购买风险，实现购买价值最大化，顾客通常会在购买前大量收集并评估有关该产品或服务的相关信息，以指导其做出是否购买及购买数量的决策。这无疑会使顾客推迟做出购买决策，或减少购买数量，从而不利于企业快速有效销售其产品或服务。

上述顾客所感知风险存在的根源之一为企业与顾客间的信息不对称。因此，企业可通过与顾客进行良好沟通，向顾客传递更多有关企业及其产品或服务的信息，让顾客尽可能充分地获取所需相关信息，降低顾客与企业间的信息不对称程度，降低顾客所感受风险（Crosby 等，1990；Smith，1998），从而有助于促进顾客做出购买决策。再由交易成本理论可知，企业与顾客间的良好信任关系有助于降低彼此交易成本，从而促进交易的顺利达成。再由 Crosby 等（1990）的研究可知，企业与顾客间建立在良好信任与满意基础上的相互关系有助于增加顾客对企业产品或服务的现期购买数量。由此可见，企业与顾客间的良好关系有助于促进顾客购买。

3）良好顾客关系有助于弥补产品或服务可能失误所带来的负面影响

在顾客购买企业产品或服务后，企业固然希望其产品或服务能如其在销售前所声称的那样满足顾客的需要，顾客亦希望其所购买的产品或服务能物有所值，满足其特定需要。但 Hart 等（1990）研究发现，无论企业程序多么严格、员工如何训练有素，技术如何发达，企业对顾客服务的零失误只能是一个良好的愿望而已，是可望而不可即的。何况对于新创企业来说，其员工素质、生产技术，作业程序、管理水平等各方面均不够成熟稳定，其产品或服务出现偶然的失误更是见怪不怪的事情（Boshoff，1997）。一旦失误发生，必然会导致顾客对企业产品或服务的不满意，甚至抱怨（Bolfing，1989；McAlister 和 Erffmeyer，2003）。这可能会严重影响顾客对企业产品或服务的再次购买。另外，有关顾客抱怨的研究资料显示，不满意的顾客将会对 10 至 20 个人散布不好的口碑①，这非常不利于企业树立良好的企业形象，进而不利于企业顺利销售其产品或服务。由此可见，新创企业难以避免的产品或服务失误可能给企业营销活动带来严重的负面影响。

但研究表明，当企业发生产品或服务失误时，企业与顾客基于彼此信任的良好关系可有效减弱产品或服务失误所带来的负面影响。如 Bejou 和 Palmer（1998）以航空公司的顾客服务为研究对象发现，企业同顾客良好的彼此承诺与信任关系能极大地缓解企业顾客服务失误所造成的负面影响。Mattila（2001）发现，在组织与顾客的交换关系中，良好的顾客关系可有效缓解服务失败对顾客重购意愿的不利影响。② Forrester 和 Maute（2001）亦发现企业与顾客间基于彼此信任、满意与承诺的良好关系可显著减少企业产品或服务出现失误时顾客抱怨与背叛等过激行为发生的概率，增加顾客继续维持现有交易关系的可能。类似的，国内范秀成和刘建华（2004）在研究顾客关系、信任与顾客对服务失败的反应关系时，通过经验研究发现，当企业产品或服务失误发生时，如果企业与其顾客间建立良好的彼此信任关系，则能有效缓解产品或服务失败所带来的负面影响，使顾客在很大程度上仍然继续原来的购买关系，这无疑会更有利于企业更好地销售其产品或服务。

4）良好顾客关系有助于改善顾客购后行为

顾客购后行为是整个顾客购买过程的重要组成部分（科特勒，2001）。企业营销活动目标远非只满足于现期产品或服务的销售，而是希望能通过现期销售，维持与顾客的长期稳定关系。因此，顾客的购后行为同样是企业营销活动应关注的重点之一。Roberts 等（2003）的经验研究表明，企业与顾客间的关系品质比服务品质对企业购后行为更具解释力。因此，企业顾客关系品质对企业购后行为的影响尤为值得关注。

研究表明，一旦企业与其顾客建立了彼此良好的信任关系，出于再选择风险规避、交易成本、信息不对称等考虑，顾客通常更愿意再次选择同该企业进行交

---

① 转引自马钦海和李艺（2005）。

② 转引自范秀成和刘建华（2004）。

易。如 Anderson 和 Sullivan（1993）发现，当顾客对企业感到满意与信任时，则会倾向于在日后继续同企业进行持续互动，维持彼此现有购买关系，并使彼此关系更为紧密，亦即顾客对企业的忠诚度得到了提高。Morgan 和 Hunt（1994）对企业间的购买关系研究发现，企业与顾客间较高的关系承诺与信任能有效降低顾客离去的倾向。Singh 和 Sirdeshmukh（2000）将信任视为顾客购买前后行为间的一个中介解释变量，发现信任能增加顾客的忠诚，并使双方关系得到进一步发展。Keaveney（1995）研究发现，企业顾客关系品质是影响顾客是否转向购买其他企业产品或服务的重要影响因素，企业良好的顾客关系品质可显著提高顾客对企业的忠诚度，避免顾客转向其他企业，而维持与本企业的长期交易关系。Tam 和 Wong（2001）发现未来销售机会在很大程度上取决于企业与顾客间的关系品质，企业与顾客的关系品质越高，越有助于企业在未来赢得更多的销售机会。

Zeithaml 等（1996）发现，良好的顾客关系品质除可增加顾客的诸如忠诚、愿意支付较高价格等行为倾向外，还可极大减少顾客对企业不利信息的散布。非但如此，根据 Jones 和 Sasser（1995）、Griffin（1996）与 Smith 和 Barclay（1997）等人的研究，对企业具有正向情感的满意顾客倾向于向周围人宣传并推荐该企业的产品或服务，在事实上担任了企业免费、有效率“宣传员”的角色，产生“口碑效应”。这有利于企业获得宝贵的“声誉资源”，并在实际上排斥企业竞争对手的产品或服务。如调查表明，1 个满意的客户会引发 8 笔潜在的生意，其中至少有 1 笔成交（引自：吕庆华，2005）。无疑，这有助于企业更好地开发新顾客。

由此可见，企业良好的顾客关系品质可有效改善顾客购后行为，为企业赢得更多的未来销售机会。

5）良好顾客关系有助于企业降低营销成本

Zeithaml 等（1996）发现，企业与顾客间的高度信任有助于各方放弃短期投机主义行为倾向，而从有利于双方长期利益的角度处理双方交易等互动关系，从而有效降低双方的交易成本。而一旦顾客对企业做出了关系承诺，则势必有效降低企业的营销成本。如据 Reichheld（1996）与 Slater 和 Marver（2001）等研究发现，企业向老顾客推销新品的成功几率是新顾客的 3 ~ 4 倍，但保持一个老顾客的成本或费用却约为吸引一个新顾客成本的 1/5 至 1/6 之间。[①] Geller（1997, P. 51）研究发现企业争取新顾客的成本比维持现有老顾客的成本高出三到七倍。另外，顾客对企业的信任、认同、重复消费行为以及由此而产生的“口碑效应”传播都可极大减少企业用于广告宣传、营业推广、渠道构建等方面的营销经费支

① 转引自刘建新（2006）。

出（刘建新，2006）。由此可见，良好顾客关系有助于企业降低营销成本。

综合以上顾客关系对营销活动的影响分析，企业良好顾客关系品质有助于企业进行正确营销决策；有助于促进顾客做出对企业产品或服务的购买决策；有助于企业弥补其产品或服务可能失误所带来的负面影响；有助于企业改善顾客购后行为，赢得更多未来销售机会；有助于企业降低营销成本等。由此可见，顾客关系品质对企业营销能力具重要正向影响。因此，本研究提出假设：

H26：新创企业顾客关系品质对营销能力具有正向直接影响。

（3）顾客关系与创业导向关系

企业创业导向受其创新能力（Amabile 等，1996）及企业所感知可开发市场机会多寡（Aloulou 和 Fayolle，2005）等因素的影响。而由前文关于顾客关系与技术能力关系分析可知，企业顾客关系对其新产品开发等技术创新方面的能力具正向影响，这无疑会提升企业创新能力。再由前文关于顾客关系与营销能力关系分析可知，企业与顾客间的良好关系品质有助于企业更好地认识市场，更好地进行市场细分，从而更容易找到适合自身发展的市场空间，即企业所感知可开发市场机会就会越多。由此可见，企业顾客关系品质越高，越有助于提升其创新能力，有助于增加其所感知市场机会，从而提升其创业导向。因此，本研究提出假设：

H16：新创企业顾客关系品质对其创业导向具有正向直接影响。

（4）顾客关系与成长绩效关系

由前文关于顾客关系与营销能力关系分析可知，企业与顾客间的良好关系品质有助于促进顾客购买，改善顾客购后行为，提高顾客对企业及其产品或服务的忠诚度，为企业赢得更多的未来销售机会，并能有效降低企业营销成本。而 Seybold（1998）的研究表明，顾客忠诚除有助于增加顾客购买次数及向其他潜在顾客推荐该企业产品或服务的行为外，还可有效降低顾客对企业产品或服务价格的敏感性，增加为此支付更高价格或费用的意愿。因此，顾客忠诚既有助于增加企业产品或服务销售数量，亦有助于增加企业从每笔顾客购买中的获利，从而使企业获得更多利润。如 Reichheld 和 Sasser（1990，P. 107）发现，企业如能设法降低顾客流失率 5%，其利润则可提高 25% 至 85%。美国商业研究报告的统计数据表明[①]，多次光顾的顾客比初次登门者可为企业多带来 20% ~85% 的利润，固定客户数目每增长 5%，企业的利润则增加 25%。Griffin（1996）发现企业若能提高其顾客信赖或承诺 5 个百分点，则可提高企业 25% ~85% 的利润。另外，亦有研究表明，顾客满意度是企业财务绩效的重要影响因素，顾客满意度与企业财务

① 转引自李惠英（2001，p31）。

绩效间存在显著正相关关系（Fornell，1992；Homburg 和 Pflesser，2000）。由此可见，良好的顾客关系品质有助于提升企业财务绩效。而由前文（第 3.2.4 小节）关于新创企业融资能力与成长绩效关系分析过程可知，企业财务资源越充足，越有助于新创企业更好地进行创业机会的识别、获取与开发，从而提升成长绩效。因此，由良好顾客关系品质所带来的高财务绩效有助于增加企业财务资源供给，从而有助于新创企业更好地进行创业机会的识别、获取与开发，即有助于新创企业提升其成长绩效。

前文关于顾客关系与营销能力关系分析表明，企业良好的顾客关系品质有助于企业更好地获取顾客与市场相关信息与知识。这无疑会有助于企业从中发现新的市场机会。而再由前文关于顾客关系与技术能力关系的分析可知，企业顾客关系品质越高，越有助于企业更好地开发并生产（或提供）新产品（或服务）。无疑，这亦会在很大程度上支持企业对市场机会的开发。由此可见，企业顾客关系品质越高，越有助于其更好地识别并开发创业机会，从而提升其成长绩效。

除此以外，顾客关系亦与企业其他方面的绩效密切相关。如研究表明，顾客满意是企业谋取竞争优势的关键所在（Kolter，2000）。朱沆、齐文娥与汪纯孝等（1997）在探讨关系品质对企业竞争优势影响时，对广州市优秀的房地产中介企业进行了一次调查，发现良好的客户关系品质是这些企业成功的关键性因素之一。再如企业实务界精英之一，伟泰克公司营销副总约翰·李佐认为："我们要在我们和客户之间培育出无形的情感和忠诚的关系，这种无形的关系可以把我们的竞争对手排斥在圈子之外"①。无疑，企业竞争优势的获取对企业创业机会获取与开发，乃至快速成长均会产生正面影响。

综合以上分析可知，企业良好的顾客关系品质有助于企业谋取更高的财务绩效，增加企业财务资源供给；有助于企业更好地获取顾客与市场相关信息与知识进行市场细分，并更好地开发并生产（或提供）新产品（或服务）；有助于企业获取竞争优势。所有这些均对企业创业机会的识别、获取与开发产生正面影响。因此，本研究提出假设：

H96：新创企业顾客关系品质对成长绩效具有正向直接影响。

由上文关于新创企业顾客关系与内部能力关系分析可知，新创企业顾客关系对其创业导向、营销能力及技术能力均具正向影响。而前文（第 3.2.1—3.2.3 小节）分析表明，新创企业此三种内部能力均对成长绩效具正向影响。因此，本研究认为新创企业顾客关系可通过影响此三种内部能力而对成长绩效产生正向间接影响，故提出假设：

---

① 转引自李志能（2001，p50）。

H96′：新创企业顾客关系品质通过创业导向、营销能力与技术能力对成长绩效具有正向间接影响。

3.2.7 政府部门关系与内部能力及成长绩效关系

政府作为国家或地方经济的管理者，其工作目标之一是充分调动各种经济主体的积极性，促进经济的快速发展。而作为经济发展主体之一的企业，其目标是寻求各种发展机会，谋求自身实力的壮大与利润的增长。但企业在实现自身发展的同时亦为社会创造了更多价值，提供了更多就业机会，从而促进了企业所在地及国家经济的发展。因此，政府与企业之间存在一定的利益交叉空间（孟宪昌，2003，P. 69）。政府希望看到企业不断成长，并努力通过财政政策、税收政策、科技政策、产业政策、金融政策及人才政策等各种相关政策与措施促进包括新创企业在内的广大企业快速成长。

政府用于执行各种促进企业发展政策与措施的资源基础是有限的。为了使有限资源发挥最大的效应，政府必须事先了解各种潜在政策实施对象的相关信息，从中选择最有发展前途，最有利于政策效应实现的企业，向其提供各种相关政策支持，进行重点扶持。因此，企业能否主动与政府部门进行良好沟通，使政府有关部门更好地了解企业的发展前途、现实问题与潜在政策需求在很大程度上影响政府对企业的态度（林惠春，2005），从而影响企业能否顺利得到政府有关政策等各方面的支持。

从各级政府政策的具体执行过程看，由于当前我国正处于社会经济转型背景下，社会、经济、政治等各方面的法律、制度等尚不够完善，存在许多模糊之处或漏洞，政府有关部门决定是否对企业给予扶持，对哪家企业给予扶持，以及在多大程度上给予扶持等具体政策的执行过程中，在相当长的时间内往往并不由正式制度的安排所决定，而是由掌握资源分配与政策执行权的官员根据与请求者的关系亲疏程度和私下获益多少等因素来做相机抉择的（卢福财和何炜，2005）。由于部分政策执行部门、执行人员的“官本位”思想根深蒂固、观念落后以及相关监督制度不完备等原因，在企业与政府职能部门的日常工作往来中，政府有关部门的有令不行、办事拖拉、吃拿卡要与态度蛮横等行为时有发生。因此，企业为保证其日常经营活动的顺利进行，有必要与相关政府部门保持一种良好的互动关系。

上述分析表明，企业政府关系品质是企业能否顺利从政府得到有关政策与资源支持等利益的重要影响因素之一，而这种利益的获得将对企业内部能力及成长绩效产生重要影响。

（1）政府部门关系与融资能力关系

政府为鼓励创业，制定了多种诸如财政政策、融资政策、税收政策与产业政策等优惠政策促进新创企业及广大中小企业的发展。如我国人民银行为改善新创及广大中小企业的融资环境，对各商业银行信贷进行政策指导，鼓励各商业银行加大对中小企业的信贷支持。各级政府还通过相应级别的国家政策性金融机构采取多种形式向中小企业直接提供金融服务。那么企业如何才能得到以上相关优惠措施呢？由于我国各商业银行信贷工作受政府相关部门的影响很大，融资者与政府部门及其高层官员的关系好坏对企业能否顺利融资具重要影响，即良好的政府关系会更有利于新创企业获取上述融资政策等各方面优惠政策的支持。

另外，由于金融机构与希望融资的新创企业之间存在信息不对称，金融机构对新创企业还本付息能力难以做出准确判断，其感知的贷款风险较高。这势必不利于其对新创企业发放信贷，从而不利于新创企业顺利融资。但是，倘若新创企业能与政府相关部门进行良好沟通，让政府部门更多地了解企业，建立对企业发展潜力的信心，并对企业的诚信经营、合法纳税等经营行为感到满意，那么必然会更有利于政府部门将该企业纳入重点扶持对象或给予相关表彰。通常，得到政府部门重点扶持或表彰的企业更容易吸引外界新闻媒体等公众的关注，从而产生更多有关该企业的正面消息报道，为企业树立良好的公共形象与口碑（曹楠，2004）。无疑，这些正面效应会有利于潜在投资（贷款）者增加对该新创企业正面信息的了解、降低信息不对称程度，增加对企业还款付息能力的信心，从而降低其可感知的贷款风险，从而更有利于新创企业融资活动顺利进行。

上述分析表明，新创企业良好的政府关系品质有助于其更好地获取政府融资政策等各方面优惠政策的支持以及借助政府部门的重点扶持或表彰向潜在投资者传递有关企业正面信息，从而有利于新创企业的顺利融资。因此，本研究提出假设：

H47：新创企业政府部门关系品质对融资能力具有正向直接影响。

（2）政府部门关系与营销能力关系

企业对有关国家产业政策、宏观经济形势、最新市场发展动态等市场相关信息的掌握是其正确进行营销决策，从而顺利开展营销活动的前提条件之一。但由于信息的不充分性，企业难以有效掌握这些信息，因而在一定程度上不利于其有效开展营销活动。事实上，政府部门作为政策的制定者、执行者、监督者以及社会经济生活的管理者掌握着大量系统、权威的有关国内外市场、产业、国家政策等方面的信息。因此，企业如与政府部门进行良好沟通，则势必有助于企业对这些信息的有效获取，从而支持企业进行正确营销决策，并顺利开展营销活动。

由前文（第3.2.6小节第（2）点）关于新创企业顾客关系与营销能力关系

分析过程可知，潜在顾客在购买新创企业的产品或服务前，由于对企业信誉及其产品或服务的质量与功能等相关信息与知识了解不多，顾客所感知的购买风险较高，影响了顾客对企业产品或服务的购买，从而不利于企业顺利销售其产品或服务。而上文关于企业政府部门关系与融资能力关系分析过程表明，由于我国新闻传播媒介是宣传党和政府方针政策的有力工具，与政府部门存在良好关系、在政府部门心目中有一定美誉度的企业，媒介往往会加以正面报道（曹楠，2004）。这无疑会有利于新创企业更好地向包括其潜在顾客在内的广大公众传递其正面信息，达到提升其合法地位、声望及美誉度等效果（Lee 等，2001）。这势必有利于新创企业更好地宣传其产品或服务，减少潜在顾客所感知购买风险，促进顾客做出购买决策，从而促进企业有效销售其产品或服务，亦即提升了企业营销能力。

各级政府部门每年都要采购大量的商品或服务，其本身就是企业产品或服务的最大潜在顾客。如博雅公共关系有限公司总监刘新华结合其多年从事政府关系管理的理论研究与实践经验总结道："政府本身就是一个空间广阔、潜力巨大的细分市场或者行业"（刘新华，2005）。通常，各级政府为促进本地区中小企业的发展，会优先考虑向其辖区内中小企业采购商品或服务。此时，企业与政府部门间的良好沟通会有助于政府采购部门对企业产品或服务的了解，建立对企业及其产品或服务的信任，从而有利于企业更好地赢得政府购买机会。反之，如果企业与政府部门的关系品质不高，则不利于企业获取该销售机会。如 2004 年电子政务市场 100 强中的神州数码、北大方正、浪潮集团等 IT 企业无不是借助良好政府部门关系而获得丰厚市场份额的（方家平，2005）。

上述分析表明，企业良好的政府部门关系品质有助于企业更好地获取相关信息进行正确营销决策；有助于企业更好地借助政府表彰等方式向社会传递自身正面信息，降低潜在顾客感知风险，促进顾客做出购买决策，以促进企业产品或服务的销售；有助于企业赢得政府购买机会等。无疑，这会对企业营销能力产生一定的正向影响。因此，本研究提出假设：

H27：新创企业政府部门关系品质对营销能力具有正向直接影响。

（3）政府部门关系与创业导向关系

Lee 等（2001）发现，新创企业常常从政府部门以各种形式获取重要且免费的资助，这在直接降低新创企业所面临环境威胁，增强抗击风险能力的同时，亦有利于新创企业提升自身的合法地位与声望，从而有助于新创企业从外部环境中获取更多稀缺且重要的资源。前文（第 3.1.2 小节）关于新创企业网络关系与内部能力关系分析表明，新创企业与其关系对象间的关系品质越高，越有利于新创企业从关系对方获取资源等支持。如 Park 和 Luo（2001）发现，新创企业与政府部门及其官员间的良好关系有助于企业更好地从政府部门获取所需资源。Aldrich 和 Zimmer（1986）发现，当创业者及其新创企业越能从其所在网络关系中获取有关信息、资源、情感及社会支持时，创业者将更具积极进取精神，表现出更强的风险承担性，因而作为创业者精神在组织层次上体现的新创企业风险承担性就越强。因此，新创企业政府部门关系品质越高，越有助于其从政府部门获取重要且免费的资助，增强其资源外取与风险抗击能力，从而增强新创企业的风险承担性。

政府部门是国家经济形势与政策走向等相关信息的中心。新创企业与政府部门保持基于良好沟通与信任基础上的互动关系有助于新创企业更好地从政府部门获取更多高品质的有关行业动态、国家宏观政策等相关信息，争取政府在政策、法律方面的支持（曹楠，2004）。无疑，这有助于新创企业更好地认知行业发展现状与未来趋势，从而有利于其更好地进行经营决策与战略调整，为企业发展赢得先机。如陈龙真、黄佐钘和周海炜（2005）认为，企业与政府的良好互动关系有助于企业更为及时地获取国家相关政策调整及未来走向等可能影响企业发展的重要信息，从而有助于企业尽早进行战略调整，及时释放不适应企业战略发展需要的资源，以合理规划并整合利用企业各种资源。杨鹏鹏、万迪昉与梁晓莉（2005）发现，企业家及其企业通过与政府部门进行良好的沟通可有助于企业更好地及时获取政府关于行业发展的宏观调控措施与产业技术导向政策等方面的最新信息，根据企业实际状况，调整企业经验战略，加强技术革新和新技术的开发，并在融资、减免税以及关键经济资源获取等方面较竞争对手先胜一筹，从而在技术与市场方面较竞争对手抢占先机。

新创企业成立后，为赢得快速成长，有时需根据市场形势变化的需要不断调整其经营范围，这样就必然涉及市场准入问题。新创企业要想在市场等方面较竞争对手抢先一步，就必须在诸如市场准入与新产品上市等方面走在同行竞争者的前列。我国政府是企业市场准入制度的执行者，制定有各种相应繁杂琐碎的审批制度加以管理。此时，企业与政府之间的良好关系有助于企业在市场准入审核批准等程序中得到具体经办官员的偏爱而使企业办事顺利，减少麻烦，降低成本，快速得到批准而尽早进入新市场。否则，企业只能眼睁睁地看着别的企业凭借这样那样的许可证摄取市场早期利润，赢得快速成长（黄顺春和尹艳芬，2005）。类似的，林景新（2005）与刘新华（2005）等亦认为，企业与政府部门间的良好关系有助于企业在新产品上市过程中得到政府力量的协助，从而达到事半功倍的效果，这无疑会加速企业新产品或服务的上市进程，并提升上市效果。

由此可见，新创企业良好的政府关系品质有助于其较竞争对手更为及时地获取相关信息，调整经营战略，快速获准进入新市场，提高其产品或服务上市速度与效度，从而在技术与市场等方面较竞争对手抢占先机，谋求“先动者优势”，即有助于增强新创企业的预应性。

综合上述分析可知，新创企业政府关系品质越高，越有助于增强新创企业的风险承担性与预应性，亦即有助于增强新创企业的创业导向。因此，本研究提出假设：

H17：新创企业政府部门关系品质对创业导向具有正向直接影响。

（4）政府部门关系与成长绩效关系

新创企业政府部门关系对其创业机会识别、获取与开发均具重要影响。

1）新创企业良好的政府部门关系有助于其更好地识别创业机会

创业机会的识别应以一定的信息与知识为基础（Shane 和 Venkataraman，2000），即企业所掌握创业机会相关信息与知识越充分，则越有利于其对创业机会的识别。由前文关于新创企业政府关系品质与营销能力及创业导向关系的分析过程可知，新创企业政府部门关系品质越高，越有助于其从政府部门获取更多高品质的有关行业动态、国家宏观政策等相关信息。有时，国家宏观经济政策及相关法律法规等的调整本身即蕴藏着巨大的商机。如国家关于商品检验、进出口许可等方面政策的变化可为相关企业带来开拓新市场的商机。无疑，这些信息的获取对新创企业创业机会的识别大有裨益。由此可见，新创企业与政府部门的关系品质越高，越有助于其更好地识别创业机会。

2）新创企业良好的政府部门关系有助于其更好地获取创业机会

新创企业在完成创业机会的识别后，能否获准进入该市场等市场准入问题往往成为企业能否获取创业机会的重要条件之一。由前文新创企业政府关系与创业导向关系分析可知，新创企业政府关系品质越高，越有利于其顺利获准进入欲投资领域。即使是在政府明文规定不允许的情况下，如果企业能与政府相关主管部门之间进行良好沟通，建立彼此信任，仍可能使政府对现有政策加以灵活变通而批准企业的市场进入请求。这可从某外资企业创造性运用政府关系的实例中得到佐证。

如有家美国公司看准了在中国生产半导体芯片是符合其整体战略规划的良好商机，但该公司拟投产的芯片生产技术属于美国政府明文规定禁止带出境外的尖端技术。因此，此项投资计划看上去完全不可行。但该公司利用了这样一个事实，即随着更先进的芯片生产技术的产生，美国政府会依次解除对已变得不再前沿的技术出境限制。而依据新技术产生的时间周期和工厂的建设周期推算，该公司希望带到中国的技术在工厂建成投产时应该已得到解禁。于是，该公司的高层决策者和政府关系部人员对该项目进行了全面论证，并与美国政府主管部门进行了充分沟通，从而获得了政府有关部门的信任，最终使该项投资得到批准。值得一提的是，该公司一向很有信誉，并非常重视与政府有关部门的沟通，从而使该公司与政府有关部门建立了良好的彼此信任关系。否则，政府部门是不会冒险开这样的先例批准该公司投资项目请求的。[①]

尽管此实例涉及的主体是国外跨国公司，与作为本研究对象的新创企业在企业规模、年龄、经营环境等方面存在很大不同，但我们至少可从此实例中悟出这样一个道理，即政府的现成政策不是一成不变的死条条，只要企业与政府部门具有良好的互动关系，进行良好的沟通，取得政府部门的信任，政府在对待企业的有关政策上仍然具有灵活变通的余地。况且，新创企业的发展亦符合政府的利益，企业与政府之间存在很大的利益交叉空间（孟宪昌，2003，P. 69）。因此，总结以上分析，我们至少可推论，新创企业政府关系品质越高，越有利于其在创业机会获取过程中得到政府有关部门的批准与支持，减少不必要的麻烦。

在转型背景下，我国政府仍然掌握着大量资源，在社会经济生活中扮演着重要角色。因此，企业如能得到政府有关部门的支持，对其有效获取各种创业机会具有重要影响。这可从创智集团借助政府关系获取与微软合作，从而得以参与湖南省电子政务外网平台建设机会的过程得到佐证。

2003 年 3 月，创智集团从微软总部语音业务总经理黄学东博士那获悉了一个极其重要的信息："微软正在中国寻找全球战略合作伙伴，且不会超过四家。该项目由微软全球的企业与合作伙伴事业部负责。"显然，被选中的企业将在日后与微软合作中赢得更多发展机会。这则消息的确让创智兴奋，立刻想方设法与该项目当时的负责人取得联系。但由于当时被微软考察的软件企业有 40 多家，且名单部分参考了国家发改委的意见，创智不在其中。创智国际总裁林惠春借去美国出公差之机见到了该项目负责人并向其争取该项目，但对方在听取了林总的介绍后，认为较那些已在候选名单中的 40 家企业，创智并没有什么特别的地方，因而谢绝了创智的热情。后由于创智的不断努力争取，微软该项目负责人还是给了创智一次努力的机会，并暗示创智应该去政府走动一下。随后，创智利用其与政府部门的良好关系，积极为微软与湖南省政府间就湖南省电子政务外网平台建设项目合作牵线搭桥，并帮助微软成功获取了该项目的优先权。接着，创智就顺理成章地成为微软在中国 ERP 项目的首家本土化合作伙伴，并同时赢得了湖南省电子政务外网平台建设的实施权。显然，这对创智集团来说无疑是一个重要的成长机会。[②]

试想，如果当时创智与湖南省政府的关系不佳，其何以能在微软与省政府之

---

① 此自然段中有关该美国公司的实例系本研究整理自日期为 2005 - 11 - 21，网址为 http://lilusha.blogchina.com/1944184.html，标题为《企业政府关系》的网页文章。

② 此处有关创智的实例系本研究整理自李清宇，窦毅发表在《中国经营报》题为：《微软中国的政府公关样本：政府公关的悲喜剧》一文，转引自：http://biz.163.com/05/0715/23/1OO78E9B00020QEE.html。

间牵线搭桥并促成此合作项目呢？又假设，如果创智不能促成此合作项目的达成，微软又何以会暂时放弃那经过国家发改委推荐，且早就在考察中的40家其他企业，而偏偏选择创智成为其在中国ERP项目的首家本土化合作伙伴呢？创智又何以能顺利获取湖南省电子政务外网平台建设实施的这一重大项目呢？显然，创智与政府间的良好关系品质所带来的政府支持无疑为促使微软最终选择创智的重要砝码，成为创智获取湖南省电子政务外网平台建设项目实施权的关键成功因素。尽管此实例中创智集团当时已经不再是新创中小型企业，但从其巧用政府关系为自己谋求成长机会的过程不难看出，企业良好的政府关系确实能有助于企业更好地获取创业机会。

另外，任何机会的开发都具有一定的风险，新创企业在创业机会识别后能否承担机会开发所固有的风险直接影响其能否最终获取该创业机会。通常，承担越高的企业，越容易在创业机会识别后努力获取该创业机会。而由上文关于新创企业政府关系与其创业导向关系分析过程可知，新创企业政府关系品质越高，越有助于在经营活动中表现出更高的风险承担性。因此，从这个意义上看，新创企业良好的政府关系品质还可通过增强其风险承担性而有助于其对创业机会的获取。

上述分析表明，新创企业政府关系品质越高，越有助于其在市场准入等方面得到政府有关部门的灵活关照，巧用政府关系直接寻求更多创业机会，并增加其创业机会获取过程中的风险承担性，从而对新创企业创业机会的获取产生重要的正面影响。

3）新创企业良好的政府部门关系有助于其更好地开发创业机会

任何创业机会的开发均需以一定的资源与能力为基础。新创企业通常资源相对贫乏，能力相对欠缺，因而在资源与能力方面常常难以满足机会开发的需要。显然，这不利于新创企业对创业机会的开发。

但由前文关于新创企业政府关系与融资能力关系分析可知，新创企业良好的政府关系品质有助于提升其外部融资能力，增加企业的资金供给，缓解企业资金不足的问题。另外，由于我国新闻传播媒体是党和政府方针政策的宣传工具，新闻媒介往往会对具有良好政府关系的新创企业加以正面报道，这势必有助于新创企业树立良好的公共形象与声誉，增加企业正当性，增加供应商、顾客及合作伙伴等组织、机构或个人对新创企业及其产品或服务的信心（曹楠，2004）。显然，这会有助于新创企业更好地寻求外部支持，从而弥补自身资源与能力相对不足的缺陷，进而有助于新创企业对创业机会的开发。由此可见，新创企业良好的政府部门关系品质有助于其更好地开发创业机会。

宝贡敏（2004，P69）指出，在法制经济的市场经济条件下，企业与政府部门的关系事关其生存与发展大计。因为，企业在实际经营活动中常常会涉足一些法律没有明确界定的领域，时常会触及法律的边界，不保持与政府部门的良好互动关系，不在法律与政策等问题产生前与有关政府权威机构达成共识，则其决策失误就不可避免。此外，来自政府的监管或支持对企业日常经营活动亦具有重要的影响。如在企业的设立、发展、产品上市、并购、危机处理等各个方面，如果企业能够有效借助政府的力量，无疑可以起到事半功倍的作用（刘新华，2005；林景新，2005；Lee 等，2001）。在这方面，北京启明星辰信息技术有限公司成功发展历史可谓典型案例之一。该公司是一家由中国留学生创立于 1996 年的网络高科技企业，公司经过近 10 年的发展，如今已发展成为一家拥有自主知识产权，技术达到国际水平的国内实力最为雄厚的网络安全科研队伍之一。该公司创始人严望佳与副总裁潘重予均认为公司的成功部分得益于公司与政府部门间的良好关系，深受海淀创业园等政府部门的信任，从而得以成功整合利用诸如政府科技政策等政府资源。①

综合上述分析可知，新创企业良好的政府关系品质对其创业机会的识别、获取与开发，以及企业的日常经营活动均具有重要的正面影响。无疑，这势必有助于新创企业提高其成长绩效。此正如创智国际软件有限公司总裁林惠春（2005）所感悟："政府关系是企业经营管理的关键因素，能否做好政府关系，决定着企业的生存和发展"。因此，本研究提出假设：

H97：新创企业政府部门关系品质对成长绩效具有正向直接影响。

由上文关于新创企业政府部门关系与内部能力关系分析可知，新创企业政府部门关系对其创业导向、营销能力及融资能力均具正向影响。而前文（第 3.2.1、3.2.2 与3.2.4 小节）分析表明，新创企业此三种内部能力均对成长绩效具正向影响。因此，本研究认为新创企业政府部门关系可通过影响此三种内部能力而对成长绩效产生正向间接影响，故提出假设：

H97′：新创企业政府部门关系品质通过创业导向、营销能力与融资能力对成长绩效具有正向间接影响。

3.2.8 金融机构关系与内部能力及成长绩效关系

在新创企业与金融机构的互动中，必然会发生相关信息与资源等的流动。由前文（第 2.2.4 小节）关于新创企业内部能力提升战略分析可知，这种信息与资源的流动必然会对新创企业内部能力提升产生一定的影响。再由前文（第 3.1.2 小节）关于新创企业网络关系与内部能力关系分析可知，新创企业与其网络关系

---

① 此处有关北京启明星辰信息技术有限公司的案例系本研究整理自：《科技创业》2005 年 02 期《创业资源整合七 政府资源》一文。

对象间的互动关系品质对此互动关系中的信息与资源流动会产生重要的影响，从而影响新创企业内部能力的提升。类似的，前文（第3.1.3小节）关于新创企业网络关系与成长绩效关系的分析亦表明，此种互动关系品质亦对新创企业成长绩效具有重要影响。那么，新创企业金融机构关系与内部能力及成长绩效的关系如何呢？

（1）金融机构关系与融资能力关系

前文（第2.2.3小节）关于融资能力影响因素的分析表明，新创企业融资能力除受国家相关政策法规、资本市场发育程度等外部环境因素，以及诸如新创企业自身规模过小、可供抵押资产不足等内部因素的影响外，新创企业与金融机构互动关系各方相关信息不对称、彼此信任程度不高等因素亦是新创企业融资能力的重要影响因素。

Uzzi 和 Gillespie（1999）发现关系内部的信任与互惠机制能有效促进关系成员间信息与资源等经济交换活动的达成。类似的，关系型融资（信贷）正是通过有助于投融资双方进行良好沟通，降低彼此信息不对称程度，建立彼此信任，并促进双方更好地达成投融资交易，从而成为新创企业的重要融资模式（Houston 和 James，2001；费淑静，2004）。另外，关系型融资还有助于投融资双方关系的长期发展。因为，投融双方在互动关系发展过程中，随着彼此沟通的进行，一方面，投资方将不断获取有关融资方的专有信息及其他准确信息，使其具更多机会获取由此而带来的“租金”（童牧，2004），无疑这会鼓励投资方向融资方作更多长期投资；另一方面，关系型融资还有助于促进企业作更多的关系专用性投资，即促使融资方在事实上形成对投融资双方互动关系的承诺（晏文胜，2004）。由此可见，投融资双方基于沟通、信任与承诺基础上的互动关系品质是关系型融资有效运转的重要影响因素。即投融资双方互动关系品质越高，越有助于双方达成投融资协议，并使投融资关系长期发展，从而有助于企业的顺利融资。

除此以外，尚有研究表明，企业与银行等金融信贷机构维持良好的互动关系品质有助于企业获得更多信用额度、更优惠信贷条件以及保持资金获取渠道畅通等利益。如 Hoshi 等（1991）以145家日本企业为研究样本的经验研究发现，企业与银行的关系越好，越有利于降低银行与企业间信息不对称程度，使银行更容易了解企业拟投资项目的获利前景等信息，从而更愿意给予企业诸如较低利率、较高融资额度及较低比率的担保品等优越借款条件。因此，企业越容易从银行获得资金支持；反之，企业与银行的关系越差，则企业越难以从银行获得资金支持。Diamond（1989）研究发现，企业与银行保持经常密切沟通有助于银行更好地了解企业内部有关管理、拟投资项目、盈利等重要信息，降低企业与银行间的信息不对称程度，降低银行信息搜集与项目调查等方面的交易成本与可感知信贷风险，从而有助于银行给予企业更高的贷款额度与较低的借款利率。类似的，Boot 和 Thakor（2000）亦发现，当企业与银行间的互动关系越好，银行越倾向于降低给予企业贷款的利率水平或给予其他更优惠的贷款条件。Houston 和 James（2001）以美国企业为研究样本发现，在通常情况下，只要企业向银行的融资金额适中，企业与银行之间维持经常性沟通等密切的往来关系有助于企业向银行顺利融资。

值得一提的是，企业与银行良好关系品质除直接有助于企业更好地向银行融资外，还可间接有助于企业借助银行贷款的“宣告效应”获取向更多潜在融资对象的融资机会，并降低融资难度。如 James（1987）与彭文平（2004）等研究均指出，由于企业与银行保持良好的关系品质意味着银行更了解企业盈利能力等相关信息。因此，一旦银行向企业提供了资金借贷，就在一定程度上等效于向其他银行等企业潜在融资对象传递了有关其相信企业具有良好发展前途与足够还本付息能力等企业其他方面的正面信息。这无疑会间接有助于企业向其他潜在借贷机构顺利融资。

上述分析表明，企业与金融机构间的良好关系品质有助于企业与金融机构间有效达成投融资协议，并使投融资关系长期发展；有助于企业获得更多信用额度、更优惠信贷条件以及保持资金获取渠道畅通等利益；有助于企业借助金融机构贷款的“宣告效应”获取向更多潜在融资对象的融资机会，并降低融资难度。无疑，所有这些均有助于增强企业的融资能力。因此，本研究提出假设：

H48：新创企业金融机构关系品质对融资能力具有正向直接影响。

（2）金融机构关系与创业导向关系

一旦企业与银行建立了彼此较高承诺的长期关系，就意味着企业与银行在一定程度上结成了利益共同体。这种共同利益会促使银行在企业经营出现危机时“挺身而出”，主动为企业“排忧解难”，帮助企业渡过难关。如 Tilly（1989）发现，如企业在平时就与银行存在良好互动关系，则当企业由于经营失误出现暂时财务危机时，银行通常会向企业提供流动性保险（Liquidity Insurance），即提供纾困的援助，以帮助企业渡过难关。再如 Ferri 等（2001）以韩国 1998 年金融风暴时期较依赖外部融资的中小企业为研究对象发现，由于金融风暴时期大部分银行普遍削减其提供的贷款额度，并提高贷款要求，这使得很多企业面临财务危机，甚至濒临破产关闭的危险。但他们的研究发现，危机前与银行有着较好互动关系的企业在危机出现时较其他企业更能得到银行的特别关爱，而相对更为顺利地度过危机。由此可见，新创企业金融机构关系品质越高，越有助于增强其抗击风险的能力，从而有助于增强新创企业的风险承担性。

除此以外，上文关于新创企业金融机构关系与融资能力关系分析表明，新创企业金融机构关系品质越高，越有助于提升融资能力，顺利融资。再由前文（第3.2.4小节）关于新创企业融资能力对企业其他内部能力及成长绩效的影响分析可知，较强的融资能力有助于为企业提供充足的资金支持，从而支持新创企业更好地进行各种创新活动，使新创企业表现出更强的创新性等。

上述分析表明，新创企业金融机构关系品质越高，越有助于增强新创企业的创新性与风险承担性，而创新性与风险承担性均为创业导向的重要维度，即新创企业创新性与风险承担性越强，则其创业导向越强。因此，本研究推论，新创企业金融机构关系品质越高，越有助于增强其创业导向，故提出假设：

H18：新创企业金融机构关系品质对创业导向具有正向直接影响。

（3）金融机构关系与成长绩效关系

由前文（第2.1.1小节）关于新创企业成长特征分析可知，新创企业成长过程即是其对创业机会的不断识别、获取与开发过程。巴隆与谢恩（2005）等研究发现，创业机会的识别在一定程度上正是信息不对称的结果，即新创企业较其他企业具有关于特定创业机会的更充分信息，创业企业正是凭借此信息优势才得以更好地识别并获取该创业机会。反之，如果其他企业亦具有类似充分信息，则势必打破该新创企业的信息优势，使得众多企业同时关注该创业机会，从而不利于该新创企业对创业机会的获取与开发。新创企业向银行融资时，银行通常要求企业提供资金用途及使用计划等相关信息，这些信息可能会涉及企业不便向外界透露，与机会开发密切相关的信息。此时，新创企业与银行等金融机构间彼此信任程度越高，彼此对相互关系的承诺越高，越有利于双方形成共同利益，从而有利于银行更好地为企业保密创业机会相关信息。因此，新创企业与金融机构的关系品质越高，越有助于新创企业更好地保密创业机会相关信息，支持其更好地识别、获取与开发创业机会，从而获取更高成长绩效。

任何机会的开发均需企业承担一定程度的风险。前文关于新创企业金融机构关系与融资能力关系分析表明，新创企业金融机构关系品质越高，越有助于新创企业在出现困难时及时获取资金支持，从而增强新创企业的风险承担能力。因此，新创企业金融机构关系品质越高，越有助于新创企业选择开发更多创业机会，从而赢得快速成长。

任何创业机会的开发均需以一定的资金为基础。通常，新创企业自有资金有限，难以满足创业机会开发的需要。而前文分析表明，新创企业金融机构关系品质越高，越有助于有效从外部顺利融资。这必然在一定程度上降低了新创企业在成长过程中因资金不足而错失开发良好创业机会的可能，使新创企业能更好地不断开发各种创业机会。

另外，由于新创企业内部资源与能力相对欠缺，单个新创企业通常难以独立完成创业机会的开发工作，而必须向外界寻求必要的合作伙伴，以克服自有资源与能力不足的问题。就新创企业的潜在合作伙伴而言，其在与某一特定企业合作前，通常要收集关于对方企业信誉及拟合作项目营利性等方面信息，用于决策是否给予合作，在多大程度合作以及以何种方式进行合作等问题。显然，合作伙伴的决策对新创企业能否顺利开发创业机会具有重要影响。而由 James（1987）与彭文平（2004）等的研究可知，新创企业与银行之间的良好合作关系品质有助于新创企业向外界传递关于其企业信誉与投资项目营利性等相关正面信息。因此，新创企业与银行等金融机构间的良好关系品质有助于新创企业吸引更多的合作伙伴，从而支持其对创业机会的开发。

上述分析表明，新创企业良好的金融机构关系品质有助于新创企业更好地识别、获取与开发创业机会，从而促进新创企业快速成长。因此，本研究提出假设：

H98：新创企业金融机构关系品质对成长绩效具有正向直接影响。

由上文关于新创企业金融机构关系与内部能力关系分析可知，新创企业金融机构关系对其融资能力与创业导向均具正向影响。而前文（第 3. 2. 1 与 3. 2. 4 小节）关于该两种内部能力与成长绩效关系的分析表明，新创企业此两种内部能力均对成长绩效具正向影响。因此，本研究认为新创企业金融机构关系可通过影响此两种内部能力而对成长绩效产生正向间接影响，故提出假设：

H98′：新创企业金融机构关系品质通过创业导向与融资能力对成长绩效具有正向间接影响。

3. 3　理论模型构建

前文（第 3. 1 节）关于新创企业网络关系、内部能力与成长绩效两两关系及三者整合关系的分析表明，它们之间存在如图 3. 15 所示的关系。

再由前文（第 3. 2 节）在如图 3. 15 所示的理论分析框架指引下，先在充分考虑各内部能力相互关系的基础上，逐个研究新创企业主要内部能力体系中的创业导向、营销能力、技术能力与融资能力与其成长绩效的关系，再从关系品质视角逐个研究新创企业与其各主要类型网络关系对象间的互动关系（即合作伙伴关系、顾客关系、政府部门关系及金融机构关系）对其内部能力及成长绩效的影响，并提出如表 3. 3 所示的一系列相关假设。细观这些假设内容不难发现，它们大致反映了以下几组变量间关系：（1）内部能力与成长绩效直接关系；（2）网络关系与成长绩效直接关系；（3）网络关系与内部能力直接关系；（4）网络关系与成长绩效间接关系；（5）各内部能力之间直接关系；（6）内部能力与成长绩效间接关系。

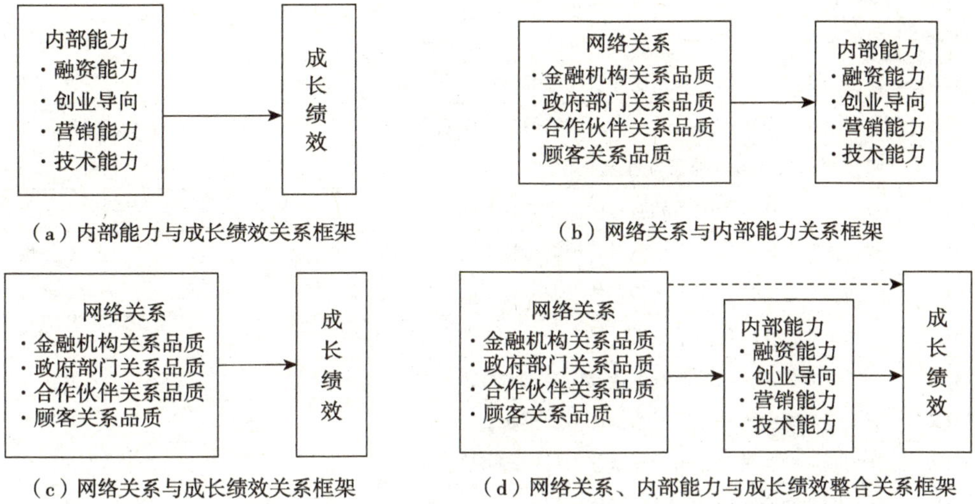

图 3.15　本研究各理论分析框架汇总

资料来源：本研究整理。

再由前文（第 2.5.3 小节）可知，理论分析并经验检验新创企业内部能力与成长绩效关系、网络关系与成长绩效关系、网络关系与内部能力关系、网络关系与内部能力及成长绩效三者整合关系是本文拟重点研究问题。将这些研究问题对照如图 3.15 所示各关系理论分析框架以及如表 3.3 所示各假设分组情况，不难发现，它们之间存在一定的对应关系。因此，为实现本研究目的，此节（第 3.3 节）拟在综合考虑如图 3.15 所示各理论分析框架以及如表 3.3 所示各假设所反映的变量间关系性质基础上，遵循由简单到复杂，逐渐深入的原则构建数个待后文（第 5.3 节）经验检验之竞争性理论模型。

表 3.3　本研究各假设汇总

编号	假设内容	假设类型
	（1）内部能力与成长绩效直接关系	
H91	新创企业创业导向对成长绩效具正向直接影响	验证性
H92	新创企业营销能力对成长绩效具正向直接影响	验证性
H93	新创企业技术能力对成长绩效具正向直接影响	验证性
H94	新创企业融资能力对成长绩效具正向直接影响	验证性

续表

编号	假设内容	假设类型
	（2）网络关系与成长绩效直接关系	
H95	新创企业合作伙伴关系品质对成长绩效具正向直接影响	开拓性
H96	新创企业顾客关系品质对成长绩效具正向直接影响	开拓性
H97	新创企业政府部门关系品质对成长绩效具正向直接影响	开拓性
H98	新创企业金融机构关系品质对成长绩效具正向直接影响	开拓性
	（3）网络关系与内部能力直接关系	
H15	新创企业合作伙伴关系品质对创业导向具正向直接影响	开拓性
H25	新创企业合作伙伴关系品质对营销能力具正向直接影响	开拓性
H35	新创企业合作伙伴关系品质对技术能力具正向直接影响	开拓性
H45	新创企业合作伙伴关系品质对融资能力具正向直接影响	开拓性
H16	新创企业顾客关系品质对创业导向具正向直接影响	开拓性
H26	新创企业顾客关系品质对营销能力具正向直接影响	开拓性
H36	新创企业顾客关系品质对技术能力具正向直接影响	开拓性
H17	新创企业政府部门关系品质对创业导向具正向直接影响	开拓性
H27	新创企业政府部门关系品质对营销能力具正向直接影响	开拓性
H47	新创企业政府部门关系品质对融资能力具正向直接影响	开拓性
H18	新创企业金融机构关系品质对创业导向具正向直接影响	开拓性
H48	新创企业金融机构关系品质对融资能力具正向直接影响	开拓性
	（4）网络关系与成长绩效间接关系	
H95′	新创企业合作伙伴关系品质通过创业导向、营销能力、技术能力与融资能力对成长绩效具正向间接影响	开拓性
H96′	新创企业顾客关系品质通过创业导向、营销能力与技术能力对成长绩效具正向间接影响	开拓性
H97′	新创企业政府部门关系品质通过创业导向、营销能力与融资能力对成长绩效具正向间接影响	开拓性
H98′	新创企业金融机构关系品质通过创业导向与融资能力对成长绩效具正向间接影响	开拓性
	（5）各内部能力之间直接关系	
H12	新创企业营销能力对创业导向具正向直接影响	验证性
H13	新创企业技术能力对创业导向具正向直接影响	验证性
H14	新创企业融资能力对创业导向具正向直接影响	验证性
H24	新创企业融资能力对营销能力具正向直接影响	验证性
H34	新创企业融资能力对技术能力具正向直接影响	验证性
	（6）内部能力与成长绩效间接关系	
H92′	新创企业营销能力通过创业导向对成长绩效具正向间接影响	开拓性

续表

编号	假设内容	假设类型
H93′	新创企业技术能力通过创业导向对成长绩效具正向间接影响	开拓性
H94′	新创企业融资能力通过创业导向对成长绩效具正向间接影响	开拓性
H94″	新创企业融资能力通过创业导向、营销能力与技术能力对成长绩效具正向间接影响	开拓性

资料来源：本研究整理。

3.3.1 内部能力与成长绩效关系直接模型 A

前文（第 3.1.1 小节）分析表明，新创企业内部能力对其成长绩效具正面影响，且提出了如图 3.4（或图 3.15（a））所示关系理论分析框架。进而前文（第 3.2.1—3.2.4 小节）分析表明，新创企业创业导向、营销能力、技术能力与融资能力均对成长绩效具正向直接影响，并提出了相应的假设 H91、H92、H93 与 H94（详见表 3.3）。再由前文（第 2.5.3 小节）分析可知，新创企业内部能力与成长绩效关系是本文重点研究问题之一。因此，为实现该研究目标，暂且只考虑内部能力对成长绩效的直接影响，而不考虑各内部能力之间的相互关系及各内部能力对成长绩效的间接影响，本研究依据如图 3.4（或图 3.15（a））所示关系理论分析框架，运用假设 H91、H92、H93 与 H94，结合数个常用控制变量①，构建如图 3.16 所示内部能力与成长绩效关系直接模型 A，以待后文经验研究之检验。

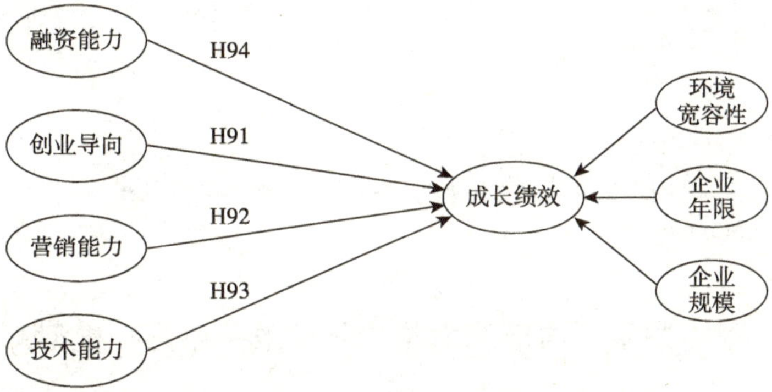

图 3.16　内部能力与成长绩效关系直接模型 A

资料来源：本研究整理。

① 本研究主要参考 Schoonhoven 等（1990）、Chandler 和 Hanks（1994a）、Lee 等（2001）与 Wiklund 和 Shepherd（2003）等研究选择“环境宽容性”，参考 Wiklund（1999）、Lee 等（2001）、Yusuf（2002）与 Culhane（2003）等研究选择“企业年限”，参考 Singh 和 Whittington（1975）、Dunne 等（1989）、Lee 等（2001）与 Yusuf（2002）等研究选择“企业规模”为模型控制变量，后文各竞争性理论模型（模型 D 除外）构建均基于同样考虑将此三变量作为模型控制变量，故不再重复说明。有关这些控制变量的选择理由说明详见后文第 4.2.4 小节。

3.3.2 网络关系与成长绩效关系直接模型 B

前文（第 3.1.3 小节）分析表明，新创企业网络关系对其成长绩效具正面影响，且提出了如图 3.9（或图 3.15（c））所示关系理论分析框架。进而前文（第 3.2.5—3.2.8 小节）分析表明，新创企业合作伙伴关系、顾客关系、政府部门关系及金融机构关系均对其成长绩效具正向直接影响，并提出了相应的假设 H95、H96、H97 与 H98（详见表 3.3）。再由前文（第 2.5.3 小节）分析可知，新创企业网络关系与内部能力关系是本文重点研究问题之一。因此，为实现该研究目标，暂且只考虑网络关系对成长绩效的直接影响，而不考虑各网络关系对相应内部能力的影响以及通过相应内部能力对成长绩效的间接影响，本研究依据如图 3.9（或图 3.15（c））所示关系理论分析框架，运用假设 H95、H96、H97 与 H98，结合数个常用控制变量，构建如图 3.17 所示网络关系与成长绩效关系直接模型 B，以待后文经验研究之检验。

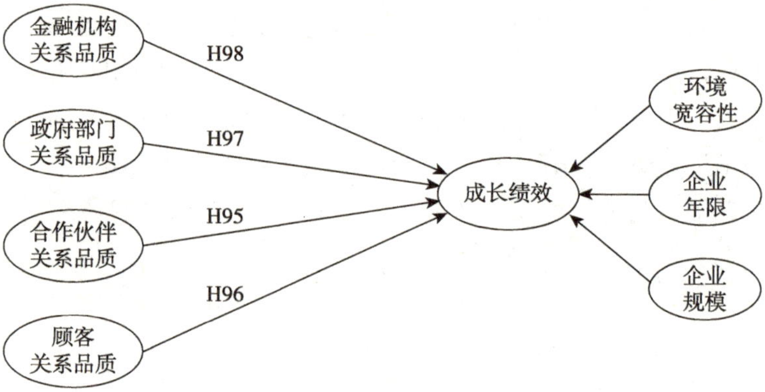

图 3.17　网络关系与成长绩效关系直接模型 B

资料来源：本研究整理。

3.3.3 网络关系、内部能力与成长绩效关系直接模型 C

在前文构建直接模型 A 与直接模型 B 的分析基础上，暂且只考虑新创企业网络关系与内部能力对成长绩效的直接影响，而不考虑网络关系对内部能力的影响以及网络关系通过内部能力对成长绩效的间接影响，亦不考虑各内部能力相互关系及对成长绩效的间接影响，本研究依据如图 3.4（或图 3.15（a））与图 3.9（或图 3.15（c））所示关系理论分析框架，运用假设 H91、H92、H93、H94、H95、H96、H97 与 H98，结合数个常用控制变量，构建如图 3.18 所示网络关系、内部能力与成长绩效关系直接模型 C，以待后文经验研究之检验。

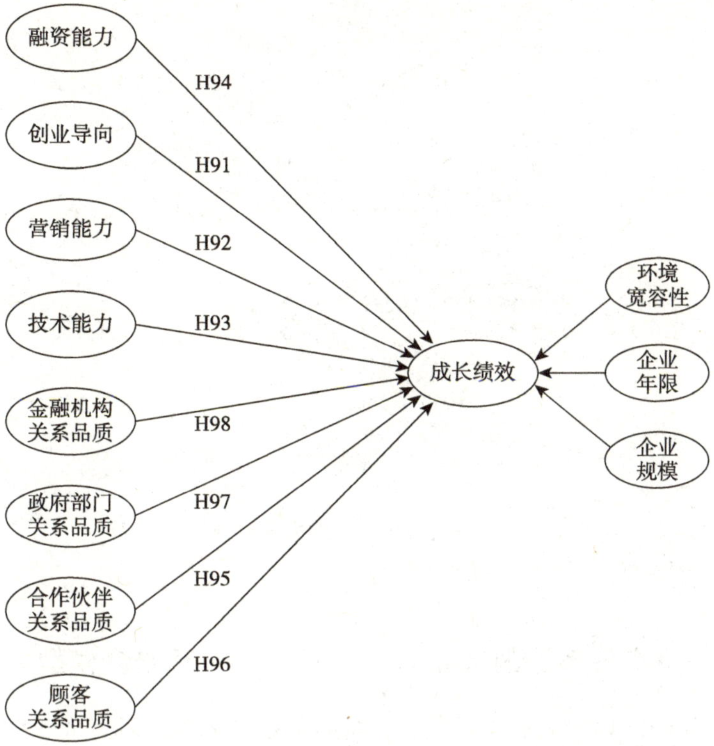

图 3.18　网络关系、内部能力与成长绩效关系直接模型 C

资料来源：本研究整理。

3.3.4　网络关系与内部能力关系直接模型 D

前文（第 3.1.2 小节）分析表明，新创企业网络关系对其内部能力提升具正面影响，并提出了如图 3.8（或图 3.15（b））所示关系理论分析框架。进而前文（第 3.2.5—3.2.8 小节）分析表明，新创企业各网络关系对其相应的内部能力均具正向影响，并提出了相应的假设 H15、H25、H35、H45、H16、H26、H36、H17、H27、H47、H18 与 H48（详见表 3.3）。再由前文（第 2.5.3 小节）分析可知，新创企业网络关系与内部能力关系是本文重点研究问题之一。因此，为实现该研究目标，暂且只考虑新创企业网络关系对其内部能力的影响，而不考虑网络关系与内部能力对成长绩效的影响，亦不考虑各内部能力之间的相互关系，本研究依据如图 3.8（或图 3.15（b））所示关系理论分析框架，运用假设 H15、H25、H35、H45、H16、H26、H36、H17、H27、H47、H18 与 H48 构建如图 3.19 所示新创企业网络关系与内部能力关系直接模型 D，以待后文经验研究之检验。

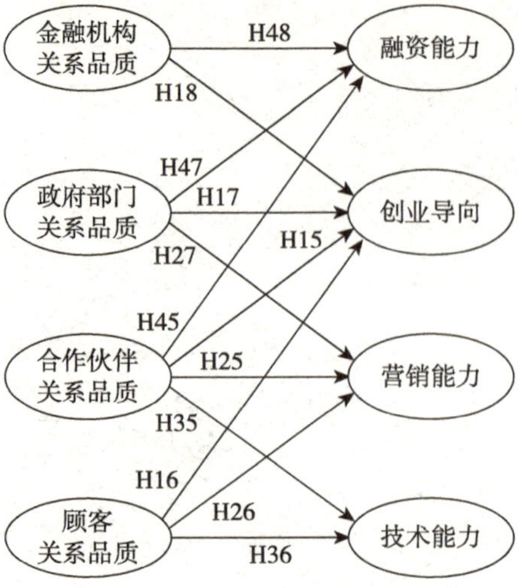

图 3.19　网络关系与内部能力关系直接模型 D

资料来源：本研究整理。

3.3.5　网络关系、内部能力与成长绩效关系整合模型 E

前文（第 3.1.4 小节）分析表明，新创企业内部能力对其成长绩效具有正向直接影响，而网络关系主要通过促进内部能力提升而对成长绩效具重要正向间接影响。因此，网络关系主要是成长绩效的间接影响因素，而内部能力则是成长绩效的直接影响因素，并在网络关系与成长绩效之间扮演了中介传导机制的角色，它们之间存在如图 3.13（或图 3.15（d））所示关系理论分析框架。进而前文（第 3.2.5—3.2.8 小节）分析表明，新创企业合作伙伴关系、顾客关系、政府部门关系及金融机构关系均对相应内部能力及成长绩效具正向直接影响，并通过相应内部能力对成长绩效具正向间接影响，从而提出了相应的假设 H91、H92、H93、H94、H95、H96、H97、H98、H15、H25、H35、H45、H16、H26、H36、H17、H27、H47、H18、H48、H95′、H96′、H97′、H98′（详见表 3.3）。

再由前文（第 2.5.3 小节）分析可知，新创企业网络关系、内部能力与成长绩效三者之整合关系是本文重点研究问题之一。因此，为实现该研究目标，在前文构建直接模型 C 与直接模型 D 的分析基础上，暂且只考虑网络关系与内部能力对成长绩效的直接影响与网络关系对内部能力的直接影响以及借助内部能力对成长绩效的间接影响，而不考虑各内部能力之间相互关系及各内部能力对成长绩效的间接影响，本研究依据如图 3.13（或图 3.15（d））所示的关系理论分析框架，运用假设 H91、H92、H93、H94、H95、H96、H97、H98、H15、H25、H35、H45、H16、H26、H36、H17、H27、H47、H18、H48、H95′、H96′、

H97′、H98′，结合数个常用控制变量，构建如图 3.20 所示新创企业网络关系、内部能力与成长绩效关系整合模型 E，以待后文经验研究之检验。

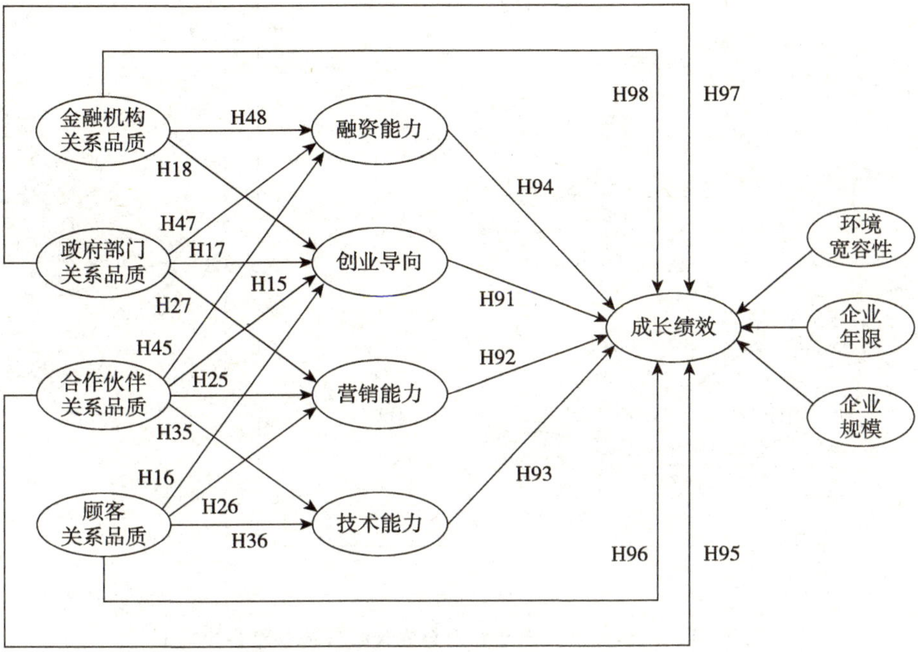

图 3.20　网络关系、内部能力与成长绩效关系整合模型 E

资料来源：本研究整理。

3.3.6　网络关系、内部能力与成长绩效关系整合模型 F

前文（第3.3.5 小节）整合模型 E 的构建并未考虑各内部能力之间相互关系及各内部能力对成长绩效的间接影响。但前文（第3.2.4 小节）分析表明，新创企业融资能力对其创业导向、营销能力及技术能力均具正向直接影响，并能通过这些内部能力对成长绩效产生正向间接影响，从而提出了相应的假设 H14、H24、H34 与 H94″（详见表3.3）。因此，为对这些假设进行经验检验，本研究拟在整合模型 E 所反映的变量间关系基础上（详见第3.3.5 小节），增加考虑假设 H14、H24、H34 与 H94″，从而构建如图 3.21 所示新创企业网络关系、内部能力与成长绩效关系整合模型 F，以待后文经验研究之检验。

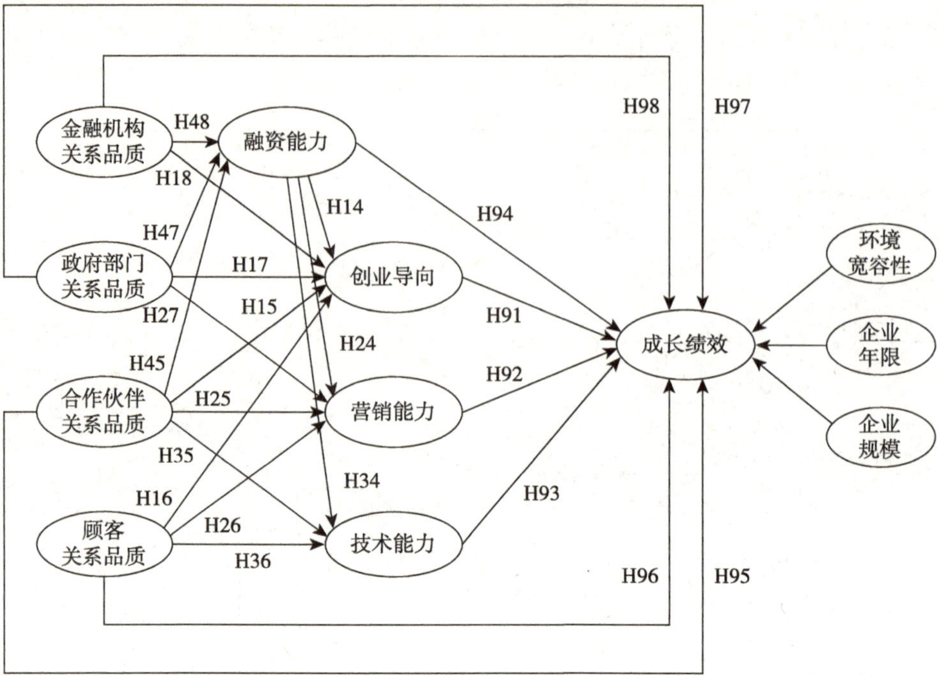

图 3.21　网络关系、内部能力与成长绩效关系整合模型 F

资料来源：本研究整理。

3.3.7　网络关系、内部能力与成长绩效关系整合模型 G

与前文（第 3.3.6 小节）整合模型 F 对整合模型 E 的改进思路类似，本研究拟在整合模型 E 所反映的变量间关系基础上（详见第 3.3.5 小节），增加考虑前文（第 3.2.2 与 3.2.3 小节）所发现营销能力、技术能力与融资能力均对创业导向具正向直接影响，并通过创业导向对成长绩效具正向间接影响的相关假设 H12、H13、H14、H92′、H93′与 H94′（详见表 3.3），从而构建如图 3.22 所示新创企业网络关系、内部能力与成长绩效关系整合模型 G，以待后文经验研究之检验。

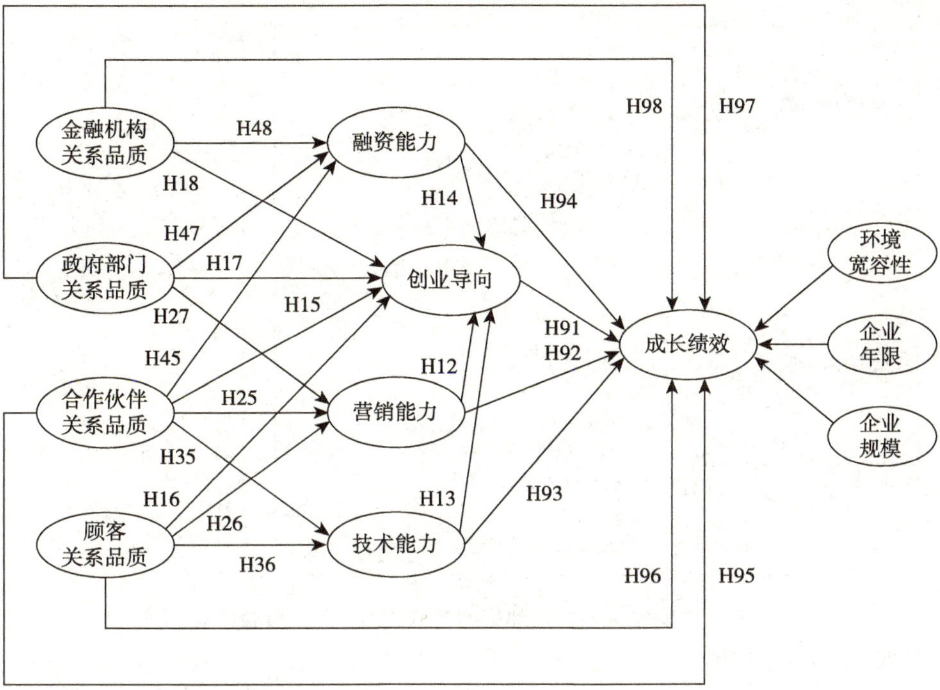

图 3.22　网络关系、内部能力与成长绩效关系整合模型 G

资料来源：本研究整理。

3.3.8　网络关系、内部能力与成长绩效关系整合模型 H

前文（第 3.3.5 小节）整合模型 E 的构建并未考虑各内部能力之间相互关系及它们对成长绩效的间接影响。整合模型 F 与 G 均分别从不同的侧面对整合模型 E 加以了改进，但均未能反映如表 3.3 所示全部假设内容。为更深刻揭示新创企业各内部能力相互关系及对成长绩效的间接影响，与前文整合模型 F 与 G 对整合模型 E 的改进思路类似，本研究在前文整合模型 E 所反映的变量间关系基础上（详见第 3.3.5 小节），增加考虑本研究所提关于新创企业各内部能力相互关系及对成长绩效间接影响的所有相关假设 H12、H13、H14、H24、H34、H92′、H93′与 H94″（详见表 3.3），从而构建如图 3.23 所示新创企业网络关系、内部能力与成长绩效关系整合模型 H，以待后文经验研究之检验。

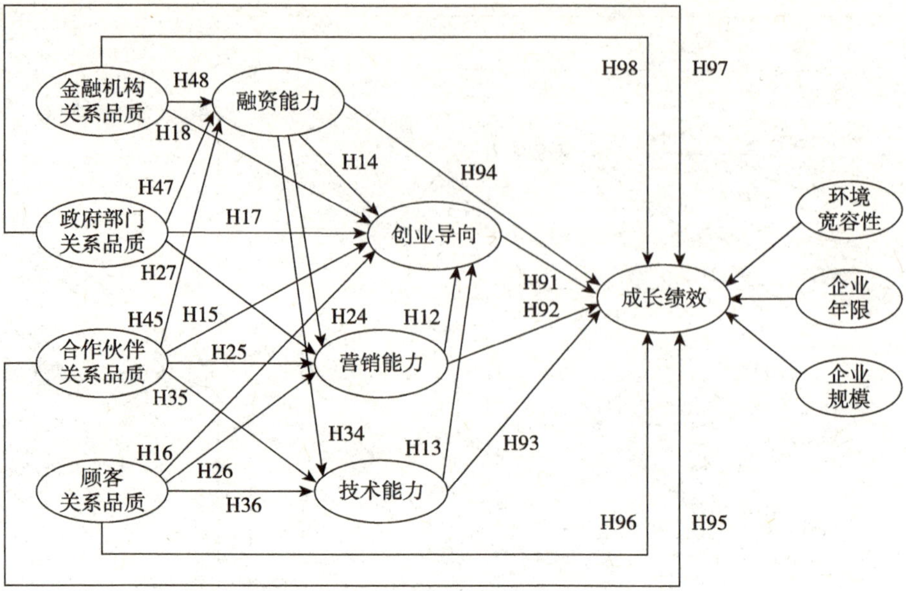

图 3.23　网络关系、内部能力与成长绩效关系整合模型 H

资料来源：本研究整理。

4　数据获取

在第 2 章的文献回顾与第 3 章的各竞争性理论模型构建后，本研究需获取相关数据对各竞争性理论模型及其相关假设进行经验检验。因此，本章旨在通过问卷设计过程、变量测量、预调研分析与正式调研数据获取及描述等部分阐述本研究样本数据的获取过程，并对所获取样本数据进行描述性分析。

4.1　问卷设计过程

为尽可能提高测量的信度与效度，本研究采取如图 4.1 所示的步骤进行调研问卷设计。

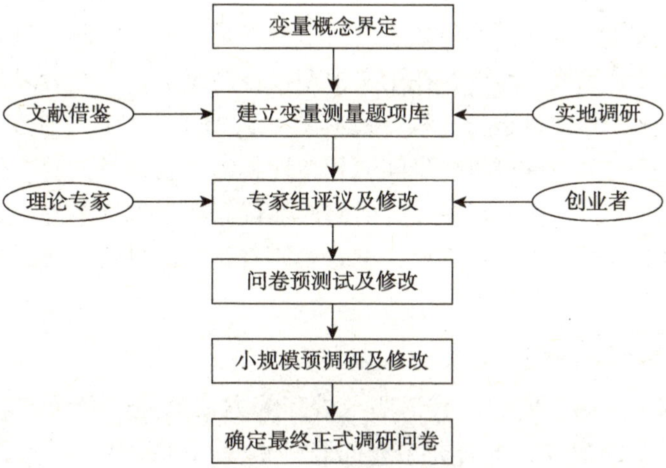

图 4.1　问卷设计过程

（1）变量概念界定

在文献回顾中，对企业成长概念的定义直接指导了本研究后文有关新创企业成长绩效测量指标的设计。在新创企业主要内部能力组成分析中对创业导向、营销能力、技术能力及融资能力的概念与维度等进行了界定，以作为后文有关各内部能力测量指标设计之依据。在新创企业主要网络关系组成分析中对新创企业每种主要网络关系的对象进行了准确界定。同时，在有关关系品质的概念界定中，不但对关系品质进行了清晰定义，亦对关系品质各维度及维度间关系进行了分析，所有这些均为后文有关新创企业各主要网络关系品质的测量提供了理论依据。最后，对各主要控制变量的概念界定亦在后文变量测量部分作了相应交代。

（2）建立变量测量题项库

通过文献借鉴与实地调研自行设计等方法设计各变量之测量问项，以建立各变量测量题项库，并使调研问卷具有相当程度的内容效度。由文献回顾可知，本研究各理论模型所涉及变量均非本研究所独创的全新变量，有关这些变量的测量方法有着很多相关理论与经验研究可供借鉴。因此，本研究对于各研究变量皆在结合本研究对象特征、变量定义的基础上，依据国内外大量相关文献，尽可能地借鉴那些经过经验检验证明具有良好信度与效度的量表。对于没有适当量表可供借鉴的变量，则依据变量定义，结合本研究前期调研访谈自行设计相应测量项目。

（3）专家组评议及修改

在建立各变量测量题项库后，本研究将各测量题项向 5 位创办并亲自经营中小型新创高技术企业的创业者征求意见。先向他们逐一解释本研究各变量之定义，在暂时不解释各测量题项意思情况下请求他们判断各测量题项是否能有效反映各变量，以及各测量题项的语法表达与措辞等是否适当，并提供诸如增加题项与删除题项等修改建议。然后，在论文中期报告会议上，由笔者之指导教授，会同企业管理专业、管理科学与工程专业其他在读博士生与硕士生共约 30 余人再次对各变量测量题项与待测量变量间的相关性、语法表达及措辞、题项增删等方面进行逐条仔细审核，展开讨论并提供修改建议。在征求这些理论与实践两方面专家建议基础上，结合本研究需要，笔者对原有题项库进行修改，建立新的题项库，并建立调查问卷初稿。

（4）问卷预测试及修改

为尽可能避免由于问卷内容语法与措辞等方面的原因导致问卷填答人误答问卷，影响问卷的效度，本研究采取问卷预测试（pretest）的方式对调查问卷初稿实际内容进行再次检视，以对问卷进行适当修改，并形成本研究之预调研问卷。[①] 预测试对象仍然为创办并亲自参与经营管理新创高技术企业的创业者，共 7 位。预测试前，先通过电话与潜在预测对象进行联系，说明本研究目的与预测试内容，在征得对方同意后，由对方约定其方便的时候，以笔者亲自上门拜访的方式进行。具体预测试时采用两阶段进行：

① 预调研问卷各变量测量问项（指标）详见后续“变量测量部分”。

①先不预先向预测试对象解释各测量问项，由其直接填答问卷，但预测对象可对问卷各问项随时提出任何质疑，笔者随时现场做出相应解释或与预测对象就其质疑展开讨论。

②在预测对象填答完毕所有问项后，笔者再向预测对象逐一解释各问项的题意及测量目标，以确认问卷填答人对问项的理解是否与笔者预先调查目标一致，对于不一致之处，与预测对象展开讨论。

由于本研究各变量均具有明确的概念定义，在变量测量问项设计时均充分借鉴前人相关成熟量表，结合本研究的实地调研，并在措辞等各方面广泛征求理论界与实践界专家、学者与管理者的意见，并经过问卷预测试及修改等严格步骤而完成，故本调查问卷可在相当程度上降低社会称许性反应偏差。

(5) 小规模预调研及修改

为进一步检验经上述步骤所完成预调研问卷的信度与效度，对变量各测量问项进行比较，并适当进行精简，本研究在大规模正式调研前先进行了小规模预调研，预调研结果将在后文（第4.3节）再作专项详细说明。

(6) 确定最终正式调研问卷

经小规模预调研，对预调研问卷各测量问项进行进一步增删修改后，形成本研究最终正式调研问卷，如附录1所示。

4.2 变量测量

本研究所涉及变量分为自变量（包括网络关系品质与内部能力）、因变量（指成长绩效）与控制变量三大类。本节任务旨在详细说明本研究对各相关变量的测量方法。在确定各变量测量方法时，本研究先对各变量的前人相关有效测量方法进行文献回顾，然后在充分借鉴前人研究基础上，结合本研究对象特征与本研究实地调研访谈结果而确定各变量的测量方法。

4.2.1 内部能力测量

本研究各模型所涉及内部能力包括创业导向、营销能力、技术能力与融资能力四种。本小节拟详细说明此四种内部能力的测量方法。

(1) 创业导向测量

在现有关于创业导向的测量量表中，Miller 和 Friesen（1982）所开发的量表可谓是较早，且被多次引用或借鉴，并被多次证明为有效的量表。Miller 和 Friesen（1982）在比较保守型与创业型公司战略动力因素时，将公司创业（corporate entrepreneurial）分为创新、风险承担与预应三个维度，开发出了共 8 个问项，采用 Likert 七级量表的形式测量公司创业。通过对所回收问卷数据进行分析表明，该量表具有较理想的信度与效度。后来，众多学者相继直接引用该量表，或将该量表同其他量表相结合等方式测量创业导向或公司战略等相关变量，均表明具有较高的信度与效度。如 Wiklund（1999）在研究创业导向与公司绩效关系的稳定性（sustainability）时，直接选用该量表测量公司创业导向，通过对来自瑞典小企业的数据进行分析，发现该量表的 Cronbach's Alpha 值为 0.64，表明其信度可被接受。Zahra 和 Covin（1995）在对创业导向与绩效关系影响因素进行纵向研究时，亦直接采用 Miller 和 Friesen（1982）的量表测量创业导向，数据分析显示该量表的 Cronbach's Alpha 值为 0.75，表明具有较高的信度。再有，Barringer 和 Bluedorn（1999）在研究创业导向与战略管理关系时，将 Miller 和 Friesen（1982）的量表同 Covin 和 Slevin（1986）与 Khandwalla（1977）的研究相结合，将创业导向分为创新性、风险承担性与预应性三个维度，开发出了含 9 个问项的量表测量创业导向，数据分析显示该量表的 Cronbach's Alpha 值为 0.87，表明该量表具有较高的信度。

Covin 和 Slevin（1989）在对比分析处于不利环境与有利环境下小企业战略管理问题时，在从 Covin 和 Slevin（1986）与 Khandwalla（1977）的量表中节选出共 5 个问项基础上，结合其根据研究对象小企业的特点而自行设计的 4 个问项，开发出了含 9 个问项的量表测量小企业的战略态势①（Strategic Posture），通过对来自 118 家小企业的问卷数据分析显示，该量表各问项的因子负载均在 0.5 以上（平均为 0.66），表明这些问项具有较高的聚合效度，可用来测量同一变量。另外，该量表的 Cronbach's Alpha 值为 0.87，表明具有较高的信度。后来，Wiklund 和 Shepherd（2003）在研究中小企业知识型资源（Knowledge – Based Resources）、创业导向与绩效关系时，直接选用 Covin 和 Slevin（1989）的量表测量中小型企业的创业导向，通过对来自 384 家中小型企业的数据进行的分析显示，该量表的 Cronbach's Alpha 值为 0.75，表明该量表具有较高的信度。再有 Miles 和 Arnold（1991）在对比分析市场导向与创业导向内在关系时，在借鉴 Covin 和 Slevin（1989）的量表基础上，吸收部分来自 Miller 和 Friesen（1983）与 Khandwalla（1977）的量表问项，用于测量创业导向，数据分析显示该量表的 Coefficient Alpha 为 0.87，即具有较高的信度。

除此以外，尚有很多学者亦在其研究中对创业导向进行了测量，从而涌现了许多略有不同的创业导向高质量测量量表。如 Salavou 和 Lioukas（2003）在研究

---

① 根据 Covin 和 Slevin（1989）的解释，该战略态势与本研究的创业导向为同一概念的不同称谓。

创业导向对小企业激进型（Radical）产品创新影响效应时，将创新性与预应性合并为同一概念，从预应性与风险程度性两维度测量创业导向。数据分析显示，其所采用的量表具有较好的信度与效度。Culhane（2003）在其关于企业创业导向与其绩效关系国际比较的博士论文中，在借鉴前人研究基础上开发出了新的量表测量创业导向，数据分析显示，该量表亦具有较高的信度与效度。

综合以上学者关于创业导向的成功测量可知，尽管各学者在创业导向的具体测量上存在一些细微的差别。但综合看来，多数学者主要通过企业对新产品或服务的推出情况、产品或服务生产工艺改进情况与企业对创新的重视及投入程度等方面测量企业的创新性；通过测量企业在面对风险时决策方式、对高风险高回报投资项目的喜好程度，以及企业在经营活动中的冒险倾向等方面测量企业的风险承担性；通过测量企业在面对市场机会时领先竞争者率先行动、企业对市场机会的主动追求情况等方面测量企业的预应性。本研究对象为中小型新创高技术行业企业，在预调研过程中发现，这些新创企业多数曾或多或少地经历过上述类型事件。因此，基于以上分析，本研究在充分借鉴上述学者相关研究基础上，采取如表 4.1 所示量表测量新创企业的创业导向。

表 4.1　本研究创业导向的测量

维度	预调研编号/正式调研编号/测量项目/文献出处
创新性	PQ1/Q1.1.1/我公司在过去两年内推出了很多新产品或服务/a，b，c
	PQ2/Q1.1.2/我公司产品或服务组合在过去两年内变化很大/a，b，c，e
	PQ3/Q1.1.3/我公司在过去两年内很重视产品或服务的创新/a，b，c，e
风险承担性	PQ4/Q1.2.1/在过去两年内，我公司倾向于选择投资高风险高回报的项目/a，b，c，d，e
	PQ5/Q1.2.2/在过去两年内，我公司在经营战略及战术行动上表现很大胆/a，b，c，d
	PQ6/　　　/我公司倾向于主要依靠内部积累实现成长/e
	PQ7/Q1.2.3/当决策面临高不确定性时，我们非常谨慎，生怕决策失误（反）/b，c，d
预应性	PQ8/Q1.3.1/我公司常率先在市场上推出新产品或服务等/b，c
	PQ9/Q1.3.2/我公司重视不断开发外部环境中的机会/a，e，
	PQ10/Q1.3.3/我公司通常能捷足先登，较竞争对手抢先进入新市场/
测量项目来源：a：Miller 和 Friesen（1982）；b：Covin 和 Slevin（1989）；c：Barringer 和 Bluedorn（1999）；d：Salavou 和 Lioukas（2003）；e：Culhane（2003）	

注：表中标有“（反）”字样的测量问项“PQ7/Q1.2.3”为逆向记分项目。

资料来源：本研究整理。

（2）营销能力测量

作为企业重要的内部能力之一，营销能力被众多学者作为重要变量研究企业管理相关问题，因而亦出现了许多关于营销能力测量的方法。在国外，Hitt 和

Ireland（1985）、Aaker（1989）、Prahalad 和 Hamel（1990）、Lado 等（1992）、Vorhies 和 Harker（2000）、Spanos 和 Lioukas（2001）与 Weerawardena（2003）等关于营销能力的测量量表是被证明具有较高信度与效度，且得到广泛应用的优秀量表。如 Hitt 和 Ireland（1985）① 从营销研究和信息系统、定价策略、促销和广告推广活动、产品分销网络、与分销商关系、营销队伍素质等方面测量营销能力。Lado 等（1992）从企业与顾客及供应商关系、市场知识、分销渠道控制等方面测量营销能力。Vorhies 和 Harker（2000）主张从营销研究、定价、产品发展、渠道、促销与营销管理六个方面测量企业营销能力。Weerawardena（2003）主张从顾客服务、促销（promotion）、销售人员素质、分销网络、广告资源投入、营销研究、产品差别化、产品导入速度等方面测量营销能力。

在国内，周寄中（2002）认为可从顾客认知能力、竞争认知能力与市场开发能力三个方面测量企业的营销能力。林媛媛（2005）认为可从企业营销信息系统、营销战略、营销实施保证及营销效益（含销售效益与市场效益）等方面测量企业的营销能力。王庆喜（2005）在其研究浙江民营制造业企业资源与竞争优势关系的博士论文中，在参考 Hitt 和 Ireland（1985）与周寄中（2002）的基础上，结合其实地调研结果认为应从企业的市场认知与市场推广两方面测量企业的营销能力。另外，赵俊平和徐畅（2005）认为企业营销能力的影响因素繁多，且具有一定的模糊性，它们以多层次、多指标的方式揭示了事物间的相关性与系统性。因此，其从营销资源及其利用层面，采用模糊综合评判法开发出了如表 4.2 所示的企业营销能力二级模糊测量指标体系。

表 4.2　营销能力二级模糊测量指标体系

目标层	企业营销能力		
一级指标	营销资源	营销战略决策能力	营销运作能力
二级指标	营销资金 营销人力 营销渠道 营销文化 营销制度 企业知名度 企业美誉度 员工忠诚度 营销信息系统	环境分析能力 营销战略目标确定能力 营销策略组合选择能力 市场细分及定位能力	市场调研及预测能力 产品研发及创造能力 市场营销渠道管理能力 营销传播能力

资料来源：赵俊平和徐畅（2005，P106）。

① 转引自王庆喜（2005，p100）。

纵观以上国内外学者关于营销能力的各种测量方法可知，这些测量指标可大致分为三大类：第一类是营销资源类，如顾客与市场知识、销售人员素质、营销渠道、营销资金、营销信息系统、企业知名度、企业美誉度等；第二类是营销运作过程性指标，如市场预测、市场细分、定价、市场研究、营销渠道管理、营销决策及实施情况方面的指标；第三类是营销效果性指标，如产品导入、业务推广效果、营销传播效果、销售效益与市场效益等指标。

以上三类指标各有其合理性，但亦有其适用的范围，应视研究对象的实际情况而参考选用。本研究对象为中小型高技术行业新创企业，就第一类营销资源类指标而言，新创企业通常具有内部资源相对欠缺，企业的品牌知名度还很有限，企业形象尚在建设过程中，顾客对其产品或服务尚不够了解等特征。本研究在前期调研中发现，尽管新创企业具有上述不足之处，但多数企业更倾向于向外界声称其资源强大，特别是当面对陌生的访谈或调研时，如果访谈过程中涉及其内部资源问题，就类似于在人际交往中调查对方的收入或财富多少一样，更会给其一种被“探家底”的感觉，此类问题都是其不愿意回答的问题，即使勉强回答，其数据的可靠性也是很低的。另外，即使问卷填答人能如实回答，则势必出现这些指标的数值普遍偏低，出现数据过于向低段集中的情况，从而使数据分析的价值大打折扣。因此，应尽可能回避直接采用企业营销资源类指标测量新创中小型新创企业的营销能力。

就第二类的营销运作过程性指标而言，本研究在前期调研中发现，这些新创中小型企业由于规模较小，内部职能分工不明确，且多数属于创业者或其团队高度集权，多数营销决策由创业者或其团队少数人凭主观直觉完成，其决策过程尽管简单，却难以细分各营销决策过程，更难以分开测量，故在测量中应谨慎选择运用过程类指标。

有研究指出可从营销能力的产出角度（即本研究第三类的营销效果性指标）测量营销能力的强弱，如 Chang（1996）亦认为既然企业运用营销能力的目的是为了销售自身的产品或服务，那么就应该采用企业对产品或服务的销售活动过程或其效果来测量营销能力。类似的，朱和平和王韬（2004）认为可用销售持续增长率、目标市场持续增长率和市场占有率等反映营销能力产出的指标来测量中小型高技术企业的营销能力。再如林媛媛（2005）亦认为选用营销能力所产生的客观结果性指标能更准确地量化营销能力，并更具体、更直观。营销效果是企业营销活动的客观结果，是企业营销能力强弱最为直接的体现。因此，本研究认为在营销能力测量指标选取时可适当向营销效果类指标倾斜。

基于以上分析，本研究借鉴 Weerawardena（2003）将营销能力简化为单一维度的方法，参考相关学者的营销能力测量量表，并结合本研究实地访谈的结果，采用如表 4.3 所示的量表测量营销能力。

表 4.3　本研究营销能力的测量

预调研编号/正式调研编号/测量项目/文献出处	测量项目来源
PQ11/Q2.3/我公司促销活动效率很高/a	a：Weerawardena（2003） b：Vorhies 和 Harker（2000） c：王庆喜（2005）
PQ12/Q2.1/我公司了解顾客的需求/c	
PQ13/Q2.2/我公司能快速向市场导入新产品或服务/a	
PQ14/　　/市场研究有效帮助我公司制定了营销计划/b	
PQ15/ Q2.4/营销能力成功帮助我公司参与了市场竞争/a	

资料来源：本研究整理。

（3）技术能力测量

纵观现有技术能力相关经验研究，可将各学者关于技术能力的测量方法大致分为基于技术投入、技术产出与投入与产出相结合三大类测量方法。

技术能力需建立在一定投入要素基础之上，因而有学者认为应从技术投入要素的角度测量技术能力。如 Sharif（1988）从技术投入要素的角度，认为应从生产所需工具及设备、生产技术及经验、生产事实及信息与生产的安排及组织等四方面全面测量企业技术能力。Spanos 和 Lioukas（2001）在研究希腊企业资源及能力与企业绩效关系时选用企业内部有效率的生产部门或单位、生产中的规模经济性及技术经验以及先进技术设备等指标测量企业的技术能力。Aw 和 Batra（1998）在研究中国台湾制造业企业技术能力与企业效率关系时选用企业研发总支出与员工在职培训等指标测量技术能力。Schoenecker 和 Swanson（2002）在研究企业技术能力与销售增长及运作利润之间关系时，认为研发支出、专利数与其他新产品导入数等均为企业技术能力的测量指标，但通过在化学、电子与医药行业企业进行各指标的信度与效度分析后最终选用企业研发支出数量作为企业技术能力的测量指标。

注重技术产出的学者认为技术能力有利于企业获取更多的专利、更高的产品品质与附加值、更高生产效率等利益，因此主张从诸如企业生产效率的高低、所拥有的专利数量及产品的单位价值等技术产出方面进行技术能力测量。如 Lee 等（2001）在研究韩国新创企业时选用企业自行研发而成的专利数目、所拥有的有效模型或设计的数量及所获国内外品质认证机构认可情况等指标测量企业技术能力。Etemad 和 Lee（2001）在比较中国台湾与韩国等国家与地区中小型企业技术能力时选用企业的专利数量为企业技术能力的测量指标。Madanmohan 等（2004）在对比研究印度与印度尼西亚两国企业技术能力时选用企业产品品质为技术能力强弱的指标之一。Tsai（2004）认为企业能否不断运用现有技术开发新技术在一定程度上反映了企业现有技术性知识的多少，亦即反映了企业技术能力的强弱。

王庆喜（2005）在测量企业技术创新能力时选用企业能否及时开发出市场所需产品作为指标之一。

此外，尚有学者认为只有从技术投入与产出相结合角度才能更为全面、准确地测量企业技术能力。如 Acha（2000）在研究石油产业上游企业技术能力与其运作（operational）绩效关系时则同时选用技术投入方面的研发支出与技术产出方面的出版物数（publications）与专利数来测量企业技术能力。王庆喜（2005）从诸如先进设备数、研发队伍素质等研发条件与诸如专利数等技术产出方面综合测量企业的技术创新能力。

上述所提技术能力测量的研究文献中，多数研究的研究对象为成熟企业（Sharif，1988；Spanos 和 Lioukas，2001）或者规模较大的新创企业（Lee 等，2001）。就本研究而言，研究对象为新创中小型高技术行业企业。本研究在预调研时发现，那些新创中小型企业的厂房、设备等生产所需的投入要素相当一部分属租借而来，只有少数企业独立拥有先进技术设备。因而，如果沿用 Spanos 和 Lioukas（2001）的研究采用调查企业先进设备数量来间接测量技术能力，那么其调查结果必然为绝大多数企业的数据都显著偏低，出现极高的偏正态分布，因而数据用于统计分析的价值有限。其实，尽管 Sharif（1988）及魏江（2002）等认为企业的技术能力反映在技术相关资源上，但这些学者所称的技术相关资源实际上是指企业技术活动中实际使用的技术相关资源，而并没有涉及这些技术相关资料来源。再由前文（第 2. 2. 4 小节）关于新创企业资源获取战略分析可知，新创企业在成长早期阶段应优先采取与外部组织或机构，乃至个人合作，建立各种网络关系等外部方式获取所需资源。因而，新创企业内部所拥有的资源状况并不能准确反映其对资源的实际使用状况。基于以上分析，本研究认为对于新创中小型企业不宜采取基于技术投入的方法测量其技术能力，而应重点考虑采取基于技术产出之类的测量方法。

创业的本质在于创业机会的识别、获取与开发，新创企业正是通过不断地识别、获取与开发各种创业机会（商机），从而实现不断地成长（陈震红和董俊武，2005）。由前文技术能力的定义可知，尽管各学者关于技术能力的定义各有不同，但多数学者均认为技术能力的核心要素包括企业对产生于科学研究中的技术性知识与技能的吸收、应用与发展等方面（Tsai，2004）。另外，企业技术能力是企业实现经营目标的一种手段（Teece 和 Pisano，1994；Gallon 和 Stillman，1995）。所以，对于新创企业来说，其技术能力应主要表现在其对创业机会的识别、获取与开发应用方面。企业是否能凭着其现有的技术能力及时获取各种可能的创业机会（商机）而不至于错失商机，是否能通过开发出市场所需产品或服务，并以合格品质生产出该产品或提供该服务以开发该创业机会等情况直接反映了企业技术能力的强弱。另外，对于新创企业而言，由于竞争的需要，其需要不断地进行创新才能获取各种可能的市场机会，实现快速成长。而企业的创新通常源自于其对自身现有知识及技术的创新性应用，或者从外部获取所需知识，加以消化、吸收并与内部现有知识进行互补性结合与运用，以不断开发新技术等途径。基于此认识，结合文献回顾中关于技术能力的概念分析，在进行实地调研与征求专家意见后，本研究采用如表4.4所示的量表测量新创中小型高技术企业的技术能力。

表4.4　本研究技术能力的测量

预调研编号/正式调研编号/测量项目/文献出处	测量项目来源
PQ16/Q3.1/我公司能创造性地整合利用各种知识与技术/e	a：Lee 等（2001） b：Madanmohan 等（2004） c：Tsai（2004） d：王庆喜（2005） e：本研究实地访谈
PQ17/Q3.2/我公司产品或服务品质很高/b	
PQ18/Q3.3/我公司能不断运用现有技术发展新技术/c	
PQ19/Q3.4/我公司能及时开发出市场所需新产品或服务/d	
PQ20/Q3.5/我公司拥有很多新产品（服务）或专利/a	

资料来源：本研究整理（注：出于排版需要，将此表位置略微提前至此）。

（4）融资能力测量

由前文（第2.2.3小节）企业融资能力概念界定及本研究关于新创企业融资能力对企业成长绩效影响的分析可知，新创企业融资能力的重要功能在于及时有效满足新创企业成长中对财务资源的需要。因此，新创企业融资能力应体现在其外部资金筹措的及时性、成本及渠道多寡等方面。结合前期实地调研，本研究采用如表4.5所示测量项目测量新创企业的融资能力。

表4.5　本研究融资能力的测量

预调研编号/正式调研编号/测量项目/文献出处	测量项目来源
PQ21/Q4.1/我公司外部筹资渠道多样 PQ22/Q4.2/我公司能迅速自外部筹资所需资金 PQ23/Q4.3/我公司外部筹资成本低	本研究 实地调研

资料来源：本研究整理。

4.2.2　网络关系品质测量

本研究所构建各竞争性理论模型共涉及新创企业与合作伙伴、顾客、政府部门及金融机构共四种网络关系对象的关系品质。本小节任务在于说明如何测量新创企业与该四种网络关系对象间的关系品质。为尽可能提高本研究各变量测量的信度与效度，本文先对前人相关测量方法进行回顾与总结，以供本研究借鉴，再结合本研究对象特征以及笔者的实地访谈结果确定本研究对新创企业与各网络关系对象关系品质的测量方法。

（一）关系品质各维度现有测量方法借鉴

尽管前人在关于关系品质概念与维度划分上存在或多或少的争议，但他们在研究中开发了大量被反复证明为有效的关于沟通、信任、满意、承诺与协调等维度的测量量表。

（1）沟通

在众多研究组织与外部关系对象之间的沟通测量文献中，Anderson 和 Weitz（1992）、Heide 和 John（1992）与 Sivadas 和 Dwyer（2000）等人关于沟通的量表是被证明具有较高信度与效度的测量方法，被后人广泛引用，并亦达到理想的测量效果。

Anderson 和 Weitz（1992）的研究

Anderson 和 Weitz（1992）在研究制造商与经销商间关系承诺影响因素及其发展规律时，开发了如表 4.6 所示的量表配对测量制造商与经销商之间的双向沟通。经对 378 对制造商与经销商之间的互动关系进行配对测量，发现该测量模型的 Cronbach's alpha 值分别为 0.83 与 0.84，均超过了 0.7 的最低标准，表明该测量模型是可信的。

表 4.6　前人关于沟通的测量量表（1）

经销商所感知的双向沟通	制造商所感知的双向沟通
1. 我公司让制造商充分了解我的分销计划与顾客相关信息。	1. 我公司让经销商充分了解我们的产品及我公司的计划。
2. 我公司与制造商均重视让对方充分了解关于己方的信息。	2. 我公司与经销商均重视让对方充分了解关于己方的信息。
3. 我公司在给予制造商太多信息时感到犹豫不决。（反）	3. 我公司在给予经销商太多信息时感到犹豫不决。（反）
4. 我公司经常参加制造商的营销与计划工作。	4. 我公司经常参加经销商的营销与计划工作。
5. 制造商在营销活动中常征求我公司的意见。	5. 经销在营销活动中常征求我公司的意见。
6. 制造商愿意让我公司知道其强处与弱处。	6. 经销商愿意让我公司知道其强处与弱处。
Cronbach's alpha = 0. 84	Cronbach's alpha = 0. 83

注：表中标有“（反）”字样的测量问项为逆向记分项目，后文将不再重复说明。

资料来源：Anderson 和 Weitz（1992）。

Anderson 和 Weitz（1992）的上述测量方法不但适用于国外商业环境中经销商与制造商之间的互动关系测量，亦适用于华人文化背景下的其他类型互动关系的测量。如陈正男、林素吟和丁学勤（2005）在研究我国台湾地区连锁加盟体系内部加盟店与加盟总部间的信任、承诺及其相关因素间关系时，引用 Anderson 和 Weitz（1992）的测量量表中关于开放沟通与信息共享部分的问项，并结合加盟体系的实际运作情况稍加修改而成如表 4.7 所示的量表测量加盟店与加盟总部间的沟通情况。他们通过对来自便利商店、中式餐饮、西式餐饮、服饰、计算机、通讯、书局、补习教育、美容美发、冲印与房屋中介等广泛行业，由加盟店负责人或店长填写的 481 份问卷进行信度与效度分析发现，该测量量表的 Cronbach's alpha 值为 0.84，大于 0.7 的最低标准，表明该测量量表具有良好的信度。同时他们还通过探索性因子分析，以萃取特征值大于 1 的共同因素，再以最大变异量旋转转轴，结果发现各问项的因素负载介于 0.69 至 0.85 之间，变量的变异抽取百分比在 0.6 以上，表明该测量量表具有较高聚合效度。

表 4.7　前人关于沟通的测量量表（2）

测量指标（问项）	因素负载	变异抽取	Cronbach's alpha
1. 我们会将通路上与消费者的重要讯息让加盟总部知道			
2. 我们和加盟总部都强调要让彼此都保持消息灵通			
3. 我们参与许多加盟总部的行销与规划的工作	0.69 ~ 0.85	0.62	0.84
4. 加盟总部会请我们提供有关行销活动方面的意见			
5. 加盟总部愿意让我们知道其强势与弱势的地方			

资料来源：本研究整理自陈正男、林素吟和丁学勤（2005）。

Heide 和 John（1992）的研究

Heide 和 John（1992）在研究制造商与供应商之间互动关系时，在测量制造商与供应商之间的信息交换（沟通）时开发出如表 4.8 所示的 Likert 七级测量量表，并经数据检验表明该量表具有良好的信度与效度。

表 4.8　前人关于沟通的测量量表（3）

测量指标（问项）	标准因子负载	标准误差	T 值
1. 我们常进行各种非正式信息交流，而并非仅限于事先的安排	0.62		
2. 在我们之间，任何可能有助于对方的信息都会得到提供	0.63	0.11	6.88
3. 我们彼此愿意提供己方的专有信息，只要该信息能有助于对方	0.83	0.16	7.49
4. 我们会互相通报可能会影响对方的事件或变化	0.60	0.11	6.56
Cronbach $\alpha = 0.76$，$X^2 = 0.31$，df = 2，p = 0.85，NFI = 0.99，GFI = 0.99，AGFI = 0.99，RMSEA = 0.00			

资料来源：本研究整理自 Heide 和 John（1992）（测量项目）与 Fynes 等（2004）（数据）。

Heide 和 John（1992）的量表得到了后人的广泛借鉴，并被证明是测量关系各方彼此沟通的高品质量表。如 Young－Ybarra 和 Wiersema（1999）在应用交易费用理论与社会交换理论研究企业信息技术联盟的战略弹性时，认为信任是联盟弹性的核心变量，而联盟伙伴间的沟通是彼此信任的重要影响因素之一。他们在测量联盟伙伴之间的沟通时引用 Heide 和 John（1992）的如表 4.8 所示的沟通测量量表，通过对美国 241 家企业之间的 132 个信息技术战略联盟的调查数据进行 CFA 发现，该量表的 Cronbach α 系数为 0.89，远高于 0.7 的最低标准，由此表明该沟通测量量表在实践中是可行的。

Fynes 等（2004）在研究环境不确定条件下需求、技术及供应不确定性对供应链关系品质与供应链绩效关系影响时，选取供应链各方间的沟通作为供应链关系品质的重要维度之一，并引用 Heide 和 John（1992）的量表进行测量。他们通过对由爱尔兰电子行业 200 家企业填答的有效问卷进行测量模型的 CFA 发现，所有测量项目的标准因子负载均高于 0.6，T 值均远远高于 1.96，所有测量问项的 Cronbach a 值大于 0.7。而且，该测量模型对样本数据的各项拟合指标值均在可接受的合理范围内，如表 4.8 所示。

Sivadas 和 Dwyer（2000）的研究

Sivadas 和 Dwyer（2000）在研究企业新产品开发组织内、外部影响因素时认为，企业与联盟伙伴间的合作能力（cooperative competency）是新产品开发成功的重要影响因素之一。他们认为企业的合作能力是一个由信任（trust）、沟通（communication）与协调（coordination）等维度构成的高阶（higher－order）变量。其中，沟通指联盟伙伴间的正式与非正式的及时、足够、关键与专有信息的共享过程。Mohr 和 Spekman（1994）认为应从沟通的品质、信息共享程度及各方参与程度三个维度测量沟通。Sivadas 和 Dwyer（2000）采用如表 4.9 所示的 Likert 五级量表对沟通进行测量，并通过验证性因素发现，该量表的各项指标值均达到可接受水平，如表 4.9 所示。

表 4.9 前人关于沟通的测量量表（4）

测量项目（问项）	验证性因子检验结果
1. 联盟伙伴会通告我们变化的项目要求	Chi－Square＝27.15（df＝5，p＝.000）
2. 联盟伙伴会与我们分享其专有信息	GFI＝0.885
3. 联盟伙伴会向我们提供有助于我们的信息	AGFI＝0.827
4. 联盟伙伴会提供我们足够的信息	RMSR＝0.06
5. 联盟伙伴会及时向我们提供信息	Alpha＝0.85

资料来源：本研究整理自 Sivadas 和 Dwyer（2000）。

此后，简俊成和洪清德（2003）在以台湾上市上柜制造业公司为例研究企业外部知识转移问题时提出了一个包括吸收潜力、合作能耐、知识取得、技术差异和产品创新等五个变量的“外部知识移转模型”。其中，合作能耐系由信任、沟通和协调所建构的高阶变量。他们在充分借鉴 Heide 和 John（1992）、Young - Ybarra 和 Wiersema（1999）与 Sivadas 和 Dwyer（2000）等测量方法的基础上开发出如表4.10 所示的沟通测量量表。经 CFA 发现，该测量量表的 Cronbach α 值为0.87，大于0.7 的最低标准，表明测量具有良好的信度。测量项目的因子负载T 值为13.332，达到0.001 的显著水平，表明测量具有较高的聚合效度。此亦再次表明 Heide 和 John（1992）、Young - Ybarra 和 Wiersema（1999）与 Sivadas 和 Dwyer（2000）等关于沟通测量方法的科学性。

表4.10 前人关于沟通的测量量表（5）

测量项目（问项）	估计值	标准误	T 值	α	AVE
1. 合作关系中，彼此分享专用信息	1.000			0.87	0.78
2. 与伙伴公司间经常有非正式的信息交换	0.928	0.070	13.332***		

注：*** 表示 $p<0.01$。

资料来源：简俊成和洪清德（2003）。

（2）信任

纵观现有研究可知，Ganesan（1994）、Kumar 等（1995）与 Doney 和 Cannon（1997）等人关于沟通的量表是被证明具有较高信度与效度的测量量表，被后人广泛引用，并亦达到理想的测量效果。

Ganesan（1994）的研究

Ganesan（1994）在研究买卖（Buyer - Seller）双方长期关系导向影响因素时，认为买卖双方的相互依赖与相互信任是影响双方长期关系导向的重要因素。在该研究中，他们将信任区分为仁慈性（benevolence）信任与可信性（credibility）信任两种类型，分别从如表4.11 所示的量表中节选出第1—7 项用于测量买方对卖方的可靠性信任，第1、2、3、8 项用于测量卖方对买方的可靠性信任，第9—13 项用于测量买方对卖方的仁慈性信任以及第9—11 项用于测量卖方对买方的仁慈性信任。其通过对124 家零售商（买方）及其对应的共52 家供应商（卖方）进行问卷调查发现，这些量表的 Cronbach's alpha 值分别为0.90、0.80、0.88 与0.76，均超过0.7 的标准，表明测量具有较好的信度。另外，该研究通过效度分析发现，这些量表均具有较好的效度。

表 4.11　前人关于信任的测量量表（1）

变　量	测量项目
可靠性信任	1. 对方与我们洽谈业务时很坦率。
	2. 对方的承诺是可靠的。
	3. 对方非常精通他们的产品。
	4. 对方不会提出无理要求。
	5. 对方与我们洽谈业务时并不开诚布公（反）。
	6. 如由于诸如运输耽误等原因出现问题时，对方会如实相告。
	7. 对方回答我们咨询时有困难。
	8. 对方难以理解我们的形势（position）。
仁慈性信任	9. 对方曾为我们做出了许多牺牲。
	10 对方会关心我们。
	11. 当我们出现困难时，对方会给予我们力所能及的帮助。
	12. 对方就像似我们的朋友。
	13. 我们感觉对方会代表我们的利益。

资料来源：本研究整理自 Ganesan（1994）。

后来，Farrelly 和 Quester（2005）在对澳大利亚足球联盟（AFL）与其主办者之间的关系进行经验研究时选用以上 Ganesan（1994）如表 4.11 所示量表中的第 5、8、10 与 13 项问项，结合 Anderson 和 Weitz（1992）有关量表测量项目一起测量信任。需特别指出的是，在该研究中，Farrelly 和 Quester（2005）与 Ganesan（1994）的不同之处在于前者并没有对信任进行细分，而是从总体上进行测量。他们发现这四个来自表 4.11 的测量项目因素负载分别为 0.784、0.783、0.845 与 0.859，整个量表的 Alpha 系数值为 0.9202。另外，Farrelly 和 Quester（2005）还在该研究中对该量表进行效度分析，发现该量表具有较高的效度。这亦表明以上 Ganesan（1994）关于信任测量的量表为有效、可信量表。

Kumar 等（1995）的研究

Kumar 等（1995）研究供应商公平（fairness）对处于相对弱势地位的转售者与处于相对强势地位的供应商之间发展长期关系影响时，以如表 4.12 所示的量表分别测量转售者对供应商的仁慈性（benevolence）信任与诚实性（honesty）信任。他们通过对所回收的问卷进行数据分析发现，该测量量表具有较高的信度与效度。

表 4.12 前人关于信任的测量量表（2）

变 量	测量项目
诚实性信任	1. 即使该供应商给我们的解释站不住脚，我们仍然深信他们说的是实话。
	2. 该供应商经常向我们提供事后证明为错误的信息（反）。
	3. 该供应商通常能信守诺言。
	4. 我们相信供应商为我们的业务运作提供建议属于分享他们的真知灼见。
	5. 该供应商的真诚值得我们信赖。
仁慈性信任	6. 尽管环境变化，我们相信该供应商会准备并愿意给予我们帮助与支持。
	7. 该供应商作重要决策时会考虑我们的利益。
	8. 当我们要求该供应商协助解决困难时，我们相信他们能给予积极反应。
	9. 我们相信该供应商在未来会考虑其决策与行为可能给我们带来的影响。
	10 我们能就重要事情指望依靠该供应商的支持。

资料来源：Kumar 等（1995）。

Walter 等（2003）在探讨卖方行为对买方所感知关系品质的影响时，以信任作为关系品质的重要维度之一。他们分别从以上 Ganesan（1994）与 Kumar 等（1995）关于信任的测量量表中节选出共 6 个问项组成一个新的 Likert 七级量表测量信任。需强调的是，他们并没有对信任进行进一步的细分，而是从总体上对信任进行测量。他们通过对 230 份由买方填答的问卷进行分析，结果表明该量表具有较好的信度与效度。类似的，Homburg 等（2005）在研究 B2B 营销活动中顾客利益影响因素时，亦分别从以上 Ganesan（1994）与 Kumar 等（1995）关于信任的测量量表中节选出共 7 个问项组成一个新的 Likert 七级量表测量信任。同样，Homburg 等（2005）亦没有对信任再进行细分，而是从总体上进行测量。通过对所回收问卷进行分析发现，该量表的 Cronbach α 值为 0.92，组合信度（composite reliability）值为 0.94，平均萃取变异值为 0.69，各项目因素负载值介于 0.82 至 0.85 之间，量表的 GFI 值为 0.99，AGFI 值为 0.99 以及 RMSEA 值为 0.07，表明该新量表具有良好的信度与效度。所有这些后人对 Ganesan（1994）与 Kumar 等（1995）的量表借鉴使用结果再次表明该量表的确具有良高的信度与效度，值得后人借鉴使用。

Doney 和 Cannon（1997）的研究

Doney 和 Cannon（1997）在探究买卖双方信任的本质时，开发出了如表 4.13 所示的 Likert 等级量表测量买方对卖方的信任。通过对所回收的问卷进行数据分析发现，该量表的 Alpha 系数值为 0.94，表明该量表具有良好的信度。同时，他们还发现该量表具有良好的效度。后来，Hewett 等（2002）在研究买方企业文化对买卖关系调控影响时亦完全借鉴了 Doney 和 Cannon（1997）的量表测量买方对卖方的信任，研究结果亦显示各项指标值均达到理想水平，如表4.13所示，表明该量表具有良好的信度与效度。

表4.13　前人关于信任的测量量表（3）

测量项目	Mean	Standard Deviation	EFA Loading
1. 该供应商能信守诺言。	5.476	1.650	0.851
2. 该供应商对我们常常不诚实（反）。	5.691	1.472	0.732
3. 我们相信该供应商提供给我们的信息。	5.642	1.426	0.881
4. 该供应商真诚地希望我们生意成功。	5.519	1.696	0.883
5. 该供应商做重要决策时会兼顾我们的利益。	4.926	1.555	0.851
6. 我们相信该供应商会将我们的利益牢记在心。	4.938	1.646	0.896
7. 该供应商值得信任。	5.691	1.497	0.892
8. 我们发现有必要提防该供应商（反）	5.259	1.815	0.897
Cronbach's alpha = 0.958；average interitem correlation = 0.740			

注：表中标有"（反）"字样的为逆向记分项目。

资料来源：Hewett 等（2002）。

Johnson 等（2004）在研究相关知识储量对合作伙伴关系品质影响时，以信任作为关系品质的重要维度之一。他们同样从上述 Doney 和 Cannon（1997）的量表节选出了6个问项组成一个新的 Likert 七级量表测量互动关系中的信任。通过对所回收的数据进行分析发现，该量表的建构信度（Construct reliability）值为0.95，平均变异萃取（AVE）值为0.75，因素的负载值介于0.85至0.91之间，表明该量表具有较好的效度，这亦再次表明上述 Doney 和 Cannon（1997）关于信任的测量量表是科学的。

（3）满意

鉴于本研究将满意的定义界定为关系主体各方对互动关系过去经历的认知性与情感性总体评价，以及本研究将满意仅仅作为关系品质的一个维度而已，而并非一个独立的重点研究变量。因此，本研究对满意的测量将采用整体论的测量方法。在此，兹对持整体论的前人有关满意的测量方法逐一回顾，以为本研究后文所借鉴。

Walter 等（2003）的研究

Walter 等（2003）在探讨卖方行为对买方所感知关系品质的影响时，以满意作为关系品质的重要维度之一，并采用如表4.14所示的量表测量买方的满意度。通过对230份由买方填答的问卷进行分析，结果表明该量表具有较高的信度与效度。

表 4.14 前人关于满意测量量表（1）

变量	测量项目
顾客满意	1. 与我们的理想比较而言，我们对该供应商的表现非常满意。
	2. 总而言之，我们对该供应商非常满意。
	3. 我们公司对该供应商的表现并非完全满意（反）。
	4. 就我们的期望水平而言，我们对该供应商的表现非常满意。

资料来源：Walter 等（2003）。

Cheng 等（2000）的研究

Cheng 等（2000）在构建成功合作伙伴关系关键成功因素模型时，以合作伙伴满意作为关系是否成功及成功程度的主观测量维度之一。他们认为合作伙伴只有当其期望得到实现时才会感到满意。因此，他们在充分借鉴前人研究基础上，采用由伙伴关系一方主观评价其感知关系另一方期望满意程度的方法来测量合作伙伴另一方的满意程度，由此主张采用如表 4.15 所示的 Likert 五级量表对满意进行测量。尽管此量表没有经过数据检验其信度与效度，但其逻辑推理较为严密，且对满意的概念界定与本研究较为接近，故亦可值得本研究借鉴。

表 4.15 前人关于满意测量量表（2）

变量	测量项目
感知伙伴期望满意度	1. 伙伴称赞我们出色完成任务。
	2. 我们按照伙伴的期望履行了承诺。

资料来源：Cheng 等（2000）。

Anderson 和 Narus（1990）的研究

Anderson 和 Narus（1990）在其经典的经销商与制造商间的合作关系模型中，对经销商的满意度采取单指标测量的方法进行测量，该单指标问项为："我们公司同该制造商一起工作时气氛很不愉快（反）。"并按 Likert 七点刻度取值。

（4）承诺

在众多有关承诺的测量量表中，**Anderson 和 Witz（1992）的研究**量表是被他们及后来研究者反复证明为有效的经典量表之一。

Anderson 和 Witz（1992）在研究承诺构建与维持过程中抵押的影响时，采用如表 4.16 所示的量表测量分销渠道关系各方之间的承诺程度。在该研究中，他们采用如表 4.16 所示的 Likert 七级量表，针对关系各方的信念、期望、意愿及行为的 10 个问项对制造商及其分销商进行配对测量，通过对所回收由 378 对配对制造商与经销商所填写的有效问卷进行分析检验发现，该量表对无论是被用于测量关系各方关于己方对关系承诺程度的测量，还是被用于测量关系一方所感知另一方对关系承诺程度的测量，其 Cronbach α 值均超过 0.7 的标准，表明该量表具有较高的信度，如表 4.16 所示。并且他们经过对这些测量项目进行相关分析，发现该量表亦具有较高的效度。

表 4.16　前人关于承诺的测量量表

测量问项	Cronbach α			
	①	②	③	④
1. 当 Y 方遭人批评时，X 方会为 Y 方辩护。	0.83	0.87	0.90	0.90
2. X 方对 Y 方具强烈的忠诚。				
3. X 方总是努力寻求第三方的产品，以补充或替代 Y 方产品（反）。				
4. X 希望在未来继续经销（使用）Y 方产品。				
5. 如果有第三方提供 X 方更好的产品项目，X 肯定会加以接受，即使是放弃与 Y 方的业务（反）。				
6. X 对 Y 并非具有较强的承诺。				
7. X 愿意为执行与 Y 方的业务进行长期投资。				
8. X 与 Y 的关系属于长期型的联盟关系。				
9. 即使 Y 方给 X 方添了麻烦，X 方仍然能够忍受。				
10. X 方愿意为发展与 Y 方的业务而投入任何人力与物力。				

注：由于 Anderson 和 Witz（1992）。的量表是以同样的问题，采取不同的表达形式分别对制造商与经销商测量他们各自对己方的评价及对他方的评价，涉及了四套问项，为简洁，此处以 X、Y 分别指代关系各方。

①栏为制造商自测值；　　②栏为经销商自测值；

③栏为制造商对经销商的评价值；④栏为经销商对制造商的评价值。

资料来源：Anderson 和 Witz（1992）。

Anderson 和 Witz（1992）开发的以上量表此后得到了广为推崇，并被多次证明具有较高的信度与效度。如 Jap 和 Ganesan（2000）在研究专有投资与承诺在关系治理机制与关系生命周期中的影响与变化时，从以上 Anderson 和 Witz（1992）的量表中节选了第 2、3、5、7、9、10 项共 6 项量表用于测量关系各方的承诺，通过对所回收的问卷进行分析发现，该量表的 Cronbach α 值为 0.73，超过了 0.7 的标准，表明该量表具有较高的信度。

Johnson 等（2004）在研究相关知识储量对合作伙伴关系品质影响时，以承诺作为关系品质的重要维度之一，并从上述 Anderson 和 Witz（1992）的量表中节选第 2、4、6、7、8 项共 5 个问项测量之。通过对所回收数据进行分析发现，该量表的建构信度（Construct reliability）值为 0.94，平均变异萃取（AVE）值为0.77，因素的负载值介于0.78至0.95之间，表明该量表具有较好的效度。

Homburg等（2005）在研究B2B营销活动中顾客利益影响因素时亦从上述Anderson和Witz（1992）的量表中节选出第1、2、4、7、9、10项共6个问项测量关系承诺，通过对所回收问卷进行分析发现，该量表的Cronbach α值为0.88，组合信度（composite reliability）值为0.91，平均萃取变异值为0.63，各项目因素负载值介于0.58至0.79之间，量表的GFI值为1.00，AGFI值为0.99以及RMSEA值为0.04，所有这些结果表明该量表具有较高的信度与效度。

以上数项研究系完全从单一的Anderson和Witz（1992）关于承诺测量量表中节选部分问项，用于单独组成独立量表测量承诺，并证明具有较高信度与效度。除此以外，亦有大量研究者从Anderson和Witz（1992）的量表中抽出若干问项同其他研究者量表问项进行组合用来测量关系各方的承诺，亦证明具有较高的信度与效度。如Joshi和Stump（1999）从交易费用及关键交换理论角度研究承诺影响因素时，选取上述Anderson和Witz（1992）量表的第6与第9两问项，再添加一项来自Morgan和Hunt（1994）的测量问项组成一个新的独立量表测量承诺，亦经数据检验其Cronbach α值为0.84，表明具有较高的信度。类似的，Walter等（2003）与Farrelly和Quester（2005）在他们的研究中，从Anderson和Witz（1992）的量表中抽取出若干项目分别同Ganesan（1994）以及Gundlach等（1995）的量表项目相组合用来形成新的量表测量承诺，都证明组合后的新量表仍然具有很好的信度与效度。

（5）协调

在众多有关协调的量表中，Mohr和Spekman（1994）与Sivadas和Dwyer（2000）的研究量表是被他们本人及后来研究者反复证明为有效的经典量表。

Mohr和Spekman（1994）的研究

Mohr和Spekman（1994）在研究伙伴关系的开创性研究中发现，合作伙伴成员间的协调是成功伙伴关系的重要特征之一，他们采用如表4.17所示的Likert五级量表测量伙伴间的协调。他们通过对来自个人计算机行业企业的124份有效问卷进行测量模型信、效度分析表明，其Alpha系数达0.68，尽管略低于0.7的标准，但在该开创性且属于探索性研究中仍然可被接受，即该量表仍然为有效量表。两年后，Mohr等（1996）在研究关系治理机制与协调性沟通对关系结果影响以及在不同关系治理机制下，协调性沟通对关系结果影响时，将协调作为关系结果的重要维度之一，仍然采用如表4.17所示的测量关系各方之间的协调。他们通过对由计算机经销商填答的125份有效问卷进行分析发现，该量表Alpha系数达0.75，高于0.7的标准，表明该量表为有效量表。

表 4.17 前人关于协调的测量量表（1）

测量项目	Coeficient Alpha	
	①	②
1. 我们在当地的计划与该制造商的全国计划良好协调。	0.68	0.75
2. 我常常为该制造商的产品感到茫然不知所措（反）。		
3. 我们的活动与制造商协调得很好。		

注：①与②分别表示 Mohr 和 Spekman（1994）与 Mohr 等（1996）的结果。

资料来源：本研究整理自 Mohr 和 Spekman（1994）与 Mohr 等（1996）。

上述 Mohr 和 Spekman（1994）的量表得到了后续研究者的广为推崇。如 Cheng 等（2000）在构建成功合作伙伴关系的关键成功因素时，亦将关系各方间的协调视为其中关键成功因素之一。在关于协调的测量方法上，尽管未能进行经验检验，但他们亦充分借鉴 Mohr 和 Spekman（1994）的量表，提出如表 4.18 所示的协调测量方法。

表 4.18 前人关于协调的测量量表（2）

变量	测量项目
协调	1. 我们的伙伴已与我们签订了良好的契约，以避免可能的误会。
	2. 当情况不清楚时，我会与合作伙伴联系。
	3. 我们与合作伙伴协调得很好。
	4. 在该合作协议下，我们常感到茫然不知所措（反）。

资料来源：Cheng 等（2000）。

Sivadas 和 Dwyer（2000）的研究

Sivadas 和 Dwyer（2000）在研究企业新产品开发的组织内、外部影响因素时认为，企业与联盟伙伴间的合作能力（cooperative competency）是新产品开发成功的重要影响因素之一。他们认为企业的合作能力是一个由信任（trust）、沟通（communication）与协调（coordination）等维度构成的高阶（higher - order）变量。其中，协调反映了关系各方按照对方及整个系统要求行动的程度。他们采用如表 4.19 所示的 Likert 五级量表对协调进行测量，并通过验证性因素发现，该量表的各项指标值均达到可接受水平，如表 4.19 所示。

表 4.19 前人关于协调的测量量表（3）

测量项目（问项）	验证性因素检验结果
1. 新产品开发过程中的各项活动彼此协调得很好。	Chi - Square = 18.13 （df = 5，p = .0003） GFI = 0.924 AGFI = 0.886 RMSR = 0.05 Alpha = 0.85
2. 来自不同组织的人们能正确且富有效率地共事。	
3. 创新过程中的各项事务均有良好的日程安排。	
4. 来自不同组织参与合作的人员工作任务均有良好的安排。	
5. 通常，合作各方均制定有良好的合作共事规划。	

资料来源：本研究整理自 Sivadas 和 Dwyer（2000）。

此后，简俊成和洪清德（2003）在以台湾上市上柜制造业公司为例研究企业外部知识转移问题时提出了一个包括吸收潜力、合作能耐、知识取得、技术差异和产品创新等五个变量的“外部知识移转模型”。其中，合作能耐系由信任、沟通和协调所建构的高阶变量。对于其中的协调，他们认为指伙伴间对于合作任务与活动，有着事先的规划以及有效共事，主要反映伙伴间有计划地共同完成联盟目标的程度。因此，他们在借鉴上述 Sivadas 和 Dwyer（2000）的量表基础上开发出如表 4.20 所示的 Likert 七级量表测量伙伴间的协调。经对所回收的 142 份有效问卷进行 CFA 发现，该协调测量量表的 Cronbach α 值为 0.91，大于 0.7 的最低标准，表明测量具有良好的信度。此亦再次表明上述 Sivadas 和 Dwyer（2000）关于协调测量方法为科学有效的。

表 4.20 前人关于协调的测量量表（4）

测量项目（问项）	估计值	标准误	T 值	α	AVE
1. 合作双方的人员，都能有效率地一起完成工作。	1.000			0.91	0.77
2. 合作事项有良好的时间排程。	0.972	0.064	15.259		
3. 合作分工有事先的共同规划。	0.893	0.069	15.259		

资料来源：简俊成和洪清德（2003）。

（二）关于问卷填答主体问题

Anderson 和 Witz（1992）开发了如表 4.21 所示的 Likert 七级量表，针对关系各方的信念、期望、意愿及行为的 10 个问项对制造商及其分销商进行配对测量，通过对回收的问卷数据进行分析发现该量表具有良好的信度与效度。

Anderson 和 Witz（1992）在该量表中就同样一个测量项目根据问卷填答人的不同进行分别设计，使得同样一个测量项目被设计成既可用于测量问卷填答方自身信息，亦可用于测量问卷填答方所感知的互动关系对方信息。如表 4.21 中测量项目“X 方对 Y 方具强烈的忠诚”当用于制造商对自身关系承诺测量时被设计成“我们（制造商）对经销商具强烈的忠诚”，而当用于经销商评价制造商的关系承诺强度时被设计成“制造商对我们（经销商）具强烈的忠诚”，其余测量问题均经过类似设计分别用来测量制造商对自身的评价与经销商对制造商的评价，如表 4.21 所示。

表 4.21　制造商关系承诺的测量

制造商自测项目	经销商感知值测量项目
1. 当该经销商遭遇批评时，我们会为其辩护。	1. 当我们遭遇批评时，该制造商会为我们辩护。
2. 我们对该经销商具强烈的忠诚。	2. 该制造商对我们具强烈的忠诚。
3. 我们总是不断努力寻求与其他的经销商进行合作，以取代或补充现有的供应商（反）。	3. 该制造商总是不断地寻求与其他经销商合作，以取代我们（反）。
4. 我们希望在未来继续与该经销商合作。	4. 该制造商希望我们未来继续经销它们的产品。
5. 如果有其他经销商愿意给予我们更好的条件，我们肯定会接受，即使是放弃与现有供应商的业务关系（反）。	5. 如果有其他经销商愿意给他比该制造商更优惠的条件，它们肯定会接受，即使是放弃与我们的业务关系（反）。
6. 我们对该经销商并非具有较强的承诺（反）。	6. 该制造商对我们并非具有较强的承诺（反）。
7. 我们非常愿意对该经销商作长期投资。	7. 该制造商非常愿意对我们作长期投资。
8. 我们与经销商的关系属于长期性的联盟关系。	8. 该制造商视与我们的关系为长期联盟关系。
9. 即使经销商过失给我们添麻烦，我们仍然能够忍受。	9. 即使我们过失给该制造商添麻烦，他们仍然能否忍受。
10. 我们愿意为发展与经销商之间的业务关系而投入任何必要的人力与物力。	10. 该制造商愿意为发展与我们的业务关系而投入任何必要的人力与物力。
Cronbach α = 0.87；Mean = 5.30；S. D = 0.86	Cronbach α = 0.90；Mean = 5.29；S. D = 1.04

资料来源：Anderson 和 Witz（1992）。

Anderson 和 Witz（1992）研究发现，该针对同一对象，而由不同填答方填答的量表数据均具有较好的信度与效度，并且两者的均值与方差均非常接近，如表 4.21 所示。尽管仅仅根据两组数据的均值与方差信息还不足于判断该两组数据是否无显著差别，但 Anderson 和 Witz（1992）在该研究中通过经验检验发现，制造商自测的关系承诺与经销商所感知的制造商承诺呈显著正相关关系，即制造商的关系承诺越强，则经销商所感知的制造商关系承诺亦越高。因此，我们认为当欲测量制造商的关系承诺时，可以采取由制造商填答问卷，由其进行自测的方法进行测量。但如果受条件限制，亦可采取由经销商填答问卷，由经销商对关于制造商的关系承诺做出评价的方法进行测量，尽管两种方法测量的数据不一定等值，但他们在统计上呈现正相关关系，即后一种方法可在一定程度上作为对前一种方法的近似替代。

Anderson 和 Witz（1992）的以上成功做法后来得到了 Jap 和 Ganesan（2000）与 Homburg 等（2005）等的精彩应用。Homburg 等（2005）在其研究中，其问卷调查对象是买方的主管，而其需要测量的变量之一则是卖方的关系承诺。由于买方的主管通过与卖方的互动，对卖方的实际做法非常清楚，对这些做法背后的真正动机亦能有个大致的了解。因此，他们巧妙地借用了 Anderson 和 Witz（1992）的成功做法，并从如表 4.21 所示的量表中节选出若干项目测量形成新的独立量表（如表 4.22 所示）来测量卖方的关系承诺。通过对所回收问卷进行分析发现，该量表的 Cronbach α 值为 0.88，组合信度（composite reliability）值为 0.91，平均萃取变异值为 0.63，各项目因素负载值介于 0.58 至 0.79 之间，量表的 GFI 值为 1.00，AGFI 值为 0.99 以及 RMSEA 值为 0.04，表明他们通过调查买方主管以测量卖方关系承诺的做法是科学有效的。类似的，Jap 和 Ganesan（2000）亦在他们的研究类似 Homburg 等（2005）地借用了 Anderson 和 Witz（1992）的巧妙做法，均显示此类测量量表具有良好的信度与效度。

表 4.22　由购买方填答的卖方关系承诺测量量表

<table>
<tr><th>测量项目</th><th>因子负载</th><th>相关指数</th></tr>
<tr><td>1. 当我们遭遇批评时，该卖方会为我们辩护。</td><td>0.66</td><td rowspan="6">Cronbach α = 0.88
ρc = 0.91
AVE = 0.63
GFI = 1.00
AGFI = 0.99
RMSEA = 0.04</td></tr>
<tr><td>2. 该卖方对我们具较强的承诺。</td><td>0.79</td></tr>
<tr><td>3. 该卖方愿意为增加对我们的销售量而投入任何必要的人力与物力。</td><td>0.71</td></tr>
<tr><td>4. 该卖方有时愿意为帮助我们而做出一些牺牲。</td><td>0.71</td></tr>
<tr><td>5. 当我们由于过失而给该卖方添麻烦时，他们仍然能够忍受。</td><td>0.69</td></tr>
<tr><td>6. 该卖方希望能与我们保持长期的业务关系。</td><td>0.58</td></tr>
</table>

资料来源：Homburg 等（2005）。

所有以上关于 Anderson 和 Witz（1992）、Jap 和 Ganesan（2000）与 Homburg 等（2005）测量方法的分析说明了一个事实：在经验研究中，当要测量甲、乙两者互动关系中甲（乙）方某项信息，而且该信息与乙（甲）方密切相关时，可以采取由甲（乙）方自行填答问卷进行测量；但如果条件限制，亦可采取通过对测量项目进行相应的特别设计，由乙（甲）方填答问卷，测量乙（甲）方关于甲（乙）方该项信息的感知值，以代替甲（乙）方自测的方法。

（三）本研究各网络关系品质测量

在本研究中，研究的对象为新创企业，而测量的变量是新创企业与各种网络关系主体之间的关系品质。由前文假设提出部分的分析过程可知，对新创企业内部能力提升与成长绩效而言，外部关系主体对新创企业的信任、满意与承诺的意义要大于新创企业自身对外部关系主体的信任、满意与承诺。另外，在前文假设提出的分析过程中，本研究主要从新创企业与网络关系主体的沟通，彼此协调，以及外部关系主体对新创企业的信任、满意与承诺的角度进行分析。因此，本研究在测量新创企业网络关系品质时更为准确的测量方法是由网络关系主体填答问卷，进行配对测量。如要测量新创企业顾客关系品质时，应采取由顾客填答有关其对新创企业的信任与满意程度等问项的方法进行测量。可以推测，这种测量方法工程非常巨大，远远超出了一篇博士学位论文研究的人力与物力等方面条件的限制。事实上，新创企业在与网络关系主体的互动过程中，其能够在一定程度上感知得到关系对方对其的信任。满意与承诺等指标的程度，而且正如 Anderson 和 Witz（1992）所发现的，这种“感知值”与“真实值”存在显著的正相关关系。因此，本研究借鉴 Anderson 和 Witz（1992）、Jap 和 Ganesan（2000）与 Homburg 等（2005）的做法，在测量新创企业各种网络关系品质时，采取由新创企业自行判断填答相应测量项目的方法进行测量。

（1）合作伙伴关系品质测量

本研究合作伙伴关系品质指新创企业与对其经营活动有重要影响的主要合作伙伴互动关系品质。基于前文关于关系品质概念及维度分析的文献回顾，以及本章关于前人对关系品质各维度测量方法的文献回顾，结合前期对新创企业的实地调研与专家访谈的结果，本研究选用新创企业与其主要合作伙伴间的沟通、信任与协调作为他们之间关系品质的测量维度，并采用如表 4.23 所示的 Likert 五级量表施测。在具体测量时，采用由问卷填答人就其企业与对其经营活动有重要影响的主要合作伙伴（可以是供应商、战略合作伙伴、经销商、外包厂商等）间的沟通、信任与协调等方面的总体情况回答如表 4.23 所示各问项。

表 4.23 本研究合作伙伴关系品质的测量

维度	预调研编号/正式调研编号/测量项目/文献出处
沟通	PQ24/Q5.1.1/我公司与合作伙伴间经常进行非正式的信息交流/f
	PQ25/Q5.1.2/合作伙伴会告诉我公司变化的项目要求/e
	PQ26/Q5.1.3/合作伙伴会及时向我公司提供有关信息/e
	PQ27/Q5.1.4/我公司与合作伙伴间能彼此分享对方专有信息/e，f
信任	PQ28/Q5.2.1/合作伙伴相信我公司在决策时会兼顾他们的利益/ c，d，g
	PQ29/Q5.2.2//合作伙伴相信我公司会在他们需要时给予帮助/b，c，g
	PQ30/Q5.2.3/合作伙伴相信我公司能信守诺言/b，c，d，g
	PQ31/Q5.2.4/合作伙伴常怀疑我公司所提供信息的真实性（反）/d，g

续表

维度	预调研编号/正式调研编号/测量项目/文献出处
协调	PQ32/Q5.3.1/我公司与合作伙伴均制定有良好的合作共事规则/e
	PQ33/Q5.3.2/我公司与合作伙伴的各项事务均有良好的日程安排/e
	PQ34/Q5.3.3/我公司与合作伙伴各项活动均协调得很好/a，e
	PQ35/Q5.3.4/来自我公司与合作伙伴的人员能正确且富有效率地共事/e

测量项目来源：

a：Mohr 和 Spekman（1994）；b：Ganesan（1994）；c：Kumar 等（1995）；

d：Doney 和 Cannon（1997）；e：Sivadas 和 Dwyer（2000）；

f：简俊成和洪清德（2003）；g：本研究实地访谈。

注：表中标有“（反）”字样的测量问项“PQ31/Q5.2.4”为逆向记分项目。

资料来源：本研究整理。

（2）顾客关系品质测量

本研究顾客关系品质指新创企业与其主要顾客间的互动关系品质。基于前文关于关系品质概念及维度分析的文献回顾，以及本章关于前人对关系品质各维度测量方法的文献回顾，结合前期对新创企业的实地调研与专家访谈的结果，本研究选用新创企业与其主要顾客间沟通、信任与满意作为他们之间关系品质的测量维度，并采用如表 4.24 所示的 Likert 五级量表施测。在具体测量时，采用由问卷填答人就其企业与主要顾客间的沟通、信任与满意等方面的总体情况回答如表 4.24 所示各问项。

表 4.24　本研究顾客关系品质的测量

维度	预调研编号/正式调研编号/测量项目/文献出处
沟通	PQ36/Q6.1.1/我公司常邀请顾客参加营销与计划工作/a，h
	PQ37/Q6.1.2/我公司让顾客充分了解我们的产品或服务/a，h
	PQ38/Q6.1.3/顾客会将他们的需求信息告诉我公司/a，h
	PQ39/Q6.1.4/我公司在经营过程中常征求顾客意见/a，h
信任	PQ40/Q6.2.1/顾客相信我公司不会损害他们的利益/d，e，h
	PQ41/Q6.2.2/顾客认为我公司值得信任/ e，h
	PQ42/Q6.2.3/顾客认为我公司精通自己的业务/c，h
	PQ43/Q6.2.4/顾客相信我公司能信守诺言/c，d，e，h

续表

维度	预调研编号/正式调研编号/测量项目/文献出处
满意	PQ44/Q6.3.1/顾客常称赞我公司的出色工作/f
	PQ45/Q6.3.2/总体来说，顾客对我公司比较满意/g，h
	PQ46/Q6.3.3/我公司常收到顾客的抱怨（反）/h
	PQ47/Q6.3.4/我公司产品或服务达到了顾客的期望要求/f，h

测量项目来源：
a：Anderson 和 Narus（1990） b：Anderson 和 Weitz（1992）
c：Ganesan（1994） d：Kumar 等（1995） e：Doney 和 Cannon（1997）
f：Cheng 等（2000） g：Walter 等（2003） h：本研究实地访谈

注：表中标有"（反）"字样的测量问项"PQ46/Q6.3.3"为逆向记分项目。
资料来源：本研究整理。

（3）政府部门关系品质测量

本研究政府部门关系品质指新创企业与对其经营活动有重要影响的有关政府部门的互动关系品质。基于前文关于关系品质概念及维度分析的文献回顾，以及本章关于前人对关系品质各维度测量方法的文献回顾，结合前期对新创企业的实地调研与专家访谈的结果，本研究选用沟通、信任与满意作为新创企业与政府部门关系品质的测量维度，并采用如表 4.25 所示的 Likert 五级量表施测。在具体测量时，采用由问卷填答人就其企业与对其经营活动有重要影响的有关政府部门间的沟通、信任与满意等方面的总体情况回答如表 4.25 所示各问项。

表 4.25 本研究政府部门关系品质的测量

维度	预调研编号/正式调研编号/测量项目/文献出处
沟通	PQ48/Q7.1.1/政府部门会及时告诉我公司最新经济政策信息/h
	PQ49/Q7.1.2/我们常邀请政府官员来我们公司指导工作/h
	PQ50/Q7.1.3/政府部门会及时向我公司通报相关信息/b，h
	PQ51/ /政府部门常告诉我公司市场与技术等信息/b，h
	PQ52/Q7.1.4/我公司与政府官员常进行接触与沟通/h
信任	PQ53/Q7.2.1/政府部门常担心我公司会欺骗他们（反）/e，h
	PQ54/ /政府部门认为我公司具有良好发展前途/c，h
	PQ55/Q7.2.2/政府部门相信我公司能合法经营/e，h
	PQ56/Q7.2.3/政府部门相信我公司能信守诺言/c，d，e，h
	PQ57/Q7.2.4/政府部门认为我公司值得信任/e，h

续表

维度	预调研编号/正式调研编号/测量项目/文献出处
满意	PQ58/Q7. 3. 1/我公司严格按照政府部门的要求办事/f，h
	PQ59/Q7. 3. 2/我公司去政府部门办事时气氛很不愉快（反）/a，h
	PQ60/Q7. 3. 3/我公司常受到政府有关部门的表扬/f，h
	PQ61/Q7. 3. 4/总体来说，政府部门对我公司比较满意/g，h

测量项目来源

a：Anderson 和 Narus（1990）b：Heide 和 John（1992）c：Ganesan（1994）

d：Kumar 等（1995） e：Doney 和 Cannon（1997）f：Cheng 等（2000）

g：Walter 等（2003） h：本研究实地访谈

注：标有“（反）”字样的问项“PQ53/Q7. 2. 1；PQ59/Q7. 3. 2”为逆向记分项目。

资料来源：本研究整理。

（4）金融机构关系品质测量

本研究金融机构关系品质指新创企业与对其经营活动有重要影响的金融机构互动关系品质。基于前文关于关系品质概念及维度分析的文献回顾，以及本章关于前人对关系品质各维度测量方法的文献回顾，结合前期对新创企业的实地调研与专家访谈的结果，本研究选用沟通、信任与承诺作为新创企业与金融机构关系品质的测量维度，并采用如表 4. 26 所示的 Likert 五级量表施测。在具体测量时，采用由问卷填答人就其企业与对其经营活动有重要影响的金融机构间的沟通、信任与满意等方面的总体情况回答如表 4. 26 所示各问项。

表 4. 26 本研究金融机构关系品质的测量

维度	预调研编号/正式调研编号/测量项目/文献出处
沟通	PQ62/Q8. 1. 1/我公司与金融机构均愿意互换己方重要信息/b，f
	PQ63/Q8. 1. 2/我公司与金融机构之间会互相提供对对方有用的信息/ b，f
	PQ64/Q8. 1. 3/我公司与金融机构常进行各种非正式信息交流，而非仅限于事先的安排/ b，f
	PQ65/Q8. 1. 4/我公司与金融机构会互相通报可能影响对方的事件或变化等信息/ b，f
信任	PQ66/Q8. 2. 1/金融机构相信我公司能信守诺言/c，d，e，f
	PQ67/Q8. 2. 2/金融机构认为我公司值得信任/ e，f
	PQ68/Q8. 2. 3/金融机构常担心我公司会欺骗他们（反）/ e，f
	PQ69/ /金融机构认为没有必要提防我公司/ e，f
	PQ70/Q8. 2. 4/金融机构相信我公司不会损害其利益/ d，e，f

续表

维度	预调研编号/正式调研编号/测量项目/文献出处
承诺	PQ71/Q8.3.1/当我公司遭遇批评时，金融机构会为我们进行辩护/a，f
	PQ72/Q8.3.2/金融机构能忍受我公司给其增添的麻烦/a，f
	PQ73/Q8.3.3/金融机构愿不遗余力地扩大与我公司的业务/a，f
	PQ74/Q8.3.4/金融机构希望与我公司保持长期的业务关系/a，f

测量项目来源：

a：Anderson 和 Witz（1992）； b：Heide 和 John（1992）； c：Ganesan（1994）；
d：Kumar 等（1995）； e：Doney 和 Cannon（1997）； f：本研究实地访谈。

注：表中标有"（反）"字样的测量问项"PQ68/Q8.2.3"为逆向记分项目。

资料来源：本研究整理。

4.2.3 成长绩效测量

尽管学者们并没有就小企业绩效的测量达成完全一致的意见，但人们通常将目光集中在那些容易获取相关信息的指标上（Cooper，1995）。在众多可供测量企业绩效的指标体系中，成长性指标被认为比财务指标更为准确，且更容易获取，因而倍受广大研究者青睐，被公认为测量小企业绩效最为重要的指标（Brush 和 Vanderwerf，1992；Chandler 和 Hanks，1993；Wiklund，1999）。如 Murphy 等（1996）整理了有关创业研究的重要文献，并对各研究者所选用的创业绩效测量维度进行了频次统计，发现成长绩效是其中最为重要的维度之一。但是，企业成长绩效为多维度概念，一直以来并未存在统一的测量方法（Delmar 等，2003）。

（1）关于测量指标选择的争议

由于企业成长可表现在很多方面，那么该选用那些指标测量成长绩效呢？Wiklund（1999）认为企业成长过程通常伴随着产品或服务需求的增长，此时必然意味着企业销售收入的增长。因此，采用销售增长情况测量企业成长绩效具有较高的内容效度。另外，由于高销售额可能给企业带来高利润（Weiss，1971）、有助于增加管理层及股东所关心的企业存活概率（Mitchell，1994），从而对于进入某一行业的新企业来说，谋求高销售额对于企业获取足够的竞争地位非常重要（Singh 和 Mitchell，2005）。另外，销售增长方面的信息能同时反映企业长期及短期的变化，而且通常较容易获取（Hoy 等，1992）。因此，销售增长是企业成长绩效测量最为常用的指标之一。如 Weinzimmer 等（1998）在对 1981 年至 1992 年期间有关企业成长的重要文献进行回顾时发现，其中 83% 的研究都采用销售额的有关数据或问题测量企业成长绩效。Rosenzweig 等（2003）在研究消费品制造商的整合战略对其竞争能力与企业绩效影响时，选用企业相对其目标市场上主要竞争者而言近三年销售增长情况作为企业绩效的指标之一。Lee 等（2001）在以韩国高技术企业为例研究新创企业网络关系及内部能力对企业成长绩效影响时，亦将销售增长率作为成长绩效的测量指标之一。

由于市场份额增长情况直接反映了企业的市场开发效果，且该指标本身就考虑了产业差别因素，克服了单纯沿用销售增长难以克服产业差别的缺点（Zahra 等，2002）。因此，Tsai 等（1991）与 Zahra 等（2002）等亦认为市场份额增长率亦是现有测量新创企业绩效最好的指标之一。另外，Wiklund（1999）认为，通常企业在成长过程中会程度不一地伴随企业员工与资产数量的增长。因此，他认为企业员工数及资产量的增长情况亦是成长绩效的重要测量指标之一。但有时有关企业资产方面的信息难以收集，而导致资产方面的指标不及销售增长及员工数增长等方面的指标较为常用。如 Tan 和 Mahoney（2005）在纵观前人关于企业成长绩效的经验研究时发现，现有的经验研究多数选用员工数与资产数的增长情况来测量企业成长绩效。他们在研究在美、日资企业国际化成长问题时，有意巧妙回避了难以收集企业资产信息的问题，而选用员工增长情况来测量企业成长绩效。另外，尽管有学者认为企业利润增长、投资回报增长等指标亦为企业成长绩效的重要指标，但根据 Lee 等（2001）的分析，由于很多新创企业尚处于产品发展阶段，尚无利润可言，相当多的销售收入被用于产品研发等追加投资上，因此，对于新创企业来说，采用利润与投资回报等类指标测量成长绩效显然不合适。

由上述分析可知，企业销售增长、员工数增长及市场份额增长三方面被认为是测量企业成长绩效较为理想的指标，这一点亦得到了许多经验研究的支持。如 Zahra 等（2002）在研究新创企业竞争分析（competitive analysis）对企业绩效影响时，选用经营者对企业近期投资回报（return on investments）、产权回报（return on equity）、资产回报（return on assets）、销售增长（sales growth）、边际净利润（net profit margin）、员工数增长及市场份额增长共 7 个指标测量新创企业的绩效。他们通过对来自 228 家新创企业的数据进行测量模型的因子分析，发现其中的市场份额增长、销售增长及员工数增长情况三指标能有效聚合成企业绩效的一个因素，即反映企业成长方面的绩效，如表 4.27 所示。

表 4.27　新创企业主观测量指标的因子分析结果

测量指标	因子	
	利润满意	成长满意
投资回报（ROI）	0.79	-0.12

续表

测量指标	因子	
	利润满意	成长满意
产权回报（ROE）	0.71	0.27
资产回报（ROA）	0.67	0.24
边际净利润（NPM）	0.57	0.17
销售增长	0.36	0.67
员工数增长	-0.22	0.61
市场份额增长	0.26	0.53
特征值	2.18	1.07
方差解释比（%）	43.19	28.07
Cronbacha	0.78	0.71

资料来源：Zahra 等（2002，P. 13）。

类似的，Antoncic 和 Hisrich（2001）在研究企业内创业（intrapreneurship）对绩效影响时，亦将企业成长性视为企业绩效的重要维度之一，并从员工增长、销售增长及市场份额增长三方面测量之。Yusuf（2002）在研究环境不确定性、创业导向及企业绩效关系时，采用问卷填答人对其企业在销售增长、利润增长及员工数增长三方面相对主要竞争者而言表现的满意程度来测量企业成长绩效。Stewart（2003）在其研究小企业战略计划与成长绩效关系的博士论文中，选用企业在销售增长率、顾客增长率、新经营场所增长及员工数增长率四个方面相对其主要竞争者比较值作为测量企业成长绩效的指标。最近，Wiklund 和 Shepherd（2005）在研究企业创业导向与绩效关系时，将企业成长性视为绩效的重要维度之一，并从企业最近一年相对其主要竞争对手在员工数及销售额方面的增长情况测量之。

因此，总结上述分析可知，企业销售额增长、员工数增长及市场份额增长三种指标不失为新创企业成长绩效的重要有效测量指标。

（2）关于主、客观测量的争议

在选定了成长绩效测量指标后，是选用客观性指标还是主观性指标亦是一个存在争议的问题。尽管目前多数学者仍然认为应尽可能地采用客观数据测量企业绩效，如 Chandler 和 Hanks（1993）曾对 Covin 等（1990）等采用主观指标绩效反映客观绩效的测量方法的外部效度问题提出过质疑。但 Covin 和 Slevin（1989）与 Mcgee 和 Peterson（2000）均研究发现，由于小企业通常不愿意提供其真实财务数据（Dess 和 Robinson，1984），且研究者也难以通过公开的渠道获取其客观财务资料作比较，以验证其正确性。再加上各企业使用的会计程序与原则或统计计算方法等存在差异，难以对各企业的客观数据进行横向比较（Dess 和 Robinson，1984）。因此，通常在经验研究中很难采取客观数据测量企业绩效。

尽管主观性指标可能会因为问卷填答人的个性与期望水平等因素而显得不够准确与可靠（Chandler 和 Hanks，1993），但据 Chandler 和 Hanks（1993）的研究发现，采用主观性测量指标，通常具有较高的内部一致性与可接受的内部（inter－rater）可靠度。Brush 和 VanderWerf（1992）、Chandler 和 Hanks（1994a）、Dess 和 Robinson（1984）与 Covin 和 Slevin（1994）等人通过经验研究发现，主观绩效与客观绩效在统计上具有显著相关关系，因而这两种方法在测量结果上具有一致性，故用主观绩效代替客观绩效不会影响研究的信度与效度（Dess，等，1997）。如 Dess 等（1997）通过经验检验发现，通过自述性的主观绩效测量方法获得的数据与客观公开数据具有高度的准确一致性。另外，采用主观性指标通常较采用客观性指标更能准确洞察管理者对绩效的满意水平等情况。因此，正如 Dess 和 Robinson（1984）所指出，当客观数据难以获取时，采用主观测量指标亦不失为现实可行的测量的测量方法。如 Youndt 等（1996）、Delaney 和 Huselid（1996）与 Lee 和 Choi（2003）等均认为可通过企业与同行企业相比较的主观感受相对绩效来测量企业绩效。Culhane（2003）在其有关高技术企业创业导向与绩效关系国际比较的研究中，亦采用问卷填答人对企业相对主要竞争者在市场份额增长方面表现满意程度的主观测量方法测量企业绩效。

对于主观性指标而言，测量的时期跨度与比较标准选择是指标设计必须考虑的问题。就时期跨度而言，高技术企业销售绩效常常会由于各种意外因素出现短期波动（Culhane，2003）。Orser 等（2000）通过对 1004 家加拿大中小型企业的研究发现，只有不到 1/4 的企业能够实现连续两年收入增长，多数企业难以保持连续数年的良好发展态势。因此，为尽可能消除这种波动，本研究参照前人的做法，决定采取要求问卷填答人对其近两年的情况作一总体评价。就比较标准而言，由于不同行业企业的平均成长率会影响单个企业的成长性，即使是处于同一行业内部，单个企业成长绩效亦可能受行业短期景气状况等因素的影响（Wiklund，1999）。因此，为克服这些因素的影响，Batjargal（2000）指出，当样本中包含了不同行业、不同起点、规模大小不一的企业时，不宜采用统一的销售额的绝对指标来衡量绩效，为此，研究者们主张通过将企业同其竞争对手或行业平均水平的企业同类指标相比较的方法来确定单个目标企业的成长绩效。如 Wiklund 和 Shepherd（2003，2005）分别在研究小型与中小型企业的创业导向与企业绩效关系时，将成长绩效作为企业绩效的维度之一，并采取将企业成长方面的指标同其主要竞争者相比较值作为成长绩效的主观测量指标值。张炜（2005）在其关于中小高技术企业创业知识资本与成长绩效关系的博士论文研究中，亦采取将研究对象同其主要竞争者在销售增长等方面的比较值作为成长绩效的测量指标。

(3) 本研究成长绩效测量方法

基于以上分析，本研究借鉴上述前人的相关研究，结合本研究处于早期成长阶段的新创企业实际情况，采用由问卷填答人对其企业近两年内，相对其主要竞争者而言，在企业销售额增长、员工数增长及市场份额增长三方面表现的主观性指标测量企业成长绩效，如表4.28所示。

表4.28 企业成长绩效的测量

预调研编号/正式调研编号/测量项目/文献出处
PQ75/Q9.1/与竞争者相比，我公司近两年内员工数增长更快/ a，b，c，d
PQ76/Q9.2/与竞争者相比，我公司近两年内销售增长率更高/ a，b，c，d，e
PQ77/Q9.3/与竞争者相比，我公司近两年内市场份额增长速度更快/b，c，e
测量项目来源： a：Wiklund（1999）； b：Antoncic 和 Hisrich（2001）； c：Zahra 等（2002）；d：Stewart（2003）；e：本研究实地调研

资料来源：本研究整理。

4.2.4 控制变量测量

除企业网络关系与内部能力外，尚有多种因素可影响企业成长绩效。因此，为凸现本研究所选用变量对成长绩效的影响效应，有必要在本研究引入控制变量。那么，应引入哪些变量作为本研究控制变量，以及该如何去测量之呢？本研究参考 Lee 等（2001）在研究韩国高技术新创企业网络关系及内部能力与绩效关系时的做法，选用环境宽容性、企业规模及企业年限为控制变量。

(1) 环境宽容性

任何新创企业的成长总是发生在一定的产业等相关环境中，因而其成长绩效必然要受到其所在外部环境的影响。通常，环境的宽容性（munificence）越强（或环境敌对性（hostility）越弱），表明环境中存在大量的成长机会，从而越有利于企业获得成功（Chandler 和 Hanks，1994a；Schoonhoven 等，1990；Lee 等，2001），因而在企业成长绩效相关研究中，环境宽容性（或敌对性）常被用来作为重要的控制变量之一。如 Wiklund 和 Shepherd（2003）在研究新创企业知识型资源、创业导向与企业绩效关系时，在采用企业同竞争者相比较于销售额增长与员工数增长等方面比较值为企业绩效测量指标的同时，亦将企业所处环境宽容性作为重要的控制变量之一。Lee 等（2001）在研究新创企业网络关系及内部能力与绩效关系时亦选用环境宽容性作为重要控制变量之一。

基于以上分析，本研究亦将环境宽容性作为本研究的控制变量之一。在具体测量指标的设计上，本研究参考 Covin 和 Slevin（1989）、Wiklund 和 Shepherd（2003）及 Lee 等（2001）等的相关测量方面，采用如表 4.29 所示的 Likert 五级量表测量企业所处环境宽容性。

表 4.29　企业成长环境的测量

预调研编号/正式调研编号/测量项目/文献出处	测量项目来源
PQ78/Q10.1/我公司所在行业各企业普遍成长较慢（反）/b	a：Covin 和 Slevin（1989）
PQ79/Q10.2/我公司所在行业内企业间竞争激烈（反）/b	b：Lee 等（2001）
PQ80/Q10.3/我公司所处外部环境中存在大量成长机会/a，c	c：Wiklund 和 Shepherd（2003）

注：表中标有“（反）”字样的测量问项“PQ78/Q10.1 与 PQ79/Q10.2”为逆向记分项目。

资料来源：本研究整理。

（2）企业年限

企业年限是众多经验研究常用控制变量之一。研究表明，企业年限与影响企业成长环境复杂度的产品多样性密切相关（Shan，1990），并且，成立年限不同的企业，其竞争行为亦不同，而且企业内部资源与能力发展水平不同（Bantel，1998）。另外，新创企业通常较成熟企业具有更强的成长动机。显然，所有这些与企业年限有关的因素均会对企业成长绩效产生一定的影响。再有，本研究前文假设提出等分析过程均以新创企业早期成长阶段的特征为前提条件进行分析，而根据 Singh 和 Mitchell（2005）的分析，企业成长与企业同外部组织或个人之间的合作等关系从一个长期的时序上观察是互为因果的关系，新创企业在早期成长阶段良好的网络关系品质会有助于企业实现快速成长（详见第 3.1.3 与 3.1.4 小节、第 3.2.5—3.2.8 小节），但企业年龄越长，企业规模越大，亦会反过来正向影响企业与外部组织或个人构建良好的互动关系品质。因此，为了尽可能地控制这种反馈效应，有必要引入企业年限为控制变量。基于以上考虑，本研究亦将企业年限数作为重要的控制变量之一，并参考 Wiklund（1999）、Lee 等（2001）、Yusuf（2002）及 Culhane（2003）等相关类似研究的做法，以企业成立至今的年限数为单一测量指标（对应附录 1 中问项 Q11）。

（3）企业规模

企业规模是众多经验研究常用控制变量之一，这起因于企业规模与企业生存及成长存在密切相关关系。如 Singh 和 Whittington（1975）根据 1948 年至 1960 年间近两千家英国企业的资料分析企业规模与成长的关系时发现，企业规模大小与其成长性密切相关。再有研究表明，企业规模与企业存活率呈正向关系。如 Dunne 等（1989）在检视美国制造业企业成长与失败问题时发现，企业的失败率与其规模大小成反向关系。类似的，Dunne 和 Hughes（1994）在研究英国企业成长与存活的决定因素时发现，企业规模越大，越容易存活。另外，由于通常企业规模越大，其内部资源及能力就越强，越有助于企业构建良好的网络关系，而本研究的旨在从关系品质视角研究网络关系对企业内部能力的影响关系。因此，类似前文设置企业年限为控制变量的考虑，为尽可能控制这种反馈效应，有必要引入企业规模为控制变量。基于以上分析，本研究亦将企业规模大小作为控制变量之一，并参考 Lee 等（2001）与 Yusuf（2002）等的做法，以包括创业者及其创业团队成员在内的企业全部全职工作人员数量为单一测量指标（对应附录 1 中问项 Q12）。

4.3 预调研分析

为提升正式大规模调研的效果，本研究在正式调研前先进行了小规模预调研。本节任务在于简要介绍预调研样本抽样设计、问卷发放与回收情况，对样本企业特征及各测量问项样本数据进行描述性分析。最后，本研究亦通过对预调研样本数据进行相关分析，以对拟用于正式调研的问卷进行进一步修正。

（1）预调研抽样设计、问卷发放与回收

预调研对象为杭州、苏州、南昌与上海四地的新创企业。笔者从某企业名录专业制作公司友情赠送的 EXCEL 格式企业名录数据库中，根据各条数据记录的“地址”“成立时间”与“公司人数”等信息抽取“杭州”“苏州”“南昌”与“上海”四地企业年限介于 3 至 10 年，且公司人数介于 5 至 200 之间的所有记录，并按所在城市不同单独制作不同 EXCEL 文档，随机排序后保存。

再按上述随即排序后的顺序，根据各企业对应数据中的“公司名称”“经营范围”与“网址”等信息判断所抽取的上述四地企业是否属于高技术行业企业。对经初步判断属于高技术行业的企业，本研究根据其相应数据记录“电话”或“电子邮件”与各企业“总经理”取得联系，进一步核实该企业有关信息，以判断是否符合本研究对象的要求。对经核实符合本研究拟调研条件的企业，笔者向对方说明本研究拟调研目的与要求，并承诺此调研只用于学术研究用途，以及将无条件严格为对方保密。对愿意接受调研的企业根据对方愿意接受的调研方式向对方分别采用上门拜访（仅限于杭州与南昌两地）、邮寄或电子邮件方式发送预调研问卷。

本次预调研共向 90 家新创企业发送了共 90 份预调研问卷，最终回收了共 49 份，问卷回收率为 54.44%，去除其中的 6 份填答不完整问卷，有效问卷数为 43 份，实际回收率为 47.78%。其中业主填答问卷数为 31 份，占全部有效回收样本数的72.09%，其余均为业主外的企业中高层管理人员填答。预调研问卷发送、回收、地区与填答主体等分布信息如表4.30所示。

表4.30 预调研问卷发送、回收、地区分布与填答主体信息一览表

调研方式	杭州	苏州	南昌	上海	总计
上门拜访	19、13、7	0、0、0	8、6、4	0、0、0	27、19、11
邮寄	14、6、4	6、2、2	14、4、3	11、3、2	45、15、11
电子邮件	5、3、3	3、1、1	4、2、2	6、3、3	18、9、9
总计	38、22、14	9、3、3	26、12、9	17、6、5	90、43、31

注：表中用"、"号分隔的3数字分别表样本发送数、有效回收数与业主填答问卷数。

资料来源：本研究整理。

（2）预调研样本企业及各测量问项数据总体特征描述

本次预调研企业规模与企业年限分布情况如表4.31所示。由表4.31可知，企业规模介于40~110人的企业共计33家，占全部有效样本企业总数的76.74%。多数企业年限为4~7年，共30家，占全部有效样本企业总数的69.77%。

表4.31 小规模预调研样本的企业规模与企业年限联合分布

		企业年限						总计
		3~4年	4~5年	5~6年	6~7年	7~8年	8~9年	
企业规模	5~10人	1	0	0	0	0	0	1
	21~30人	1	1	0	0	0	0	2
	31~40人	0	0	1	1	1	0	3
	41~50人	0	2	2	0	0	1	5
	51~60人	0	2	0	2	0	1	5
	61~70人	3	1	1	0	0	0	5
	71~80人	2	0	3	3	0	0	8
	81~90人	0	0	1	2	0	0	3
	91~100人	0	1	0	0	0	0	1
	101~110人	0	2	2	1	0	1	6
	111~120人	0	2	0	0	0	0	2
	121~130人	0	0	0	0	1	0	1
	131~140人	0	0	0	0	1	0	1
总计		7	11	10	9	3	3	43

资料来源：本研究整理。

本次预调研样本企业经济类型分布情况为：股份有限公司与有限责任公司均

为 10 家，占企业总数的 23. 3%；个人独资企业为 8 家，占企业总数的 18. 6%；合伙企业为 15 家，占企业总数的 34. 9%。

本次预调研样本企业行业分布情况如图 4. 2 所示。由图 4. 2 可知，样本企业中 IT 软、硬件企业分别为 8 家与 4 家，IT 行业企业共计 12 家，占样本企业总数的 27. 90%；生物医药行业与先进制造行业企业均为 6 家，均占样本企业总数的 13. 95%；新材料行业企业 4 家，占样本企业总数的 9. 30%；新能源行业与现代农业行业企业均为 5 家，均占样本企业总数的 11. 63%；环保技术行业企业 3 家，占样本企业总数的 6. 98%；其他高技术企业仅 2 家，占样本企业总数的 4. 65%。

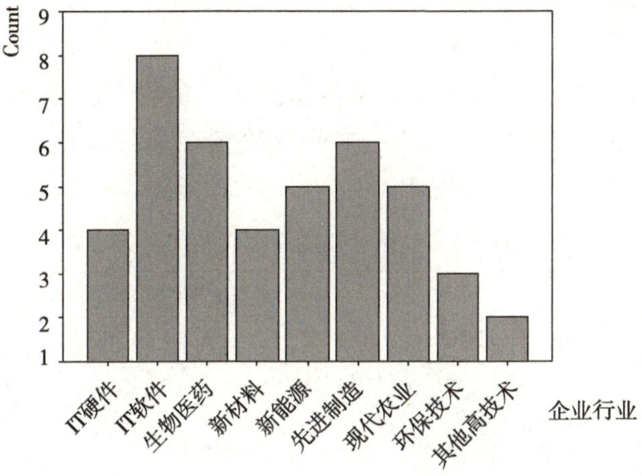

图 4. 2　预调研样本企业行业分布

就此次预调研各测量问项的数据分布而言，运用 SPSS 11. 5 对预调研有效样本全部数据进行描述性统计分析可知，样本企业中，企业年限的均值为 5. 46 年，企业规模平均为 71. 05 人。除此以外，其他测量问项的均值最低为 2. 77，最大值为 3. 67，均值的平均值为 3. 1975，均值的方差为 0. 2221。企业年限的标准差为 1. 45，企业规模的标准差为 29. 88。除此以外，其他各测量问项的标准差最低为 0. 9240，最高为 1. 4690，各测量问项标准差的均值为 1. 2146。各测量问项偏度最小值为 -0. 786，最大值为 0. 553。各测量问项峰度最小值为 -1. 361，最大值为 0. 095。

（3）预调研样本数据分析

预调研的主要目的在于初步检验各变量（或维度）对应各测量指标的有效性及指标间相互关系，以进一步精简问卷，并试图发现问卷调研中的其他相关问题。因此，本研究除求出各变量（或维度）测量问项数据的内部一致性信度 α 值外，亦根据 Churchill Jr.（1979）之建议，采用“项目——全体项目相关法”

删除无（低）效问项。具体方法为将测量某一特定变量（或维度）的所有问项加总得一总分，再与每一问项求得相关系数（ITT 值）。由于本研究在预调研时所收集样本属于小样本。因此，本研究参照 Ong 和 Lai（2004）与 Palvia（1996）的建议，对相关系数（ITT 值）<0.4 的有关问项予以删除。对于经修正后的各变量（或维度），再按照上述方法求出修正后的 α" 值与 ITT" 值，如表 4.32 所示。

由表 4.32 可知，预调研各变量（或维度）测量问项数据的 α 值均大于 0.6 的最低临界值。只有极少数问项（指测量问项 PQ6、PQ14、PQ51、PQ54 与 PQ69）的 ITT 值小于 0.4 的要求值，显示该测量问项应予以删除。删除这些 ITT 值小于 0.4 的测量问项后，再次求各变量（或维度）测量问项数据的 α" 及 ITT" 值发现，各变量（或维度）测量数据的 α" 值均有明显提高，并且被保留问项的 ITT" 值亦明显增大。因此，本研究决定在大规模正式调研时删除如表 4.32 所示测量问项 PQ6、PQ14、PQ51、PQ54 与 PQ69。

表 4.32 小规模预调研测量项目 ITT 分析结果

ITEM	α	ITT	α″	ITT″	ITEM	α	ITT	α″	ITT″	ITEM	α	ITT	α″	ITT″
创业导向之创新性维度					PQ15		0.672		0.721	PQ29		0.840		
PQ1	0.947	0.958			技术能力					PQ30		0.951		
PQ2		0.952			PQ16	0.952	0.885			PQ31		0.856		
PQ3		0.943			PQ17		0.899			合作伙伴关系品质之协调维度				
创业导向之风险承担性维度					PQ18		0.918			PQ32	0.906	0.931		
PQ4	0.755	0.877	0.881	0.893	PQ19		0.951			PQ33		0.894		
PQ5		0.900		0.930	PQ20		0.941			PQ34		0.878		
PQ6		0.338			融资能力					PQ35		0.828		
PQ7		0.832		0.875	PQ21	0.894	0.862			顾客关系品质之沟通维度				
创业导向之预应性维度					PQ22		0.939			PQ36	0.817	0.863		
PQ8	0.873	0.877			PQ23		0.926			PQ37		0.825		
PQ9		0.902			合作伙伴关系品质之沟通维度					PQ38		0.645		
PQ10		0.901			PQ24	0.896	0.858			PQ39		0.872		
营销能力					PQ25		0.858			顾客关系品质之信任维度				
PQ11	0.660	0.708	0.805	0.764	PQ26		0.842			PQ40	0.872	0.840		
PQ12		0.841		0.859	PQ27		0.941			PQ41		0.835		
PQ13		0.729		0.829	合作伙伴关系品质之信任维度					PQ42		0.860		
PQ14		0.390			PQ28	0.895	0.838			PQ43		0.866		

续表

ITEM	α	ITT	α″	ITT″	ITEM	α	ITT	α″	ITT″	ITEM	α	ITT	α″	ITT″
顾客关系品质之满意维度					PQ57		0.924		0.952	PQ70		0.773		0.792
PQ44	0.839	0.746			政府部门关系品质之满意维度					金融机构关系品质之承诺维度				
PQ45		0.903			PQ58	0.861	0.776			PQ71	0.801	0.753		
PQ46		0.802			PQ59		0.873			PQ72		0.760		
PQ47		0.834			PQ60		0.840			PQ73		0.786		
政府部门关系品质之沟通维度					PQ61		0.875			PQ74		0.863		
PQ48	0.648	0.605	0.733	0.680	金融机构关系品质之沟通维度					成长绩效				
PQ49		0.804		0.774	PQ62	0.745	0.705			PQ75	0.953	0.962		
PQ50		0.624		0.660	PQ63		0.764			PQ76		0.968		
PQ51		0.312			PQ64		0.816			PQ77		0.943		
PQ52		0.833		0.866	PQ65		0.733			环境宽容性				
政府部门关系品质之信任维度					金融机构关系品质之信任维度					PQ78	0.880	0.875		
PQ53	0.841	0.833	0.925	0.859	PQ66	0.784	0.810	0.850	0.866	PQ79		0.886		
PQ54		0.372			PQ67		0.798		0.809	PQ80		0.936		
PQ55		0.864		0.902	PQ68		0.863		0.864					
PQ56		0.890		0.901	PQ69		0.388							

资料来源：本研究整理。

4.4 正式调研数据获取及描述

经过预调研分析等步骤确定了本研究最终正式调研问卷后，本研究需通过正式调研获取相关样本数据对前文（第3.3节）所构建模型及假设进行经验检验。本节任务旨在介绍本研究正式调研抽样设计、问卷发放与回收情况，对样本企业的总体特征以及样本企业各测量问项数据进行简要描述，并对后文数据处理方法进行简要介绍。

4.4.1 抽样设计、问卷发放与回收

本研究正式大规模调研样本抽样设计过程与问卷发放方式如下：

（1）确定本研究拟调研的企业所在地区为：杭州、南昌、苏州、南京、北京、上海、天津、广州、深圳、武汉、成都与西安等地共12城市。

（2）从某企业名录专业制作公司友情赠送的EXCEL格式企业名录中，根据各数据记录的“地址”“成立时间”与“公司人数”等信息抽取“杭州”“南

昌”“苏州”“南京”“北京”“上海“天津”“广州”“深圳”“武汉”“成都”与“西安”等地企业年限介于3至10年，公司人数介于5至200之间的所有记录，并按所在城市不同单独制作不同EXCEL文档，随机排序后保存。

（3）对经步骤（2）初步筛选出拟调研地区的所有新创中小型企业依随机排序后的顺序，根据其“公司名称”“经营范围”与“网址”等提供的信息初步判断是否属于高技术行业企业。对经初步判断属于高技术行业的企业，根据其相应数据记录“电话”或“电子邮件”与各企业“总经理”取得联系①，进一步核实该企业有关信息，以判断是否符合本研究对象的要求。对经核实符合本研究拟调研条件的企业，笔者向对方说明本研究拟调研目的与要求，并承诺此调研只用于学术研究用途，以及将无条件严格为对方保密。对愿意接受调研的企业根据对方愿意接受的调研方式向对方分别采用上门拜访（仅限于杭州与南昌两地）、邮寄或电子邮件方式发送正式调研问卷。

（4）所有需邮寄或以电子邮件发送的问卷均于同一天发送。为尽可能进一步打消问卷填答人的顾虑并方便问卷填答者回复问卷，本研究在邮寄问卷时选用统一格式的信封，并内附已贴好回邮邮票与回邮收信人（笔者）地址的信封，要求问卷填答人匿名填答，无须填答企业名称与地址等信息。共发送问卷753份，各地问卷发送数与发送方式分布如表4.33所示。

（5）包括以上门拜访进行调研（共用时37天）的问卷在内，截至问卷发送50天后，本研究共回收各纸版与电子版问卷共308份，去除其中问卷必答项目填答不全，或既非业主，亦非高层管理人员填答的问卷32份，实际有效回收问卷276份（其中47家系上门拜访方式，147份系邮寄方式，82家系电子邮件方式），实际有效回收率为36.65%。所回收有效问卷地区分布与回收方式、填答主体分布等信息如表4.33所示。由表4.33可知，此次调研样本中创业者亲自填答的问卷数为208份，占有效回收问卷总数的75.36%。

表4.33 大规模正式抽样调研问卷发送、回收、地区与填答主体等分布

调研地区	上门拜访	邮寄	电子邮件	总计
杭州	32、26、21	67、19、14	14、7、5	113、52、40
南昌	29、21、17	39、14、9	10、6、5	78、41、31
苏州	0、0、0	52、16、13	7、3、3	59、19、16

① 在与“总经理”联系前，本研究逐条去除杭州、苏州、南昌与上海四地之外的小规模预调研所联系过的企业（含同意调研与不同意调研）。

续表

调研地区	上门拜访	邮寄	电子邮件	总计
南京	0、0、0	50、13、10	14、9、6	64、22、16
北京	0、0、0	87、22、17	12、5、3	99、27、20
上海	0、0、0	57、13、8	18、10、7	75、23、15
天津	0、0、0	38、10、7	8、3、3	46、13、10
广州	0、0、0	51、13、11	21、9、6	72、22、17
深圳	0、0、0	33、9、7	23、11、7	56、20、14
武汉	0、0、0	32、9、5	6、2、2	38、11、7
成都	0、0、0	7、3、2	8、6、6	15、9、8
西安	0、0、0	15、6、4	23、11、10	38、17、14
总计	61、47、38	528、147、107	164、82、63	753、276、208

注：数据格内用“、”号分隔的3数字分别表样本发送数、有效回收数与业主填答数。

资料来源：本研究整理。

4.4.2 样本企业总体特征描述

样本数据中企业年限与规模描述性分析如表4.34所示。

表4.34 正式大规模抽样调研样本的企业年限与企业规模描述性分析

	N（Valid）	Missing	Mean	Median	Minimum	Maximum	Percentiles	
							10	90
企业年限	276	0	5.6058	5.4150	3.05	9.84	3.7980	7.6160
企业规模	276	0	64.37	60.00	7	153	26.40	108.30

资料来源：本研究整理。

由表4.34可知，样本企业年限的平均值为5.6058年，其中最小值为3.05年，最大值为9.84年，有80%企业的年限介于3.7980与7.6160之间。企业规模的平均值为64.37人，最小的企业规模为7人，最大的企业规模为153人，有80%企业的规模介于26人与108人之间。企业年限与企业规模联合分布如表4.35所示。

表 4.35　正式大规模抽样调研样本的企业规模与企业年限联合分布

		企业年限							总计
		3～4 年	4～5 年	5～6 年	6～7 年	7～8 年	8～9 年	9～10 年	
企业规模	5～10 人	0	0	1	1	1	0	0	3
	11～20 人	3	2	6	4	1	0	0	16
	21～30 人	1	2	6	3	1	0	0	13
	31～40 人	3	4	8	7	5	1	0	28
	41～50 人	5	9	9	2	3	6	1	35
	51～60 人	6	13	11	8	4	1	2	45
	61～70 人	3	9	8	5	5	1	0	31
	71～80 人	3	8	10	5	4	2	0	32
	81～90 人	3	5	4	2	3	2	0	19
	91～100 人	1	4	4	3	1	2	0	15
	101～110 人	2	6	5	1	2	0	0	16
	111～120 人	3	2	4	4	0	0	0	13
	121～130 人	0	1	0	1	0	0	0	2
	131～140 人	2	0	2	1	0	0	0	5
	141～150 人	0	1	0	0	0	0	0	1
	151～160 人	0	0	0	2	0	0	0	2
总计		35	66	78	49	30	15	3	276

资料来源：本研究整理。

样本企业行业分布如表4.36所示。由表4.36可知，样本企业中IT软、硬件企业分别为57家与41家，IT行业企业共计98家，占样本企业总数的35.5%。生物医药行业企业34家，占样本企业总数的12.3%；先进制造行业企业33家，占样本企业总数的12.0%；现代农业行业企业28家，占样本企业总数的10.1%；新材料行业与环保技术行业企业均为21家，均占样本企业总数的7.6%；新能源行业企业19家，占样本企业总数的6.9%；空间、海洋与核技术行业企业6家，占样本企业总数的2.2%；其他高技术行业企业共计16家，占样本企业总数的5.8%。

样本企业经济类型分布如图4.3所示。由图4.3可知，样本企业中股份有限公司有54家，占样本企业总数的19.6%；有限责任公司为66家，占样本企业总数的23.9%；个人独资企业有45家，占样本企业总数的16.3%；合伙企业有111家，占样本企业总数的40.2%。

表 4.36　正式大规模抽样调研样本企业行业分布

		频次	百分比	累积百分比
Valid	IT 硬件	41	14.9	14.9
	IT 软件	57	20.7	35.5
	生物医药	34	12.3	47.8
	新材料	21	7.6	55.4
	新能源	19	6.9	62.3
	先进制造	33	12.0	74.3
	现代农业	28	10.1	84.4
	环保技术	21	7.6	92.0
	空间/海洋/核	6	2.2	94.2
	其他高技术	16	5.8	100.0
	Total	276	100.0	

资料来源：本研究整理。

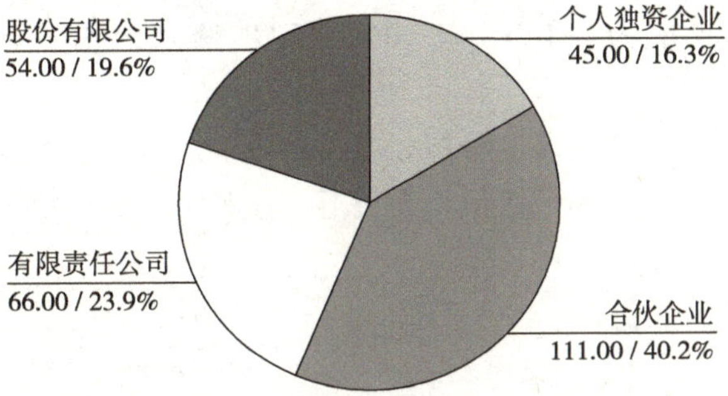

图 4.3　正式抽样调研样本企业经济类型分布

资料来源：本研究整理。

4.4.3　样本数据描述分析

用 LISREL 8.70 中的 prelis 程序对有效样本全部数据进行数据检视（Data Screening）可知，各问项均值、均方差偏度与峰度简要描述如表 4.37 所示。

表 4.37　正式大规模抽样调研各问项均值、均方差偏态与峰度简要描述

		均值	均方差	偏度	偏度 P 值	峰度	峰度 P 值	偏峰 P 值
N	有效值	75	75	77	77	77	77	77
	缺失值	2[a]	2[a]	0	0	0	0	0
均值		3.27053	1.20939	-.24713	.22681	-.75953	.04336	.00204
中值		3.28300	1.19700	-.22800	.07600	-.78000	.00000	.00000

续表

		均值	均方差	偏度	偏度 P 值	峰度	峰度 P 值	偏峰 P 值
最小值		2. 960	1. 054	-. 687	. 000	-1. 182	. 000	. 000
最大值		3. 707	1. 412	. 487	. 973	. 140	. 913	. 041
百分点	10	3. 04660	1. 11860	-. 48880	. 00100	-. 98860	. 00000	. 00000
	90	3. 43540	1. 31880	-. 03280	. 74940	-. 46620	. 04800	. 00600

注：a 表由于企业年限与规模的量纲与其他指标量纲不一致，故去除该两项指标。

资料来源：本研究整理。

由表 4. 37 可知，各测量问项均值之均值为 3. 27053，其中最小值为 2. 960，最大值为 3. 707，且 80% 的问项之均值分布在 3. 04660 与 3. 43540 之间；各测量问项均方差之均值为 1. 20939，其中最小值为 1. 054，最大值为 1. 412，且 80% 的问项均方差分布在 1. 11860 与 1. 31880 之间；各测量问项偏度之均值为 -0. 24713，其中最小值为 -0. 687，最大值为 0. 487，且 80% 的问项偏度均分布在 -0. 48880 与 -0. 03280 之间；各测量问项峰度之均值为 -0. 75953，其中最小值为 -1. 182，最大值为 0. 140，且 80% 的问项峰度值均分布在 -0. 98860 与 -0. 46620之间。

样本数据各问项偏度与峰度分布如图 4. 4 所示。由图 4. 4 可直观地看出，绝大多数问项样本数据峰度与偏度值均为负值，但其绝对值均较小。

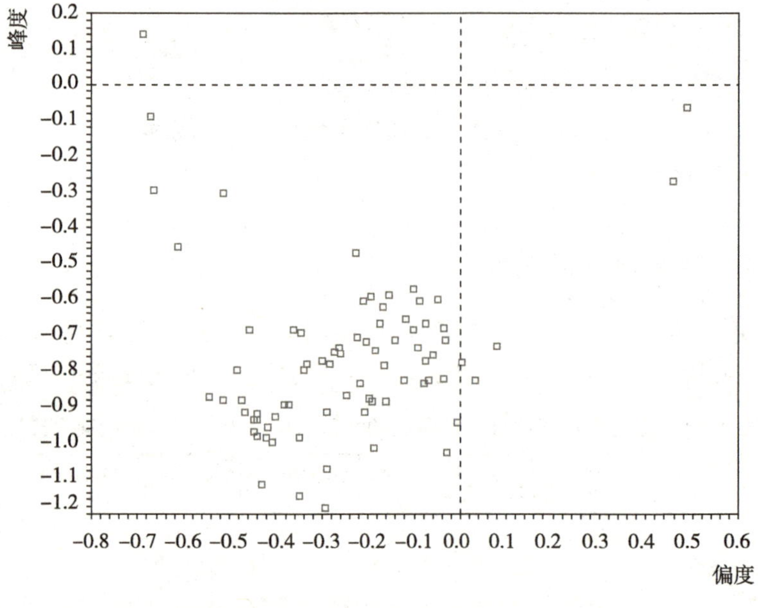

图 4. 4 样本数据各问项偏度与峰度联合分布散点图

资料来源：本研究整理。

在全部77个测量问项中，共有33个问项的偏度P值在0.05的显著水平上达到显著，显示该33个问项数据分布在0.05的显著水平上偏态表现为非正态性；共有7个问项的峰度P值在0.05的显著水平上未达显著，显示其他70个问项数据分布在0.05的显著水平上峰度表现为非正态性；再由“Skewness and Kurtosis”栏的P值分栏可知，全部问项的对应P值均小于0.05，表明所有变量均在0.05的显著水平上表现为非正态性。因此，综合以上分析可知，本研究各测量问项的数据均非严格的标准正态分布。

4.4.4 数据处理方法

本研究所采用的数据处理方法包括探索性因子分析、验证性因子分析（Confirmatory Factor Analysis，简称CFA）与结构方程模型分析。

需特别说明的是，结构方程常用的参数估计方法为极大似然估计法（ML），ML所要求的最理想数据分布为正态分布。由前文图4.4及其相关分析可知，本研究各测量问项的数据均非严格的标准正态分布。但黄芳铭（2005）与侯杰泰等（2004）综合前人研究发现，由于ML估计方法的稳健性（robustness），当峰度值（kurtosis）小于10，且偏度值（skewness）小于3时，样本数据的非严格标准正态分布特性并不会对ML的估计结果产生足够的影响。如黄芳铭（2005，P.227）引证Jöreskog和Sörbom（1996）与Rigdon（1998）的观点认为，当测量数据采用Likert五级或以上等级量表进行测量时，只要数据的分布不是非常严重的非正态分布，采用协方差矩阵（而不是相关矩阵）作为ML估计的输入矩阵进行运算，可有效克服数据非正态性（不太严重）带来的影响。本研究各指标峰度值介于－1.182与0.140之间，且偏度值介于－0.687与0.487之间。显然，本研究正式调研样本数据各测量问项分布的非正态性程度均在ML所能容许的范围之内。而由前文（第4.2节）关于变量测量的分析可知，本研究采用Likert五级量表进行测量。因此，本研究决定采用ML的估计方法，并采用相应指标的协方差矩阵作为ML估计的输入矩阵进行运算。①

① 此为本研究后文采用各指标间协方差矩阵进行参数估计的理由，后文将不再特别说明。

5 数据分析

本章任务旨在对正式调研样本数据进行数据分析，以对前文（第3章）所构建各竞争性理论模型及其假设进行经验检验，从而为后文（第6章）研究结论的推导提供经验数据支持。因此，本章先对正式大规模抽样调研所获取样本数据进行数据质量评估，再逐个分析检验各变量测量模型的信度与效度，最后运用这些样本数据对前文（第3章）理论模型构建中所提各假设及所构建各竞争性理论模型进行结构方程模型分析检验。

5.1 数据质量评估

由前文有关样本数据描述（第4.4.3小节）与数据处理方法（第4.4.4小节）的分析可知，尽管本研究各问项样本数据均非严格标准的正态分布，但无论是偏态，还是峰度，均在结构方程分析方法ML估计法的允许范围之内。因此，从样本数据的正态分布检验角度看，本研究样本数据质量可被接受。除此以外，本研究亦在此检视调研方式、问卷填答主体身份、问卷响应时间与共同方法变异是否给数据质量带来显著影响。

（1）不同调研方式的影响

本研究共采取上门走访、邮寄及发送电子邮件（电邮）三种方式发放问卷。现将样本数据按此三种调研方式两两分组进行独立样本T检验，以检验该三组数据间是否存在显著差异。兹以各两两分组独立样本T检验结果中F检验（Levene检验）的f显著性概率p值为X轴，T检验的t统计量显著性（双尾）概率p值为Y轴，绘制散点图图5.1所示。

由图5.1可知，各对比组绝大多数问项F检验p值与T检验p值均大于0.05，表明绝大多数测量问项的不同调研方式所获数据均在0.05的显著水平上不存在显著差异。由此可近似认为，不同调研方式所获样本数据间不存在显著差异。

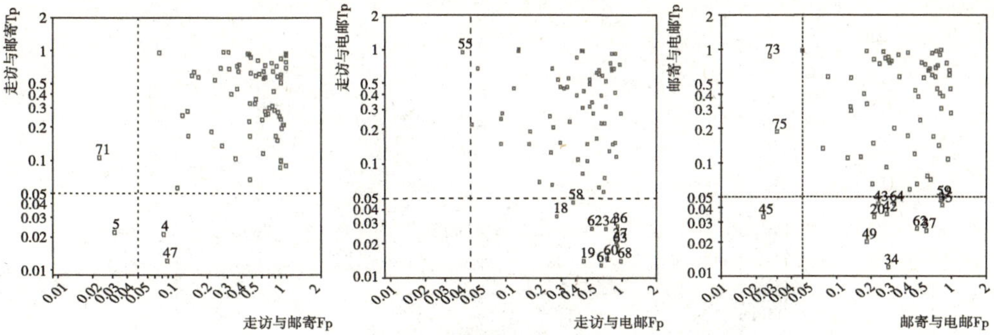

图 5.1　不同调研方式样本数据独立样本 T 检验结果散点图

(2) 非响应偏差问题

本研究实际有效回收问卷远少于所发出问卷数。因此，本研究将先回收问卷与后回收问卷对比分析，以检验研究中是否存在严重的非响应偏差问题。对于以走访方式发送的问卷，由于均事先与填答人联系征得对方同意才进行调研，且绝大多数属于现场回收，故可近似认为不存在非响应偏差的问题。再由前文分析可知，不同调研方式所获样本数据间不存在显著差异。因此，本研究主要对以邮寄与电邮方式所回收问卷进行先回收与后回收的对比分析。

对于邮寄的问卷，考虑到所抽样地区分布因素，本研究以问卷发出后 20 天（以回收问卷寄出的邮戳日期为准）为问卷回收先后的日期界限。对于以电子邮件方式发送的问卷，本研究以问卷发出后一周（7 天）为问卷回收先后的日期界限。这样共得到 172 份先回问卷，57 份后回问卷。将先、后回收的两组问卷数据做独立样本 T 检验。兹以检验结果中 F 检验（Levene 检验）的 f 显著性概率 p 值为 X 轴，T 检验的 t 统计量显著性（双尾）概率 p 值为 Y 轴，绘制散点图如图 5.2 所示。

由图 5.2 可知，绝大多数问项的 F 检验 p 值与 T 检验 p 值均大于 0.05，表明绝大多数测量问项的先、后回收两组问卷数据均在 0.05 的显著水平上不存在显著差异。由此可近似认为，先、后回收两组样本数据间不存在显著差异，即样本数据中不存在非响应偏差问题。

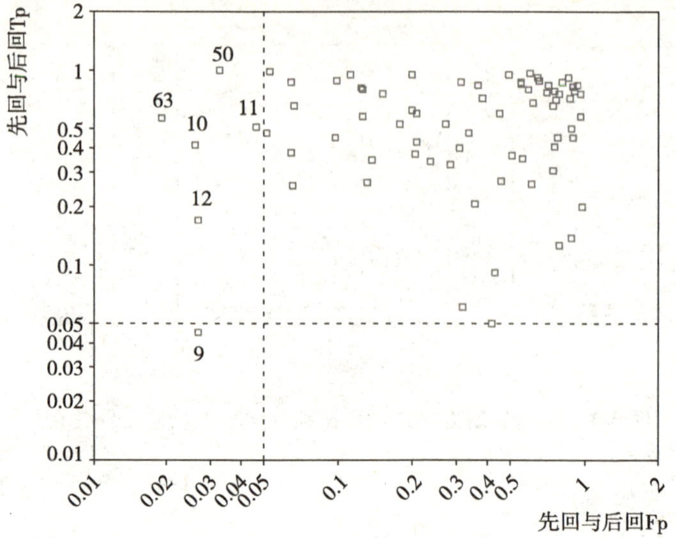

图 5.2　先后回收两组样本数据独立样本 T 检验结果散点图

（3）不同身份问卷填答主体的影响

本文有效问卷全部由企业业主或高层管理人员填答完成。按问卷填答主体身份不同将有效问卷分成由业主填答与由非业主高管人员填答两组，并进行独立样本 T 检验。以检验结果中 F 检验（Levene 检验）f 显著性概率 p 值为 X 轴，T 检验 t 统计量显著性（双尾）概率 p 值为 Y 轴，绘制散点图如图 5.3 所示。

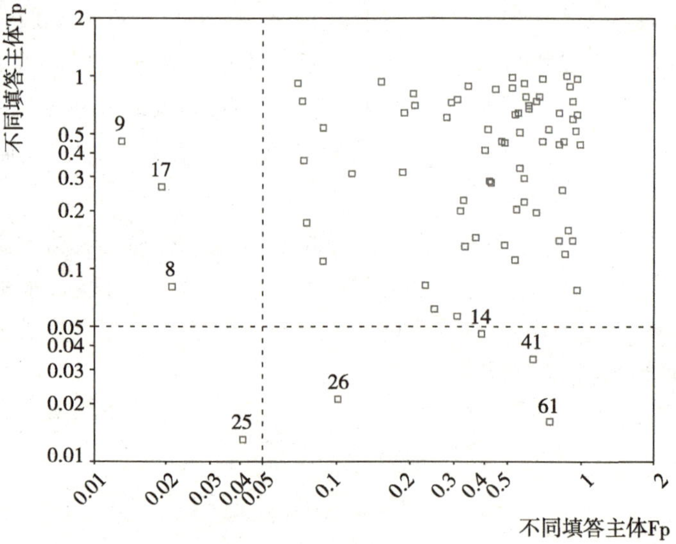

图 5.3　业主填答与高管填答两组样本数据独立样本 T 检验结果散点图

由图5.3可知，绝大多数问项F检验p值与T检验p值均大于0.05，表明这些测量问项的不同填答主体两组问卷数据均在0.05的显著水平上不存在显著差异。由此可近似认为，不同填答主体完成的两组样本数据间不存在显著差异。

（4）共同方法变异

Schriesheim（1979）认为，采用单因子检验方法检验共同方法变异影响时，如研究中存在大量共同方法变异问题，则将研究变量同时纳入进行因子分析时，可能出现一个单独因子，或者一个共同因子能解释所有变量大部分变异（王庆喜，2005，P.117）。将本研究所有网络关系品质、内部能力、成长绩效以及控制变量一起纳入进行因子分析，结果发现存在20个特征值大于1的共同因子，共解释了所有变量74.984%的总变异，其中最大特征值为8.713的因子仅仅解释了总变异的11.316%。由此可见，本研究不存在共同方法变异问题。

综合以上分析可知，本研究样本数据正态性分布特性在结构方程ML估计法的容许范围之内，不会对分析结果产生严重影响。另外，样本数据中不存在显著的调研方法方面的偏差，故可从总体上认为本研究样本数据质量较佳。

5.2 变量测量的信度与效度评估

Anderson和Gerbing（1988）认为，为确保数据分析结论的说服力，应对所采集的样本数据先进行测量模型（measurement model）的验证性因子分析，检验测量方法的信度与效度，才能再进行结构模型（structure model）分析，以检验整体模型变量间的相互关系。本研究在变量测量维度确定、测量指标选取以及问卷问项设计等方面均系参考前人研究成果，并结合本研究的特点而完成，故在很大程度上属于理论驱动的方法（theory - driven approach）。因此，有必要对各变量的测量方法进行信度与效度评估。

本节将先界定清楚本研究拟用于评估的程序、内容与相关标准，再依此程序、内容与标准对本研究所有潜变量测量模型逐个进行信度与效度评估，最后再将所有变量同时纳入一个整合模型进行联合CFA，以分析各变量间的相关性与各变量测量方法的区分效度等问题。

5.2.1 评估程序、内容与标准

兹先将检视各测量模型信度与效度之程序、内容与标准细说如下：

（1）分析各变量测量指标的维度结构

采用探索性因子分析方法分析各变量测量指标的维度数及各变量某一特定维度的一维性程度。对某变量进行因子分析的前提是该变量各测量指标之间具有相

关性。因此，在对各变量测量指标进行因子分析前必须进行 KMO 样本测度与 Bartlett 球形检验（Bartlett's Test）（马庆国，2002，P. 320）。本研究采用以下标准判断各变量测量数据是否适合做因子分析，即 KMO 在 0.9 以上，非常适合；0.8 ~0.9，很适合；0.7 ~0.8，适合；0.6 ~0.7，不太适合；0.5 ~0.6，很勉强；0.5 以下，不适合；当 Bartlett 统计值的显著性概率小于或等于某一特定系数 α（通常取 α =0.01）时，可以做因子分析（马庆国，2002，P. 320）。

（2）分析各变量（或维度）相应各测量指标（问项或观察变量）的内部一致性、聚合效度、信度 R^2 与测量误差的界定问题，以及各潜变量（或维度）的建构信度与平均抽取方差（AVE）

本研究采用通常的 Cronbach's α 系数大于或等于 0.7 作为各观察变量间内部一致性信度可被接受的临界值标准。

本研究采用 Anderson 和 Gerbing（1988）① 的观点，即当观察变量对其潜变量（或维度）因子负载大于 0.7，且 T 值大于相应显著水平下临界值时，则认为该潜变量（或维度）各测量指标在该显著水平下具有良好的聚合效度。

通常用平方复相关系数（Squared Multiple Correlation）R^2 值（通常介于 0.00 至 1.00 之间）作为指标（观察变量）的信度指标，用于测量某观察变量被其所反映之潜在变量解释的程度。同样，在高阶 CFA 中，亦可参照此办法测量低阶因子被其对应上一级高阶因子所能解释的程度，从而作为该低阶因子的信度指标。本研究依据 Bagozzi 和 Yi（1988）的观点，认为测量指标（观察变量）的信度值 R^2 应该大于 0.5。

结构方程模型（structural equation modeling，简称 SEM）常用建构信度（construct reliability）（或称为组合信度（composite reliability））作为潜变量的信度指标，其计算公式为：$\rho_c = (\sum\lambda)^2 / [(\sum\lambda)^2 + \sum(\theta)]$，其中 ρ_c 指代建构信度，λ 为观察变量在潜变量上的标准化负载，θ 为观察变量的测量误差（黄芳铭，2005，P. 160）。有的学者（如 Bagozzi 和 Yi，1988）认为较为严格的标准是潜变量建构信度应大于 0.60，而另有学者（如 Raines – Eudy，2000）则认为 ρ_c 值大于 0.5 即可（黄芳铭，2005，P161）。本研究选用 0.5 作为各潜变量建构信度能否被接受的临界标准。

依据有关测量理论可知，绝大部分的测量皆有测量误差存在，如果指标的测量误差不显著，则可能表明在测量方法中存在误差界定问题（黄芳铭，2005，P332）。

观察变量的方差来自于测量误差与相应潜变量，其中平均抽取方差（Aver-

① 转引自：简俊成和洪清德（2003）。

age Variance Extracted，简称 AVE）可用来反映观察变量的总方差中有多少系来自于其对应潜变量的方差。AVE 的计算公式为 $AVE = (\sum\lambda^2) / [\sum\lambda^2 + \sum(\theta)]$，其中 λ 为观察变量在潜变量上的标准化负载，θ 为观察变量的测量误差（黄芳铭，2005，P161）。本研究赞同 Bagozzi 和 Yi（1988）[①] 的观点，认为测量模型中各级潜变量的平均抽取方差应大于 0.5。

（3）对于高阶变量，继续分析各同属于某特定二阶因子的各一阶因子间的相关性、各一阶因子对二阶因子的聚合效度与一阶因子的信度，以及各二阶因子的建构信度与平均抽取方差，检验标准同程序（2）类似

（4）在程序（2）与（3）所示的一、二阶 CFA 的基础上分析同属于一特定二阶因子的各一阶因子间区分效度

通常，对一个变量进行维度划分，既要求各维度之间显著相关，但又必须具有足够的区分效度。因为，假若各维度之间的相关性不显著，则可能表明各维度并非反映一个共同的变量。但如相关性过强，则又可能表明各维度实质为同一概念，没有进行维度划分的必要。多数学者（如侯杰泰等（2004）与黄芳铭（2005））一致认为，对于维度间是否显著相关，可通过维度间相关系数的 T 值进行判断，通常可简单地取“T 值是否大于 2”为是否显著的判断标准。

对于各维度间是否存在足够的区分效度，通常采用比较各维度间完全标准化相关系数与所涉及各维度自身 AVE 的平方根值大小，当前者小于后者，则表明各维度间存在足够的区分效度，反之，则区分效度不够（Fornell 和 Larcker，1981）[②]。

（5）测量模型对样本数据的整体拟合水平分析

通过常用的绝对与相对拟合指数分析各测量模型对样本数据的整体拟合水平。对于其中的拟合指数，本研究根据侯杰泰等（2004）、黄芳铭（2005）与邱皓政（2006）。等有关研究，将模型可被接受的各类拟合指数的标准说明如表 5.1 所示，以供后文分析参考使用。

表 5.1　本研究拟采用模型拟合指数体系及相应标准值一览表

拟合指数	χ^2/df	GFI	AGFI	RMSEA	SRMR	NFI	IFI	CFI
要求值	<3	>0.9	>0.9	<0.05	<0.08	>0.9	>0.9	>0.9

资料来源：本研究整理自侯杰泰等（2004）、黄芳铭（2005）与邱皓政（2006）。

① 转引自：黄芳铭（2005，p161）。
② 转引自：简俊成和洪清德（2003）。

(6) 各阶因子模型比较

侯杰泰等（2004）认为当测量模型中各一阶因子之间存在高相关时，可考虑对现有一阶因子进一步进行因子提取，以用较少的、更为高阶的因子反映现有各一阶因子间的相互关系。他们认为当用高阶因子去表达低阶因子间关系时，卡方必然较大，自由度也会增加，但只要增加的卡方值没有达到显著水平，并且低阶因子在高阶因子上的负荷也高，就可认为该高阶因子足以反映各一阶因子的关系，可考虑根据理论研究需要选用该高阶因子。

但遗憾的是，侯杰泰等（2004）并没有进一步指出怎样才算高相关或高因子负荷（低阶与高阶的关系）。对此，细观黄芳铭（2005，P. 293）的研究可知，其在研究中事实上采取了参照测量指标与相应因子信效度分析的标准，即要求引入二阶变量后，各一阶因子对二阶因子的负载要显著大于0，二阶因子的建构信度值应大于0.5，或二阶因子的AVE值应达到0.5或以上。但Ford等（1986）则认为只要一阶因子对二阶因子的负载显著大于0，个别一阶因子对二阶因子的负载值可适当放宽到0.4的下限要求水平。

类似的，Marsh和Hocevar（1985）[①] 认为可用T系数（$T = \chi^2_{低阶模型}/\chi^2_{高阶模型}$）方法比较高阶因子的引入是否会造成原有模型卡方值的显著增加，以及高阶因子模型是否比低阶因子模型更为简约（Parsimonious）等问题，以判断测量模型引入高阶因子的合适与否。其标准是当T值愈接近1，则表示高阶因子模型更为有效，即可考虑在测量模型中引入更为高阶的因子。

(7) 全部变量测量模型联合验证性因子分析

在前述程序（1）—（6）的分析基础上，将全部变量测量模型纳入一起进行联合CFA，以分析各变量层次（非维度层次）上各变量间的相关性、变量间的区分效度与联合因子模型对样本数据的整体拟合情况。

由于本研究中企业年限与企业规模两变量属于单指标测量，因而可近似认为不存在测量误差，故可视为具有较高的信度与效度。因此，本研究拟按照以上程序（1）—（7）仅对各潜变量测量模型之信度与效度进行分析。

5.2.2 创业导向

对创业导向全部测量指标进行KMO样本测度与Bartlett球形检验知，其KMO值为0.855，介于0.8～0.9之间，且其Bartlett统计值的显著性概率为0.000，远小于通常0.01的标准，如表5.2所示，表明此测量数据很适合进行因子分析。

---

① 简俊成和洪清德（2003）。

表 5.2　创业导向测量指标 KMO 测度与 Bartlett 球形检验结果

Kaiser – Meyer – Olkin 取样适当性量数		0. 855
Bartlett 球形检验	近似卡方值	1553. 848
	自由度	36
	显著性	0. 000

资料来源：本研究整理。

对创业导向全部测量数据进行探索性因子分析，结果共得到三个特征值大于 1 的因子，且各测量指标对相应因子的负载大小情况显示各因子与测量指标的对应关系同本研究事先设定的完全一致。该三个因子共累积解释了全部方差的 80. 372%。继续对创业导向的创新性、风险承担性及预应性三维度数据进行因子分析，结果发现，该三维度分别仅得到一个特征值大于 1 的公共因子，它们分别解释了该三维度各自 81. 560%、80. 481% 与 77. 960% 的总方差，表明各维度测量数据具有良好的一维性。

按照如图 5. 4（a）所示模型对创业导向测量模型进行一阶 CFA，结果如表 5. 3、表 5. 4、表 5. 5 与表 5. 6 所示。

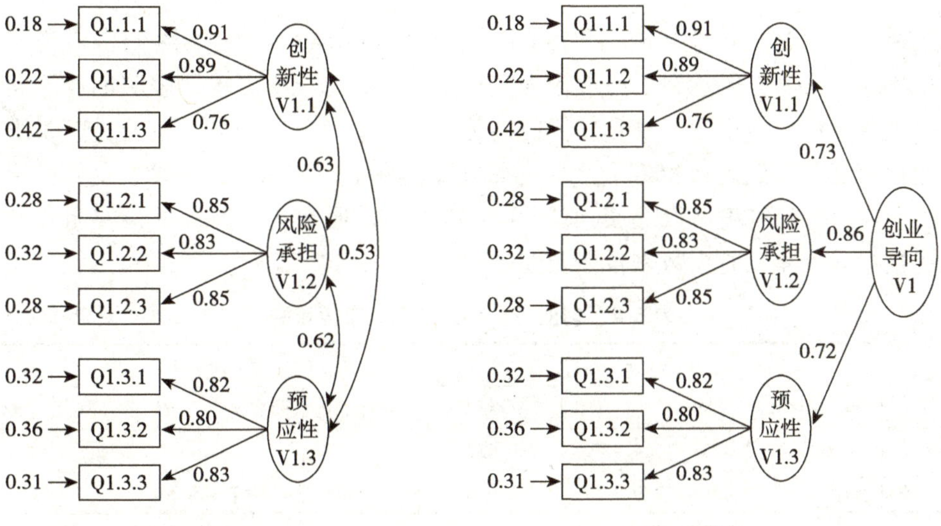

（a）一阶因子模型　　（b）二阶因子模型

图 5. 4　创业导向一、二阶 CFA 模型

资料来源：本研究整理。

由表 5. 3 可知，创业导向各维度测量指标对相应维度的因子负载 T 值最低为 14. 4600，远远超过了 $\alpha = 0.01$ 显著程度所要求的临界值 2. 58，表明各指标对相应维度的因子负载均显著大于 0。而且，各指标因子负载值完全标准化值最低为

0.7621，均超过了通常0.7的标准，表明创业导向各维度的测量指标均具有良好的聚合效度。由R^2栏可知，各维度的各测量指标信度值最低为0.5809，均超过了通常0.5的要求值，表明创业导向各测量指标具有良好的信度。

表5.3　创业导向测量模型一阶CFA因子负载及相关信度值、效度值

维度	指标	因子负载			信度值、效度值				
		非标准化	标准误	T值	完全标准化	R^2	α	ρ_c	AVE
创新性 V1.1	Q1.1.1	1.1899	0.0638	18.6468	0.9066	0.8218	0.8848	0.8891	0.7288
	Q1.1.2	1.1528	0.0641	17.9747	0.8853	0.7838			
	Q1.1.3	0.9455	0.0654	14.4600	0.7621	0.5809			
风险承担性 V1.2	Q1.2.1	1.1764	0.0702	16.7694	0.8501	0.7226	0.8787	0.8798	0.7093
	Q1.2.2	1.1659	0.0726	16.0654	0.8257	0.6817			
	Q1.2.3	1.1610	0.0692	16.7849	0.8506	0.7235			
预应性 V1.3	Q1.3.1	1.1095	0.0708	15.6630	0.8231	0.6775	0.8574	0.8578	0.6679
	Q1.3.2	1.0042	0.0670	14.9809	0.7970	0.6352			
	Q1.3.3	1.1281	0.0710	15.8789	0.8312	0.6909			

资料来源：本研究整理。

由α栏可知，创业导向三维度的α值最低为0.8574，尽管略低于极为严格的0.9的标准值，但达到了通常较为宽松的0.7的标准值要求，表明创业导向各维度测量指标的样本数据具有良好的内部一致性。由ρ_c栏可知，创业导向各维度的建构信度值最低为0.8578，大于通常0.5的标准，表明各维度具有良好的建构信度。最后，各维度AVE最低值为0.6679，超过通常0.5的标准，表明各维度测量指标的方差只有少数来自误差变异。

表5.4　创业导向各维度相关系数矩阵

维度	V1.1				V1.2			
	非标准化	标准误	T值	完全标准化	非标准化	标准误	T值	完全标准化
V1.2	0.6335	0.0437	14.4893	0.6335				
V1.3	0.5281	0.0518	10.1865	0.5281	0.6203	0.0467	13.2917	0.6203

资料来源：本研究整理。

由表5.4可知，创业导向各维度间非标准化相关系数的T值最低为10.1865，远远超过了$\alpha=0.01$显著程度所要求的临界值2.58，而且各维度间完全标准化相关系数值最低为0.5281，表明创业导向各维度间存在显著相关关系，此亦表明测量模型中各维度能被用于测量某一共同变量。再由表5.5可知，创业导向各维度AVE开根号值均大于相应维度与其他维度间的相关系数，表明各维度间尽管存在较强的相关关系，但彼此间仍然存在足够的区分效度。

表 5.5 创业导向各测量维度区分效度

维度	V1.1	V1.2	V1.3
V1.1	0.8537		
V1.2	0.6335	0.8422	
V1.3	0.5281	0.6203	0.8173

注：对角线为各维度 AVE 开根号值，其他为相关系数。

资料来源：本研究整理。

对比如表 5.6 所示的创业导向一阶 CFA 模型对样本数据的各项拟合指数的实际值与模型可被接受的要求值可知，该一阶 CFA 模型对样本数据的各项拟合指数 $\chi^2/df = 1.9343$，GFI = 0.9638，AGFI = 0.9322，RMSEA = 0.05829，SRMR = 0.03753，NFI = 0.9820，IFI = 0.9912，CFI = 0.9911 均超过了相应的要求值标准，显示模型对样本数据拟合情况较理想。

表 5.6 创业导向测量模型一、二阶 CFA 对样本数据拟合指数①

拟合指数	χ^2/df	GFI	AGFI	RMSEA	SRMR	NFI	IFI	CFI
一阶实际值	1.9343	0.9638	0.9322	0.05829	0.03753	0.9820	0.9912	0.9911
二阶实际值	1.9343	0.9638	0.9322	0.05829	0.03753	0.9820	0.9912	0.9911
要求值	<3	>0.9	>0.9	<0.05	<0.08	>0.9	>0.9	>0.9

资料来源：本研究整理。

上述分析表明，创业导向各维度间彼此存在较强的相关性，那么它们之间是否存在一个更为高阶的公共因子，以有效反映它们之间的相关性呢？为此，本研究按照如图 5.4（b）所示模型进行二阶 CFA，结果如表 5.6 与表 5.7 所示。

由表 5.7 可知，在创业导向二阶 CFA 模型中，各一阶因子对二阶因子的负载 T 值最低为 9.8800，远远高于 $\alpha = 0.01$ 显著程度所要求的临界值 2.58，表明各因子负载值显著大于 0，再由完全标准化栏知其最低值为 0.7191，表明各一阶因子对二阶因子具有良好的聚合效度。再由 R^2 栏知，各一阶因子对二阶因子的信度值最低为 0.5171，超过了通常 0.5 的标准，表明各一阶因子具有良好信度。

① 本研究创业导向分为三个维度进行测量，其一阶 CFA 模型与二阶 CFA 模型为对等模型，具有相等的自由度，因而一、二阶因子模型对样本数据的拟合指数全部相等。但如测量模型的一阶因子数大于 3 时，则二阶因子模型的自由度要大于一阶因子模型自由度，一、二阶因子模型对样本数据拟合指数则存在差异。本研究含三个一阶因子的模型只是特例，故尽管一、二阶因子模型拟合指数相等，但基于严格的研究规范，本研究亦在此列出二阶 CFA 模型对样本数据的拟合指数。后文中涉及二阶 CFA 模型的分析亦基于同样的考虑，将不再特别说明。

表 5.7　创业导向测量模型二阶 CFA 因子负载及相关信度值、效度值

二阶因子	一阶因子	一阶因子对二阶因子的负载				一、二阶因子信度值、效度		
		非标准化	标准误	T 值	完全标准化	R^2	ρ_c	AVE
创业导向 V1	创新性 V1.1	0.7344	0.0678	10.8341	0.7344	0.5393	0.8172	0.6001
	风险承担性 V1.2	0.8626	0.0732	11.7762	0.8626	0.7440		
	预应性 V1.3	0.7191	0.0728	9.8800	0.7191	0.5171		

资料来源：本研究整理。

由表 5.7 中 ρ_c 栏知，二阶因子建构信度值为 0.8172，超过通常 0.5 的标准，表明该二阶因子具有良好的建构信度。再有，该二阶因子的 AVE 值为 0.6001，超过了通常 0.5 的标准，表明该二阶因子能有效解释其一阶因子过半数变异。

由表 5.6 可知，该二阶 CFA 模型对样本数据的各项拟合指数 $\chi^2/df = 1.9343$，GFI = 0.9638，AGFI = 0.9322，RMSEA = 0.05829，SRMR = 0.03753，NFI = 0.9820，IFI = 0.9912，CFI = 0.9911 均超过了相应的要求值标准，显示模型对样本数据拟合情况较理想。

由表 5.6 的 χ^2 栏可知，Marsh 和 Hocevar（1985）所建议的 T 系数（$T = \chi^2_{低阶模型}/\chi^2_{高阶模型}$）= 1，表明引入二阶因子后，并未造成 χ^2 的显著增加，即该二阶因子在统计上可被接受。

基于以上分析可知，创业导向的测量模型具有良好的信度与效度，且对样本数据拟合较佳。故本研究拟在后文将该创业导向测量模型直接纳入各相关竞争性理论模型的假设检验等相关分析中。

5.2.3　营销能力

对营销能力全部测量指标进行 KMO 样本测度与 Bartlett 球形检验可知，其 KMO 值为 0.821，介于 0.8～0.9 之间，且其 Bartlett 统计值的显著性概率为 0.000，远小于通常 0.01 的标准，如表 5.8 所示，表明此测量数据很适合进行因子分析。

表 5.8　营销能力测量指标 KMO 测度与 Bartlett 球形检验

Kaiser - Meyer - Olkin 取样适当性量数		0.821
Bartlett 球形检验	近似卡方值	506.834
	自由度	6
	显著性	0.000

资料来源：本研究整理。

对营销能力全部测量指标进行探索性因子分析发现，结果仅得到一个特征根值大于1的因子，且该因子解释了全部指标71.070%的总体方差，表明营销能力测量数据具有良好的一维性。

按图5.5对营销能力测量模型进行CFA，结果如表5.9与表5.10所示。

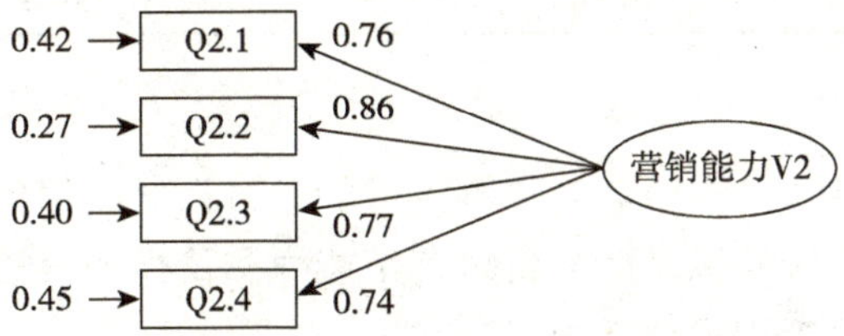

图5.5 营销能力CFA模型

资料来源：本研究整理。

表5.9 营销能力测量模型一阶CFA因子负载及相关信度值、效度值

指标	因子负载				信度值、效度值			
	非标准化	标准误	T值.	完全标准化	R^2	α	ρ_c	AVE
Q2.1	0.9138	0.0646	14.1550	0.7643	0.5841	0.8639	0.8649	0.6162
Q2.2	0.9868	0.0594	16.6154	0.8565	0.7336			
Q2.3	0.8776	0.0612	14.3358	0.7714	0.5950			
Q2.4	0.8688	0.0638	13.6198	0.7431	0.5522			

资料来源：本研究整理。

由表5.9可知，营销能力各测量指标因子负载T值均大于2.58，表明各指标因子负载值均显著大于0。再由其完全标准化值可知，各测量指标因子负载值最低为0.7431，超过了通常0.7的标准，表明各测量指标具有良好的聚合效度。α值为0.8639，尽管小于0.9的严格标准，但高于较为宽松的要求值0.7，表明各测量指标具有良好的内部一致性。由R^2栏可知，各指标的信度值最低为0.5522，均超过了通常0.5的标准，显示各测量指标具有良好的信度。营销能力的ρ_c值为0.8649，超过了通常较为严格的标准值0.60，表明其具有良好的建构信度。该测量模型的AVE值为0.6162，达到了通常大于0.5的要求水平。

对比如表5.10所示的营销能力CFA模型对样本数据的各项拟合指数的实际值与模型可被接受的要求值可知，该CFA模型对样本数据的各项拟合指数$\chi^2/df=1.7023$，GFI=0.9938，AGFI=0.9692，RMSEA=0.05054，SRMR=0.01406，NFI=0.9947，IFI=0.9979，CFI=0.9979均超过了相应的要求值标准，显示模型对样本数据拟合情况较理想。

表 5.10　营销能力测量模型 CFA 对样本数据拟合指数

拟合指数	χ^2/df	GFI	AGFI	RMSEA	SRMR	NFI	IFI	CFI
实际值	1.7023	0.9938	0.9692	0.05054	0.01406	0.9947	0.9979	0.9979
要求值	<3	>0.9	>0.9	<0.05	<0.08	>0.9	>0.9	>0.9

资料来源：本研究整理。

基于以上分析可知，营销能力的测量模型具有良好的信度与效度，且对样本数据拟合较佳。故本研究拟在后文将该营销能力测量模型直接纳入各相关竞争性理论模型的假设检验等相关分析中。

5.2.4　技术能力

对技术能力全部测量指标进行 KMO 样本测度与 Bartlett 球形检验可知，其 KMO 值为 0.895，介于 0.8～0.9 之间，且其 Bartlett 统计值的显著性概率为 0.000，远小于通常 0.01 的标准，如表 5.11 所示，表明样本数据很适合进行因子分析。

表 5.11　技术能力测量指标 KMO 测度与 Bartlett 球形检验

Kaiser－Meyer－Olkin 取样适当性量数		0.895
Bartlett 球形检验	近似卡方值	1006.033
	自由度	10
	显著性	0.000

资料来源：本研究整理。

对技术能力各测量指标进行探索性因子分析后发现，结果仅得到一个特征大于 1 的因子，该因子特征值为 4.713，解释了全部指标 76.913% 的总变异，显示各指标测量数据具有良好的一维性。

按照如图 5.6（a）所示模型对技术能力测量模型进行 CFA，结果如表 5.12 与表 5.13 所示。

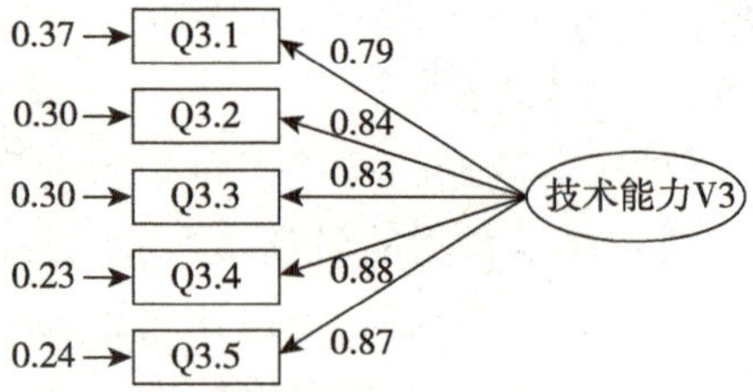

（a）修正前

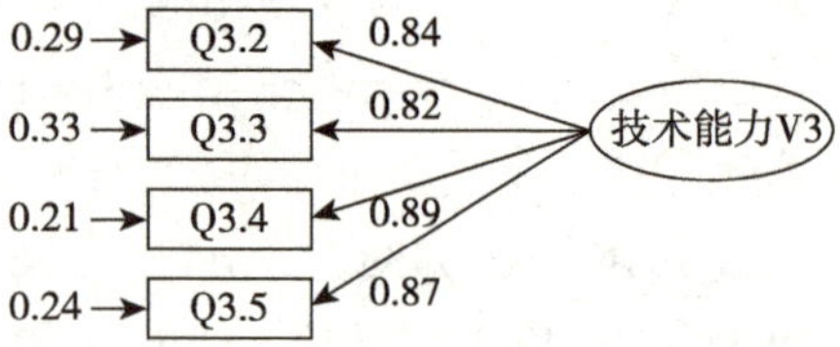

（b）修正后

图 5.6　技术能力 CFA 模型

资料来源：本研究整理。

由表 5.12 可知，技术能力各测量指标完全标准化因子负载值最低为 0.7912，大于通常 0.7 的要求值，且各因子负载非标准化值的 T 值最低为 15.4192，远大于 $\alpha=0.01$ 显著水平所要求的临界值 2.58，显示各测量指标因子负载值均显著大于 0，表明各测量指标具有良好的聚合效度。另外，由 R^2 栏可知，各指标信度值最低为 0.6260，超过了通常 0.5 的要求值，表明各测量指标均具有较高的信度。再由 α 栏可知，该测量模型的 α 值为 0.9273，达到了通常 0.9 的严格标准，表明该测量数据具有良好的内部一致性。

表 5.12 技术能力测量模型修正前一阶 CFA 因子负载及相关信度值、效度值

指标	因子负载				信度值、效度值			
	非标准化	标准误	T 值	完全标准化	R^2	α	ρ_c	AVE
Q3.1	0.8336	0.0541	15.4192	0.7912	0.6260	0.9273	0.9243	0.7098
Q3.2	0.9716	0.0580	16.7463	0.8354	0.6979			
Q3.3	0.8844	0.0530	16.6930	0.8337	0.6950			
Q3.4	0.9515	0.0526	18.1048	0.8772	0.7695			
Q3.5	1.0182	0.0568	17.9299	0.8720	0.7604			

资料来源：本研究整理。

对比如表 5.14 所示的技术能力修正前 CFA 模型对样本数据的各项拟合指数的实际值与模型可被接受的要求值可知，该 CFA 模型对样本数据的各项拟合指数 $\chi^2/df=2.8568$，GFI = 0.9796，AGFI = 0.9389，SRMR = 0.01800，NFI = 0.9900，IFI = 0.9936，CFI = 0.9936 均超过了相应的要求值标准，但其中 RMSEA = 0.08217，未达要求值水平，显示模型对样本数据拟合不尽理想，存在进一步修正之必要。

通过参考其相应修正指数 MI 值发现，指标 Q3.1 与 Q3.3 的测量误差间存在较强的相关性，其对应的 MI 值为 9.4345，大于通常 3.84 的阀值。因此，去掉该两指标中因子负载相对较低的指标 Q3.1，并按照如图 5.6（b）所示模型对修正后的技术能力测量模型进行 CFA，结果如表 5.13 与表 5.14 所示。

表 5.13 技术能力测量模型修正后一阶 CFA 因子负载及相关信度值、效度值

指标	因子负载				信度值、效度值			
	非标准化	标准误	T 值	完全标准化	R^2	α	ρ_c	AVE
Q3.2	0.9811	0.0580	16.9097	0.8435	0.7116	0.9146	0.9154	0.7303
Q3.3	0.8661	0.0539	16.0825	0.8165	0.6666			
Q3.4	0.9618	0.0526	18.2971	0.8866	0.7861			
Q3.5	1.0157	0.0572	17.7460	0.8699	0.7567			

资料来源：本研究整理。

由表 5. 13 可知，修正后各指标完全标准化因子负载值最小值为 0. 8165，大于通常 0. 7 的要求值，且由 T 值栏可知，各因子负载均显著大于 0，表明该测量模型具有较好的聚合效度。由 R^2 栏可知，各指标的信度值最低为 0. 6666，大于 0. 5 的标准，表明各测量指标具有良好的信度。α 值为 0. 9146，大于 0. 9 的严格标准，表明各测量指标数据具有较高的内部一致性。ρ_c 值为 0. 9154，大于 0. 5 的标准，表明技术能力具有很高的建构信度。另由 AVE 栏可知，该测量模型的平均抽取变异量为 0. 7303，大于 0. 5 的标准，表明该模型中技术能力这一潜变量能有效反映各测量指标大部分的变异。

表 5. 14　技术能力测量模型修正前、后 CFA 对样本数据拟合指数

拟合指数	χ^2/df	GFI	AGFI	RMSEA	SRMR	NFI	IFI	CFI
修正前实际值	2. 8568	0. 9796	0. 9389	0. 08217	0. 01800	0. 9900	0. 9936	0. 9936
修正后实际值	1. 7881	0. 9935	0. 9677	0. 05353	0. 009677	0. 9958	0. 9981	0. 9981
要求值	<3	>0. 9	>0. 9	<0. 05	<0. 08	>0. 9	>0. 9	>0. 9

资料来源：本研究整理。

对比如表 5. 14 所示的技术能力修正后 CFA 模型对样本数据的各项拟合指数的实际值与模型可被接受的要求值可知，该 CFA 模型对样本数据的各项拟合指数 χ^2/df = 1. 7881，GFI = 0. 9935，AGFI = 0. 9677，SRMR = 0. 009677，NFI = 0. 9958，IFI = 0. 9981，CFI = 0. 9981 均超过了相应的要求值标准，RMSEA = 0. 05353 尽管未达 0. 05 的要求值，但小于较为宽松的要求值 0. 08，显示模型可被接受。

再通过检视修正后模型的各项修正指数，发现此时修正指数的最大值为 3. 2184，小于一个自由度的 χ^2 统计临界值 3. 84（α = 0. 05）。故综合以上分析，本研究依据上述多数指标的标准，不再对模型做进一步的修正，而直接将上述修正后的技术能力测量模型（图 5. 6（b））纳入后文各相关竞争性理论模型的假设检验及相关分析中。

5. 2. 5　融资能力

对融资能力全部测量指标进行 KMO 样本测度与 Bartlett 球形检验可知，其 KMO 值为 0. 739，介于 0. 7 ~ 0. 8 之间，且其 Bartlett 统计值的显著性概率为 0. 000，远小于通常 0. 01 的标准，如表 5. 15 所示，表明此测量数据适合进行因子分析。

表 5.15 融资能力测量指标 KMO 测度与 Bartlett 球形检验

Kaiser – Meyer – Olkin 取样适当性量数		0.739
Bartlett 球形检验	近似卡方值	480.750
	自由度	3
	显著性	0.000

资料来源：本研究整理。

对融资能力全部测量指标进行探索性因子分析后发现，结果仅得到一个特征根值大于1的因子，且该因子解释了全部指标82.052%的总体方差，表明融资能力测量数据具有良好的一维性。

按如图5.7所示模型对融资能力测量模型进行CFA，结果如表5.16所示。

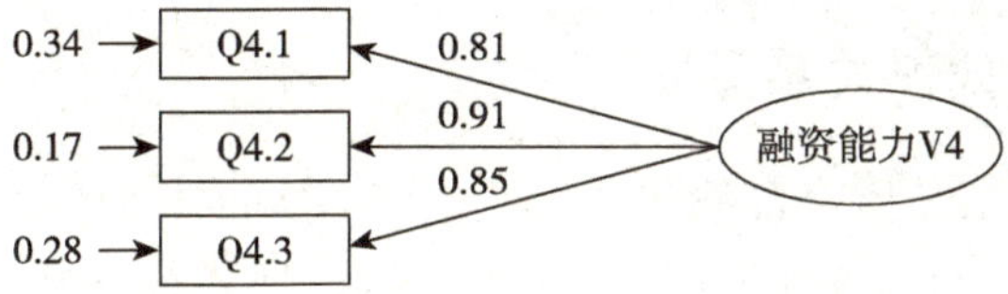

图 5.7 融资能力一阶 CFA 模型

资料来源：本研究整理。

由表5.16可知，融资能力各测量指标因子负载的T值最低值为15.6565，远远超过了 $\alpha = 0.01$ 显著程度所要求的临界值2.58，表明各指标因子负载均显著大于0。而且，各指标完全标准化因子负载值最低为0.8105，均超过了通常0.7的标准，所有这些表明融资能力各测量指标均具有良好的聚合效度。由 R^2 栏可知，各测量指标信度值最低为0.6570，均超过了通常0.5的要求值，表明融资能力各测量指标具有良好的信度。

表 5.16 融资能力测量模型一阶 CFA 因子负载及相关信度值、效度值

指标	因子负载				信度值、效度值			
	非标准化	标准误	T值.	完全标准化	R^2	α	ρ_c	AVE
Q4.1	0.9269	0.0592	15.6565	0.8105	0.6570	0.8905	0.8917	0.7334
Q4.2	1.0213	0.0554	18.4431	0.9096	0.8273			
Q4.3	0.9407	0.0566	16.6133	0.8462	0.7160			

资料来源：本研究整理。

由 α 栏可知，融资能力测量样本数据的 α 值为0.8905，尽管略低于较为严格的标准值0.9，但高于通常较为宽松的标准值0.7，表明融资能力各测量指标样本数据具有良好的内部一致性。由 ρ_c 栏可知，融资能力的建构信度值为

0.8917，大于通常0.5的标准，表明融资能力具有良好的建构信度。最后，融资能力的AVE值为0.7334，超过通常0.5的标准，表明融资能力测量指标的方差只有少数来自于误差变异。

从整个测量模型对样本数据的拟合情况看，由于该测量模型选择了三个指标测量一个潜变量，因而该模型的自由度 df = (p + q) (p + q + 1) /2 - 待估参数个数 = (3 + 0) × (3 + 0 + 1) /2 - 6 = 0，即该测量模型为完全饱和模型。因此，正如LISREL统计分析结果所显示，该测量模型对样本数据完全拟合。

基于以上分析可知，融资能力的测量模型具有良好的信度与效度，且对样本数据拟合较佳。故本研究拟在后文将该融资能力测量模型直接纳入各相关竞争性理论模型的假设检验等相关分析中。

5.2.6 合作伙伴关系品质

对合作伙伴关系品质全部测量指标进行KMO样本测度与Bartlett球形检验知，其KMO值为0.899，介于0.8~0.9之间，且其Bartlett统计值的显著性概率为0.000，远小于0.01，如表5.17所示，表明样本数据很适合进行因子分析。

表5.17 合作伙伴关系品质测量指标KMO测度与Bartlett球形检验

Kaiser - Meyer - Olkin 取样适当性量数		0.899
Bartlett 球形检验	近似卡方值	2326.121
	自由度	66
	显著性	0.000

资料来源：本研究整理。

对合作伙伴关系品质全部测量数据进行探索性因子分析，结果共得到了三个特征值大于1的因子，且各测量指标对相应因子的负载大小情况显示各因子与测量指标的对应关系同本研究事先设定的完全一致。该三个因子共累积解释了全部方差的77.262%。继续对合作伙伴关系品质的沟通、信任与协调三维度的数据进行因子分析，结果发现，该三维度分别仅得到一个特征值大于1的公共因子，它们分别解释了该三维度各自77.215%、78.724%与74.689%的总方差，表明各维度测量数据具有良好的一维性。

按照如图5.8 (a) 所示模型对合作伙伴关系品质测量模型进行一阶CFA，结果如表5.18、表5.19、表5.20与表5.21所示。

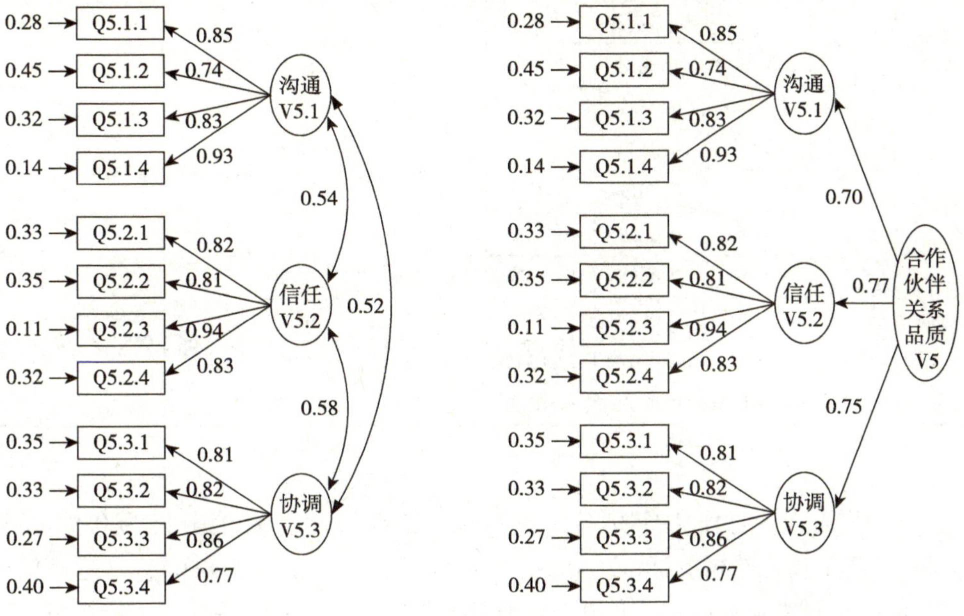

（a）一阶因子模型　　　　（b）二阶因子模型

图 5.8　合作伙伴关系品质一、二阶 CFA 模型

资料来源：本研究整理。

由表 5.18 可知，合作伙伴关系品质各维度的测量指标对相应维度的因子负载 T 值最低为 14.0924，远远超过了 $\alpha = 0.01$ 显著程度所要求的临界值 2.58，表明各指标对相应维度因子负载均显著大于 0。而且，各指标完全标准化因子负载值最低为 0.7443，均超过了通常 0.7 的标准，所有这些表明合作伙伴关系品质各维度的测量指标均具有良好的聚合效度。由 R^2 栏可知，各维度各测量指标信度值最低为 0.5540，均超过了通常 0.5 的要求值，表明合作伙伴关系品质各测量指标具有良好的信度。

表 5.18　合作伙伴关系品质测量模型一阶 CFA 因子负载及相关信度值、效度值

维度	指标	因子负载			信度值、效度值				
		非标准化	标准误	T 值.	完全标准化	R^2	α	ρ_c	AVE
沟通 V5.1	Q5.1.1	1.0898	0.0641	17.0074	0.8456	0.7151	0.9006	0.9038	0.7027
	Q5.1.2	0.9539	0.0677	14.0924	0.7443	0.5540			
	Q5.1.3	1.0870	0.0663	16.4062	0.8260	0.6822			
	Q5.1.4	1.2121	0.0615	19.7250	0.9271	0.8596			

续表

维度	指标	因子负载			信度值、效度值				
		非标准化	标准误	T 值.	完全标准化	R^2	α	ρ_c	AVE
信任 V5.2	Q5.2.1	1.0266	0.0634	16.2042	0.8168	0.6672	0.9082	0.9119	0.7223
	Q5.2.2	1.0066	0.0634	15.8711	0.8056	0.6490			
	Q5.2.3	1.2564	0.0614	20.4739	0.9442	0.8915			
	Q5.2.4	1.0783	0.0655	16.4633	0.8254	0.6813			
协调 V5.3	Q5.3.1	0.9797	0.0626	15.6478	0.8086	0.6538	0.8864	0.8868	0.6623
	Q5.3.2	0.9698	0.0610	15.8986	0.8173	0.6679			
	Q5.3.3	1.0343	0.0607	17.0343	0.8554	0.7317			
	Q5.3.4	0.8904	0.0609	14.6220	0.7718	0.5957			

资料来源：本研究整理。

由 α 栏可知，合作伙伴关系品质沟通与信任维度的 α 值分别为 0.9006 与 0.9082，高于较为严格的标准值 0.9，而协调维度的 α 值为 0.8864，尽管略低于 0.9，但高于较为宽松的要求值 0.7，表明合作伙伴关系品质各维度测量指标的样本数据具有良好的内部一致性。由 ρ_c 栏可知，合作伙伴关系品质各维度的建构信度值最低为 0.8868，大于通常 0.5 的标准，表明各维度具有良好的建构信度。最后，各维度 AVE 最低值为 0.6623，超过通常 0.5 的标准，表明各维度测量指标的方差只有少数来自于误差变异。

表 5.19 合作伙伴关系品质各维度相关系数

维度	沟通				信任			
	非标准化	标准误	T 值	完全标准化	非标准化	标准误	T 值	完全标准化
信任	0.5407	0.0475	11.3938	0.5407				
协调	0.5231	0.0502	10.4217	0.5231	0.5784	0.0462	12.5269	0.5784

资料来源：本研究整理 。

由表 5.19 可知，合作伙伴关系品质各维度间非标准化相关系数的 T 值最低为 10.4217，远远超过了 α = 0.01 显著程度所要求的临界值 2.58，而且各维度间完全标准化相关系数值最低为 0.5231，表明合作伙伴关系品质各维度间存在显著的相关关系，此亦表明测量模型中各维度能被用于测量某一共同变量。再由表 5.20 可知，合作伙伴关系品质各维度 AVE 开根号值均大于相应维度与其他维度间的相关系数，表明各维度间尽管存在较强的相关关系，但彼此间仍然存在足够的区分效度。

表 5.20　合作伙伴关系品质各测量维度区分效度

维度	沟通（V5.1）	信任（V5.2）	协调（V5.3）
沟通（V5.1）	0.8383		
信任（V5.2）	0.5407	0.8499	
协调（V5.3）	0.5231	0.5784	0.8138

注：对角线为各维度 AVE 开根号值，其他为相关系数。

资料来源：本研究整理。

合作伙伴关系品质一阶 CFA 模型对样本数据拟合指数如表 5.21 所示。对比如表 5.21 所示合作伙伴关系品质一阶 CFA 模型对样本数据的各项拟合指数实际值与模型可被接受的要求值可知，该一阶 CFA 模型对样本数据的各项拟合指数 $\chi^2/df = 1.6098$，GFI = 0.9526，AGFI = 0.9275，RMSEA = 0.04709，SRMR = 0.03465，NFI = 0.9816，IFI = 0.9930，CFI = 0.9930 均超过了相应的要求值标准，显示模型对样本数据拟合情况较理想。

表 5.21　合作伙伴关系品质测量模型一、二阶 CFA 对样本数据拟合指数

拟合指数	χ^2/df	GFI	AGFI	RMSEA	SRMR	NFI	IFI	CFI
一阶实际值	1.6098	0.9526	0.9275	0.04709	0.03465	0.9816	0.9930	0.9930
二阶实际值	1.6098	0.9526	0.9275	0.04709	0.03465	0.9816	0.9930	0.9930
要求值	<3	>0.9	>0.9	<0.05	<0.08	>0.9	>0.9	>0.9

资料来源：本研究整理。

上述分析表明，合作伙伴关系品质各维度间彼此存在较强的相关性，那么它们之间是否存在一个更为高阶的公共因子，以有效反映它们之间的相关性呢？为此，本研究按照如图 5.8（b）所示模型对合作伙伴关系品质进行二阶 CFA，结果如表 5.21 与表 5.22 所示。

表 5.22　合作伙伴关系品质测量模型二阶 CFA 因子负载及相关信度值、效度值

二阶因子	一阶因子	一阶因子对二阶因子的负载				一、二阶因子信度值、效度值		
		非标准化	标准误	T 值	完全标准化	R^2	ρ_c	AVE
合作伙伴关系品质 V5	沟通 V5.1	0.7621	0.0774	9.8507	0.6993	0.4890	0.7846	0.5488
	信任 V5.2	0.7937	0.0760	10.4398	0.7732	0.5979		
	协调 V5.3	0.7328	0.0732	10.0087	0.7480	0.5596		

资料来源：本研究整理 。

由表 5.22 可知，在合作伙伴关系品质二阶 CFA 模型中，各一阶因子对二阶因子负载的 T 值最低为 9.8507，远远高于 $\alpha = 0.01$ 显著程度所要求的临界值

2.58，表明各因子负载值显著大于0。再由完全标准化栏知，合作伙伴关系品质的信任与协调维度对二阶因子合作伙伴关系品质的因子负载值均超过了通常0.7的标准值，而沟通维度对二阶因子合作伙伴关系品质的因子负载值为0.6993，仅仅略低于0.7，表明各一阶因子对二阶因子具有良好的聚合效度。再由 R^2栏知，信任与协调维度的信度值分别为0.5979与0.5596，均超过了通常0.5的标准值，而沟通维度的信度值为0.4890，尽管低于通常0.5的标准，但亦与0.5的临界值非常接近。因此，沟通维度的信度亦可勉强接受。由此可见，合作伙伴关系品质各维度的信度均在可接受范围之内。

由表5.22中 ρ_c栏可知，二阶因子建构信度值为0.7846，超过了通常0.5的标准，表明该二阶因子具有较高建构信度。该二阶因子的AVE值为0.5488，超过了通常0.5的标准，表明该二阶因子能有效反映其一阶因子过半数变异。

由表5.21可知，该二阶CFA模型对样本数据的各项拟合指数 $\chi^2/df = 1.6098$，GFI = 0.9526，AGFI = 0.9275，RMSEA = 0.04709，SRMR = 0.03465，NFI = 0.9816，IFI = 0.9930，CFI = 0.9930均超过了相应的要求值标准，显示模型对样本数据拟合情况较理想。

再由表5.21的 χ^2栏可知，Marsh 和 Hocevar（1985）所建议的T系数（$T = \chi^2_{低阶模型}/\chi^2_{高阶模型}$）=1，表明引入二阶因子后，并未造成 χ^2的显著增加，即该二阶因子在统计上可被接受。

基于以上分析可知，合作伙伴关系品质的测量模型具有良好的信度与效度，且对样本数据拟合较佳。故本研究拟在后文将该合作伙伴关系品质测量模型直接纳入各相关竞争性理论模型的假设检验等相关分析中。

5.2.7 顾客关系品质

对顾客关系品质全部测量指标进行KMO样本测度与Bartlett球形检验可知，其KMO值为0.847，介于0.8~0.9之间，且其Bartlett统计值的显著性概率为0.000，远小于0.01，如表5.23所示，表明样本数据很适合进行因子分析。

表5.23 顾客关系品质测量指标KMO测度与Bartlett球形检验

Kaiser - Meyer - Olkin 取样适当性量数		0.847
Bartlett 球形检验	近似卡方值	1866.522
	自由度	66
	显著性	0.000

资料来源：本研究整理。

对顾客关系品质全部测量数据进行探索性因子分析，结果共得到了三个特征值大于1的因子，且各测量指标对相应因子的负载大小情况显示各因子与测量指标的对应关系同本研究事先设定的完全一致。这些因子的特征值分别为8.338、2.759与2.367，共累积解释了全部方差的73.261%。继续对顾客关系品质的沟通、信任与满意三维度的数据进行因子分析，结果发现，该三维度分别仅得到一个特征值大于1的公共因子，它们分别解释了该三维度各自71.958%、70.101%与76.282%的总方差，显示各维度测量数据具有良好一维性。

按照图5.9（a）所示模型对顾客关系品质进行一阶CFA，结果如表5.24、表5.25、表5.26与表5.27所示。

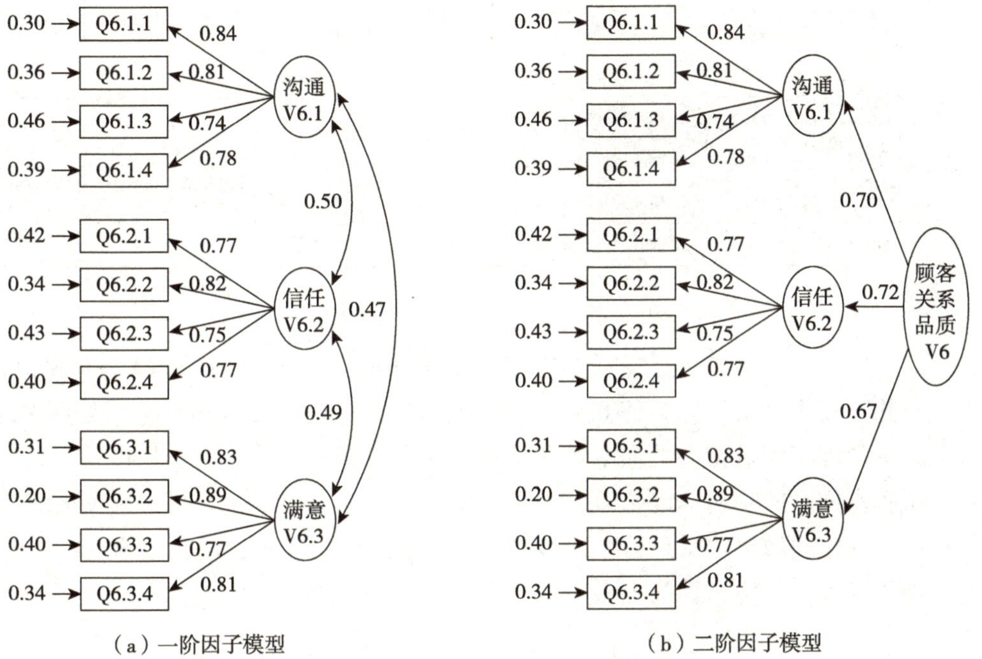

图5.9　顾客关系品质一、二阶CFA模型

资料来源：本研究整理。

由表5.24可知，顾客关系品质各维度测量指标对相应维度因子负载T值最低为13.5419，远远超过了α=0.01显著程度所要求临界值2.58，表明各指标对其相应维度因子负载值均显著大于0。而且，各指标完全标准化因子负载值最低为0.7365，均超过了通常0.7的标准，表明顾客关系品质各维度的测量指标均具有良好的聚合效度。由R^2栏可知，各维度各测量指标信度值最低为0.5425，均超过了通常0.5的要求值，表明顾客关系品质各测量指标具有较高信度。

表 5.24　顾客关系品质测量模型一阶 CFA 因子负载及相关信度值、效度值

维度	指标	因子负载			信度值、效度值				
		非标准化	标准误	T 值.	完全标准化	R^2	α	ρ_c	AVE
沟通 V6.1	Q6.1.1	1.0207	0.0627	16.2926	0.8385	0.7032	0.8691	0.8695	0.6254
	Q6.1.2	0.9354	0.0614	15.2383	0.8009	0.6414			
	Q6.1.3	0.8676	0.0641	13.5419	0.7365	0.5425			
	Q6.1.4	0.9770	0.0661	14.7756	0.7838	0.6144			
信任 V6.2	Q6.2.1	0.9205	0.0650	14.1601	0.7650	0.5853	0.8577	0.8586	0.6030
	Q6.2.2	0.9767	0.0630	15.4981	0.8155	0.6651			
	Q6.2.3	0.9405	0.0680	13.8237	0.7519	0.5653			
	Q6.2.4	0.9290	0.0648	14.3470	0.7723	0.5964			
满意 V6.3	Q6.3.1	1.0339	0.0629	16.4315	0.8318	0.6918	0.8956	0.8968	0.6854
	Q6.3.2	1.1807	0.0644	18.3229	0.8921	0.7959			
	Q6.3.3	1.0172	0.0690	14.7411	0.7729	0.5974			
	Q6.3.4	1.0465	0.0662	15.7967	0.8102	0.6565			

资料来源：本研究整理。

由α栏可知，顾客关系品质三维度的α值分别为0.8691、0.8577与0.8956，尽管略低于较为严格的标准值0.9，但均高于较为宽松的要求值0.7，表明顾客关系品质各维度测量指标的样本数据具有良好的内部一致性。由ρ_c栏可知，顾客关系品质各维度的建构信度值最低为0.8586，大于通常0.5的标准，表明各维度具有良好的建构信度。最后，各维度AVE最低值为0.6030，超过通常0.5的标准，表明各维度测量指标的方差只有少数来自误差变异。

表 5.25　顾客关系品质各维度相关系数矩阵

维度	V6.1				V6.2			
	非标准化	标准误	T 值	完全标准化	非标准化	标准误	T 值	完全标准化
V6.2	0.5032	0.0545	9.2282	0.5032				
V6.3	0.4692	0.0547	8.5802	0.4692	0.4873	0.0542	8.9896	0.4873

资料来源：本研究整理。

由表5.25可知，顾客关系品质各维度间非标准化相关系数的T值最低为8.5802，远远超过了α=0.01显著程度所要求的临界值2.58，而且各维度间完全标准化相关系数值最低为0.4692，表明顾客关系品质各维度间存在显著相关关系，此亦表明该测量模型中各维度可被用于测量某一共同变量。再由表5.26可知，顾客关系品质各维度AVE开根号值均大于相应维度与其他维度间的相关系数，表明各维度间尽管存在较强的相关关系，但彼此仍然存在足够区分效度。

表 5.26　顾客关系品质各测量维度区分效度

维度	沟通（V6.1）	信任（V6.2）	满意（V6.3）
沟通（V6.1）	0.7908		
信任（V6.2）	0.5032	0.7765	
满意（V6.3）	0.4692	0.4873	0.8279

注：对角线为各维度 AVE 开根号值，其他为相关系数。

资料来源：本研究整理。

顾客关系品质一阶 CFA 模型对样本数据拟合指数如表 5.27 所示。

表 5.27　顾客关系品质测量模型一、二阶 CFA 对样本数据拟合指数

拟合指数	χ^2/df	GFI	AGFI	RMSEA	SRMR	NFI	IFI	CFI
一阶实际值	1.2900	0.9617	0.9414	0.03247	0.03007	0.9804	0.9957	0.9957
二阶实际值	1.2900	0.9617	0.9414	0.03247	0.03007	0.9804	0.9957	0.9957
要求值	<3	>0.9	>0.9	<0.05	<0.08	>0.9	>0.9	>0.9

资料来源：本研究整理 。

对比如表 5.27 所示顾客关系品质一阶 CFA 模型对样本数据的各项拟合指数实际值与模型可被接受的要求值可知，该一阶 CFA 模型对样本数据的各项拟合指数 $\chi^2/df = 1.2900$，GFI = 0.9617，AGFI = 0.9414，RMSEA = 0.03247，SRMR = 0.03007，NFI = 0.9804，IFI = 0.9957，CFI = 0.9957 均超过了相应的要求值标准，显示模型对样本数据拟合情况较理想。

上述分析表明，顾客关系品质各维度间彼此存在较强的相关性，那么它们之间是否存在一个更为高阶的公共因子，以有效反映它们之间的相关性呢？为此，本研究按照如图 5.9（b）所示，编写并运行顾客关系品质二阶 CFA 模型 CFA 用 LISREL 程序，结果如表 5.27 与表 5.28 所示。

表 5.28　顾客关系品质测量模型二阶 CFA 因子负载及相关信度值、效度值

二阶因子	一阶因子	一阶因子对二阶因子的负载				一、二阶因子信度值、效度值		
		非标准化	标准误	T 值	完全标准化	R^2	ρ_c	AVE
顾客关系品质 V6	沟通 V6.1	0.7105	0.0810	8.7761	0.6961	0.4846	0.7401	0.4872
	信任 V6.2	0.6655	0.0778	8.5514	0.7229	0.5226		
	满意 V6.3	0.6969	0.0807	8.6395	0.6741	0.4544		

资料来源：本研究整理 。

由表 5.28 可知，在顾客关系品质二阶 CFA 模型中，各一阶因子对二阶因子负载的T值最低为8.5514，远高于$\alpha=0.01$显著程度所要求的临界值2.58，表明各因子负载值显著大于0，再由完全标准化栏可知，顾客关系品质的信任维度对二阶因子顾客关系品质的因子负载值为0.7229，超过了通常0.7的要求值，沟通与满意维度对二阶因子顾客关系品质的因子负载值分别为0.6961与0.6741，略低于0.7的要求，表明各一阶因子对二阶因子的聚合效度可被接受。再由R^2栏知，信任维度的信度值为0.5226，达到了通常0.5的要求值。而沟通与满意维度的信度值分别为0.4846与0.4544，略低于通常0.5的要求值，显示信度尽管不够理想，但勉强可被接受。

由表5.28中ρ_c栏可知，二阶因子的建构信度值为0.7401，超过了通常0.5的标准，表明该二阶因子具有良好的建构信度。再有，该二阶因子的AVE值为0.4873，表明该测量模型中二阶因子能大致反映其一阶因子约半数的变异。

由表5.27可知，二阶CFA模型对样本数据的各项拟合指数$\chi^2/df=1.2900$，GFI = 0.9617，AGFI = 0.9414，RMSEA = 0.03247，SRMR = 0.03007，NFI = 0.9804，IFI = 0.9957，CFI = 0.9957均超过了相应的要求值标准，显示模型对样本数据拟合情况较理想。

由表5.27的χ^2栏可知，Marsh和Hocevar（1985）所建议的T系数（$T=\chi^2_{低阶模型}/\chi^2_{高阶模型}$）=1，表明引入二阶因子后，并未造成$\chi^2$的显著增加，即该二阶因子在统计上可被接受。

基于以上分析可知，顾客关系品质的测量模型具有良好的信度与效度，且对样本数据拟合较佳。故本研究拟在后文将该顾客关系品质测量模型直接纳入各相关竞争性理论模型的假设检验等相关分析中。

5.2.8 政府部门关系品质

对政府部门关系品质全部测量指标进行KMO样本测度与Bartlett球形检验知，其KMO值为0.872，介于0.8～0.9之间，且其Bartlett统计值显著性概率为0.000，远小于0.01，如表5.29所示，表明此测量数据很适合进行因子分析。

表5.29 政府部门关系品质测量指标KMO测度与Bartlett球形检验

Kaiser－Meyer－Olkin取样适当性量数		0.872
Bartlett球形检验	近似卡方值	1549.173
	自由度	66
	显著性	0.000

资料来源：本研究整理。

对政府部门关系品质全部测量数据进行探索性因子分析，共得到三个特征值大于1的因子，且各测量指标对相应因子的负载大小情况显示各因子与测量指标的对应关系同本研究事先设定的完全一致。这些因子特征值分别为7.434、2.082与1.896，累积解释了全部方差的68.509%。继续对政府部门关系品质的沟通、信任与满意三维度数据进行因子分析发现，该三维度分别仅得到一个特征值大于1的公共因子，它们分别解释了该三维度各自67.437%、68.130%与69.022%的总方差，即显示各维度内部亦具有良好的一维性。

按照图5.10（a）所示模型对政府部门关系品质进行一阶CFA，结果如表5.30、表5.31、表5.32与表5.33所示。

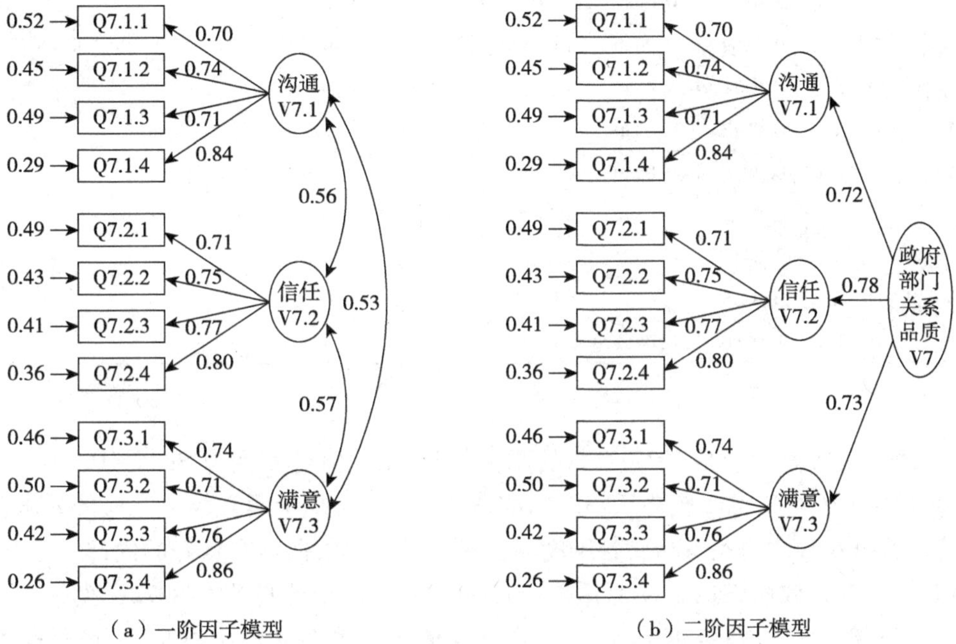

图5.10　政府部门关系品质一、二阶CFA模型

由表5.30可知，政府部门关系品质各测量指标对相应维度的因子负载T值最低为12.3517，远超过了$\alpha=0.01$显著程度所要求的临界值2.58，表明各指标对其相应维度因子负载值均显著大于0。而且，各指标完全标准化因子负载值中，除指标Q7.1.1外，其余各指标对相应维度标准化负载值均大于0.7的标准。指标Q7.1.1的完全标准化负载值为0.6954，尽管略低于通常0.7的标准，但亦与0.7极为接近。因此，可从总体上认为该测量模型各项指标均具有良好的聚合效度。由R^2栏可知，各维度各测量指标信度值除指标Q7.1.1与Q7.3.2外，其余指标的信度值最低为0.5061，均超过了通常0.5的要求值，显示具有良好的信度。而指标 Q7. 1. 1 与 Q7. 3. 2 的信度值分别为 0. 4836 与 0. 4982，亦仅仅略低于 0. 5 而已，故亦勉强可为接受。因此，从总体上说，该测量模型的各项指标的信度值均在可接受范围之内。

表 5. 30　政府部门关系品质测量模型一阶 CFA 因子负载及相关信度值、效度值

维度	指标	因子负载			信度值、效度值				
		非标准化	标准误	T 值.	完全标准化	R^2	α	ρ_c	AVE
沟通 V7. 1	Q7. 1. 1	0. 7818	0. 0633	12. 3517	0. 6954	0. 4836	0. 8344	0. 8372	0. 5638
	Q7. 1. 2	0. 8157	0. 0604	13. 5057	0. 7437	0. 5531			
	Q7. 1. 3	0. 8443	0. 0660	12. 7949	0. 7142	0. 5102			
	Q7. 1. 4	1. 0542	0. 0658	16. 0181	0. 8416	0. 7083			
信任 V7. 2	Q7. 2. 1	0. 7889	0. 0619	12. 7470	0. 7114	0. 5061	0. 8426	0. 8441	0. 5756
	Q7. 2. 2	0. 9074	0. 0659	13. 7602	0. 7528	0. 5667			
	Q7. 2. 3	0. 8917	0. 0630	14. 1477	0. 7682	0. 5901			
	Q7. 2. 4	0. 9278	0. 0620	14. 9617	0. 7996	0. 6394			
满意 V7. 3	Q7. 3. 1	0. 8792	0. 0652	13. 4896	0. 7373	0. 5436	0. 8492	0. 8516	0. 5906
	Q7. 3. 2	0. 8435	0. 0663	12. 7188	0. 7058	0. 4982			
	Q7. 3. 3	0. 9255	0. 0658	14. 0739	0. 7605	0. 5783			
	Q7. 3. 4	1. 0608	0. 0631	16. 8047	0. 8615	0. 7421			

资料来源：本研究整理。

由 α 栏可知，政府部门关系品质三维度的 α 值分别为 0. 8344、0. 8426 与 0. 8492，尽管均略低于较为严格的标准值 0. 9，但均高于通常较为宽松的要求值 0. 7，表明政府部门关系品质各维度测量指标的样本数据具有良好的内部一致性。由 ρ_c 栏可知，政府部门关系品质各维度的建构信度值最低为 0. 8372，大于通常 0. 5 的标准，表明各维度具有良好的建构信度。最后，各维度 AVE 最低值为 0. 5638，超过通常 0. 5 的标准，表明该测量模型的二阶因子能有效反映各一阶因子（维度）过半数的方差。

由表 5. 31 可知，政府部门关系品质各维度间非标准化相关系数的 T 值最低为 9. 7425，远超过了 α =0. 01 显著程度所要求的临界值 2. 58，而且各维度间完全标准化相关系数值最低为 0. 5264，表明各维度间存在显著的相关关系，亦表明该测量模型中各维度能被用于测量某一共同变量。再由表 5. 32 可知，政府部门关系品质各维度 AVE 开根号值均大于相应维度与其他维度间的相关系数，表明各维度间尽管存在较强的相关关系，但彼此间仍然存在足够的区分效度。

表 5.31　政府部门关系品质各维度相关系数矩阵

维度	V7.1				V7.2			
	非标准化	标准误	T 值	完全标准化	非标准化	标准误	T 值	完全标准化
V7.2	0.5609	0.0526	10.6605	0.5609				
V7.3	0.5264	0.0540	9.7425	0.5264	0.5742	0.0510	11.2504	0.5742

资料来源：本研究整理。

表 5.32　政府部门关系品质各测量维度区分效度

维度	V7.1	V7.2	V7.3
V7.1	0.7509		
V7.2	0.5609	0.7587	
V7.3	0.5264	0.5742	0.7685

注：对角线为各维度 AVE 开根号值，其他为相关系数。

资料来源：本研究整理。

对比如表 5.33 所示政府部门关系品质一阶 CFA 模型对样本数据的各项拟合指数实际值与模型可被接受的要求值可知，该一阶 CFA 模型对样本数据的各项拟合指数 $\chi^2/df = 1.6911$，GFI = 0.9503，AGFI = 0.9240，RMSEA = 0.05013，SRMR = 0.03860，NFI = 0.9698，IFI = 0.9862，CFI = 0.9861 均超过了相应的要求值标准，显示模型对样本数据拟合情况较理想。

表 5.33　政府部门关系品质测量模型一、二阶 CFA 对样本数据拟合指数

拟合指数	χ^2/df	GFI	AGFI	RMSEA	SRMR	NFI	IFI	CFI
一阶实际值	1.6911	0.9503	0.9240	0.05013	0.03860	0.9698	0.9862	0.9861
二阶实际值	1.6911	0.9503	0.9240	0.05013	0.03860	0.9698	0.9862	0.9861
要求值	<3	>0.9	>0.9	<0.05	<0.08	>0.9	>0.9	>0.9

资料来源：本研究整理。

上述分析表明，政府部门关系品质各维度间彼此存在较强的相关性，那么它们之间是否存在一个更为高阶的公共因子，以有效反映它们之间的相关性呢？为此，本研究按照如图 5.10（b）所示，编写并运行政府部门关系品质二阶 CFA 模型 CFA 用 LISREL 程序，结果如表 5.33 与表 5.34 所示。

由表 5.34 可知，在政府部门关系品质二阶 CFA 模型中，各一阶因子对二阶因子负载的 T 值最低为 8.4528，高于 $\alpha = 0.01$ 显著程度所要求的临界值 2.58，表明各因子负载值显著大于 0，再由完全标准化栏可知，政府部门关系品质各维度对二阶因子政府部门关系品质的因子负载值最低为 0.7171，达到了通常 0.7 的要求值，表明该二阶 CFA 模型中各一阶因子对二阶因子均具有良好的聚合效度。

再由 R^2 栏知，各维度的信度值最低为0.5143，超过了通常0.5的要求值，表明各维度亦具有良好的信度。

表5.34 政府部门关系品质测量模型二阶CFA因子负载及相关信度值、效度值

二阶因子	一阶因子	一阶因子对二阶因子的负载				一、二阶因子信度值、效度值		
		非标准化	标准误	T值	完全标准化	R^2	ρ_c	AVE
政府部门关系品质V7	沟通V7.1	0.7171	0.0848	8.4528	0.7171	0.5143	0.7888	0.5550
	信任V7.2	0.7822	0.0865	9.0427	0.7822	0.6118		
	满意V7.3	0.7340	0.0821	8.9456	0.7340	0.5388		

资料来源：本研究整理。

由表5.34中 ρ_c 栏可知，二阶因子的建构信度值为0.7888，超过了通常0.5的标准，表明该二阶因子具有良好的建构信度。再有，该二阶因子的AVE值为0.5550，表明该测量模型中二阶因子能有效解释一阶因子过半数的方差。

由表5.33可知，该二阶CFA模型对样本数据的各项拟合指数 $\chi^2/df=1.6911$，GFI = 0.9503，AGFI = 0.9240，RMSEA = 0.05013，SRMR = 0.03860，NFI = 0.9698，IFI = 0.9862，CFI = 0.9861均超过了相应的要求值标准，显示模型对样本数据拟合情况较理想。

由表5.33的 χ^2 栏可知，Marsh和Hocevar（1985）所建议的T系数（$T=\chi^2_{低阶模型}/\chi^2_{高阶模型}$）=1，表明引入二阶因子后，并未造成 χ^2 的显著增加，即该二阶因子在统计上可被接受。

基于以上分析可知，政府部门关系品质的测量模型具有良好的信度与效度，且对样本数据拟合较佳。故本研究拟在后文将该政府部门关系品质测量模型直接纳入各相关竞争性理论模型的假设检验等相关分析中。

5.2.9 金融机构关系品质

对金融机构关系品质全部测量指标进行KMO样本测度与Bartlett球形检验知，其KMO值为0.870，介于0.8～0.9之间，且其Bartlett统计值的显著性概率为0.000，远小于0.01，如表5.35所示，表明样本数据很适合进行因子分析。

表5.35 金融机构关系品质测量指标KMO测度与Bartlett球形检验

Kaiser-Meyer-Olkin取样适当性量数		0.870
Bartlett球形检验	近似卡方值	1493.320
	自由度	66
	显著性	0.000

资料来源：本研究整理。

对金融机构关系品质全部测量数据进行探索性因子分析，结果共得到了三个特征值大于1的因子，且各测量指标对相应因子的负载大小情况显示各因子与测量指标的对应关系同本研究事先设定的完全一致。这些因子的特征值分别为7.041、2.385与2.246，共累积解释了全部方差的68.757%。继续对金融机构关系品质的沟通、信任与承诺三维度的数据进行因子分析，结果发现，该三维度分别仅得到一个特征值大于1的公共因子，它们分别解释了该三维度各自67.728%、67.810%与69.502%的总方差，显示各维度内部亦具有良好一维性。

按照图5.11（a）所示模型对金融机构关系品质进行一阶CFA，结果如表5.36、表5.37、表5.38与表5.39所示。

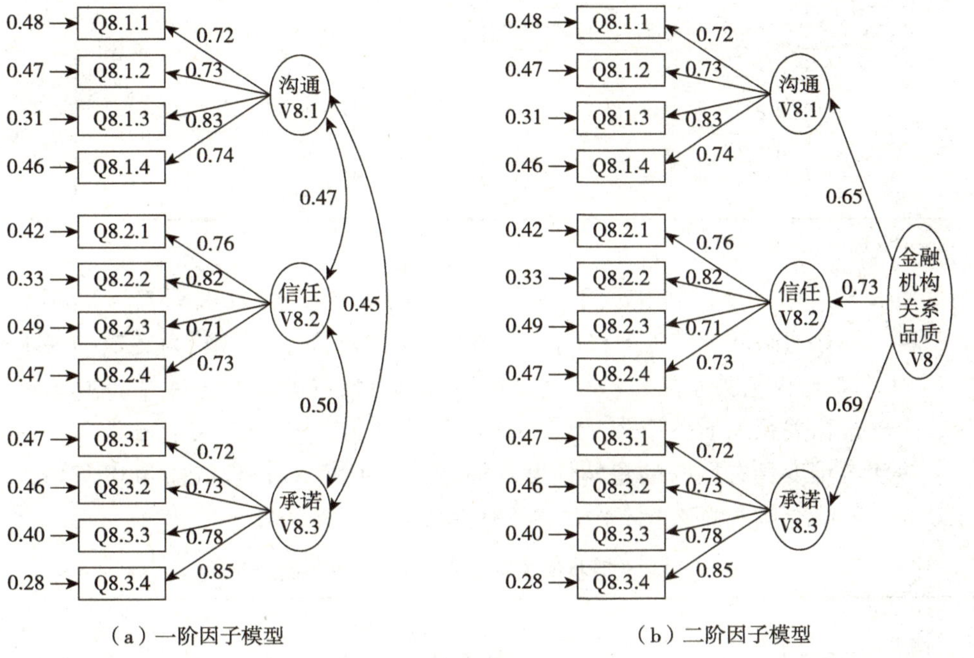

图5.11 金融机构关系品质一、二阶CFA模型

资料来源：本研究整理。

由表5.36可知，金融机构关系品质各维度测量指标对相应维度的因子负载T值最低为12.7053，远超过$\alpha=0.01$显著程度所要求临界值2.58，表明各指标对其相应维度因子负载值均显著大于0。而且，各指标完全标准化因子负载值最低为0.7113，均超过了通常0.7的标准，表明金融机构关系品质各维度的测量指标均具有良好的聚合效度。由R^2栏可知，各维度各测量指标信度值最低为0.5059，均超过了通常0.5的要求值，表明金融机构关系品质各测量指标具有良好信度。

表 5.36　金融机构关系品质测量模型一阶 CFA 因子负载及相关信度值、效度值

维度	指标	因子负载			信度值、效度值				
		非标准化	标准误	T 值	完全标准化	R^2	α	ρ_c	AVE
沟通 V8.1	Q8.1.1	0.8607	0.0668	12.8906	0.7193	0.5174	0.8402	0.8419	0.5720
	Q8.1.2	0.8625	0.0656	13.1449	0.7299	0.5328			
	Q8.1.3	0.9954	0.0632	15.7472	0.8330	0.6939			
	Q8.1.4	0.8451	0.0634	13.3252	0.7374	0.5437			
信任 V8.2	Q8.2.1	0.9379	0.0675	13.8865	0.7599	0.5774	0.8411	0.8419	0.5718
	Q8.2.2	1.0154	0.0658	15.4246	0.8200	0.6724			
	Q8.2.3	0.8600	0.0677	12.7053	0.7113	0.5059			
	Q8.2.4	0.8960	0.0682	13.1299	0.7290	0.5315			
承诺 V8.3	Q8.3.1	0.8261	0.0629	13.1428	0.7248	0.5253	0.8524	0.8539	0.5947
	Q8.3.2	0.8279	0.0621	13.3222	0.7321	0.5360			
	Q8.3.3	0.9257	0.0642	14.4221	0.7757	0.6017			
	Q8.3.4	0.9918	0.0608	16.3060	0.8460	0.7157			

资料来源：本研究整理。

由 α 栏可知，金融机构关系品质三维度的 α 值分别为 0.8402、0.8411 与 0.8524，尽管均略低于较为严格的标准值 0.9，但均高于通常较为宽松的要求值 0.7，表明金融机构关系品质各维度测量指标具有良好的内部一致性。由 ρ_c 栏可知，金融机构关系品质各维度的建构信度值最低为 0.8419，大于通常 0.5 的标准，表明各维度具有良好的建构信度。最后，各维度 AVE 最低值为 0.5718，大于 0.5，表明各维度测量指标的方差只有少数来自误差变异。

表 5.37　金融机构关系品质各维度相关系数矩阵

维度	V8.1				V8.2			
	非标准化	标准误	T 值	完全标准化	非标准化	标准误	T 值	完全标准化
V8.2	0.4743	0.0578	8.2075	0.4743				
V8.3	0.4485	0.0585	7.6621	0.4485	0.5024	0.0556	9.0332	0.5024

资料来源：本研究整理。

由表 5.37 可知，金融机构关系品质各维度间非标准化相关系数 T 值最低为 7.6621，远超过了 $\alpha=0.01$ 显著程度所要求临界值 2.58，而且各维度间完全标准化相关系数值最低为 0.4485，表明金融机构关系品质各维度间存在显著相关关系，此亦表明该测量模型中各维度能被用于测量某一共同变量。再由表 5.38 可知，金融机构关系品质各维度 AVE 开根号值均大于相应维度与其他维度间的相关系数，表明各维度间尽管存在较强的相关关系，但彼此间仍然存在足够的区分效度。

表 5.38 金融机构关系品质各测量维度区分效度

维度	沟通（V8.1）	信任（V8.2）	承诺（V8.3）
沟通（V8.1）	0.7563		
信任（V8.2）	0.4743	0.7562	
承诺（V8.3）	0.4485	0.5024	0.7712

注：对角线为各维度 AVE 开根号值，其他为相关系数。

资料来源：本研究整理。

金融机构关系品质一阶 CFA 模型对样本数据拟合指数如表 5.39 所示。

表 5.39 金融机构关系品质测量模型一、二阶 CFA 对样本数据拟合指数

拟合指数	χ^2/df	GFI	AGFI	RMSEA	SRMR	NFI	IFI	CFI
一阶实际值	1.3894	0.9588	0.9370	0.03763	0.03856	0.9739	0.9926	0.9926
二阶实际值	1.3894	0.9588	0.9370	0.03763	0.03856	0.9739	0.9926	0.9926
要求值	<3	>0.9	>0.9	<0.05	<0.08	>0.9	>0.9	>0.9

资料来源：本研究整理。

对比如表 5.39 所示金融机构关系品质一阶 CFA 模型对样本数据的各项拟合指数实际值与模型可被接受的要求值可知，该一阶 CFA 模型对样本数据的各项拟合指数 $\chi^2/df = 1.3894$，GFI = 0.9588，AGFI = 0.9370，RMSEA = 0.03763，SRMR = 0.03856，NFI = 0.9739，IFI = 0.9926，CFI = 0.9926 均超过了相应的要求值标准，显示模型对样本数据拟合情况较理想。

上述分析表明，金融机构关系品质各维度间彼此存在较强的相关性，那么它们之间是否存在一个更为高阶的公共因子，以有效反映它们之间的相关性呢？为此，本研究按照如图 5.11（b）所示模型对金融机构关系品质进行二阶 CFA，结果如表 5.39 与表 5.40 所示。

由表 5.40 可知，在金融机构关系品质二阶 CFA 模型中，各一阶因子对二阶因子负载的 T 值最低为 7.5121，高于 $\alpha = 0.01$ 显著程度所要求的临界值 2.58，表明各因子负载值显著大于 0，再由完全标准化栏可知，金融机构关系品质的信任维度对二阶因子金融机构关系品质的因子负载值为 0.7289，超过了通常 0.7 的要求值，沟通与承诺维度对二阶因子金融机构关系品质的因子负载值分别为 0.6507 与 0.6893，略低于 0.7 的要求，但高于 Ford 等（1986）所建议的较为宽松的要求值 0.4，表明各一阶因子对二阶因子的聚合效度可被接受。再由 R^2 栏知，信任维度的信度值为 0.5313，达到了通常 0.5 的要求值。而沟通与承诺维度的信度值分别为 0.4234 与 0.4752，略低于通常 0.5 的要求值，显示信度尽管不够理想，但勉强可被接受。

表 5.40　金融机构关系品质测量模型二阶 CFA 因子负载及相关信度值、效度值

二阶因子	一阶因子	一阶因子对二阶因子的负载				一、二阶因子信度值、效度值		
		非标准化	标准误	T 值	完全标准化	R^2	ρ_c	AVE
金融机构关系品质 V8	沟通 V8.1	0.6507	0.0866	7.5121	0.6507	0.4234	0.7316	0.4766
	信任 V8.2	0.7289	0.0887	8.2173	0.7289	0.5313		
	承诺 V8.3	0.6893	0.0881	7.8257	0.6893	0.4752		

资料来源：本研究整理。

由表 5.40 中 ρ_c栏可知，二阶因子的建构信度值为 0.7316，超过了通常 0.5 的标准，表明该二阶因子具有良好的建构信度。再有，该二阶因子的 AVE 值为 0.4766，表明该测量模型中二阶因子能有效解释一阶因子过半数的方差。

由表 5.39 可知，该二阶 CFA 模型对样本数据的各项拟合指数 χ^2/df = 1.3894，GFI = 0.9588，AGFI = 0.9370，RMSEA = 0.03763，SRMR = 0.03856，NFI = 0.9739，IFI = 0.9926，CFI = 0.9926 均超过了相应的要求值标准，显示模型对样本数据拟合情况较理想。

由表 5.39 的 χ^2栏可知，Marsh 和 Hocevar（1985）所建议的 T 系数（$T = \chi^2_{低阶模型}/\chi^2_{高阶模型}$）=1，表明引入二阶因子后，并未造成 χ^2的显著增加，即该二阶因子在统计上可被接受。

基于以上分析可知，金融机构关系品质的测量模型具有良好的信度与效度，且对样本数据拟合较佳。故本研究拟在后文将该金融机构关系品质测量模型直接纳入各相关竞争性理论模型的假设检验等相关分析中。

5.2.10　成长绩效

对成长绩效全部测量指标进行 KMO 样本测度与 Bartlett 球形检验知，其 KMO 值为 0.753，介于 0.7 ~ 0.8 之间，且 Bartlett 统计值的显著性概率为 0.000，远小于 0.01 的标准，如表 5.41 所示，表明样本数据适合进行探索性因子分析。

表 5.41　成长绩效测量指标 KMO 测度与 Bartlett 球形检验

Kaiser – Meyer – Olkin 取样适当性量数		0.753
Bartlett 球形检验	近似卡方值	500.566
	自由度	3
	显著性	0.000

资料来源：本研究整理。

对成长绩效全部测量指标进行探索性因子分析后发现，结果仅得到一个特征根值大于 1 的因子，且该因子解释了全部指标 83.092% 的总体方差，表明成长绩效测量数据具有良好的一维性。

按照如图 5. 12 所示模型对成长绩效进行 CFA，结果如表 5. 42 所示。

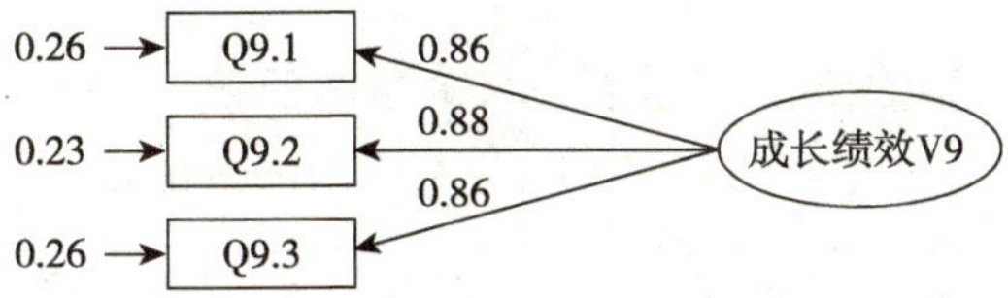

图 5. 12　成长绩效一阶 CFA 模型

资料来源：本研究整理。

表 5. 42　成长绩效测量模型一阶 CFA 因子负载及相关信度值、效度值

指标	因子负载				信度值、效度值			
	非标准化	标准误	T 值	完全标准化	R^2	α	ρ_c	AVE
Q9. 1	0. 9769	0. 0572	17. 0907	0. 8591	0. 7380	0. 8982	0. 8983	0. 7465
Q9. 2	0. 9833	0. 0560	17. 5627	0. 8753	0. 7662			
Q9. 3	0. 9765	0. 0573	17. 0475	0. 8576	0. 7354			

资料来源：本研究整理。

由表 5. 42 可知，成长绩效各测量指标因子负载的 T 值最低值为 17. 0475，远远超过了 α = 0. 01 显著程度所要求的临界值 2. 58，表明各指标因子负载均显著大于 0。而且，各指标完全标准化因子负载值最低为 0. 8576，均超过了通常 0. 7 的标准，表明成长绩效各测量指标均具有良好的聚合效度。由 R^2 栏可知，各测量指标信度值最低为 0. 7354，均超过了通常 0. 5 的要求值，表明成长绩效各测量指标具有良好的信度。

由 α 栏可知，成长绩效测量样本数据的 α 值为 0. 8982，不但高于通常 0. 7 的标准，而且与通常较为严格的标准值 0. 9 极为接近，从而表明成长绩效各测量指标的样本数据具有良好的内部一致性。由 ρ_c 栏可知，成长绩效的建构信度值为 0. 8983，大于通常 0. 5 的标准，表明成长绩效具有良好的建构信度。最后，成长绩效的 AVE 值为 0. 7465，超过通常 0. 5 的标准，表明成长绩效这一潜变量能有效反映其各测量指标过半数变异。

从整个测量模型对样本数据的拟合情况看，由于该测量模型选择了三个指标测量一个潜变量，因而该模型的自由度 df = （p + q）（p + q + 1）/2 − 待估参数个数 = （3 + 0） × （3 + 0 + 1）/2 − 6 = 0，即该测量模型为完全饱和模型。因此，正如 LISREL 统计分析结果所显示，该测量模型对样本数据完全拟合。

基于以上分析可知，成长绩效的测量模型具有良好的信度与效度，且对样本数据完全拟合。故本研究拟在后文将该成长绩效测量模型直接纳入各相关竞争性理论模型的假设检验等相关分析中。

5.2.11 环境宽容性

对环境宽容性全部测量指标进行 KMO 样本测度与 Bartlett 球形检验知，其 KMO 值为 0.733，介于 0.7 ~ 0.8 之间，且其 Bartlett 统计值的显著性概率为 0.000，远小于 0.01 的标准，如表 5.43 所示，表明此测量数据适合进行因子分析。

表 5.43 环境宽容性测量指标 KMO 测度与 Bartlett 球形检验

Kaiser - Meyer - Olkin 取样适当性量数		0.733
Bartlett 球形检验	近似卡方值	460.275
	自由度	3
	显著性	.000

资料来源：本研究整理。

对环境宽容性全部测量指标进行探索性因子分析后发现，结果仅得到一个特征根值大于 1 的因子，且该因子解释了全部指标 80.938% 的总体方差。表明环境宽容性测量数据具有良好的一维性。

按照如图 5.13 所示模型对环境宽容性进行 CFA，结果如表 5.44 所示。

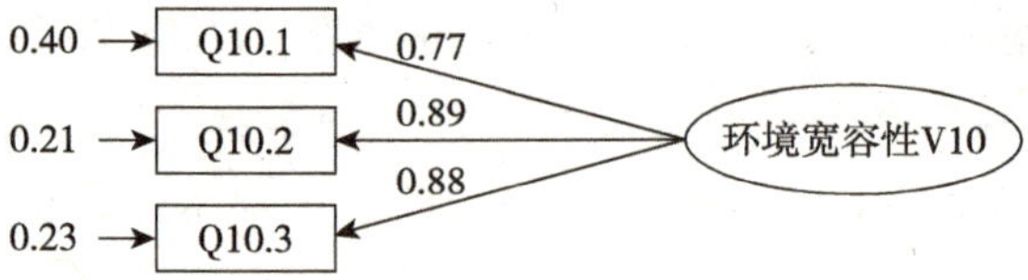

图 5.13 环境宽容性一阶 CFA 模型

资料来源：本研究整理。

表 5.44 环境宽容性测量模型一阶 CFA 因子负载及相关信度值、效度值

指标	因子负载				信度值、效度值			
	非标准化	标准误	T 值.	完全标准化	R^2	α	ρ_c	AVE
Q10.1	0.9141	0.0626	14.6101	0.7728	0.5973	0.8821	0.8848	0.7199
Q10.2	0.9853	0.0555	17.7372	0.8908	0.7936			
Q10.3	0.9990	0.0576	17.3409	0.8769	0.7689			

资料来源：本研究整理

由表 5.44 可知，环境宽容性各测量指标因子负载的 T 值最低值为 14.6101，远超过 α = 0.01 显著程度所要求的临界值 2.58，表明各指标因子负载均显著大于0。而且，各指标完全标准化因子负载值最低为0.7728，均超过通常0.7的标准，表明环境宽容性各测量指标均具有良好的聚合效度。由R^2栏可知，各测量指标信度值最低为0.5973，均超过了通常0.5的要求值，表明环境宽容性各测量指标具有良好的信度。

由α栏可知，环境宽容性测量样本数据的α值为0.8821，高于通常0.7的标准，表明环境宽容性各测量指标的样本数据具有良好的内部一致性。由ρ_c栏可知，环境宽容性的建构信度值为0.8848，大于通常0.5的标准，表明环境宽容性具有良好的建构信度。最后，环境宽容性的AVE值为0.7199，超过通常0.5的标准，表明环境宽容性这一潜变量能有效反映其各测量指标的过半数变异。

从整个测量模型对样本数据的拟合情况看，由于该测量模型选择了三个指标测量一个潜变量，因而该模型的自由度 $df = (p+q)(p+q+1)/2 -$ 待估参数个数 $= (3+0) \times (3+0+1)/2 - 6 = 0$，即该测量模型为完全饱和模型。因此，正如LISREL统计分析结果所显示，该测量模型对样本数据完全拟合。

基于以上分析可知，环境宽容性的测量模型具有良好的信度与效度，且对样本数据完全拟合。故本研究拟在后文将该环境宽容性测量模型直接纳入各相关竞争性理论模型的假设检验等相关分析中。

5.2.12 全部变量测量模型联合验证性因子分析

由前文对各变量测量模型单独进行的CFA可知，各变量测量模型均具有良好的信度与效度。但这些变量间彼此是否具有良好的区分效度呢？这有待于将这些变量测量模型同时纳入一个整合模型进行联合CFA。

按照如图5.14所示模型，运行如附录2所示的LISREL程序（模型T用）进行全部变量测量模型联合CFA，结果如表5.45与表5.46所示。

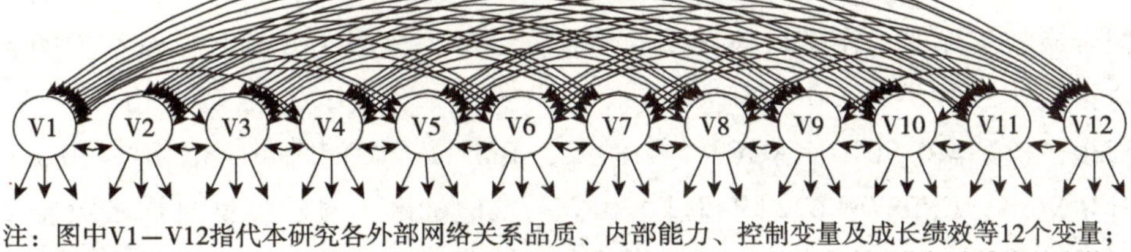

注：图中V1—V12指代本研究各外部网络关系品质、内部能力、控制变量及成长绩效等12个变量；每个变量下端向下的三箭线仅表该变量的测量模型大意而已，并不指实际指标或维度的个数。

图5.14 全部变量测量模型联合CFA模型T

由表5.45可知，在联合CFA中，各变量的平均抽取变异AVE的平方根值均大于该变量与模型中任一其他变量之间的相关系数，表明各变量间具有良好的区分效度。

表 5.45　全部变量间相关系数、AVE 值及区别效度

	AVE平方根值	成长绩效	创业导向	营销能力	技术能力	融资能力	合作伙伴RQ	顾客RQ	政府机构RQ	金融机构RQ	环境宽容性	企业年限	企业规模
成长绩效	0.8743	1.000											
创业导向	0.7991	0.615****	1.000										
营销能力	0.7930	0.613****	0.456****	1.000									
技术能力	0.8575	0.502****	0.349****	0.252****	1.000								
融资能力	0.8612	0.423****	0.449****	0.298****	0.212***	1.000							
合作伙伴 RQ	0.7777	0.374****	0.342****	0.265****	0.271****	0.139**	1.000						
顾客 RQ	0.7423	0.347****	0.339****	0.348****	0.161**	0.114	0.115	1.000					
政府部门 RQ	0.8033	0.292****	0.317****	0.195***	0.103	0.174**	0.100	0.094	1.000				
金融机构 RQ	0.7509	0.330****	0.328****	0.219***	0.159**	0.336****	0.115	0.107	0.116	1.000			
环境宽容性	0.8487	0.203***	0.040	0.101	0.076	0.086	0.054	0.053	0.050	0.058	1.000		
企业年限	1.0000	0.152**	0.034	0.093	0.068	0.073	0.047	0.046	0.046	0.052	0.007	1.000	
企业规模	1.0000	0.183***	0.040	0.098	0.079	0.078	0.059	0.049	0.049	0.061	0.037	0.034	1.000

资料来源：本研究整理（注：*表示 p 值 <0.10；**表示 p 值 <0.05；***表示 p 值 <0.01；****表示 p 值 <0.001）。

表 5.46　全部变量测量模型联合 CFA 对样本数据拟合指数

指标	χ^2/df	GFI	AGFI	RMSEA	SRMR	NFI	IFI	CFI
实际值	1.4530	0.9070	0.8992	0.0394	0.0668	0.8887	0.9624	0.9622
要求值	<3	>0.9	>0.9	<0.05	<0.08	>0.9	>0.9	>0.9

资料来源：本研究整理。

对比如表 5.46 所示全部变量测量模型联合验证性因子模型对样本数据的各项拟合指数实际值与模型可被接受的要求值可知，该因子模型对样本数据的各项拟合指数中，除 NFI = 0.8887 略微低于要求值 0.9 外，其他拟合指数 χ^2/df = 1.4530，GFI = 0.9070，AGFI = 0.8992，RMSEA = 0.0394，SRMR = 0.0668，IFI = 0.9624，CFI = 0.9622 均超过了相应要求值标准，显示模型对样本数据拟合水平可被接受。

5.2.13　小结

由上述各潜变量的单独测量模型分析结果可知，各潜变量的测量模型均具有良好的信度与效度，并且对样本数据的拟合指数值均达到较为理想水平。再由本研究所涉及全部潜变量的联合测量模型 T 的 CFA 结果可知，各潜变量之间具有良好的区分效度，并且联合测量模型 T 对样本数据亦达到较为理想的拟合水平。所有这些表明各潜变量测量方法是成功有效的，可用于下一步的结构模型分析。

5.3 假设检验：结构方程模型分析

前文（第3章）理论模型构建中从关系品质视角就新创企业网络关系、内部能力及成长绩效间相互关系共构建了直接模型 A、B、C、D 与整合模型 E、F、G、H 共 8 个竞争性理论模型。而由上文（第 5.2 节）分析可知，各变量测量方法是成功有效的。因此，本小节拟将各变量及其测量指标一起纳入各相关竞争性模型中进行结构方程分析，以分析各变量间相互关系。

在对各竞争性理论模型逐个进行分析时，先进行假设检验分析，再进行模型中变量间关系层次分析，接着分析各内在潜变量的方差解释情况，最后，再就模型对样本数据的拟合情况进行分析。

在逐个分析各竞争性理论模型后，再就各竞争性理论模型对成长绩效的方差解释比、各模型所反映的变量间层次关系以及各模型对样本数据拟合水平等方面对各竞争性理论模型进行横向综合比较，以分析各竞争性理论模型的优劣。①

5.3.1 直接模型 A 及其假设检验结果分析

编写并运行如附录2 所示 LISREL 程序对如图3.16 所示模型 A 及其相关假设

① 为简化后文中各表格排版界面，在此对后文各表格部分内容格式作如下统一说明：

1. 各直接模型 A、B、C 与 D 只揭示了各变量间的直接效应，而并未反映相应的间接效应。因此，各变量间的标准化路径系数、直接效应与整体效应三者在数值上相等，故将它们合并列在同一表格中。而整合模型 E、F、G 与 H 有些变量间既存在直接效应，亦存在间接效应，为深入揭示各种效应的大小，后文将这些模型的路径分析与变量间效应分析分开列在不同表格中。另外，由于本研究各模型只考虑了控制变量对成长绩效的直接影响，因而某特定控制变量对成长绩效的直接效应、整体效应与路径系数在数值上相等，各控制变量的效应可参见相应模型的路径系数分析表。

2. 假设编号 H［数字 1］［数字 2］中，“数字 1”表假设关系中的因变量；“字母 2”表假设关系中的自变量。各数字与变量名称对应关系为：1：创业导向；2：营销能力；3：技术能力；4：融资能力；5：合作伙伴关系品质；6：顾客关系品质；7：政府部门关系品质；8：金融机构关系品质；9：成长绩效。如 H91 表变量 1（创业导向）对变量 9（成长绩效）影响的假设。

3. 本研究参照黄芳铭（2005）与邱皓政（2006）等有关研究，对各路径系数与变量间效应的显著水平及假设是否得到支持统一执行以下标准：所有检验均为双尾检验，且：

当 T 值大于或等于 3.29 时，**** $p<0.001$，支持；

当 T 值大于或等于 2.58，但小于 3.29 时，*** $p<0.01$，支持；

当 T 值大于或等于 1.96，但小于 2.58 时，** $p<0.05$，支持；

当 T 值大于或等于 1.65，但小于 1.96 时，* $p<0.1$，支持；

当 T 值小于 1.65 时，$p>0.1$，不支持。

进行结构方程分析检验。

(1) 假设检验分析

直接模型A中各假设检验结果如表5.47所示。

表5.47 直接模型A路径系数及变量间直接效应与整体效应SEM分析结果

假设	路径	非标准化	标准误	T值	完全标准化	是否支持假设
	内部能力与成长绩效直接关系					
H91	创业导向→成长绩效	0.2972	0.0512	5.8105 ****	0.3386	支持
H92	营销能力→成长绩效	0.3943	0.0577	6.8396 ****	0.4105	支持
H93	技术能力→成长绩效	0.2918	0.0494	5.9016 ****	0.3261	支持
H94	融资能力→成长绩效	0.1425	0.0507	2.8095 ***	0.1505	支持
	控制变量效应]					
	环境宽容性→成长绩效	0.1386	0.0517	2.6826 ***	0.1479	
	企业年限→成长绩效	0.0570	0.0304	1.8781 *	0.0969	
	企业规模→成长绩效	0.0035	0.0015	2.3818 **	0.1230	
成长绩效方差解释比例 R^2		0.4586				

注：* 表示p值<0.10；** 表示p值<0.05；*** 表示p值<0.01；**** 表示p值<0.001。

资料来源：本研究整理。

就内部能力与成长绩效直接关系而言，由表5.47可知，样本数据显示模型A中各假设对应路径系数完全标准化值均为正值，这与本研究预期假设在方向上一致。其中，假设H91、H92、H93与H94对应路径系数非标准化时的T值分别为5.8105、6.8396、5.9016与2.8095，分别大于3.29、3.29、3.29与2.58，显示该四路径系数分别在0.001、0.001、0.001与0.01的显著水平上显著大于0。这表明直接模型A中各假设均在不同程度上得到样本数据支持。

就控制变量效应而言，模型A中环境宽容性、企业年限与企业规模三控制变量对成长绩效的路径系数完全标准化值均为正值，而且这些路径系数非标准化时的T值分别为2.6826、1.8781与2.3818，分别大于2.58、1.65与1.96，显示这三控制变量对成长绩效的影响系数分别在0.01、0.1与0.05的显著水平上显著大于0。这表明样本数据支持本研究选定该三变量为模型A控制变量。

(2) 变量间关系层次分析

模型A只考虑了各内部能力对成长绩效的直接影响。各内部能力对成长绩效的直接效应、整体效应与完全标准化路径系数在数值上相等，如表5.47所示。

(3) 内在潜变量方差解释分析

表5.47显示模型A中各内部能力与控制变量共解释了成长绩效45.86%的

总方差。

(4) 模型对样本数据整体拟合水平分析

直接模型 A 对样本数据各项拟合指数如表 5.48 所示。

表 5.48 直接模型 A 整体拟合指数

拟合指数	χ^2/df	GFI	AGFI	RMSEA	SRMR	NFI	IFI	CFI
实际值	1.3916	0.9814	0.9780	0.0348	0.0463	0.9026	0.9705	0.9703
要求值	<3	>0.9	>0.9	<0.05	<0.08	>0.9	>0.9	>0.9

资料来源：本研究整理。

对比如表 5.48 所示直接模型 A 对样本数据各项拟合指数的实际值与模型可被接受的要求值可知，该模型对样本数据的各项拟合指数 $\chi^2/df=1.3916$，GFI = 0.9814，AGFI = 0.9780，RMSEA = 0.0348，SRMR = 0.0463，NFI = 0.9026，IFI = 0.9705，CFI = 0.9703 均超过了相应的要求值标准，显示模型对样本数据拟合情况较理想。

5.3.2 直接模型 B 及其假设检验结果分析

按照前文图 3.17 所示的直接模型 B 编写并运行如附录 2 所示的 LISREL 程序对模型 B 进行结构方程分析检验。

(1) 假设检验分析

直接模型 B 中各假设检验结果如表 5.49 所示。

表 5.49 直接模型 B 路径系数及变量间直接效应与整体效应 SEM 分析结果

假设	路径	非标准化	标准误	T 值	完全标准化	是否支持假设
	网络关系与成长绩效直接关系					
H95	合作伙伴 RQ→成长绩效	0.3617	0.0882	4.1005****	0.2901	支持
H96	顾客 RQ→成长绩效	0.3569	0.0990	3.6054****	0.2669	支持
H97	政府部门 RQ→成长绩效	0.3373	0.1185	2.8454***	0.1990	支持
H98	金融机构 RQ→成长绩效	0.3993	0.1277	3.1276***	0.2354	支持
	控制变量效应					
	环境宽容性→成长绩效	0.1727	0.0630	2.7394***	0.1662	

续表

假设	路径	非标准化	标准误	T 值	完全标准化	是否支持假设
	企业年限→成长绩效	0.0762	0.0371	2.0572**	0.1168	
	企业规模→成长绩效	0.0045	0.0018	2.4810**	0.1410	
成长绩效方差解释比例 R^2		0.3115				

注：* 表示 p 值 <0.10；** 表示 p 值 <0.05；*** 表示 p 值 <0.01；**** 表示 p 值 <0.001。

资料来源：本研究整理①。

就网络关系与成长绩效直接关系而言，由表 5.49 可知，样本数据显示模型 B 中各假设所对应的路径系数完全标准化值均为正值，这与本研究预期假设在方向上一致。其中，假设 H95、H96、H97 与 H98 所对应路径系数非标准化时的 T 值分别为 4.1005、3.6054、2.8454 与 3.1276，分别大于 3.29、3.29、2.58 与 2.58，显示该四路径系数分别在 0.001、0.001、0.01 与 0.01 的显著水平上显著大于 0，表明直接模型 B 内含各假设均在不同程度上得到样本数据支持。

就控制变量效应而言，模型 B 中环境宽容性、企业年限与企业规模三个控制变量对成长绩效的路径系数完全标准化值均为正值，而且这些路径系数非标准化时的 T 值分别为 2.7394、2.0572 与 2.4810，分别大于 2.58、1.96 与 1.96，显示这三控制变量对成长绩效的影响系数分别在 0.01、0.05 与 0.05 的显著水平上显著大于 0。这表明样本数据支持本研究选定该三变量为模型 B 控制变量。

(2) 变量间关系层次分析

模型 B 只考虑了各网络关系对成长绩效的直接影响。各网络关系品质对成长绩效的直接效应、整体效应与完全标准化路径系数在数值上相等，如表 5.49 所示。

(3) 内在潜变量方差解释分析

表 5.49 显示模型 B 中各网络关系品质与控制变量共解释了成长绩效 31.15% 的总方差。

(4) 模型对样本数据整体拟合水平分析

直接模型 B 对样本数据各项拟合指数如表 5.50 所示。

对比如表 5.50 所示直接模型 B 对样本数据各项拟合指数的实际值与模型可被接受的要求值可知，该模型对样本数据的各项拟合指数中，除 NFI = 0.8318 略微低于要求值 0.9 外，模型其他拟合指数 $\chi^2/df = 1.6232$，GFI = 0.9272，AGFI =

---

① 为排版简洁，本研究各表中字母“RQ”指代“关系品质”（Relationship Quality，RQ），后文将不再另行说明。

0.9207，RMSEA = 0.0466，SRMR = 0.0640，IFI = 0.9280，CFI = 0.9276 均超过了相应的要求值标准，显示模型对样本数据拟合情况可被接受。

表 5.50 直接模型 B 整体拟合指数

拟合指数	χ^2/df	GFI	AGFI	RMSEA	SRMR	NFI	IFI	CFI
实际值	1.6232	0.9272	0.9207	0.0466	0.0640	0.8318	0.9280	0.9276
要求值	<3	>0.9	>0.9	<0.05	<0.08	>0.9	>0.9	>0.9

资料来源：本研究整理。

5.3.3 直接模型 C 及其假设检验结果分析

按照前文图 3.18 所示直接模型 C 编写并运行如附录 2 所示 LISREL 程序对模型 C 进行结构方程分析检验。

（1）假设检验分析

直接模型 C 中各假设检验结果如表 5.51 所示。

表 5.51 直接模型 C 路径系数及变量间直接效应与整体效应 SEM 分析结果

假设	路径	非标准化	标准误	T 值	完全标准化	是否支持假设
	内部能力与成长绩效直接关系					
H91	创业导向→成长绩效	0.2427	0.0496	4.8890****	0.2934	支持
H92	营销能力→成长绩效	0.3585	0.0559	6.4179****	0.3960	支持
H93	技术能力→成长绩效	0.2740	0.0483	5.6688****	0.3250	支持
H94	融资能力→成长绩效	0.1327	0.0496	2.6721***	0.1487	支持
	网络关系与成长绩效直接关系					
H95	合作伙伴 RQ→成长绩效	0.1149	0.0488	2.3536**	0.1389	支持
H96	顾客 RQ→成长绩效	0.0928	0.0498	1.8620*	0.1121	支持
H97	政府部门 RQ→成长绩效	0.0956	0.0481	1.9847**	0.1155	支持
H98	金融机构 RQ→成长绩效	0.0843	0.0495	1.7035*	0.1019	支持
	控制变量效应					
	环境宽容性→成长绩效	0.1321	0.0506	2.6114***	0.1460	
	企业年限→成长绩效	0.0534	0.0297	1.7960*	0.0940	
	企业规模→成长绩效	0.0033	0.0015	2.2901**	0.1200	
成长绩效方差解释比例 R^2		0.4708				

注：* 表示 p 值 <0.10；** 表示 p 值 <0.05；*** 表示 p 值 <0.01；**** 表示 p 值 <0.001。

资料来源：本研究整理。

由表5.51可知，样本数据显示模型C中各假设所对应的路径系数完全标准化值均为正值，这与本研究预期假设在方向上一致。

就内部能力与成长绩效直接关系而言，假设H94对应路径系数的T值为2.6721，介于2.58与3.29之间，显示该路径系数在0.01的显著水平上显著大于0；假设H91、H92与H93所对应路径系数的T值均大于3.29，显示该三路径系数均在0.001的显著水平上显著大于0。由此可见，样本数据在0.01的显著水平上支持假设H94，在0.001的显著水平上支持假设H91、H92与H93。

就网络关系与成长绩效直接关系而言，由表5.51可知，样本数据显示模型C中，假设H96与H98对应路径系数的T值均介于1.65与1.96之间，显示该两路径系数均在0.1的显著水平上显著大于0；假设H95与H97对应路径系数T值介于1.96与2.58之间，显示该两路径系数均在0.05的显著水平上显著大于0。由此可见，样本数据在0.05的显著水平上支持假设H95与H97，在0.1的显著水平上支持假设H96与H98。

从控制变量的效应看，模型C所选定的环境宽容性、企业年限与企业规模三个控制变量对成长绩效的路径系数完全标准化值均为正值，而且这些路径系数非标准化时的T值分别为2.6114、1.7960与2.2901，均大于0.1显著水平的临界值1.65，显示这些路径系数均在0.1及以上显著水平上显著大于0，表明样本数据支持本研究选定该三变量为模型控制变量。

（2）变量间关系层次分析

模型C只考虑了各网络关系品质与各内部能力对成长绩效的直接影响。各影响路径的直接效应、整体效应与完全标准化路径系数在数值上相等，如表5.51所示。

（3）内在潜变量方差解释分析

表5.51显示模型C中各内部能力、网络关系品质与控制变量共解释了成长绩效47.08%的总方差。

（4）模型对样本数据整体拟合水平分析

直接模型C对样本数据各项拟合指数如表5.52所示。

表5.52 直接模型C整体拟合指数

拟合指数	χ^2/df	GFI	AGFI	RMSEA	SRMR	NFI	IFI	CFI
实际值	2.7987	0.7654	0.7508	0.0800	0.1167	0.7812	0.8474	0.8470
要求值	<3	>0.9	>0.9	<0.05	<0.08	>0.9	>0.9	>0.9

资料来源：本研究整理。

对比如表 5.52 所示直接模型 C 对样本数据各项拟合指数的实际值与模型可被接受的要求值可知，该模型对样本数据的各项拟合指数中，除 $\chi^2/df=2.7987$ 达到相应标准以及 RMSEA = 0.0800 尽管未达 0.05 的要求值，但达到较为宽松的要求值 0.08 的标准外，其他各项拟合指数 GFI = 0.7654，AGFI = 0.7508，SRMR = 0.1167，NFI = 0.7812，IFI = 0.8474，CFI = 0.8470 均未达到模型可被接受的要求值标准，显示模型 C 对样本数据拟合不佳。因此，从总体上看，模型 C 还有待于进一步修正。

5.3.4 直接模型 D 及其假设检验结果分析

按照前文图 3.19 所示的直接模型 D 编写并运行如附录 2 所示的 LISREL 程序对模型 D 进行结构方程分析检验。

(1) 假设检验分析

直接模型 D 中各假设检验结果如表 5.53 所示。

表 5.53 直接模型 D 路径系数及变量间直接效应与整体效应 SEM 分析结果

假设	路径	非标准化	标准误	T 值	完全标准化	是否支持假设
	网络关系与内部能力直接关系					
H15	合作伙伴 RQ→创业导向	0.3482	0.0901	3.8637 ****	0.3079	支持
H25	合作伙伴 RQ→营销能力	0.2919	0.0886	3.2956 ****	0.2435	支持
H35	合作伙伴 RQ→技术能力	0.3453	0.0962	3.5877 ****	0.2670	支持
H45	合作伙伴 RQ→融资能力	0.1630	0.0862	1.8904 *	0.1338	支持
H16	顾客 RQ→创业导向	0.3684	0.1015	3.6292 ****	0.3028	支持
H26	顾客 RQ→营销能力	0.4284	0.1057	4.0537 ****	0.3322	支持
H36	顾客 RQ→技术能力	0.2222	0.1037	2.1415 **	0.1597	支持
H17	政府部门 RQ→创业导向	0.3908	0.1223	3.1942 ***	0.2548	支持
H27	政府部门 RQ→营销能力	0.2540	0.1188	2.1379 **	0.1563	支持
H47	政府部门 RQ→融资能力	0.2470	0.1204	2.0521 **	0.1495	支持
H18	金融机构 RQ→创业导向	0.4115	0.1296	3.1765 ***	0.2677	支持
H48	金融机构 RQ→融资能力	0.5283	0.1401	3.7699 ****	0.3191	支持

注：* 表示 p 值 < 0.10；** 表示 p 值 < 0.05；*** 表示 p 值 < 0.01；**** 表示 p 值 < 0.001。

资料来源：本研究整理。

就网络关系与内部能力直接关系而言，由表 5.53 可知，样本数据显示模型 D 中各假设所对应的路径系数完全标准化值均为正值，这与本研究预期假设在方向上一致。其中，假设 H15、H25、H35、H16、H26 与 H48 所对应路径系数非标准化时的 T 值分别为 3.8637、3.2956、3.5877、3.6292、4.0537 与 3.7699，均大于 3.29，显示该六路径系数均在 0.001 的显著水平上显著大于 0；假设 H17 与 H18 所对应路径系数非标准化时的 T 值分别为 3.1942 与 3.1765，均大于 2.58，显示该两路径系数均在 0.01 的显著水平上显著大于 0；假设 H36、H27 与 H47 所对应路径系数非标准化时的 T 值分别为 2.1415、2.1379 与 2.0521，均大于 1.96，显示该三路径系数均在 0.05 的显著水平上显著大于 0；假设 H45 对应路径系数非标准化时的 T 值为 1.8904，大于 1.65，显示该路径系数在 0.1 的显著水平上显著大于 0。所有这些均表明直接模型 B 内含各假设均在不同程度上得到样本数据支持。

(2) 变量间关系层次分析

模型 D 只考虑了各网络关系品质对相应内部能力直接影响。各影响路径直接效应、整体效应与完全标准化路径系数在数值上相等，如表 5.53 所示。

(3) 内在潜变量方差解释分析

模型 D 中各内生潜变量方差解释比如表 5.54 所示。由表 5.54 可知，模型 D 中各网络关系品质分别解释了创业导向、营销能力、技术能力与融资能力约 32.31%、19.41%、9.68% 与 14.21% 的方差。

表 5.54　整合模型 D 各内生潜变量方差解释比例

内生潜变量	创业导向	营销能力	技术能力	融资能力
解释方差比 R^2	0.3231	0.1941	0.0968	0.1421

资料来源：本研究整理。

(4) 模型对样本数据整体拟合水平分析

直接模型 D 对样本数据各项拟合指数如表 5.55。

表 5.55　直接模型 D 整体拟合指数

拟合指数	χ^2/df	GFI	AGFI	RMSEA	SRMR	NFI	IFI	CFI
实际值	1.5207	0.9211	0.9152	0.0421	0.0521	0.8675	0.9503	0.9501
要求值	<3	>0.9	>0.9	<0.05	<0.08	>0.9	>0.9	>0.9

资料来源：本研究整理。

对比如表 5.55 所示直接模型 D 对样本数据各项拟合指数的实际值与模型可被接受的要求值可知，该模型对样本数据的各项拟合指数中，除 NFI = 0.8675 略微低于要求值 0.9 外，模型其他拟合指数 $\chi^2/df = 1.5207$，GFI = 0.9211，AGFI = 0.9152，RMSEA = 0.0421，SRMR = 0.0521，IFI = 0.9503，CFI = 0.9501 均超过了相应的要求值标准。因此，从总体上看，模型 D 可被接受。

5.3.5 整合模型 E 及其假设检验结果分析

按照前文图 3.20 所示整合模型 E 编写并运行附录 2 所示 LISREL 程序对模型 E 进行结构方程分析，结果如表 5.56、表 5.57 与表 5.60 所示。

（1）假设检验分析

由表 5.56 可知，样本数据显示模型 E 中各假设所对应路径系数完全标准化值均为正值，这与本研究预期假设在方向上一致。

就内部能力与成长绩效直接关系而言，模型 E 中各内部能力对成长绩效的路径系数 T 值最低为 2.0282，最高为 5.3491，均高于 0.05 显著水平所对应的临界值 1.96。其中营销能力与技术能力对成长绩效的路径系数 T 值高于 0.001 显著水平所对应的临界值 3.29。所有这些显示，模型 E 中新创企业内部能力对成长绩效影响的路径系数均至少在 0.05，甚至在 0.001 的显著水平上显著大于 0，即模型 E 关于新创企业内部能力对成长绩效具正向直接影响的假设均在不同显著水平上得到样本数据支持。

表 5.56 整合模型 E 路径系数 SEM 分析结果

假设	路径	非标准化	标准误	T 值	完全标准化	是否支持假设
	内部能力与成长绩效直接关系					
H91	创业导向→成长绩效	0.2444	0.0808	3.0262***	0.2326	支持
H92	营销能力→成长绩效	0.3415	0.0638	5.3491****	0.3445	支持
H93	技术能力→成长绩效	0.2625	0.0514	5.1117****	0.2857	支持
H94	融资能力→成长绩效	0.1133	0.0559	2.0282**	0.1162	支持
	网络关系与内部能力直接关系					
H15	合作伙伴 RQ→创业导向	0.3483	0.0900	3.8705****	0.3079	支持
H25	合作伙伴 RQ→营销能力	0.2919	0.0885	3.2969****	0.2435	支持
H35	合作伙伴 RQ→技术能力	0.3453	0.0962	3.5886****	0.2670	支持
H45	合作伙伴 RQ→融资能力	0.1630	0.0862	1.8905*	0.1338	支持
H16	顾客 RQ→创业导向	0.3685	0.1014	3.6357****	0.3028	支持
H26	顾客 RQ→营销能力	0.4284	0.1056	4.0571****	0.3322	支持
H36	顾客 RQ→技术能力	0.2222	0.1037	2.1419**	0.1597	支持
H17	政府部门 RQ→创业导向	0.3909	0.1222	3.1981***	0.2549	支持
H27	政府部门 RQ→营销能力	0.2541	0.1188	2.1383**	0.1563	支持
H47	政府部门 RQ→融资能力	0.2471	0.1204	2.0523**	0.1495	支持

续表

假设	路径	非标准化	标准误	T值	完全标准化	是否支持假设
H18	金融机构 RQ→创业导向	0.4116	0.1294	3.1808 ***	0.2678	支持
H48	金融机构 RQ→融资能力	0.5283	0.1401	3.7717 ****	0.3191	支持
	网络关系与成长绩效直接关系					
H95	合作伙伴 RQ→成长绩效	0.1196	0.0824	1.4515	0.1006	不支持
H96	顾客 RQ→成长绩效	0.0999	0.0919	1.0867	0.0781	不支持
H97	政府部门 RQ→成长绩效	0.1369	0.1031	1.3275	0.0849	不支持
H98	金融机构 RQ→成长绩效	0.1363	0.1124	1.2127	0.0844	不支持
	控制变量效应					
	环境宽容性→成长绩效	0.1318	0.0505	2.6116 ***	0.1339	
	企业年限→成长绩效	0.0533	0.0297	1.7935 *	0.0861	
	企业规模→成长绩效	0.0033	0.0015	2.2883 **	0.1100	

注：* 表示 p 值 <0.10；** 表示 p 值 <0.05；*** 表示 p 值 <0.01；**** 表示 p 值 <0.001。

资料来源：本研究整理。

就网络关系与内部能力直接关系而言，表 5.56 显示，合作伙伴关系品质对融资能力的影响路径系数 T 值最低，为 1.8905，介于 1.65 与 1.96 之间，显示该路径系数在 0.1 的显著水平上显著大于 0，即样本数据在 0.1 的显著水平上支持本研究关于新创企业合作伙伴关系品质对融资能力具正向直接影响的假设 H45。

假设 H36、H27 与 H47 所对应路径系数 T 值分别为 2.1419、2.1383 与 2.0523，均大于 1.96（但小于 2.58），显示这些路径系数在 0.05 的显著水平上显著大于 0，即该三假设中关于各网络关系品质对相应内部能力具正向直接影响的假设在 0.05 的显著水平上得到了样本数据的支持。

假设 H17 与 H18 所对应路径系数 T 值分别为 3.1981 与 3.1808，均大于 2.58（但小于 3.29），显示该两路径系数在 0.01 的显著水平上显著大于 0，即该两假设中关于各网络关系品质对创业导向具正向直接影响的假设在 0.01 的显著水平上得到了样本数据的支持。

假设 H15、H25、H35、H16、H26 与 H48 各自所对应的路径系数 T 值分别为 3.8705、3.2969、3.5886、3.6357、4.0571 与 3.7717，均大于 3.29，显示这些路径系数在 0.001 的显著水平上显著大于 0，即这些假设中关于各网络关系品质对相应内部能力具正向直接影响的假设在 0.001 的显著水平上得到了样本数据的支持。上述分析表明，样本数据支持模型 E 关于各网络关系品质对相应内部能力具正向直接影响的假设。

就网络关系与成长绩效直接关系而言，由表 5.56 可知，各网络关系品质对成长绩效直接效应的路径系数均为正值，但这些路径系数的 T 值最低为 1.0867，最高为 1.4515，均低于显著水平为 0.1 所对应的临界值 1.65，显示模型 E 中各网络关系品质对成长绩效路径系数尽管为正值，但并未在 0.1 的显著水平上显著大于 0，即模型 E 中关于新创企业网络关系品质对成长绩效正向直接影响的假设 H95、H96、H97 与 H98 并未得到样本数据的支持。

从控制变量的效应看，本研究所选定的环境宽容性、企业年限与企业规模三个控制变量对成长绩效的路径系数完全标准化值均为正值，而且这些路径系数非标准化时的 T 值分别为 2.6116、1.7935 与 2.2883，均大于 0.1 显著水平的临界值 1.65，显示这些路径系数均在 0.1 及以上显著水平上显著大于 0，表明样本数据支持本研究选定该三变量为模型 E 控制变量的做法。

就网络关系与成长绩效间接关系而言，由表 5.57 可知，假设 H95′、H96′、H97′与 H98′分别所反映的合作伙伴关系品质、顾客关系品质、政府部门关系品质及金融机构关系品质各自通过模型 E 所示相应内部能力对成长绩效的间接效应标准化值分别为 0.2474、0.2305、0.1305 与 0.0994，均大于 0，这与本研究预期假设在方向上一致。其中，它们各自对应的非标准化 T 值分别为 4.4922、4.1666、3.1102 与 2.7731，显示它们分别在 0.001、0.001、0.01 与 0.01 显著水平上显著大于 0，即样本数据在 0.001 的显著水平上支持假设 H95′与 H96′，在 0.01 的显著水平上支持 H97′与 H98′。

表 5.57　整合模型 E 中部分变量对成长绩效影响效应分解

假设	自变量	非标准化	标准误	T 值	完全标准化	是否支持假设
	合作伙伴关系品质					
	直接效应	0.1196	0.0824	1.4515	0.1006	
H95′	间接效应	0.2939	0.0654	4.4922 ****	0.2474	支持
	整体效应	0.4135	0.0871	4.7454 ****	0.3480	
	顾客关系品质					
	直接效应	0.0999	0.0919	1.0867	0.0781	
H96′	间接效应	0.2947	0.0707	4.1666 ****	0.2305	支持
	整体效应	0.3946	0.0962	4.0995 ****	0.3086	
	政府部门关系品质					
	直接效应	0.1369	0.1031	1.3275	0.0849	
H97′	间接效应	0.2103	0.0676	3.1102 ***	0.1305	支持
	整体效应	0.3472	0.1090	3.1851 ***	0.2154	

续表

假设	自变量	非标准化	标准误	T值	完全标准化	是否支持假设
	金融机构关系品质					
	直接效应	0.1363	0.1124	1.2127	0.0844	
H98′	间接效应	0.1605	0.0579	2.7731***	0.0994	支持
	整体效应	0.2968	0.1058	2.8043***	0.1838	

注：*表示p值<0.10；**表示p值<0.05；***表示p值<0.01；****表示p值<0.001。

资料来源：本研究整理。

(2) 变量间关系层次分析

由表5.57可知，尽管网络关系品质对成长绩效的直接效应均未达最低0.1的显著水平，但它们对成长绩效的间接效应均为正值，且均至少在0.01的显著水平上显著大于0，表明各网络关系品质能通过相应的内部能力对成长绩效产生显著间接效应。再由表5.57可知，各网络关系品质对成长绩效的整体效应亦均至少在0.01的显著水平上显著大于0。各网络关系品质对成长绩效的间接效应与整体效应的比值如表5.58所示，由此可见，各网络关系品质的间接效应均占各自整体效应的半数以上。

另外，表5.57亦显示各内部能力亦至少在0.05的显著水平上对成长绩效具有显著大于0的整体效应。

表5.58 网络关系品质对成长绩效间接效应与整体效应比

自变量	合作伙伴RQ	顾客RQ	政府部门RQ	金融机构RQ
间接效应占整体效应比	71.09%	74.67%	60.57%	54.07%

资料来源：本研究整理。

因此，结合前文假设检验分析可知，与模型C不同，模型E不但反映了各变量对成长绩效的直接影响，更深入考虑了企业网络关系对内部能力的影响，以及内部能力在网络关系与成长绩效关系中的中介关系，从而较为深刻地揭示了网络关系对成长绩效的作用机理。

(3) 内在潜变量方差解释分析

模型E中各内生潜变量方差解释比如表5.59所示。

表5.59 整合模型E各内生潜变量方差解释比例

内生潜变量	成长绩效	创业导向	营销能力	技术能力	融资能力
解释方差比 R^2	0.5515	0.3232	0.1941	0.0968	0.1421

资料来源：本研究整理。

由表5.59可知，模型E中各变量共累积解释了成长绩效55.15%的方差。除此以外，模型E还分别解释了创业导向、营销能力、技术能力与融资能力约32.32%、19.41%、9.68%与14.21%的方差。

（4）模型对样本数据整体拟合水平分析

整合模型E对样本数据各项拟合指数如表5.60所示。

表5.60　整合模型E整体拟合指数

拟合指数	χ^2/df	GFI	AGFI	RMSEA	SRMR	NFI	IFI	CFI
实际值	1.3909	0.9261	0.9210	0.0365	0.0544	0.8919	0.9670	0.9670
要求值	<3	>0.9	>0.9	<0.05	<0.08	>0.9	>0.9	>0.9

资料来源：本研究整理。

对比如表5.60所示整合模型E对样本数据各项拟合指数的实际值与模型可被接受的要求值可知，该模型对样本数据的各项拟合指数中，除NFI＝0.8919略微低于要求值0.9外，模型其他拟合指数 $\chi^2/df=1.3909$，GFI＝0.9261，AGFI＝0.9210，RMSEA＝0.0365，SRMR＝0.0544，IFI＝0.9670，CFI＝0.9670均超过了相应的要求值标准，显示模型对样本数据拟合情况可被接受。因此，从总体上看，模型E可被接受。

5.3.6　整合模型F及其假设检验结果分析

按照图3.21所示整合模型F编写并运行如附录2所示LISREL程序对模型F进行结构方程分析，结果如表5.61、表5.62与表5.65所示。

（1）假设检验分析

由表5.61可知，样本数据显示模型F中各假设所对应的路径系数完全标准化值均为正值，这与本研究预期假设在方向上一致。

就内部能力与成长绩效直接关系而言，模型F中融资能力对成长绩效路径系数T值为1.5382，小于1.65，表明该路径系数未能在0.1显著水平上大于0，即样本数据不支持模型F中融资能力对成长绩效具有显著正向直接影响的假设。除此以外，创业导向、营销能力与技术能力三者对成长绩效的路径系数T值分别为3.0511、5.2986与5.0746，表明该三路径系数分别在0.01、0.001与0.001的显著水平上显著大于0，即样本数据在不同程度上支持模型F中关于创业导向、营销能力与技术能力分别对成长绩效具有显著正向直接影响的假设。

就各内部能力之间直接关系而言，样本数据显示融资能力对创业导向、营销能力与技术能力的路径系数T值分别为4.2509、3.4008与2.5552，表明该三路径系数分别在0.001、0.001与0.05的显著水平上显著大于0，即样本数据在不同程度上支持模型 F 中关于融资能力对创业导向、营销能力及技术能力具显著正向直接影响的假设 H14、H24 与 H34。

表 5.61　整合 F 路径系数及变量间直接效应 SEM 分析结果

假设	路径	非标准化	标准误	T 值	完全标准化	是否支持假设
	内部能力与成长绩效直接关系					
H91	创业导向→成长绩效	0.2523	0.0827	3.0511***	0.2349	支持
H92	营销能力→成长绩效	0.3428	0.0647	5.2986****	0.3369	支持
H93	技术能力→成长绩效	0.2622	0.0517	5.0746****	0.2784	支持
H94	融资能力→成长绩效	0.0954	0.0620	1.5382	0.0958	不支持
	各内部能力之间直接关系					
H14	融资能力→创业导向	0.2937	0.0691	4.2509****	0.3165	支持
H24	融资能力→营销能力	0.2190	0.0644	3.4008****	0.2237	支持
H34	融资能力→技术能力	0.1749	0.0684	2.5552**	0.1653	支持
	网络关系与内部能力直接关系					
H15	合作伙伴 RQ→创业导向	0.2941	0.0851	3.4556****	0.2608	支持
H25	合作伙伴 RQ→营销能力	0.2449	0.0857	2.8567***	0.2057	支持
H35	合作伙伴 RQ→技术能力	0.3048	0.0942	3.2361***	0.2370	支持
H45	合作伙伴 RQ→融资能力	0.1038	0.0866	1.1993	0.0854	不支持
H16	顾客 RQ→创业导向	0.3402	0.0971	3.5046****	0.2800	支持
H26	顾客 RQ→营销能力	0.3996	0.1024	3.9008****	0.3117	支持
H36	顾客 RQ→技术能力	0.1948	0.1019	1.9113*	0.1406	支持
H17	政府部门 RQ→创业导向	0.3067	0.1157	2.6514***	0.2003	支持
H27	政府部门 RQ→营销能力	0.1829	0.1158	1.5787	0.1132	不支持
H47	政府部门 RQ→融资能力	0.1993	0.1206	1.6524*	0.1208	支持
H18	金融机构 RQ→创业导向	0.2202	0.1234	1.7840*	0.1439	支持
H48	金融机构 RQ→融资能力	0.4878	0.1385	3.5209****	0.2956	支持
	网络关系与成长绩效直接关系					
H95	合作伙伴 RQ→成长绩效	0.1195	0.0778	1.5359	0.0987	不支持
H96	顾客 RQ→成长绩效	0.0985	0.0898	1.0974	0.0755	不支持
H97	政府部门 RQ→成长绩效	0.1378	0.0984	1.4008	0.0838	不支持
H98	金融机构 RQ→成长绩效	0.1384	0.1042	1.3278	0.0842	不支持
	控制变量效应					
	环境宽容性→成长绩效	0.1318	0.0505	2.6123***	0.1309	
	企业年限→成长绩效	0.0533	0.0297	1.7938*	0.0842	
	企业规模→成长绩效	0.0033	0.0014	2.2888**	0.1075	

注：* 表示 p 值 <0.10；** 表示 p 值 <0.05；*** 表示 p 值 <0.01；**** 表示 p 值 <0.001。

资料来源：本研究整理。

就网络关系与内部能力直接关系而言，合作伙伴 RQ 对融资能力的路径系数（假设 H45）与政府部门 RQ 对营销能力的路径系数（假设 H27）的 T 值分别为 1.1993 与 1.5787，均低于 1.65，表明该两路径系数均未能在 0.1 的显著水平上显著大于 0，即样本数据不支持模型 F 中假设 H45 与 H27。

顾客 RQ 对技术能力（假设 H36）、政府部门 RQ 对融资能力（假设 H47）与金融机构 RQ 对创业导向（假设 H18）三路径系数的 T 值分别为 1.9113、1.6524 与 1.7840，均介于 1.65 与 1.96 之间，显示该三路径系数均在 0.1 的显著水平上显著大于 0，即样本数据支持该三假设中关于顾客 RQ 对技术能力，政府部门 RQ 对融资能力以及金融机构 RQ 对创业导向均具有显著正向直接影响的说法。

合作伙伴 RQ 对营销能力（假设 H25）及技术能力（假设 H35）、政府部门 RQ 对创业导向（假设 H17）三路径系数的 T 值分别为 2.8567、3.2361 与 2.6514，均介于 2.58 与 3.29 之间，显示该三路径系数均在 0.01 显著水平上显著大于 0，即样本数据支持假设 H25、H35 与 H17 中关于合作伙伴 RQ 对营销能力及技术能力，政府部门 RQ 对创业导向具有显著正向直接影响的说法。

再有，假设 H15、H16、H26 及 H48 所对应路径系数 T 值分别为 3.4556、3.5046、3.9008 与 3.5209，均大于 3.29，显示该四路径系数均在 0.001 的显著水平上显著大于 0，即样本数据支持该四假设中关于合作伙伴 RQ 对创业导向，顾客 RQ 对创业导向，顾客 RQ 对营销能力以及金融机构 RQ 对融资能力具有显著正向直接效应的说法。

就网络关系与成长绩效直接关系而言，由表 5.61 可知，各网络关系品质对成长绩效直接影响的路径系数均为正值，但这些路径系数的 T 值最低为 1.0974，最高为 1.5359，均低于显著水平为 0.1 所对应的临界值 1.65，显示模型 F 中各网络关系品质对成长绩效路径系数尽管为正值，但并未在 0.1 的显著水平上显著大于 0，即模型 F 中关于新创企业网络关系品质对成长绩效正向直接影响的假设 H95、H96、H97 与 H98 均未得到样本数据的支持。

从控制变量的效应看，本研究所选定的环境宽容性、企业年限与企业规模三个控制变量对成长绩效的路径系数完全标准化值均为正值，而且这些路径系数非标准化时的 T 值分别为 2.6123、1.7938 与 2.2888，均大于 0.1 显著水平的临界值 1.65，显示这些路径系数均在 0.1 及以上显著水平上显著大于 0，表明样本数据支持本研究选定该三变量为模型 F 控制变量的做法。

就内部能力与成长绩效间接关系而言，由表 5.62 可知，假设 H94″反映的融资能力通过模型 F 所示相应内部能力对成长绩效的间接效应标准化值为 0.1957，大于 0，这与本研究预期假设在方向上一致。其中，其对应的非标准化 T 值为

4.2229，显示其在0.001的显著水平上显著大于0，即样本数据支持假设H94″。

表5.62　整合模型F中部分变量对成长绩效影响效应分解

假设	自变量	非标准化	标准误	T值	完全标准化	是否支持假设
	融资能力					
	直接效应	0.0954	0.0620	1.5382	0.0958	
H94″	间接效应	0.1950	0.0462	4.2229 ****	0.1957	支持
	整体效应	0.2904	0.0641	4.5342 ****	0.2915	
	合作伙伴关系品质					
	直接效应	0.1195	0.0778	1.5359	0.0987	
H95′	间接效应	0.2682	0.0639	4.1950 ****	0.2214	支持
	整体效应	0.3877	0.0878	4.4137 ****	0.3201	
	顾客关系品质					
	直接效应	0.0985	0.0898	1.0974	0.0755	
H96′	间接效应	0.2739	0.0678	4.0418 ****	0.2099	支持
	整体效应	0.3724	0.0945	3.9415 ****	0.2854	
	政府部门关系品质					
	直接效应	0.1378	0.0984	1.4008	0.0838	
H97′	间接效应	0.1979	0.0690	2.8688 ***	0.1204	支持
	整体效应	0.3358	0.1119	3.0013 ***	0.2043	
	金融机构关系品质					
	直接效应	0.1384	0.1042	1.3278	0.0842	
H98′	间接效应	0.1972	0.0613	3.2190 ***	0.1200	支持
	整体效应	0.3356	0.1123	2.9900 ***	0.2042	

注：* 表示p值<0.10；** 表示p值<0.05；*** 表示p值<0.01；**** 表示p值<0.001。

资料来源：本研究整理。

就网络关系与成长绩效间接关系而言，由表5.62可知，假设H95′、H96′、H97′与H98′分别所反映的合作伙伴关系品质、顾客关系品质、政府部门关系品质及金融机构关系品质各自通过模型F所示相应内部能力对成长绩效的间接效应标准化值分别为0.2214、0.2099、0.1204与0.1200，均大于0，这与本研究预期假设在方向上一致。其中，它们各自对应的非标准化T值分别为4.1950、4.0418、2.8688与3.2190，显示它们分别在0.001、0.001、0.01与0.01显著水平上显著大于0，即样本数据在0.001的显著水平上支持假设H95′与H96′，在0.01的显著水平上支持H97′与H98′。

（2）变量间关系层次分析

由表 5.62 可知，与模型 E 类似，各网络关系品质对成长绩效的直接效应均未达最低 0.1 的显著水平，但它们均通过相应的内部能力，至少在 0.01 的显著水平上对成长绩效具有显著的正向间接效应。类似的，表 5.62 显示各网络关系品质与各内部能力对成长绩效的整体效应均至少在 0.01 的显著水平上显著大于 0。各网络关系品质对成长绩效的间接效应与整体效应的比值如表 5.63 所示。由表 5.63 可知，各网络关系品质的间接效应均占各自整体效应的半数以上。

表 5.63　网络关系品质对成长绩效间接效应与整体效应比

自变量	合作伙伴 RQ	顾客 RQ	政府部门 RQ	金融机构 RQ
间接效应占整体效应比	69.17%	73.54%	58.95%	58.76%

资料来源：本研究整理。

由上文关于模型 F 的假设检验分析可知，与模型 E 不同，模型 F 不但反映了融资能力对成长绩效的直接影响，更反映了融资能力通过影响创业导向、营销能力及技术能力，从而对成长绩效产生的间接影响。表 5.62 显示该间接效应的总和标准化值为 0.196，且达到了 0.001 的显著水平，占据了融资能力对成长绩效整体效应的 67.14%。

因此，结合前文假设检验分析可知，与模型 C 与 E 不同，模型 F 不但反映了各变量对成长绩效的直接影响，以及内部能力在网络关系与成长绩效间的中介效应，同时亦展示了融资能力通过影响创业导向、营销能力及技术能力从而对成长绩效产生的间接影响，分析了各内部能力间的层次关系，从而更为深刻地揭示了网络关系与内部能力对成长绩效的作用机理。

（3）内在潜变量方差解释分析

模型 F 中各内生潜变量方差解释比如表 5.64 所示。

表 5.64　整合模型 F 各内生潜变量方差解释比例

内生潜变量	成长绩效	创业导向	营销能力	技术能力	融资能力
解释方差比 R^2	0.5718	0.3638	0.2163	0.1099	0.1093

资料来源：本研究整理。

由表 5.64 可知，模型 F 中各变量共累积解释了成长绩效 57.18% 的方差。除此以外，模型 F 还分别解释了创业导向、营销能力、技术能力与融资能力约 36.38%、21.63%、10.99% 与 10.93% 的方差。

（4）模型对样本数据整体拟合水平分析

对比如表 5.65 所示整合模型 F 对样本数据各项拟合指数的实际值与模型可

被接受的要求值可知，该模型对样本数据的各项拟合指数 $\chi^2/df=1.2678$，GFI = 0.9530，AGFI = 0.9498，RMSEA = 0.0301，SRMR = 0.0414，NFI = 0.9016，IFI = 0.9775，CFI = 0.9774 均超过了相应的要求值标准，显示模型对样本数据拟合情况较理想。

表 5.65　整合模型 F 整体拟合指数

拟合指数	χ^2/df	GFI	AGFI	RMSEA	SRMR	NFI	IFI	CFI
实际值	1.2678	0.9530	0.9498	0.0301	0.0414	0.9016	0.9775	0.9774
要求值	<3	>0.9	>0.9	<0.05	<0.08	>0.9	>0.9	>0.9

资料来源：本研究整理。

5.3.7　整合模型 G 及其假设检验结果分析

按照图 3.22 所示整合模型 G 编写并运行如附录 2 所示 LISREL 程序对模型 G 进行结构方程分析，结果如表 5.66、表 5.67 与表 5.71 所示。

（1）假设检验分析

由表 5.66 可知，样本数据显示模型 G 中各假设所对应路径系数完全标准化值均为正值，这与本研究预期假设在方向上一致。

表 5.66　整合模型 G 路径系数及变量间直接效果 SEM 分析结果

假设	路径	非标准化	标准误	T 值	完全标准化	是否支持假设
	内部能力与成长绩效直接关系					
H91	创业导向→成长绩效	0.2463	0.0826	2.9829 ***	0.2283	支持
H92	营销能力→成长绩效	0.3365	0.0634	5.3084 ****	0.3364	支持
H93	技术能力→成长绩效	0.2589	0.0517	5.0119 ****	0.2791	支持
H94	融资能力→成长绩效	0.1073	0.0575	1.8657 *	0.1090	支持
	各内部能力之间直接关系					
H12	营销能力→创业导向	0.1703	0.0702	2.4268 **	0.1838	支持
H13	技术能力→创业导向	0.1285	0.0583	2.2053 **	0.1495	支持
H14	融资能力→创业导向	0.2353	0.0664	3.5466 ****	0.2581	支持
	网络关系与内部能力直接关系					
H15	合作伙伴 RQ→创业导向	0.1982	0.0870	2.2785 **	0.1790	支持
H25	合作伙伴 RQ→营销能力	0.2694	0.0883	3.0517 ***	0.2256	支持
H35	合作伙伴 RQ→技术能力	0.3232	0.0956	3.3802 ****	0.2510	支持
H45	合作伙伴 RQ→融资能力	0.1356	0.0863	1.5705	0.1117	不支持

续表

假设	路径	非标准化	标准误	T值	完全标准化	是否支持假设
H16	顾客 RQ→创业导向	0.2214	0.0979	2.2613 **	0.1865	支持
H26	顾客 RQ→营销能力	0.3943	0.1043	3.7806 ****	0.3079	支持
H36	顾客 RQ→技术能力	0.1921	0.1030	1.8642 *	0.1391	支持
H17	政府部门 RQ→创业导向	0.2646	0.1139	2.3235 **	0.1760	支持
H27	政府部门 RQ→营销能力	0.2283	0.1191	1.9179 *	0.1408	支持
H47	政府部门 RQ→融资能力	0.2126	0.1205	1.7640 *	0.1289	支持
H18	金融机构 RQ→创业导向	0.1939	0.1201	1.6145	0.1290	不支持
H48	金融机构 RQ→融资能力	0.4767	0.1377	3.4624 ****	0.2891	支持
	网络关系与成长绩效直接关系					
H95	合作伙伴 RQ→成长绩效	0.1235	0.0753	1.6391	0.1034	不支持
H96	顾客 RQ→成长绩效	0.1042	0.0842	1.2373	0.0813	不支持
H97	政府部门 RQ→成长绩效	0.1400	0.0978	1.4323	0.0863	不支持
H98	金融机构 RQ→成长绩效	0.1412	0.1035	1.3635	0.0870	不支持
	控制变量效应					
	环境宽容性→成长绩效	0.1318	0.0505	2.6119 ***	0.1326	
	企业年限→成长绩效	0.0533	0.0297	1.7936 *	0.0853	
	企业规模→成长绩效	0.0033	0.0015	2.2886 **	0.1090	

注：* 表示 p 值 <0.10；** 表示 p 值 <0.05；*** 表示 p 值 <0.01；**** 表示 p 值 <0.001。

资料来源：本研究整理。

就内部能力与成长绩效直接关系来看，假设 H94 对应路径系数 T 值为 1.8657，介于 1.65 与 1.96 之间，表明该路径系数在 0.1 的显著水平上显著大于 0，即样本数据支持融资能力对成长绩效具显著直接效应的观点。假设 H91 对应路径系数 T 值为 2.9829，介于 2.58 与 3.29 之间，表明该路径系数在 0.01 的显著水平上显著大于 0，即样本数据支持创业导向对成长绩效具显著直接效应的观点。假设 H92 与 H93 对应路径系数 T 值分别为 5.3084 与 5.0119，均大于 3.29，表明该两路径系数在 0.001 的显著水平上显著大于 0，即样本数据支持营销能力与技术能力对成长绩效具有显著正向直接效应的观点。

就各内部能力之间直接关系而言，假设 H12 与 H13 对应路径系数 T 值分别为 2.4268 与 2.2053，均介于 1.96 与 2.58 之间，表明该两路径系数在 0.05 的显著水平上显著大于 0，即样本数据支持营销能力与技术能力对创业导向有显著正向直接效应的观点。假设 H14 对应路径系数 T 值为 3.5466，大于 3.29，表明该路径系数在0.001的显著水平上显著大于0，即样本数据支持融资能力对创业导向具有显著正向直接效应的观点。

就网络关系与内部能力直接关系而言，假设H45与H18对应路径系数T值分别为1.5705与1.6145，均小于1.65，表明该两路径系数均未达到在0.1显著水平上显著大于0的要求，即样本数据不支持假设H45与H18。

假设H36、H27与H47对应路径系数T值分别为1.8642、1.9179与1.7640，均介于1.65与1.96之间，表明该三路径系数均在0.1的显著水平上显著大于0，即样本数据支持顾客RQ对技术能力，政府部门RQ对营销能力及融资能力分别具有显著正向直接影响的观点。

假设H15、H16与H17对应路径系数T值分别为2.2785、2.2613与2.3235，均介于1.96与2.58之间，表明该三路径系数均在0.05的显著水平上显著大于0，即样本数据支持合作伙伴RQ、顾客RQ与政府部门RQ对创业导向具有显著正向直接影响的观点。

假设H25、H35与H26对应路径系数T值分别为3.0517、3.3802与3.7806，分别大于2.58、3.29与3.29，表明该三路径系数分别在0.01、0.001与0.001的显著水平上显著大于0，即样本数据在0.01的显著水平上支持合作伙伴RQ对营销能力具显著正向直接效应的观点，而在0.001的显著水平上支持合作伙伴RQ对技术能力，以及顾客RQ对营销能力分别具有显著正向直接效应的观点。

上述分析表明，样本数据程度不同地支持假设H15、H25、H35、H16、H26、H36、H17、H27、H47与H48中关于各网络关系品质对相应内部能力具有显著正向直接影响的观点。

就网络关系与成长绩效直接关系而言，由表5.66可知，尽管假设H95、H96、H97与H98对应路径系数均为正值，但这些路径系数的T值最低为1.2373，最高为1.6391，均低于显著水平为0.1所对应的临界值1.65，表明这些路径系数均未在0.1显著水平上显著大于0，即样本数据不支持模型G中关于新创企业网络关系品质对成长绩效具有显著正向直接影响的观点。

从控制变量的效应看，本研究所选定的环境宽容性、企业年限与企业规模三个控制变量对成长绩效的路径系数完全标准化值均为正值，而且这些路径系数非标准化时的T值分别为2.6119、1.7936与2.2886，均大于0.1显著水平的临界值1.65，显示这些路径系数均在0.1及以上显著水平上显著大于0，即样本数据支持本研究选定该三变量为模型G控制变量的做法。

就内部能力与成长绩效间接关系而言，由表5.67可知，假设H92′、H93′与H94′分别所反映的营销能力、技术能力与融资能力各自通过创业导向对成长绩效的间接效应标准化值分别为0.0419、0.0341与0.0589，均大于0，这与本研究预期假设在方向上一致。其中，它们的非标准化 T 值分别为 1.9470、1.8134 与 2.3321，显示它们分别在 0.1、0.1 与 0.05 显著水平上显著大于 0，即样本数据在 0.1 的显著水平上支持假设 H92′与 H93′，在 0.05 的显著水平上支持 H94′。

表 5.67　整合模型 G 中部分变量对成长绩效影响效应分解

假设	自变量	非标准化	标准误	T 值	完全标准化	是否支持假设
	营销能力					
	直接效应	0.3365	0.0634	5.3084 ****	0.3364	
H92′	间接效应	0.0420	0.0216	1.9470 *	0.0419	支持
	整体效应	0.3784	0.0647	5.8451 ****	0.3783	
	技术能力					
	直接效应	0.2589	0.0517	5.0119 ****	0.2791	
H93′	间接效应	0.0317	0.0175	1.8134 *	0.0341	支持
	整体效应	0.2906	0.0526	5.5243 ****	0.3132	
	融资能力					
	直接效应	0.1073	0.0575	1.8657 *	0.1090	
H94′	间接效应	0.0580	0.0249	2.3321 **	0.0589	支持
	整体效应	0.1652	0.0564	2.9281 ***	0.1679	
	合作伙伴关系品质					
	直接效应	0.1235	0.0753	1.6391	0.1034	
H95′	间接效应	0.2671	0.0609	4.3853 ****	0.2236	支持
	整体效应	0.3905	0.0874	4.4696 ****	0.3270	
	顾客关系品质					
	直接效应	0.1042	0.0842	1.2373	0.0813	
H96′	间接效应	0.2596	0.0655	3.9638 ****	0.2026	支持
	整体效应	0.3637	0.0955	3.8099 ****	0.2839	
	政府部门关系品质					
	直接效应	0.1400	0.0978	1.4323	0.0863	
H97′	间接效应	0.1867	0.0644	2.8989 ***	0.1151	支持
	整体效应	0.3267	0.1095	2.9839 ***	0.2014	
	金融机构关系品质					
	直接效应	0.1412	0.1035	1.3635	0.0870	
H98′	间接效应	0.1265	0.0472	2.6794 ***	0.0780	支持
	整体效应	0.2677	0.1044	2.5651 **	0.1650	

注：* 表示 p 值 < 0.10；** 表示 p 值 < 0.05；*** 表示 p 值 < 0.01；**** 表示 p 值 < 0.001。

资料来源：本研究整理。

就网络关系与成长绩效间接关系而言，由表 5.67 可知，假设 H95′、H96′、

H97′与H98′分别所反映的合作伙伴关系品质、顾客关系品质、政府部门关系品质及金融机构关系品质各自通过模型 G 所示相应内部能力对成长绩效的间接效应标准化值分别为0.2236、0.2026、0.1151 与0.0780，均大于0，这与本研究预期假设在方向上一致。其中，它们各自对应的非标准化 T 值分别为 4.3853、3.9638、2.8989 与2.6794，显示它们分别在0.001、0.001、0.01 与0.01 显著水平上显著大于0，即样本数据在 0.001 的显著水平上支持假设 H95′与 H96′，在0.01 的显著水平上支持 H97′与 H98′。

（2）变量间关系层次分析

由表5.67 可知，与模型 E 与 F 类似，各网络关系品质对成长绩效的直接效应均未达最低0.1 的显著水平，但它们均通过相应的内部能力，至少在0.01 的显著水平上对成长绩效具有显著正向间接效应。各网络关系品质与各内部能力对成长绩效的整体效应均至少在0.05 的显著水平上显著大于0。各网络关系品质对成长绩效的间接效应与整体效应的比值如表 5.68 所示。由该表可知，除金融机构关系品质的间接效应占整体效应的47.27%外，其余各网络关系品质的间接效应均占各自整体效应的半数以上。

表 5.68　网络关系品质对成长绩效间接效应与整体效应比

自变量	合作伙伴 RQ	顾客 RQ	政府部门 RQ	金融机构 RQ
间接效应占整体效应比	68.39%	71.36%	57.14%	47.27%

资料来源：本研究整理。

由上文关于模型 G 的假设检验分析可知，与模型 E 与 F 不同，模型 G 不但反映了各内部能力对成长绩效的直接效应，同时亦反映了创业导向在其他内部能力与成长绩效间的中介效应，即反映了营销能力、技术能力与融资能力对成长绩效的间接效应，如表5.69 所示。

表 5.69　内部能力对成长绩效间接效应与整体效应比

自变量	营销能力	技术能力	融资能力
间接效应占整体效应比	11.09%	10.90%	35.08%

资料来源：本研究整理。

由表5.69 可知，尽管营销能力、技术能力与融资能力对成长绩效的间接效应占整体效应的比值分别只有 11.09%、10.90% 与 35.08%，但由表 5.67 可知，该三种内部能力对成长绩效的间接效应分别在0.1、0.1 及0.05 的显著水平上显著大于0。

因此，结合前文假设检验分析可知，与模型 C、E 与 F 不同，模型 F 不但反映了各变量对成长绩效的直接影响，以及内部能力在网络关系与成长绩效间的中介效应，同时亦展示了创业导向在其他内部能力与成长绩效间的中介效应，从另一个角度分析了各内部能力间的层次关系，因而更为深刻地揭示了网络关系与内部能力对成长绩效的作用机理。

（3）内在潜变量方差解释分析

由表5.70可知，模型G中各变量共累积解释了成长绩效56.01%的方差。除此以外，模型G还分别解释了创业导向、营销能力、技术能力与融资能力约35.65%、16.55%、8.23%与11.27%的方差。

表5.70 整合模型G各内生潜变量方差解释比例

内生潜变量	成长绩效	创业导向	营销能力	技术能力	融资能力
解释方差比 R^2	0.5601	0.3565	0.1655	0.0823	0.1127

资料来源：本研究整理。

（4）模型对样本数据整体拟合水平分析

整合模型G对样本数据各项拟合指数如表5.71所示。

表5.71 整合模型G整体拟合指数（创业导向）

拟合指数	χ^2/df	GFI	AGFI	RMSEA	SRMR	NFI	IFI	CFI
实际值	1.2935	0.9475	0.9438	0.0316	0.0478	0.8996	0.9753	0.9752
要求值	<3	>0.9	>0.9	<0.05	<0.08	>0.9	>0.9	>0.9

资料来源：本研究整理。

对比如表5.71所示整合模型G对样本数据各项拟合指数的实际值与模型可被接受的要求值可知，该模型对样本数据的各项拟合指数中，除NFI=0.8996近似等于要求值0.9外，模型其他拟合指数 $\chi^2/df=1.2935$，GFI=0.9475，AGFI=0.9438，RMSEA=0.0316，SRMR=0.0478，IFI=0.9753，CFI=0.9752均超过了相应的要求值标准，显示模型G对样本数据拟合水平较佳。因此，从总体上看，模型G可被接受。

5.3.8 整合模型H及其假设检验结果分析

按照前文图3.23所示整合模型H编写并运行如附录2所示LISREL程序对模型H进行结构方程分析，结果如表5.72、表5.73与表5.77所示。

（1）假设检验分析

由表5.72可知，样本数据显示模型H中各假设所对应路径系数完全标准化值均为正值，这与本研究预期假设在方向上一致。

表 5.72　整合模型 H 路径系数及变量间直接效果 SEM 分析结果

假设	路径	非标准化	标准误	T 值	完全标准化	是否支持假设
	内部能力与成长绩效直接关系					
H91	创业导向→成长绩效	0.2465	0.0825	2.9887***	0.2270	支持
H92	营销能力→成长绩效	0.3374	0.0646	5.2249****	0.3287	支持
H93	技术能力→成长绩效	0.2583	0.0520	4.9635****	0.2719	支持
H94	融资能力→成长绩效	0.0989	0.0600	***1.6483****	0.0983	支持
	各内部能力之间直接关系					
H14	融资能力→创业导向	0.2398	0.0690	3.4749****	0.2590	支持
H24	融资能力→营销能力	0.2171	0.0648	3.3498****	0.2217	支持
H34	融资能力→技术能力	0.1718	0.0687	2.5017**	0.1624	支持
H12	营销能力→创业导向	0.1261	0.0588	2.1430**	0.1775	支持
H13	技术能力→创业导向	0.1678	0.0717	2.3404**	0.1441	支持
	网络关系与内部能力直接关系					
H15	合作伙伴 RQ→创业导向	0.1988	0.0852	2.3349**	0.1770	支持
H25	合作伙伴 RQ→营销能力	0.2311	0.0859	2.6904***	0.1944	支持
H35	合作伙伴 RQ→技术能力	0.2905	0.0941	3.0877***	0.2262	支持
H45	合作伙伴 RQ→融资能力	0.1047	0.0863	1.2143	0.0863	不支持
H16	顾客 RQ→创业导向	0.2225	0.0972	2.2885**	0.1845	支持
H26	顾客 RQ→营销能力	0.3731	0.1016	3.6728****	0.2924	支持
H36	顾客 RQ→技术能力	0.1706	0.1015	1.6805*	0.1238	支持
H17	政府部门 RQ→创业导向	0.2643	0.1127	2.3440**	0.1731	支持
H27	政府部门 RQ→营销能力	0.1680	0.1165	1.4422	0.1040	不支持
H47	政府部门 RQ→融资能力	0.1996	0.1205	1.6571*	0.1210	支持
H18	金融机构 RQ→创业导向	0.1932	0.1203	1.6060	0.1265	不支持
H48	金融机构 RQ→融资能力	0.4875	0.1385	3.5199****	0.2955	支持
	网络关系与成长绩效直接关系					
H95	合作伙伴 RQ→成长绩效	0.1246	0.0738	1.6880*	0.1022	支持
H96	顾客 RQ→成长绩效	0.1047	0.0836	1.2522	0.0800	不支持
H97	政府部门 RQ→成长绩效	0.1414	0.0969	1.4598	0.0853	不支持
H98	金融机构 RQ→成长绩效	0.1407	0.1037	1.3568	0.0848	不支持
	控制变量效应					
	环境宽容性→成长绩效	0.1318	0.0505	2.6125***	0.1297	
	企业年限→成长绩效	0.0533	0.0297	1.7938*	0.0834	
	企业规模→成长绩效	0.0033	0.0014	2.2890**	0.1065	

注：* 表示 p 值 <0.10；** 表示 p 值 <0.05；*** 表示 p 值 <0.01；**** 表示 p 值 <0.001。

资料来源：本研究整理。（粗斜体数字部分说明：p 值 <0.10 的 T 值临界值为 1.645）。

就内部能力与成长绩效直接关系而言，假设 H91、H92、H93 与 H94 对应路径系数 T 值分别为 2.9887、5.2249、4.9635 与 1.6483（近似等于 1.65），分别大于或等于 2.58、3.29、3.29 与 1.65，表明该四路径系数分别在 0.01、0.001、0.001 与 0.1 的显著水平上显著大于 0，即样本数据在 0.01 的显著水平上支持假设 H91，在 0.001 的显著水平上支持假设 H92 与 H93，在 0.1 的显著水平上支持假设 H94。

就各内部能力之间直接关系而言，假设 H14、H24、H34、H12 与 H13 各自所对应路径系数 T 值分别为 3.4749、3.3498、2.5017、2.1430 与 2.3404，分别大于 3.29、3.29、1.96、1.96 与 1.96，表明该五路径系数分别在 0.001、0.001、0.05、0.05 与 0.05 的显著水平上显著大于 0，即样本数据程度不同地支持该五假设中关于一种内部能力对另一种内部能力具有显著正向直接影响的观点。

就网络关系与内部能力直接关系而言，表 5.72 显示，假设 H45、H27 与 H18 所对应路径系数 T 值分别为 1.2143、1.4422 与 1.6060，均低于 1.65，表明该三路径系数均未能在 0.1 显著水平上显著大于 0，即样本数据不支持假设 H45、H27 与 H18。

假设 H36、H47、H15、H16、H17、H25、H35、H26 与 H48 对应路径系数 T 值分别为 1.6805、1.6571、2.3349、2.2885、2.3440、2.6904、3.0877、3.6728 与 3.5199，分别大于 1.65、1.65、1.96、1.96、1.96、2.58、2.58、3.29 与 3.29，显示这些路径系数分别在 0.1、0.1、0.05、0.05、0.05、0.01、0.01、0.001 与 0.001 的显著水平上显著大于 0，即样本数据分别程度不同地支持这些假设中关于网络关系品质对相应内部能力具有显著正向直接效应的观点。

就网络关系与成长绩效直接关系而言，由表 5.72 可知，模型 H 各网络关系品质对成长绩效直接效应的路径系数均为正值，但只有合作伙伴 RQ 对成长绩效的直接效应路径系数 T 值为 1.6880，大于 1.65，显示模型 H 中合作伙伴 RQ 对成长绩效的路径系数在 0.1 的显著水平上显著大于 0，即样本数据支持假设 H95。除此以外，假设 H96、H97 与 H98 所对应路径系数 T 值最高为 1.4598，均低于 1.65，表明在模型 H 中，顾客 RQ、政府部门 RQ 与金融机构 RQ 三者对成长绩效的直接影响路径系数均未能在 0.1 的显著水平上显著大于 0，即样本数据不支持假设 H96、H97 与 H98。

从控制变量的效应看，模型 H 所选定的环境宽容性、企业年限与企业规模三个控制变量对成长绩效的路径系数完全标准化值均为正值，而且这些路径系数非标准化时的 T 值分别为 2.6125、1.7938 与 2.2890，均大于 0.1 显著水平的临界值 1.65，显示这些路径系数均在 0.1 及以上显著水平上显著大于 0，表明样本数据支持本研究选定该三变量为模型 H 控制变量的做法。

就内部能力与成长绩效间接关系而言，由表5.73可知，假设H92′、H93′与H94″分别所反映的营销能力、技术能力与融资能力各自通过相应其他内部能力对成长绩效的间接效应标准化值分别为0.0403、0.0327与0.1901，均大于0，这与本研究预期假设在方向上一致。其中，它们的非标准化T值分别为1.9038、1.7783与4.2780，显示它们分别在0.1、0.1与0.001的显著水平上显著大于0，即样本数据在0.1的显著水平上支持假设H92′与H93′，在0.001的显著水平上支持H94″。

就网络关系与成长绩效间接关系而言，由表5.73可知，假设H95′、H96′、H97′与H98′分别所反映的合作伙伴关系品质、顾客关系品质、政府部门关系品质及金融机构关系品质各自通过模型G所示相应内部能力对成长绩效的间接效应标准化值分别为0.2057、0.1875、0.1126与0.1139，均大于0，这与本研究预期假设在方向上一致。其中，它们各自对应的非标准化T值分别为4.0677、3.8386、2.7182与3.1517，显示它们分别在0.001、0.001、0.01与0.01的显著水平上显著大于0，即样本数据在0.001的显著水平上支持假设H95′与H96′，在0.01的显著水平上支持H97′与H98′。

表5.73 整合模型H中部分变量对成长绩效影响效应分解

假设	自变量	非标准化	标准误	T值	完全标准化	是否支持假设
	营销能力					
	直接效应	0.3374	0.0646	5.2249****	0.3287	
H92′	间接效应	0.0414	0.0217	1.9038*	0.0403	支持
	整体效应	0.3788	0.0660	5.7365****	0.3690	
	技术能力					
	直接效应	0.2583	0.0520	4.9635****	0.2719	
H93′	间接效应	0.0311	0.0175	1.7783*	0.0327	支持
	整体效应	0.2894	0.0531	5.4555****	0.3046	
	融资能力					
	直接效应	0.0989	0.0600	1.6483*	0.0983	
H94″	间接效应	0.1911	0.0447	4.2780****	0.1901	支持
	整体效应	0.2900	0.0650	4.4624****	0.2884	
	合作伙伴关系品质					
	直接效应	0.1246	0.0738	1.6880*	0.1022	
H95′	间接效应	0.2510	0.0617	4.0677****	0.2057	支持
	整体效应	0.3756	0.0884	4.2488****	0.3079	

续表

假设	自变量	非标准化	标准误	T 值	完全标准化	是否支持假设
	顾客关系品质					
	直接效应	0.1047	0.0836	1.2522	0.0800	
H96′	间接效应	0.2455	0.0640	3.8386 ****	0.1875	支持
	整体效应	0.3503	0.0945	3.7073 ****	0.2675	
	政府部门关系品质					
	直接效应	0.1414	0.0969	1.4598	0.0853	
H97′	间接效应	0.1867	0.0687	2.7182 ***	0.1126	支持
	整体效应	0.3281	0.1125	2.9158 ***	0.1979	
	金融机构关系品质					
	直接效应	0.1407	0.1037	1.3568	0.0848	
H98′	间接效应	0.1890	0.0600	3.1517 ***	0.1139	支持
	整体效应	0.3297	0.1120	2.9439 ***	0.1987	

注：* 表示 p 值 <0.10；** 表示 p 值 <0.05；*** 表示 p 值 <0.01；**** 表示 p 值 <0.001。

资料来源：本研究整理。

（2）变量间关系层次分析

由表5.73可知，各网络关系品质对成长绩效的直接效应中，只有合作伙伴关系品质对成长绩效的直接效应仅在0.1的显著水平上显著大于0，而其他网络关系品质对成长绩效的直接效应则均未达最低0.1的显著水平。但各网络关系品质均通过相应的内部能力，至少在0.01的显著水平上对成长绩效具有显著正向间接效应。这种间接效应占整体效应的比值如表5.74所示。由该表可知，各网络关系品质的间接效应均占各自整体效应的半数以上。

表5.74 网络关系品质对成长绩效间接效应与整体效应比

自变量	合作伙伴 RQ	顾客 RQ	政府部门 RQ	金融机构 RQ
间接效应占整体效应比	66.82%	70.10%	56.90%	57.32%

资料来源：本研究整理。

由表5.73可知，模型H中，融资能力除在0.1的显著水平上对成长绩效具有显著正向直接效应，还可通过创业导向、营销能力与技术能力在0.001的显著水平上对成长绩效具有显著正向间接效应，如表5.75所示。类似的，营销能力与技术能力不但均在0.001的显著水平上对成长绩效具有显著正向直接效应外，还均以创业导向为中介变量，在0.1的显著水平上对成长绩效具有显著正向间接效应，如表5.75所示。

表 5.75 内部能力对成长绩效间接效应与整体效应比

自变量	营销能力	技术能力	融资能力
间接效应占整体效应比	10.92%	10.74%	65.90%

资料来源：本研究整理。

因此，结合上文模型 H 假设检验分析可知，模型 H 不但反映了各变量对成长绩效的直接影响，以及内部能力在网络关系与成长绩效间的中介效应，同时亦较模型 E、F 与 G 展示了更为丰富的内部能力间的层次关系，因而更为深刻地揭示了网络关系与内部能力对成长绩效的作用机理。

(3) 内在潜变量方差解释分析

由表 5.76 可知，模型 H 中各变量共累积解释了成长绩效 57.93% 的方差。除此以外，模型 H 还分别解释了创业导向、营销能力、技术能力与融资能力约 37.69%、19.63%、9.92% 与 10.94% 的方差。

表 5.76 整合模型 H 各内生潜变量方差解释比例

内生潜变量	成长绩效	创业导向	营销能力	技术能力	融资能力
解释方差比 R^2	0.5793	0.3769	0.1963	0.0992	0.1094

资料来源：本研究整理。

(4) 模型对样本数据整体拟合水平分析

整合模型 H 对样本数据各项拟合指数如表 5.77 所示。

表 5.77 整合模型 H 整体拟合指数

拟合指数	χ^2/df	GFI	AGFI	RMSEA	SRMR	NFI	IFI	CFI
实际值	1.2320	0.9586	0.9556	0.0281	0.0379	0.9044	0.9805	0.9804
要求值	<3	>0.9	>0.9	<0.05	<0.08	>0.9	>0.9	>0.9

资料来源：本研究整理。

对比如表 5.77 所示整合模型 H 对样本数据各项拟合指数的实际值与模型可被接受的要求值可知，该模型对样本数据的各项拟合指数 $\chi^2/df = 1.2320$，GFI = 0.9586，AGFI = 0.9556，RMSEA = 0.0281，SRMR = 0.0379，NFI = 0.9044，IFI = 0.9805，CFI = 0.9804 均超过了相应的要求值标准，显示模型对样本数据拟合情况较理想。

5.3.9 各竞争性理论模型比较

除模型 D 只反映了网络关系对内部能力的影响外，其余前述模型 A、B、C、

E、F、G 与 H 均从不同角度与深度反映了网络关系与内部能力对成长绩效的影响。其中，各模型对成长绩效的方差解释比值如表 5.78 所示。由表 5.78 可知，模型 H 对成长绩效的方差解释比值最高，即模型 H 较其他模型对成长绩效具有更大的解释力度。

表 5.78　各竞争性理论模型对成长绩效的方差解释比

理论模型	A	B	C	E	F	G	H
解释方差比 R^2	0.4586	0.3115	0.4708	0.5515	0.5718	0.5601	0.5793

资料来源：本研究整理。

由前文相关分析可知，除各模型中的控制变量外，模型 A 仅考察了内部能力对成长绩效的直接影响；模型 B 仅考察了网络关系对成长绩效的直接影响；模型 C 则综合考察了网络关系与内部能力对成长绩效的直接影响，但并未探究网络关系与内部能力之间的相关关系，以及这种关系对成长绩效的影响等问题；模型 D 则仅考察了网络关系与内部能力之间的关系，但并未考察它们对成长绩效的影响；模型 E 则在综合模型 C 与 D 的基础上，综合考察了网络关系与内部能力两类变量间关系以及该两类变量对成长绩效的整合影响关系，但并未深入研究各内部能力彼此间关系以及其对成长绩效的影响；模型 F 在模型 E 的基础上进一步考察了融资能力与其他内部能力间的关系及其对成长绩效的影响；模型 G 与模型 F 不同，它在模型 E 的基础上进一步考察了融资能力、技术能力与营销能力对创业导向的影响关系及其对成长绩效的影响；模型 H 与模型 F 与 G 不同，它在模型 E 的基础上，综合了模型 F 与 G 各自特色，进一步考察了融资能力对其他内部能力的影响以及技术能力与营销能力对创业导向的影响（这些影响均在内部能力对成长绩效的影响关系中得到了体现）。值得一提的是，除模型 C 外，各模型对样本数据的拟合水平均在可接受范围之内。因此，从模型所揭示的变量间关系层次来看，模型 H 所揭示的变量间关系层次最为丰富，即模型 H 较其他模型更能有效地深入揭示网络关系、内部能力与成长绩效之间的相互关系及其作用机理。

从各理论模型对样本数据的拟合水平看，综合对比前文如表 5.48、表 5.50、表 5.52、表 5.55、表 5.60、表 5.65、表 5.71 与表 5.77 所示的相关指标值及其分析可知，模型 H 较其他模型对样本数据拟合水平最佳。

综合以上分析可知，模型 H 为本研究最佳理论模型。

6 研究结论与展望

本章旨在前文各章节研究基础上总结本文之研究结论、理论及实践意义，并自我剖析本研究之不足之处，以为后续研究提供一些仅供参考之建议。

6.1 研究结论

本节任务旨在总结本文各相关研究结论。为使研究结论的推导更具说服力，本文在关于各研究结论的推导行文上作如下安排：先高度概括各研究结论的主要内容，再具体论述各研究结论的推导过程。在各研究结论的推导过程中，本文先对前文文献回顾与理论模型构建中与待推导结论密切相关的发现与假设等内容作一简要回顾，再结合前文（第5章）经验检验结果，分析这些观点是否得到了样本数据的显著支持，最后才推导出本文各研究结论。

结论1：关系品质为高阶多维度变量，沟通、信任、承诺、协调与满意五者彼此存在互动关系，均属于关系品质重要维度，但关系品质测量维度选择可视具体研究情境而定。

本文经由文献回顾认为关系品质为高阶变量，互动关系各方间彼此沟通、信任、承诺、协调与满意均对互动关系的建立、维持与发展，乃至关系各方从关系中的获益程度有重要的影响，故均可单独从某一特定角度反映互动关系品质。另外，经由对沟通、信任、承诺、协调与满意五者相互关系分析，发现它们之间存在一定互动关系，故可彼此适当组合反映某一共同更高阶变量（详见第2.4节）。

在随后的经验研究中，本研究结合新创企业与不同网络关系对象互动关系的不同特征选用沟通、信任、承诺、协调与满意中的若干维度分别进行不同组合，用于测量各不同类型关系品质。应用样本数据对各种类型关系品质测量模型进行的CFA结果表明，沟通、信任、承诺、协调与满意等各维度测量指标均具有良好的内部一致性、信度与聚合效度（详见前文表5.18、表5.24、表5.30与表5.36及其相关分析）；各维度间彼此既存在较强的显著相关关系（详见前文表5.19、表5.25、表5.31与表5.37及其相关分析），同时亦具有足够的区分效度（详见前文表5.20、表5.26、表5.32与表5.38及其相关分析）；各维度对关系品质均具有显著大于0的完全标准化因子负载（详见前文表5.22、表5.28、表5.34与表5.40及其相关分析）。这表明样本数据支持本研究认为沟通、信任、承诺、协调与满意五者均属于关系品质的重要维度，彼此间存在互动关系，并且各维度均可用于适当组合测量某一共同更高阶变量的观点。

除此以外，样本数据还显示，在二阶CFA模型中，各二阶因素所含一阶因子均具有较好的信度，各二阶因子均具有较高的建构信度，均能有效反映其一阶因子的方差（AVE）（详见前文表5.22、表5.28、表5.34与表5.40及其相关分析）。另外，无论是一阶CFA模型，还是二阶CFA模型，均对样本数据具有较好的拟合水平（详见前文表5.21、表5.27、表5.33与表5.39及其相关分析），即样本数据显示，二阶变量关系品质这一高阶变量的引入是适当的。因此，综合以上分析可知，样本数据支持本研究认为关系品质是高阶变量的观点。

经由文献回顾（第2.4节），本研究认为关系品质的测量维度选择具有特定的情境导向。在随后（第4.2.2小节）有关关系品质的测量中，本研究根据新创企业与不同网络关系对象间的互动关系特征对沟通、信任、承诺、协调与满意中的若干维度分别进行不同组合，选用沟通、信任与协调测量其合作伙伴关系品质，选用沟通、信任与满意分别测量其顾客关系品质与政府部门关系品质，选用沟通、信任与承诺测量其金融机构关系品质。在数据处理中，通过运用样本数据对这些测量方法逐个进行验证性因子分析表明，本研究关于新创企业不同网络关系品质的测量模型均具有良好的信度与效度，且对样本数据具有较好的拟合水平（详见5.2.6、5.2.7、5.2.8与5.2.9）。这表明本研究关于新创企业各不同网络关系品质的测量方法均得到了样本数据支持，即样本数据支持本研究认为关系品质测量维度选择可视具体研究情境而定的观点。

结论2：创业导向、技术能力、营销能力与融资能力构成新创企业早期成长阶段的主要内部能力。新创企业主要内部能力越强，越有利于提高成长绩效。

本研究经由文献回顾认为新创企业早期成长阶段的主要内部能力包括创业导向、技术能力、营销能力与融资能力（详见第2.2.2小节）。在本研究理论模型构建过程中，在关于拟构建模型大致轮廓勾勒的理论分析框架提出中，本研究发现内部能力构成新创企业早期成长阶段的物质基础，内部能力越强，越有利于新创企业更好地整合利用内外资源与能力，进一步构建成长所需物质基础，并提升成长动机，从而支持新创企业更好地进行创业机会的识别、获取与开发，以实现不断成长。从而认为新创企业内部能力越强，越有助于提高成长绩效，并提出了如图3.4所示的新创企业内部能力与成长绩效关系理论分析框架（详见第3.1.1小节）。在此基础上，本研究继而在随后对拟构建模型进行细致纹理刻画的假设提出中，结合前文（第2.2.2小节）关于新创企业主要内部能力构成分析，详细分析了新创企业各主要内部能力与成长绩效的关系，认为新创企业创业导向、技术能力、营销能力与融资能力等内部能力越强，越有利于新创企业提高成长绩效，从而据此提出了一系列关于这些主要内部能力与成长绩效关系的假设 H91、H92、H93、H94、H92′、H93′、H94′与 H94″（详见第 3.2.1—3.2.4 小节），并根据各模型构建的目的不同，在模型 A、C、E、F、G 与 H 中将这些假设考虑在内（详见第 3.3 节）。

在随后的假设检验分析中，就关于内部能力与成长绩效直接关系的假设而言，样本数据显示（详见表 5.47、表 5.51、表 5.56、表 5.61、表 5.66 与表 5.72），在所有涉及内部能力与成长绩效直接关系假设的模型 A、C、E、F、G 与 H 中，只有模型 F 中关于融资能力对成长绩效直接影响效应的假设 H94 尽管完全标准化路径系数值为 0.0958，但其相应 T 值仅为 1.5382，低于 0.1 显著水平上显著不等于 0 所要求的临界值 1.65，即假设 H94 未获样本数据支持（详见表 5.61）。除此以外，各模型中关于内部能力对成长绩效直接效应的假设均在不同程度上得到了样本数据支持。

但细观模型 F 可知，该模型除考虑了融资能力对成长绩效的直接效应外，还考虑了融资能力通过创业导向、技术能力与营销能力对成长绩效的间接效应（详见图 3.21）。在模型 F 中，融资能力对创业导向、技术能力与营销能力均具有显著大于 0 的正向效应（详见表 5.61）。融资能力通过后三种内部能力对成长绩效的累积间接效应达 0.1957，相应 T 值为 4.2229，大于 3.29，显示该间接效应在 0.001 的显著水平上显著大于 0。正是由于这个原因，融资能力对成长绩效的整体效应达 0.2915，相应 T 值为 4.5342，大于 3.29，显示该整体效应值在 0.001 的显著水平上显著大于 0（详见表 5.62）。由此可见，如果将融资能力对成长绩效的间接效应考虑在内，样本数据仍然支持本研究所认为的融资能力构成新创企业主要内部能力之一，且融资能力越强，越有利于新创企业提升成长绩效的观点。

就关于内部能力与成长绩效间接关系的假设而言，样本数据显示（详见表 5.62、表 5.67 与表 5.73），在所有涉及内部能力与成长绩效间接关系假设的模型 F、G 与 H 中，假设 H92′、H93′、H94′与 H94″均在相应模型中得到了样本数据不同程度的支持，即样本数据支持本研究认为新创企业营销能力、技术能力与融资能力对成长绩效具间接影响的观点。

因此，综合考虑各内部能力对成长绩效的直接效应与间接效应，样本数据显示在所有涉及内部能力与成长绩效关系假设的模型 A、C、E、F、G 与 H 中，各内部能力均在至少 0.05 的显著水平上对成长绩效具有显著大于 0 的正向整体效应（详见表 5.47、表 5.51、表 5.56、表 5.62、表 5.67 与表 5.73），即样本数据支持本研究所认为的创业导向、技术能力、营销能力与融资能力构成新创企业早期成长阶段的主要内部能力，且这些能力越强，越有利于新创企业提高成长绩效的观点。

结论3：新创企业的技术能力、营销能力与融资能力的增强有助于提升其创业导向，而其中技术能力与营销能力的提升在很大程度上受企业融资能力强弱的影响，即新创企业各主要内部能力之间存在一定的相互关系，因而它们在促进新创企业成长绩效上存在一定的层次关系。

本研究在对拟构建模型进行细致纹理刻画的假设提出分析中发现新创企业融资能力越强，越有助于提升创业导向、营销能力及技术能力，并且营销能力与技术能力越强，越有助于提升创业导向（详见第3.2.2、3.2.3与3.2.4小节）。而正如上文“结论2”推导过程所述，这些内部能力均对成长绩效具显著正向整体效应。因此，这些内部能力不但对成长绩效具有正向直接影响，还可通过其他相应内部能力对成长绩效具有正向间接影响，即融资能力可通过营销能力、技术能力与创业导向对成长绩效具正向间接影响，而营销能力与技术能力亦可通过创业导向对成长绩效具正向间接影响。基于此认识，本研究认为这些内部能力在对成长绩效的影响上存在一定层次关系，从而提出了一系列反映各内部能力之间直接关系的相关假设H12、H13、H14、H24与H34以及反映内部能力与成长绩效间接关系的相关假设H92′、H93′、H94′与H94″（详见3.2.2—3.2.4小节），并在模型F、G与H中将这些假设考虑在内（详见3.3节）。

随后的假设检验分析表明，在本研究所有涉及各内部能力之间直接关系的模型F、G与H中，所有关于各内部能力之间直接关系的假设H12、H13、H14、H24与H34均在不同程度上得到了样本数据的支持（详见表5.61、表5.66与表5.72及其相关分析），即样本数据支持本研究认为新创企业的技术能力、营销能力与融资能力的增强有助于提升其创业导向，而其中技术能力与营销能力的提升在很大程度上受企业融资能力强弱影响的观点。

再就各模型中内部能力与成长绩效间接关系相关假设检验情况看，由表5.62、表5.67与表5.73及其相关分析可知，假设H92′、H93′、H94′与H94″均至少在0.1的显著水平上（甚至在0.001的显著水平上）程度不同地得到了样本数据的支持。由此可见，样本数据支持本研究所认为有些内部能力不但对成长绩效具显著正向直接影响，亦可通过直接影响其他内部能力对成长绩效产生显著正向间接影响的观点。如模型G中，技术能力不但对创业导向与成长绩效具有显著正向直接影响，而其中创业导向亦对成长绩效有显著的整体效应（详见表5.66）。因此，技术能力还可通过创业导向对成长绩效产生显著正向间接影响（0.042/1.947*）（详见表5.67）。再如前文“结论2”的推导过程所述，在模型

F中，尽管融资能力对成长绩效的直接效应（0.096/1.538）并不显著，但其通过直接影响技术能力、营销能力与创业导向而对成长绩效具有显著间接效应（0.196/4.223****）。另外，再比较考虑内部能力层次关系的模型F、G及H与不考虑内部能力层次关系的模型E各自对样本数据的拟合水平，将表5.65、表5.71及表5.77与表5.60进行比较可知，模型F、G及H均较模型E对样本数据具有更好的拟合水平。

因此，综合以上分析可知，样本数据支持本研究认为新创企业成长所需各主要内部能力之间存在一定的相互关系，因而它们在促进新创企业成长绩效上存在一定层次关系的观点。

结论4：合作伙伴、顾客、政府部门与金融机构是新创企业的重要网络关系对象。新创企业与这些关系对象间的关系品质越高，越有助于提升成长绩效。

在前文关于新创企业主要网络关系组成分析中，本研究经由文献回顾认为合作伙伴、顾客、政府部门与金融机构是新创企业的重要网络关系对象（详见第2.3.4小节）。在本研究理论模型构建过程中，在关于拟构建模型大致轮廓勾勒的理论分析框架提出中，本研究发现新创企业网络关系品质越高，越有利于其更好地进行创业机会的识别、获取与开发，越有利于其在早期成长阶段谋求竞争优势及提升其他相关方面的绩效，从而越有利于新创企业提高成长绩效，并从关系品质视角提出了如图3.9所示的新创企业网络关系与成长绩效关系理论分析框架（详见3.1.3小节）。在此基础上，本研究继而在随后对拟构建模型进行细致纹理刻画的假设提出中，结合前文（第2.3.4小节）关于新创企业主要网络关系组成分析，详细分析了新创企业合作伙伴关系品质、顾客关系品质、政府部门关系品质及金融机构关系品质与成长绩效的关系，认为新创企业合作伙伴关系品质、顾客关系品质、政府部门关系品质及金融机构关系品质越高，越有利于新创企业提高成长绩效，从而据此提出了一系列关于新创企业不同网络关系与成长绩效关系的假设H95、H96、H97、H98、H95′、H96′、H97′与H98′（详见3.2.5—3.2.8小节），并根据各模型构建的目的不同，在模型B、C、E、F、G与H中将这些假设考虑在内（详见第3.3节）。

随后的假设检验分析结果显示，就关于网络关系与成长绩效直接关系的假设H95、H96、H97与H98而言，在没有考虑网络关系与成长绩效间接关系的模型B与C中，样本数据均在至少0.1的显著水平上（甚至在0.001的显著水平上）支持假设H95、H96、H97与H98（详见表5.49与表5.51及其相关分析），即样本数据支持模型B与C中关于新创企业合作伙伴关系品质、顾客关系品质、政府部门关系品质与金融机构关系品质均对其成长绩效具正向直接影响的观点。

但在模型E、F、G与H中，只有模型H中的假设H95得到了样本数据的支持（详见表 5. 72 及其相关分析），而其他关于网络关系与成长绩效直接关系的假设 H95、H96、H97 与 H98 均未得到样本数据的支持（详见表 5. 56、表 5. 61、表 5. 66 与表 5. 72 及其相关分析）。但细观这些模型所反映的变量间关系层次可知，模型 E、F、G 与 H 不但反映了网络关系与成长绩效的直接关系，还反映了各网络关系通过相应内部能力对成长绩效的间接影响（详见图 3. 20、图 3. 21、图 3. 22 与图 3. 23）。

就模型 E、F、G 与 H 中关于网络关系与成长绩效间接关系的假设 H95′、H96′、H97′与 H98′而言，由前文表 5. 57、表 5. 62、表 5. 67 与表 5. 73 及其相关分析可知，假设 H95′、H96′、H97′与 H98′所反映的各网络关系品质对成长绩效的间接影响值均至少在 0. 01（甚至 0. 001）的显著水平上显著大于 0，即在模型 E、F、G 与 H 中，样本数据均支持本研究关于各网络关系品质对成长绩效具正向间接影响的观点。

因此，如果综合考虑模型 E、F、G 与 H 中各网络关系对成长绩效的直接与间接影响，由前文表 5. 57、表 5. 62、表 5. 67 与表 5. 73 可知，各网络关系对成长绩效的整体效应值均至少在 0. 01（甚至 0. 001）的显著水平上显著大于 0。由此可见，样本数据支持本研究关于合作伙伴、顾客、政府部门与金融机构是新创企业的重要网络关系对象，新创企业与这些对象间的关系品质越高，越有助于提升成长绩效的观点。

结论 5：新创企业与网络关系对象间的良好关系品质有助于内部能力提升。其中，新创企业与合作伙伴的良好关系品质有助于提升创业导向、技术能力与营销能力；与顾客的良好关系品质有助于提升创业导向、技术能力与营销能力；与政府部门的良好关系品质有助于提升创业导向、营销能力与融资能力；与金融机构的良好关系品质有助于提升创业导向与融资能力。

本研究经由文献回顾发现，企业内部能力系建构在一定资源基础之上，经由组织学习而形成，即新创企业内部能力的提升在很大程度上取决于新创企业能否有效及时获取能力建构所需资源与知识，并进行有效组织间学习等因素（详见第 2. 2. 1 与 2. 2. 4 小节）。而在关于网络关系功效的文献回顾中本研究发现企业网络关系具有为企业提供资源获取、知识获取与组织间学习等潜在的可能功效（详见第 2. 3. 2 小节），而这恰恰正是企业提升内部能力之所需。再由前文文献回顾可知，关系品质是企业网络关系功效的重要决定要素之一（详见第 2. 3. 3 小节）。因此，在本研究理论模型构建过程中，在关于拟构建模型大致轮廓勾勒的理论分析框架提出中，本研究发现新创企业网络关系品质越高，越有利于其更好地进行组织间学习与资源获取，从而越有利于新创企业内部能力提升，并从关系品质视角提出了如图 3. 8 所示的新创企业网络关系与内部能力关系理论分析框架（详见

3.1.2 小节）。在此基础上，本研究继而在随后对拟构建模型进行细致纹理刻画的假设提出中，详细分析了新创企业合作伙伴关系品质、顾客关系品质、政府部门关系品质及金融机构关系品质与内部能力的关系，认为新创企业合作伙伴关系品质、顾客关系品质、政府部门关系品质及金融机构关系品质品质越高，越有利于新创企业提升相应内部能力，从而据此提出了一系列关于新创企业不同网络关系与相应内部能力关系的假设 H15、H25、H35、H45、H16、H26、H36、H17、H27、H47、H18 与 H48（详见 3.2.5—3.2.8 小节），并根据各模型构建的目的不同，在模型 D、E、F、G 与 H 中将这些假设考虑在内（详见第 3.3 节）。

随后分别如表 5.53、表 5.56、表 5.61、表 5.66 与表 5.72 所示的模型 D、E、F、G 与 H 内含各假设检验结果显示，在所有涉及网络关系与内部能力直接关系的假设中，只有模型 F 中的假设 H45 与 H27、模型 G 中的假设 H45 与 H18 以及模型 H 中的假设 H45、H27 与 H18 未获样本数据的支持，而其余相关假设均在不同程度上得到了样本数据的支持。

上述未获样本数据支持的假设共涉及合作伙伴关系品质对融资能力的影响（假设 H45）、政府部门关系品质对营销能力的影响（假设 H2）以及金融机构关系品质对创业导向的影响（假设 H18）三对关系。以下将就这三对关系的假设检验结果进行详细分析。

（1）合作伙伴关系对融资能力影响分析

就合作伙伴关系对融资能力的影响（如 H45）而言，兹将模型 D、E、F、G 与 H 中关于合作伙伴关系品质对融资能力影响的各种效应总结如表 6.1 所示。

表 6.1　不同理论模型中合作伙伴关系品质对融资能力影响的效应分解

	模型 D	模型 E	模型 F	模型 G	模型 H
直接效应	0.134/1.890 *	0.134/1.891 *	0.085/1.199	0.112/1.571	0.086/1.214
间接效应					
整体效应	0.134/1.894 *	0.134/1.891 *	0.085/1.199	0.112/1.571	0.086/1.214

注：* 表示 p 值 <0.10。

资料来源：本研究整理。

由表 6.1 可知，各模型均未考察合作伙伴关系品质对融资能力的间接效应。但在模型 D 与 E 中，合作伙伴关系品质对融资能力的整体效应完全标准化值并不高，仅为 0.134，并且其相应 T 值也并不高，仅为 1.894，显示样本数据仅仅在 0.1 的显著水平上支持合作伙伴关系品质对融资能力具正向影响的观点而已。而在模型 F、G 与 H 中，这种观点均未得到样本数据的支持。由此可见，合作伙伴关系品质对融资能力的影响从总体上说比较弱小，且显著性非常不稳定。再细观前文分别如图3.19、图3.20、图3.21、图3.22与图3.23所示的模型D、E、F、G与H可知，模型D与E均未考察内部能力之间的层次关系，而模型F、G与H均考察了内部能力之间的层次关系，即模型F、G与H比模型D与E反映了更多的变量间层次关系。前文“结论3”的推导过程表明，企业内部能力之间存在一定的相互关系。再由模型E、F、G与H对样本数据的拟合水平比较可知(表5.60、表5.65、表5.71与表5.77)，模型F、G与H对样本数据的拟合水平均优于模型E。因此，为谨慎起见，本研究优先考虑选用模型F、G与H的假设检验结果判断合作伙伴关系品质对融资能力的影响，从而认为样本数据并不支持合作伙伴关系品质对融资能力具正向影响的观点。①

(2) 政府部门关系对营销能力影响分析

就政府部门关系对营销能力的影响（如H27）而言，兹将模型D、E、F、G与H中关于政府部门关系品质对营销能力影响的各种效应总结为如表6.2所示。

表6.2 不同理论模型中政府部门关系品质对营销能力影响的效应分解

	模型D	模型E	模型F	模型G	模型H
直接效应	0.156/2.138**	0.156/2.138**	0.113/1.579	0.141/1.918*	0.104/1.442
间接效应			0.027/1.512		0.027/1.509
整体效应	0.156/2.138**	0.156/2.138**	0.140/1.915*	0.141/1.918*	0.131/1.779*

注：* 表示p值<0.10；** 表示p值<0.05。

资料来源：本研究整理。

由表6.2可知，在模型D、E与G中，政府部门关系品质对营销能力的影响无间接效应，但其直接效应与整体效应均在不同显著水平上显著大于0，即样本数据在不同程度上支持模型D、E与G中关于政府部门关系品质对营销能力具有显著正向影响的观点。

由表6.2可知，在模型F与H中，政府部门关系品质对营销能力影响的直接效应均未达到至少在0.1的显著水平上显著大于0的要求，即样本数据并不支持

① 合作伙伴关系品质对融资能力具正向影响的假设H45之所以在模型D与模型E中得到样本数据的支持，而在模型F、G与H中未得到样本数据的支持的可能原因为，合作伙伴关系品质对融资能力的影响非常微弱，并未达到在0.1显著水平上不等于0的水平。但由于合作伙伴关系品质对技术能力、营销能力及创业导向均具有显著正向影响，且企业内部能力之间存在一定的相互关系。因此，在不考虑内部能力相互关系的模型D与E中，由于数据拟合的需要，合作伙伴关系品质对技术能力、营销能力及创业导向的影响被部分“挤”到了合作伙伴关系品质对融资能力的影响路径上，从而使得样本数据“支持”合作伙伴关系品质对融资能力具正向影响的观点。而一旦在模型中将内部能力之间相互关系考虑在内（如模型F、G与H），则这种合作伙伴关系品质对融资能力的影响路径“沾其他相关路径之便宜”的效应大大削弱，从而样本数据不再支持模型F、G与H中关于合作伙伴关系品质对融资能力具正向影响的观点。

模型 F 与 H 中假设 H27 所涉及政府部门关系品质对营销能力具显著正向直接影响的观点。

但细观分别如图 3. 21 与图 3. 23 所示的模型 F 与 H 关系图可知，该两模型不但考察了政府部门关系对营销能力的直接影响效应，同时亦隐含考察了政府部门关系通过影响融资能力对营销能力的间接影响效应。而由前文表 5. 61 与表 5. 72 及其相关分析可知，在模型 F 与 H，政府部门关系品质对融资能力具有显著正向影响以及融资能力对营销能力具显著正向影响的观点均在不同程度上得到样本数据的支持。因此，再细观如表 6. 2 中“整体效应”行数据可知，如果将政府部门关系通过融资能力对营销能力的间接影响效应考虑在内，在模型 F 与 H 中，政府部门关系品质对营销能力的整体效应完全标准化值分别为 0. 140 与 0. 131，其相应 T 值分别为 1. 915 与 1. 779，均大于 1. 65，显示该两整体效应值均至少在 0. 1 的显著水平上显著大于 0，即样本数据支持模型 F 与 H 中政府部门关系对营销能力具显著整体影响效应的观点。

总结以上分析可知，在各相关模型中，政府部门关系对营销能力具正向影响的观点分别在不同程度上得到了样本数据的支持。由此可见，新创企业与政府部门的良好关系品质有助于提升其营销能力。

（3）金融机构关系对创业导向影响分析

就金融机构关系对创业导向的影响（如 H18）而言，兹将模型 D、E、F、G 与 H 中关于金融机构关系品质对创业导向影响的各种效应总结如表 6. 3 所示。

表 6. 3　不同理论模型中金融机构关系品质对创业导向影响的效应分解

	模型 D	模型 E	模型 F	模型 G	模型 H
直接效应	0. 268/3. 177 ***	0. 268/3. 181 ***	0. 144/1. 784 *	0. 129/1. 614	0. 126/1. 606
间接效应			0. 094/2. 818 ***	0. 075/2. 565 **	0. 095/2. 820 ***
整体效应	0. 268/3. 177 ***	0. 268/3. 181 ***	0. 237/2. 838 ***	0. 204/2. 522 **	0. 222/2. 704 ***

注：* 表示 p 值 <0. 10；** 表示 p 值 <0. 05；*** 表示 p 值 <0. 01；**** 表示 p 值 <0. 001。

资料来源：本研究整理。

由表 6. 3 可知，在模型 D、E 与 F 中，金融机构关系品质对创业导向影响的直接效应与整体效应的完全标准化值均为正值，且相应的 T 值最低为 1. 784，最高为 3. 181，显示样本数据均至少在 0. 1，甚至在高达 0. 01 的显著水平上程度不同地支持金融机构关系品质对创业导向具显著正向影响的观点。

而在模型 G 与 H 中，尽管金融机构关系品质对创业导向影响的直接效应完全标准化值分别为 0. 129 与 0. 126，但其相应 T 值分别为 1. 614 与 1. 606，均未达 0. 1 显著水平的要求 T 值 1. 65，显示样本数据并不支持该两模型中关于金融机构关系品质对创业导向具显著正向直接效应的观点。

但细观分别如图3.22与图3.23所示的模型G与H关系图可知，该两模型不但考察了金融机构关系对创业导向的直接影响效应，同时亦隐含考察了金融机构关系通过影响融资能力对创业导向的间接影响效应。而由表5.66与表5.72及其相关分析可知，模型G与H中，金融机构关系品质对融资能力具有显著正向影响以及融资能力对创业导向具有显著正向影响的观点均在不同程度上得到样本数据的支持。而表6.3的“间接效应”行对应数值显示，金融机构关系品质通过融资能力对创业导向所产生的间接效应值均至少在0.05的显著水平上显著大于0。再细观如表6.3中“整体效应”行数据可知，如果将金融机构关系品质通过融资能力对创业导向的间接影响效应考虑在内，在模型G与H中，金融机构关系品质对创业导向的整体效应完全标准化值分别为0.204与0.222，其相应T值分别为2.522与2.704，均大于1.96，显示该两整体效应值均至少在0.05的显著水平上显著大于0，即样本数据支持模型F与H中金融机构关系对创业导向具有显著整体影响效应的观点。

总结以上关于金融机构关系对创业导向影响分析可知，在各相关模型中，金融机构关系对创业导向具有显著正向影响的观点分别在不同程度上得到了样本数据的支持。由此可见，新创企业与金融机构的关系品质越高，越有助于提升其创业导向。

综合以上关于网络关系对内部能力影响相关假设的经验检验分析结果可知，除关于“新创企业合作伙伴关系品质对融资能力具有正向影响”的观点未获样本数据支持外，本研究其他所有关于新创企业网络关系对其相应内部能力提升具正面影响的观点均在不同程度上得到了样本数据的支持。因此，本研究得出如上“结论5”所述内容的结论。

结论6：关系品质是网络关系功效的决定要素之一，可用于解释企业多种网络关系对企业的影响，因而不失为网络关系研究的重要视角之一。

本研究经由关于企业网络关系功效的文献回顾发现，由于网络关系较一般市场交易等关系能为关系各方提供更多彼此沟通机会，有利于促进关系各方建立彼此信任，有利于促进彼此协调合作，从而能为参与企业提供及时有效低成本地获取资源、进行有效组织间学习与谋求正当性等潜在的利益（详见第2.3.2小节）。随后，本研究通过对企业网络关系功效影响因素进行分析后认为，关系品质是网络关系功效的决定要素之一（详见第2.3.3小节）。

诚如上文“结论4”与“结论5”所述内容及其推导过程所述，样本数据支持本研究所认为新创企业网络关系对其内部能力提升及成长绩效具显著正向影响的观点①，此亦即样本数据支持本研究认为关系品质是网络关系功效的决定要素之一，可用于解释企业多种网络关系对企业影响的观点。因此，关系品质亦不失为网络关系研究的重要理论视角之一。

结论7：新创企业内部能力对成长绩效具正向直接影响，而网络关系主要通过促进内部能力提升而对成长绩效具有重要正向间接影响。因此，网络关系主要是成长绩效的间接影响因素，而内部能力则是成长绩效的直接影响因素，并在网络关系与成长绩效之间扮演了中介传导机制的角色。其中：

（1）合作伙伴关系与顾客关系均主要通过创业导向、技术能力与营销能力对成长绩效产生间接效应，政府部门关系主要通过创业导向、营销能力与融资能力对成长绩效产生间接效应，金融机构关系主要通过创业导向与融资能力对成长绩效产生间接效应。

（2）技术能力主要在合作伙伴关系及顾客关系两者与成长绩效关系中扮演了重要中介传导机制的角色，营销能力主要在合作伙伴关系、顾客关系及政府部门关系三者与成长绩效关系中扮演了重要中介传导机制的角色，融资能力主要在政府部门关系及金融机构关系两者与成长绩效关系中扮演了重要中介传导机制的角色，而创业导向则在新创企业各种网络关系与成长绩效关系中均扮演了重要中介传导机制的角色。

由前文（第2.5小节）文献回顾总结可知，本文拟研究问题之一为对新创企业网络关系、内部能力与成长绩效三者关系进行整合研究，以试图更为深刻地揭示此三类变量间关系。因此，在理论模型构建过程的理论分析框架提出中，本研究在分析了新创企业网络关系、内部能力与成长绩效三者中的每两两变量间关系后，尝试对此三者关系进行了整合型分析，并据此认为："新创企业内部能力对其成长绩效具有正向直接影响，而网络关系主要通过促进内部能力提升而对成长绩效具重要正向间接影响。因此，网络关系主要是成长绩效的间接影响因素，而内部能力则是成长绩效的直接影响因素，并在网络关系与成长绩效之间扮演了中介传导机制的角色"，从而提出了如图3.13所示的新创企业网络关系、内部能力与成长绩效关系整合框架（详见3.1.4小节）。

为使上述观点更具操作性与可经验检验性，本文继而结合新创企业各主要网络关系与各主要内部能力，先逐个研究新创企业主要内部能力体系中的创业导向、营销能力、技术能力与融资能力与成长绩效的关系，再逐个研究新创企业与其各主要类型网络关系对象间的关系品质（即合作伙伴关系品质、顾客关系品

---

① 本研究"结论6"系建立在上文"结论4"与"结论5"基础上的进一步延伸。因此，有关经验检验分析的结果请参见"结论4"与"结论5"相关推导部分。

质、政府部门关系品质及金融机构关系品质）对其内部能力及成长绩效的影响，并提出了一系列相关假设，从而以假设提出的方式对如图 3. 13 所示模型轮廓进行了进一步纹理刻画（详见第 3. 2 节）。最后，本研究将这些相关假设标绘在模型 E、F、G 与 H 中，以供随后经验数据分析之检验。

随后的经验数据分析表明，诚如上述“结论 2”与“结论 4”的内容及其推导过程所述，新创企业内部能力与网络关系均对成长绩效具有显著正向影响（详见前文“结论 2”与“结论 4”的推导过程）。再由“结论 5”及其推导过程可知，新创企业网络关系对其内部能力提升有显著正向影响效应（详见前文“结论 5”推导过程）。但根据 Baron 和 Kenny（1986）及王重鸣（2001）等的观点，只有当同时满足了以下 4 个条件，才可判断模型中存在中介变量效应：①自变量必须与中介变量有关；②自变量必须对因变量有作用；③中介变量必须与因变量有关；④当将中介变量放入模型同自变量同时分析对因变量的效应时，自变量与因变量之相关性会降低甚至变得不显著。显然，上述“结论 2”“结论 4”与“结论 5”只表明上述观点仅满足了其中前 3 个条件（即条件①、②与③）。因此，本研究还需进一步结合各网络关系与各内部能力详细分析上述待推导“结论 7”的观点是否亦满足其中“条件④”的要求。

兹依据前文表 5. 49、表 5. 51、表 5. 57、表 5. 62、表 5. 67 与表 5. 73 相关内容，将新创企业各网络关系在不同相关模型中对成长绩效的各种效应分解情况汇总成如表 6. 4 所示。

由表 6. 4 可知，在未考虑网络关系对内部能力影响的模型 B 与 C 中（分别如图 3. 17 与图 3. 18 所示），各网络关系品质对成长绩效影响的直接效应值与整体效应值均至少在 0. 1 的显著水平上显著大于 0。但在考虑了网络关系对内部能力影响的分别如图 3. 20、图 3. 21、图 3. 22 与图 3. 23 所示的模型 E、F、G 与 H 中，尽管各网络关系品质对成长绩效的整体效应完全标准化值与相应 T 值均较模型 B 与 C 中相应数值有所增大，但值得注意的是，此时各网络关系品质对成长绩效影响的直接效应完全标准化值与相应 T 值均较模型 B 与 C 中相应数值有明显减小，甚至变得不再显著大于 0。

以新创企业合作伙伴关系对成长绩效的影响为例。由表 6. 4 可知，在模型 B 中，合作伙伴关系品质对成长绩效影响的直接与整体效应完全标准化值为 0. 290，相应 T 值为 4. 101，显示这些效应值均在高达 0. 001 的显著水平上显著大于 0。但在模型 C 中，由于在模型 B 基础上中增加了内部能力（但并未考虑网络关系对内部能力的影响），因而使得在模型 C 中，合作伙伴关系品质对成长绩效影响的直接与整体效应完全标准化值减小为 0. 139，相应 T 值亦减小为 2. 354，显示这些效应值均降低为仅在 0. 05 的显著水平上显著大于 0。

表6.4　不同理论模型中网络关系品质对成长绩效影响效应分解汇总

RQ 类型	效应	模型 B	模型 C	模型 E	模型 F	模型 G	模型 H
合作伙伴 RQ							
	直接效应	0. 290 4. 101 ****	0. 139 2. 354 **	0. 101 1. 451	0. 099 1. 536	0. 103 1. 639	0. 102 1. 688 *
	间接效应			0. 247 4. 492 ****	0. 221 4. 195 ****	0. 224 4. 385 ****	0. 206 4. 068 ****
	整体效应	0. 290 4. 101 ****	0. 139 2. 354 **	0. 348 4. 745 ****	0. 320 4. 414 ****	0. 327 4. 470 ****	0. 308 4. 249 ****
顾客 RQ							
	直接效应	0. 267 3. 605 ****	0. 112 1. 862 *	0. 078 1. 087	0. 076 1. 097	0. 081 1. 237	0. 080 1. 252
	间接效应			0. 231 4. 167 ****	0. 210 4. 042 ****	0. 203 3. 964 ****	0. 188 3. 839 ****
	整体效应	0. 267 3. 605 ****	0. 112 1. 862 *	0. 309 4. 100 ****	0. 285 3. 941 ****	0. 284 3. 810 ****	0. 268 3. 707 ****
政府部门 RQ							
	直接效应	0. 199 2. 845 ***	0. 116 1. 985 **	0. 085 1. 328	0. 084 1. 401	0. 086 1. 432	0. 085 1. 460
	间接效应			0. 130 3. 110 ***	0. 120 2. 869 ***	0. 115 2. 899 ***	0. 113 2. 718 ***
	整体效应	0. 199 2. 845 ***	0. 116 1. 985 **	0. 215 3. 185 ***	0. 204 3. 001 ***	0. 201 2. 984 ***	0. 198 2. 916 ***
金融机构 RQ							
	直接效应	0. 235 3. 128 ***	0. 102 1. 704 *	0. 084 1. 213	0. 084 1. 328	0. 087 1. 363	0. 085 1. 357
	间接效应			0. 099 2. 773 ***	0. 120 3. 219 ***	0. 078 2. 679 ***	0. 114 3. 152 ***
	整体效应	0. 235 3. 128 ***	0. 102 1. 704 *	0. 184 2. 804 ***	0. 204 2. 990 ***	0. 165 2. 565 **	0. 199 2. 944 ***

注：* 表示 p 值 <0. 10；** 表示 p 值 <0. 05；*** 表示 p 值 <0. 01；**** 表示 p 值 <0. 001。

资料来源：本研究整理。

再比较模型 C 与 E（分别如图 3. 18 与图 3. 20 所示）可知，模型 E 在模型 C 的基础上进一步考虑了网络关系对内部能力的影响在内。这对合作伙伴关系而言，则表现为增加考虑了其对创业导向、技术能力与营销能力等的影响，及通过这些内部能力对成长绩效的间接影响。而由前文“结论 5”与“结论 2”可知，新创企业合作伙伴关系的确对创业导向、技术能力与营销能力均具有显著影响，并且此三内部能力亦的确对成长绩效具显著影响。由表 6.4 可知，在模型 E 中，合作伙伴关系品质通过创业导向等内部能力对成长绩效的间接效应完全标准化值高达 0.247，其相应 T 值亦高达 4.492，显示该间接效应值在高达 0.001 的显著水平上显著大于 0。与此同时，模型 E 中合作伙伴关系品质对成长绩效影响的直接效应完全标准化值则减小为 0.101，其相应 T 值亦减小为 1.451，显示该直接效应值已不再在最低 0.1 的显著水平上显著大于 0。类似的，根据表 6.4 中相关数据，按照上述模型 E 与 C 的比较思路进一步比较模型 F、G 及 H 与模型 C 亦均可发现，由于增加考虑了网络关系对内部能力的影响，在模型 F、G 与 H 中，合作伙伴关系品质对成长绩效影响的间接效应在高达 0.001 的显著水平上显著大于 0，而其直接效应不再显著（模型 F 与 G）或较模型 C 而言显著程度降低（模型 H）的现象。

综合以上分析可知，就新创企业合作伙伴关系而言，网络关系、内部能力与成长绩效间关系符合前述判断是否存在中介效应的“条件④”。即样本数据支持本研究认为合作伙伴关系主要通过创业导向、营销能力与技术能力对成长绩效产生间接影响，而后三内部能力则在其中扮演了重要中介传导机制的角色。

同样，以顾客关系品质、政府部门关系品质及金融机构关系品质为例进行上述分析亦可得出类似结论。因此，再结合前文“结论 2”“结论 4”与“结论 5”及其推导过程，本研究认为样本数据支持本研究认为新创企业内部能力与网络关系均对成长绩效具有显著的正向影响，但网络关系主要通过有助于提升内部能力从而达到间接促进企业成长的效果，内部能力在其中扮演了重要中介传导机制角色的观点。

结论 8：综合应用网络关系与内部能力，并充分考虑它们之间的关系，较应用其中单一因素解释新创企业成长绩效具有更强的解释力，并能更为深刻地揭示网络关系与内部能力对成长绩效的作用机理。

本研究经由文献回顾认为，有必要对新创企业网络关系、内部能力与成长绩效进行整合分析，以更为深刻地揭示它们之间的层次关系，从而将其定为本文拟重点研究问题之一（详见第 2.5 节），并将此思路体现在理论模型构建的各竞争性模型中（详见第 3.3 节），以供随后经验数据分析之检验。

样本数据显示各模型对成长绩效的解释能力各不相同。兹将前文分别如图 3.16、图 3.17、图 3.18、图 3.20、图 3.21、图 3.22 与图 3.23 所示的模型 A、B、C、E、F、G 与 H 所反映的变量间关系情况，以及与此相应，分别如表 5.47、表 5.49、表 5.51、表 5.59、表 5.64、表 5.70 与表 5.76 所示的各模型对成长绩效的方差解释比情况总结如表 6.5 所示。

表 6.5　各模型所反映的关系层次与对成长绩效方差的解释比

	模型 A	模型 B	模型 C	模型 E	模型 F	模型 G	模型 H
关系层次	①⑥	②⑥	①②⑥	①② ③⑥	①② ③④⑥	①② ③⑤⑥	①②③ ④⑤⑥
成长绩效 方差解释比	0.4586	0.3115	0.4708	0.5515	0.5718	0.5601	0.5793

注：表中各带圆圈的数字分别表示各类变量间关系，其中：

①表内部能力与成长绩效关系；　②表网络关系与成长绩效关系；

③表网络关系与内部能力关系；　④表融资能力与其他内部能力关系；

⑤表创业导向与其他内部能力关系；　⑥表控制变量与成长绩效间关系。

资料来源：本研究整理。

细观表 6.5 可知，各模型均考虑了控制变量对成长绩效的影响（如表中⑥）。除此以外，模型 A 与 B 均从分别仅考察了内部能力与网络关系两者中单一因素对成长绩效的直接影响，结果模型 A 与 B 对成长绩效方差解释比分别为 0.4586 与 0.3115。而模型 C 同时考虑网络关系与内部能力对成长绩效的直接影响，从而其对成长绩效的方差解释比亦较模型 A 与 B 有所提高，上升到 0.4708。在模型 C 的基础上，模型 E 进一步增加考虑网络关系对内部能力的影响及借助内部能力对成长绩效的间接影响（如表中③），结果显示其对成长绩效的方差解释比亦较模型 C 有所提高，上升到 0.5515。再有，在模型 E 的基础上，模型 F 与 G 又进一步增加考虑了内部能力之间一定的层次关系（如表中④与⑤），结果亦显示模型 F 与 G 对成长绩效的方差解释比均较模型 E 有所提高，分别上升到 0.5718 与 0.5601。最后，模型 H 亦分别较模型 F 与 G 考虑了更丰富的内部能力间层次关系，结果亦显示模型 H 较模型 G 与 H 对成长绩效的方差解释比有所提高，上升到 0.5793。由此可见，模型考虑的因素及因素间关系层次越丰富，其对成长绩效的解释力越强。

再结合前文假设检验中的模型比较过程可知，模型考虑的因素及因素间关系层次越丰富，对样本数据的拟合水平则越高（详见第 5.3.9 小节）。

因此，综合以上分析，再结合前文“结论 7”所揭示的变量间关系及其推导过程可知，样本数据支持本研究认为综合应用网络关系与内部能力，并充分考虑它们之间的关系，较应用其中单一因素解释新创企业成长绩效具有更强的解释力，并能更为深刻地揭示网络关系与内部能力对成长绩效作用机理的观点。

6.2 理论与实践意义

本节旨在总结本文各主要研究内容及所得出研究结论在相关领域理论研究上的意义以及这些发现对新创企业及其经营者实际经营活动的启示意义。

6.2.1 理论意义

(1) 为建立了社会资本理论与资源能力理论的内部联系做了又一新尝试

从理论体系上看，本研究用于解释新创企业成长绩效的网络关系与内部能力分别属于社会资本理论与资源能力理论两个不同的理论范畴（Lee 等，2001）。Lee 等（2001）发现这两大理论体系尽管都对新创企业绩效有着重要的解释力，但长期以来，它们彼此相对独立地并行发展着，少有相互借鉴之处，即资源能力理论过分将目光聚焦在企业内部的资源与能力上，而社会资本理论则过分将研究重点放在企业与外部主体的关系特征等方面。同时，Lee 等（2001）发现新创企业的网络关系与内部能力两者均对其成长绩效有重要影响，而且它们彼此之间亦存在一定的交互作用，这种交互作用也在一定程度上影响新创企业成长绩效。而由前文如表 2.16 所示的企业资源及能力与网络关系视角的新创企业成长绩效相关研究总结可知，现有研究多数只应用社会资本理论与资源能力理论中的单一理论解释新创企业的成长绩效等问题。由此可见，Lee 等（2001）的研究明显具有开拓性质，属于较早在社会资本理论与资源能力理论之间建立内部联系的少数研究之一。此后，国内亦有学者进行了类似研究，如杨鹏鹏，万迪昉和王延丽（2005）的研究等。

受 Lee 等（2001）与杨鹏鹏，万迪昉和王延丽（2005）等研究的启发，本文从关系品质视角研究了新创企业网络关系对内部能力的影响。诚如前文“结论5”所述，本研究发现，新创企业与网络关系对象间的良好关系品质有助于内部能力提升。显然，这与 Lee 等（2001）与杨鹏鹏，万迪昉和王延丽（2005）的研究有着许多相似之处，但亦与他们的研究存在许多不同之处。如本研究是从关系品质视角研究了网络关系对内部能力的影响，而 Lee 等（2001）则主要从关系的结构特征角度进行研究。杨鹏鹏，万迪昉和王延丽（2005）是从企业家层面上研究了社会资本理论与资源能力理论的关系，只进行了理论推导，并未进行相关经验研究检验，而本研究的研究层面则是企业层面，并对理论推导的发现进行了经验研究检验。因此，综合以上分析可知，本研究无疑为试图在社会资本理论与资源能力理论之间建立内部联系的又一新尝试。

（2）综合应用社会资本理论与企业资源能力理论解释了新创企业网络关系与内部能力对成长绩效的影响，从而更为深刻地揭示了它们之间的关系及其作用机理

如上文“理论意义（1）”所述，本文通过研究新创企业网络关系对内部能力提升的影响而尝试在社会资本理论与企业资源能力理论之间建立内部联系。但本研究并未“就此罢休”，而是在此基础上继续研究了它们在对成长绩效影响中的角色分工。诚如前文“结论7”及其推导过程所述，本研究发现，新创企业内部能力对其成长绩效具正向直接影响，而网络关系主要通过促进内部能力提升而对成长绩效具重要正向间接影响。因此，网络关系主要是成长绩效的间接影响因素，而内部能力则是成长绩效的直接影响因素，并在网络关系与成长绩效之间扮演了中介传导机制的角色。

除此以外，本研究还发现，不但网络关系与内部能力在对成长绩效的影响中存在层次关系，正如前文“结论3”及其推导过程所述，新创企业的技术能力、营销能力与融资能力的增强有助于提升其创业导向，而其中技术能力与营销能力的提升在很大程度上受企业融资能力强弱的影响，即新创企业成长所需各主要内部能力之间存在一定的相互关系，因而它们在促进新创企业成长绩效上存在一定的层次关系。

因此，正如前文“结论8”及其推导过程可知，综合应用网络关系与内部能力，并充分考虑它们之间的关系，较应用其中单一因素解释新创企业成长绩效具有更强的解释力，并能更为深刻地揭示网络关系与内部能力对成长绩效的作用机理。由上述分析可知，本研究在解释新创企业成长绩效的过程中综合应用了社会资本理论与企业资源能力理论，并深入揭示了新创企业网络关系与内部能力对成长绩效的影响机理。

（3）开辟了从关系品质视角研究网络关系对新创企业影响的新视角

由前文“结论6”及其推导过程可知，关系品质是网络关系功效的决定要素之一，可用于解释企业多种网络关系对企业的影响，从而不失为网络关系研究的重要理论视角。但据 Hoang 和 Antoncic（2003）在其发表于创业研究领域国际权威期刊《Journal of Business Venturing》上关于网络关系视角创业研究经典综评中发现，网络关系的内容、治理机制（如信任等）与结构是该领域主要研究视角。曾圣雅（2004）在综述基于网络关系视角的新创企业研究时发现，学者大多将网络特质视为解释变量，并且主要关注网络特质中的关系对象（如正式网络或非正式网络等）、内涵（如交易内容、所交易资源种类等）与关系结构（如网络关系

规模大小、组成、强弱联结的构成等）等维度对“新创企业获得哪些网络利益”及“网络利益对新创企业的影响”等方面。类似的，本研究在整理创业成长绩效相关研究中亦发现了类似现象（详见前文表2.16及其相关分析）。

尽管已有部分学者研究了网络关系治理机制中的信任等因素对网络关系运作的影响，但由前文“结论1”及其推导过程可知，关系品质是一个高阶变量，信任只是其中重要维度之一，但还远不能足够反映关系品质的深刻内涵。由此可见，目前尚缺乏从关系品质视角研究网络关系对新创企业影响的相关研究。而正如前文“结论1”“结论4”与“结论5”及其推导过程所述，本研究通过经验数据检验了关系品质的确是一个可供测量的独立变量，并尝试从关系品质视角研究了新创企业网络关系对新创企业内部能力提升及成长绩效的影响。无疑，这是对探索网络关系对新创企业影响研究新视角的一个可供参考的尝试。

（4）一定程度上丰富了关系品质测量模型研究，并拓展了关系品质评估范围

在前文（第2.4节）关于关系品质的文献回顾中，本研究发现尽管各学者关于关系品质的维度划分不尽相同，但多数学者主要选用沟通、信任、承诺、协调与满意等变量中的若干变量进行组合用于测量关系品质。本研究继而从互动关系的建立、发展与维护等角度较为系统地研究了沟通、信任、承诺、协调与满意各变量对互动关系的意义，并研究了这些变量间的相互关系。在随后的经验研究中，本研究依据这种关系，针对不同关系对象，从沟通、信任、承诺、协调与满意中选用了不同的组合用于测量新创企业与各不同网络关系对象间的关系品质。诚如“结论1”所述，本研究发现，关系品质是多维度高阶变量，沟通、信任、承诺、协调与满意五者彼此间存在密切的互动关系，均属于关系品质的重要维度，但关系品质的测量维度选择可视具体研究情境而定。正如前文“结论1”的推导过程所述，本研究的这些尝试均在一定程度了得到了经验数据的支持。无疑，这在一定程度上丰富了关系品质测量模型研究，并为其提供了又一经验研究支持。

目前关于关系品质的评估范畴存在狭义与广义两种评估观。前者主要用于评估企业与顾客之间的关系；后者则认为企业与其所有利益相关者的关系都可以纳入关系品质的评估对象。在现阶段，狭义评估观是关系品质研究的主要形式。本研究除考察了新创企业与顾客的关系品质，还研究了新创企业与合作伙伴、政府部门及金融机构等外部组织之间的关系品质对其内部能力提升及成长绩效的影响机理，并应用经验数据对其进行了分析检验。结果显示，本研究所选定用于测量新创企业与不同网络关系对象间关系品质的测量模型均具有较好的信度与效度（详见前文第5.2.6—5.2.9小节以及“结论1”的推导过程），并且诚如前文

"结论4""结论5"与"结论6"的内容及其推导过程所述，新创企业与不同关系对象的关系品质对新创企业不同内部能力提升及成长绩效具有不同的影响效应。无疑，这种研究突破了将关系品质评估对象仅限于企业与顾客关系的狭义评估观限制，而将关系品质的评估范畴拓展到企业与更为广泛的外部主体之间的关系上，从而在理论上拓展了关系品质的评估范围。

（5）为解决创业导向维度划分之争提供了理论与经验研究支持

长期以来，理论界对于创业导向各维度是否相互独立以及能否有效聚合成单一变量等问题存在争议（Dess 和 Lumpkin，2005）。本研究经由文献回顾，认为创业导向应包括创新性、风险承担性与预应性三个方面，并从该三维度对创业导向进行测量。随后的经验数据显示本研究所选用创业导向的创新性、风险承担性与预应性三者中两两相关系数均为正值，最低为 0.5281，T 值最低为 10.1865，远远超过了 $\alpha=0.01$ 显著程度所要求的临界值 2.58，表明创业导向各维度间存在显著的相关关系（详见表 5.4 及其相关分析）。另外，前文关于创业导向测量模型的 CFA 亦表明各维度间尽管存在显著的相关性，但亦存在足够的区分效度（详见表 5.5 及其相关分析），且它们之间存在一个更为高阶的公共因子（详见表 5.7 及其相关分析）。显然，这有力地支持了认为创业导向各维度彼此相关且能有效聚合成单一变量的观点，为解决理论上存在的上述争议提供了有力的理论与经验研究支持。

（6）从新创企业对创业机会识别、获取与开发的角度研究了其网络关系与内部能力对成长绩效的影响，为将创业研究中的"机会观"从创业决策阶段延伸到了创业执行阶段作了有益尝试，并为解释新创企业成长问题提供了一条可供借鉴的新思路

Bhave（1994）从时间维度按创业活动的实际进程将创业阶段区分为创业决策阶段与创业执行阶段。其中，前者指创业者创业意识形成到新创企业成立之前（狭义创业观）或至在现有组织内部引入结构重组、流程再造、动态网络与细胞组织等之前（广义创业观）；后者则泛指创业决策阶段以后的所有创业阶段。Shane 和 Venkataraman（2000）在其创业理论框架中认为创业机会是创业理论的核心概念。在此前后，众多学者（如 Eckhardt 和 Shane，2003 与 Bygrave 和 Hofer，1991 等）均持类似观点，如前文图 2.2 所示的蒂蒙斯（2002）创业模型等。但遗憾的是多数研究者只是将创业机会的观点局限在创业决策阶段，而只有少数学者认为创业机会不但是创业决策阶段的核心概念，亦与创业执行阶段的诸如新创企业成长等问题密切相关。如林嵩、姜彦福和张帏（2005，P.131）在其如图 2.3 所示的机会识别和创业研究理论模型认为，新创企业对创业机会的识

别、获取与开发将直接影响其战略制定与成长状况。由此可见，创业机会的确与创业执行阶段有着一定的关系。

就本研究而言，研究的核心问题之一是新创企业的成长绩效问题，因而属于创业执行阶段的范畴。在前文（第2.1.1小节）关于新创企业成长特征的文献回顾中，受以上少数学者的启发，本研究亦认为新创企业的成长过程是其对创业机会的不断识别、获取与开发过程，并在理论模型构建过程中详细研究了新创企业各种网络关系与内部能力对其创业机会识别、获取与开发活动的影响，以及由此而对成长绩效的影响。因此，这既是在前人研究基础上将创业研究中的“机会观”从创业决策阶段延伸到创业执行阶段的又一尝试，又为解释新创企业成长问题提供了一条可供借鉴的新思路。

6.2.2 实践意义

（1）有助于新创企业正确进行网络关系的战略管理

“在进入信息时代、因特网时代、知识型企业时代、知识爆炸时代、产业巨变时代，企业内外的具有战略意义的网络组织（network）成为阻击企业规模扩张的有力武器，以网络组织为基础的企业战略关系成了企业战略优势创造的重要基础”（宝贡敏，2004，P.344）。那么新创企业该如何根据自身经营发展所需，选择同哪些外部组织或个人构建合适的网络关系呢？本研究经由文献回顾发现各种网络关系对象在企业不同成长阶段对企业具有不同的价值，即使在某一特定阶段，不同网络关系的功效亦不尽相同（详见第2.3.4小节）。在理论模型构建时，本研究从关系品质视角分析了各不同网络关系对象对企业内部能力及成长绩效的不同影响，并提出了一系列相关假设。正如前文“结论4”与“结论5”及其推导过程所述，这些假设绝大多数均都得到了样本数据的支持。显然，这些研究结论及其对应假设提出过程中的分析均有助于创业者明确各不同类型网络关系的相对重要性，以便于根据自身能力提升及成长需要有效进行网络关系对象的选择及整合利用等方面的战略管理。

（2）有助于创业者更加重视网络关系品质的维护

几乎所有的创业者都认识到充分整合利用各种网络关系对其顺利创业必有裨益。因此，大凡所有的创业者都在创业前后通过各种可能的办法构建各种有利于其创业的网络关系。但现实却往往未能如愿以偿，如实际中的战略联盟成功率非常之低，而失败率却非常之高，即创业者抱着良好心愿努力构建的各种网络关系却未必能给其带来相应收益。由前文“结论6”及其推导过程可知，关系品质是网络关系功效的决定要素之一，可用于解释企业多种网络关系对企业的影响。这无疑会给正在全力构建网络关系的创业者一个重要的启示，那就是网络关系只是为新创企业的发展提供了一种潜在的功效，企业要真正从网络关系中获益，还必须加强与关系对象之间的沟通，不断增加对关系的物质与情感投资，力图在各关系企业间建立起相互信赖的关系，即在发展企业网络关系数量的同时不断提高关系品质（罗青军，2005）。所以，一个成功的相互关系需要关系各方不断地关注和培育，正如一桩婚姻一样，如果彼此都认真地选择了对方，就应该致力于从战略上维护关系的稳定和长久（杨农，2004，P. 180）。

（3）有助于新创企业更好地管理利用现有关系资源

通常，组织间各种关系活动最终要由组织内部具体执行的工作人员来完成。这些人员如果能与关系对方对口单位相应人员之间彼此沟通良好，甚至发展出良好的人际网络关系，对组织间关系功效的实现是有帮助的（司徒达贤，2003，P. 196）。以企业间关系中的技术转移活动来说，即使战略上对象选择正确，高层间的感情良好，而且技术转移的意愿也高，但真正在从事技术转移的工程师们如果沟通不良，或心理上互相排斥、缺乏信任，则教学双方也不易针对问题主动研究探讨。教的人不愿倾囊相授，语多保留；学的人也不敢提问以免暴露无知，这种技术转移，成功机会相当的渺茫。因此，企业应在组织内部创立良好的管理制度与机制鼓励组织间人员的互相沟通与交流，以建立彼此良好的信任氛围（司徒达贤，2003，P. 196）。故从这个角度看，本研究前述“结论 4”“结论 5”与“结论 6”还可给实践中的创业者们一个重要的启示，那就是不但要在战略高度上认识新创企业与网络关系对象间关系品质的重要性，更要从战术层次为网络关系功效的实现构建良好的微观基础，即新创企业与网络关系对象间的良好关系品质的构建与维护不应局限在企业创业者及其高层管理团队人员身上，还应特别注意培养好新创企业与网络关系对象双方对口单位与对口人员之间的关系。

另外，企业不但要将组织间的良好关系品质落实到企业内部员工层次上，更要注意及时通过在企业总体目标之下制定共同的工作准则、行为规范、工作轮岗制度等方法及时将企业工作人员与关系对方对口单位与人员间的各种人员间信任转化成组织间信任，使企业所拥有的关系资源建立在企业，而不仅仅局限在员工个人之间关系基础上，以搞好组织间以信任为基础的网络关系的继承。这样，即使企业有新的员工加入或者以前员工离开，在上述过程中形成的企业之间的关系资源仍能保留，而不会发生网络关系资源流失的问题（罗青军，2005），否则一旦重要人员离开了组织，组织可能就失去了该网络关系资源。

（4）有助于新创企业经营者树立正确的资源使用观

尽管理论与实践界均认为企业资源是其能力以及企业成长发展的基础，但长期以来，人们主要将目光集中在企业所拥有产权的内部资源上，从而在资源利用方面持资源拥有观，而忽视了对外部资源的整合利用。这非常不利于新创企业内部能力的提升与企业快速成长。因为，对于一个通常内部资源相对欠缺的新创企业来说，企图拥有企业全部所需资源是不现实的，在产权上占有一项资源，就势必会影响企业对其他更为重要资源的占有，从而影响新创企业对创业机会的识别、获取与开发，并进而影响新创企业的快速成长。

而前述“结论4”与“结论5”及其推导过程表明，新创企业与网络关系对象间的良好关系品质有助于新创企业更好地自外部获取所需资源，更好地进行组织间学习，以及更好地进行创业机会的识别、获取与开发，从而有助于新创企业提升其内部能力，并提高其成长绩效。这给创业者或新创企业经营者一个重要的启示就是，新创企业不必刻意追求拥有全部所需资源，而可以通过与网络关系对象建立良好关系品质，以实现与关系对方进行部分资源与知识共享，以达到为我所用之效果。

实际上，任何资源对企业来说，都只是一种供利用的手段或工具，企业目的是利用这些资源去为客户生产产品、提供产品与服务。因此，对新创企业来说，只要能保证实现这项功能，利用而不占有资源明显是上策，即应树立资源使用观。当然，这并不否定企业掌握和拥有能带来持续竞争优势的核心资源和能力；相反，正是主张企业放弃一些非核心性的资源占有来确保对那些事关其生存与发展大计的核心资源与能力的拥有与投资。

（5）有助于新创企业更好地对内部能力进行战略管理

前文“结论2”及其推导过程不但表明，新创企业内部能力越强，越有利于其提高成长绩效，同时亦具体描绘了新创企业成长所需重要内部能力的构成，即新创企业早期成长阶段的重要内部能力主要包括创业导向、技术能力、营销能力与融资能力。因此，这对处于百业待兴阶段的新创企业来说，有助于创业者将其人力、物力与财力等资源有的放矢地集中培育并提升那些对其成长极为重要的内部能力上。无疑，这既有助于提高企业资源使用效率，亦有助于实现新创企业快速成长。

值得一提的是，创业者在关注上述“结论2”所表述的内部能力与成长绩效关系的同时，还应充分注意前文“结论3”所表述的内部能力相互间关系以及它们在对新创企业成长绩效影响效应上的层次关系。无疑，这有助于创业者更好地整合利用其主要内部能力提升成长绩效。

既然新创企业内部能力如此重要，那么，新创企业该如何快速有效提升这些内部能力呢？本研究在文献回顾中较为详细地分析了新创企业内部能力提升战略，认为充分利用网络关系进行有效组织间学习与资源获取是新创企业能力提升的重要战略选择。此正如前文“结论5”及其推导所述，新创企业与网络关系对象间良好关系品质有助于其内部能力提升。无疑，这有助于创业者明确网络关系影响内部能力提升的作用机理，从而有助于新创企业更好地进行能力提升战略选择，并实施有效管理制度。如新创企业在努力与外部组织建立良好关系品质的同时，应特别重视制定并实施有利于进行组织间学习的各种机制与制度等，以利于新创企业更好地、积极主动地进行组织间学习等。

（6）有助于企业正确处理企业成长的内、外因关系

我们不妨把企业“网络关系”称之为企业外部因素，而把企业“内部能力”称之为企业内部因素。前文“结论2”表明企业成长绩效受其内部能力，即内部因素的影响；而前文“结论4”表明企业成长绩效受其网络关系，即企业外部因素的影响。所以，企业成长绩效至少受企业内、外两方面因素的影响。另外，再如前文“结论8”所述，同时从以上企业内、外两方面解释新创企业成长绩效将更具有解释力。这给创业者一个重要的启示是，在企业成长过程中，要尽可能地同时兼顾企业内、外两方面的因素。

更为重要的是，前文“结论7”及其推导过程表明，尽管新创企业内部能力与网络关系均对成长绩效具有显著的正向影响，但网络关系主要通过有助于提升内部能力从而达到间接促进企业成长的效果，内部能力在其中扮演了重要中介传导机制的角色。“结论7”同时向人们表明了在影响成长绩效过程中各种网络关系与内部能力之间的匹配关系。无疑，这有助于创业者更为深刻地理解企业内、外因对企业成长的作用机理，并在实际经验活动中加以应用，以支持他们更为有效整合利用企业内、外因促进企业成长。

6.3 研究不足与后续研究建议

尽管笔者围绕此研究主题做了许多不懈努力，并取得了一定的重要发现，但受笔者知识结构、研究能力及研究条件等客观因素限制，本研究仍存在许多不足之处，兹将其总结如下，以期后续研究对其加以进一步完善。

（1）关于网络关系对企业影响的干涉变量

出于尽可能简化模型，以突出拟研究主要变量间关系等考虑，本文在研究新创企业网络关系对其内部能力提升及成长绩效影响时并未考虑一些诸如企业的生产技术、现有资源丰裕程度、分销渠道、所在行业及关系双方资源互补性等方面特征所可能产生的干涉效应问题。但实际上，这种干涉效应可能客观存在。如研究表明，在不利的市场环境中，资源丰富的企业能借助网络关系获取更多的外部资源，而资源贫乏的企业却似乎很难做到这点；然而，在相对稳定的市场环境中，资源贫乏的企业比资源丰富的企业表现得更为活跃（Park 等，2002）。再有，网络关系本身就隐含了关系各方在分工基础上的合作。因此，新创企业的生

产技术、分销渠道等特点必然会影响企业与外界的关系。对于那种不需要太多外界协作、分销渠道简单的行业来说，其对网络关系的依赖程度较小，因而网络关系对新创企业的影响可能会相对较弱；反之，对于那些生产技术与分销渠道复杂，需要高度协作的新创企业而言，网络关系对其的影响则可能较强。如对那些为顾客提供专业服务（例如会计服务和法律服务）、金融服务（例如保险服务）和商业服务（例如广告代理服务）的服务性企业来说，网络关系对企业影响的影响尤为突出（姜彩芬和向长江，2003）。因此，对干涉变量影响效应的忽视属于本研究的不足之处，未来研究不妨在此研究基础上继续引入一些诸如前述企业技术性质、所在行业之类的干涉变量，考察这些因素对企业网络关系与企业内部能力，乃至与成长绩效之间关系的干涉效应。

（2）关于内部能力与成长绩效关系的干涉变量

同样，亦出于尽可能简化模型，以突出拟研究主要变量间关系等考虑，本文在研究新创企业内部能力与成长绩效关系时并未考虑其他可能干涉变量的效应，而实际上，这种干涉效应可能的确存在。以内部能力之一的创业导向与成长绩效之间关系为例。Covin 等（2006）通过对 110 家制造业企业的经验研究发现，尽管企业创业导向与企业销售增长率在总体上存在显著的正向影响关系，但这种关系的强弱受企业战略决策制定参与度、战略形成模式与战略学习等三种战略过程变量的影响。Dess 等（1997）发现创业导向与企业环境、结构与战略方面的匹配性对创业导向与绩效之间的关系有显著的调节效应。类似的，国内薛红志（2006）对我国制造业非多元化企业的经验研究表明，创业导向与绩效指标（如市场份额增长与相对销售收入增长等）之间的关系并不是一成不变的，是受企业所采用战略的影响。因此，后续研究者在研究企业内部能力对企业影响的相关研究中不妨考虑适当引入一些重要的干涉变量，以进一步提高研究的精度。

（3）关于控制变量

本研究在考察控制变量的效应时，在主要参考 Lee 等（2001）等的研究基础上，为简化模型，以突出本研究主要变量间关系，只考察了有限的三个常用可能对成长绩效产生重要影响的因素作为控制变量。而实际上，据前人研究（如 Baum 等，2001 等），新创企业成长绩效的影响因素远不止网络关系、内部能力与本研究所选定用作控制变量的几个因素。因此，本研究控制变量的个数略显不足。另外，就已选用控制变量而言，本研究只考察了控制变量对研究模型因变量成长绩效的影响效应，而并未考察控制变量对模型中其他变量及变量间关系的可能影响。而有研究表明，企业年龄等控制变量可能对模型中其他变量及变量间关系产生一定的影响（Lumpkin 等，2006）。因此，后续研究不妨在相关研究中适当增加一些控制变量，并充分考虑控制变量对各变量及变量间关系的影响。

(4) 关于关系品质影响因素

本研究结论显示新创企业网络关系有助于企业内部提升，并进而提升新创企业成长绩效等功效。类似的，亦有大量研究表明企业与网络关系对象间良好关系品质还可有助于提升企业其他方面的绩效。但遗憾的是本研究将新创企业网络关系作为模型研究的逻辑起点，视为一个外生变量，并未回答良好关系品质从何而来关系品质影响因素等一系列问题。而事实上，由于企业生存于一定的社会环境中，企业的行为要受到社会、政治、经济与文化等因素的影响。在当前我国转型背景下，改革使社会利益关系格局重新洗牌。但由于改革的非均衡性，某些方面的制度改革相对滞后导致社会经济生活中出现了许多诸如银行巨额不良资产、三角债、假冒伪劣产品、逃避债务与偷税漏税等不良现象，并使得社会信任结构遭到了极大地破坏。在这种背景下，企业间普遍缺乏信任，一般成熟企业都很难真正赢得与网络关系对象间的相互信任，更何况那些具有“正当性”不足、前途未明的新创企业，要取得网络关系对象的信任谈何容易。新创企业如何才能发展与网络关系对象间的良好关系品质是一件非常重要但又较为艰巨的任务，值得进行深入研究。因此，后续研究不妨考虑就新创企业网络关系品质的影响因素等问题进行研究。

(5) 关于变量测量

新创企业通常规模相对较小，且不愿意向外界透露其客观数据。同时，新创企业多数成立较晚，缺乏经营历史记录，研究者难以通过公开渠道获取其足够完整信息。因此，尽管本研究各变量的测量方法均系在参考前人相关研究基础上，结合本研究对企业经营者的实地访谈调研以及向多位专家求证，并事先经过小规模预调研对问卷进行反复修改完成，且经运用正式大规模抽样调研所获取样本数据对各变量测量方法进行信度与效度检验发现均具有良好的信度与效度，但由于本研究在对各研究变量的测量上采取由问卷填答人根据其主观判断回答问卷的主观测量方法，因而仍然可能会存在一定的主观偏差。为进一步提高研究精度，如有可能，后续研究不妨尽可能采用客观数据，或采用主观与客观数据相结合，或将主观数据与客观数据相对照等方法进行相关变量测量。

(6) 关于假设范围方面

本研究旨在研究新创企业网络关系、内部能力与成长绩效关系及其作用机理，因而本研究研究了新创企业内部能力中的创业导向、营销能力、技术能力与融资能力对成长绩效的影响，研究了内部能力的相互关系以及它们在对成长绩效影响上的层次关系，研究了新创企业与其合作伙伴、顾客、政府部门及金融机构四种主要网络关系对象的互动关系品质对其内部能力与成长绩效的影响等变量间关系。显然，创业导向、营销能力、技术能力与融资能力只是企业的主要内部能力，该四种内部能力之外的其他内部能力对成长绩效的影响如何呢？新创企业与社会公众等外部组织间的关系品质对新创企业的影响如何呢？就本研究所选定的各种网络关系与内部能力关系而言，本研究亦只是研究了其中有限的几对关系，而并未穷尽其全部可能的关系。如本研究仅仅研究了顾客关系对营销能力、技术能力与创业导向的影响，而并未研究顾客关系对融资能力的影响。同样，本研究仅仅研究了网络关系对内部能力的单向影响关系，而并未研究内部能力对外部网络关系的可能的反馈效应等问题。因此，本研究只是从一个有效的范围内研究了新创企业网络关系、内部能力与成长绩效之间的有限对变量间关系。因此，后续研究不妨在此基础上采用多种研究方法对此问题进一步深化研究，以更为深刻地揭示这些相关变量间更为丰富的内在关系。

（7）关于研究结论的适用性

由题意可知，本研究各结论系以新创企业为研究对象而产生。因此，其结论对非新创企业是否适用，应持谨慎态度。即使对新创企业而言，也应充分考虑本研究抽样条件的限制等问题。如前文关于正式调研样本数据的获取与描述所述，本研究所抽样企业地区分布范围仅限于杭州、南昌、苏州、南京、北京、上海、天津、广州、深圳、武汉、成都与西安等地共 12 城市，行业仅限于高新技术行业等。显然，本研究所抽样企业的地区分布均为大中型省会城市或经济较为发达的城市。由于地区经济发展水平等因素对新创企业成长存在一定的影响，因而，对本研究结论而已，其是否适用于那些经济发展水平相对落后地区新创企业还有待进一步的研究。类似的，本研究针对高新技术行业新创企业得出的结论是否适用于那些非高新技术行业的新创企业亦还需进一步研究。因此，在本研究结论的适用范围上亦应持谨慎态度，避免将其过度放大。

参考文献

[1] Aaker, D. A. Managing assets and skills: The key to a sustainable competitive advantage [J]. California Management Review, 1989, 31 (2): 91 - 106.

[2] Acha, V. The role of technological capabilities in determining performance: The case of the upstream petroleum industry [A]. The DRUID Conference on Industrial Dynamics, Hillerød. 2000.

[3] Adams, G. L. 和 Lamont, B. T. Knowledge management systems and developing sustainable competitive advantage [J]. Journal of Knowledge Management, 2003, 7 (2): 142 - 154.

[4] Adizes, W. J. Corporate life cycles - how and why corporations grow and die and what to do about it [M]. Englewood Cliffs: Prentice - Hall, 1989.

[5] Adler, P. S. 和 Sbenbar, A. Adapting your technological base: The organizational challenge [J]. Sloan Management Review, 1990, 32 (1): 25 - 37.

[6] Alavi, M. 和 Leidner, D. E. Review: Knowledge management and knowledge management systems: Conceptual foundations and research issues [J]. MIS Quarterly, 2001, 25 (1): 107 - 136.

[7] Aldrich, H. , Rosen, B. 和 Woodward, W. The impact of social networks on business founding and profit: A longitudinal study [A]. Ronstadt, R. , Hornday, J. A. , Peterson, R. , et al. Frontiers of Entrepreneurship Research [C]. Wellesley, MA, 1987: 154 - 168.

[8] Aldrich, H. E. 和 Fiol, C. M. Fools rush in? The institutional context of industry creation [J]. Academy of Management Review, 1994, 19 (4): 645 - 670.

[9] Aldrich, H. E. 和 Reese, P. R. Does networking pay off ? A panel study of entrepreneurs in the research triangle [A]. Churchill, N. C. , Birley, S. , Doutriaux, J. , et al. Frontiers of Entrepreneurship Research [C]. Babson: Babson College, 1993: 325 - 339.

[10] Aldrich, H. E. 和 Zimmer, E. R. Entrepreneurship through social network [A]. Sexton, D. L. 和 Smilor, R. W. The Art and Science of Entrepreneurship [C]. Cambridge, MA: Ballinger, 1986: 3 - 24.

[11] Aloulou, W. 和 Fayolle, A. A conceptual approach of entrepreneurial orientation within small business context [J]. Journal of Enterprising Culture, 2005, 13 (1): 21 - 45.

[12] Alvarez, S. A. 和 Barney, J. B. Resource - based theory and the entrepreneurial firm [A]. Hitt, M. A. , Ireland, R. D. , Camp, S. M. et al. Strategic entrepreneurship: Creating a new mindset [C]. Oxford: Blackwell Publishers, 2002: 89 - 105.

[13] Amabile, T. M. , Conti, R. , Coon, H. , et al. Assessing the work environment for creativity [J]. Academy of Management Journal, 1996, 39 (5): 1154 - 1184.

[14] Amason, A. C. , Shrader, R. C. 和 Tompson, G. H. Newness and novelty: Relating top management team composition to new venture performance [J]. Journal of Business Venturing, 2006, 21 (1): 125 - 148.

[15] Amit, R. 和 Schoemaker, P. J. Strategic assets and organizational rent [J]. Strategic Management Journal, 1993, 14 (1): 33 - 46.

[16] Anand, B. N. 和 Khanna, T. Do firms learn to create value ? The case of alliance [J]. Strategic Management Journal, 2000, 21 (3): 295 - 315.

[17] Anderson, E. 和 Weitz, B. A. The use of pledges to build and sustain commitment in distribution channels [J]. Journal of Marketing Research, 1992, 29 (2): 18 - 34.

[18] Anderson, E. W. 和 Sullivan, M. W. The antecedents and consequences of customer satisfaction for firms [J]. Marketing Science, 1993, 12 (2): 125 - 143.

[19] Anderson, J. C. 和 Gerbing, D. W. Structural equation modeling in practice: A review and recommended two - step approach [J]. Psychological Bulletin, 1988, 103 (3): 411 - 423.

[20] Anderson, J. C. 和 Narus, J. A. A modelof distributor firm and manufacturer firm working partnerships [J]. Journalof Marketing, 1990, 54 (1): 42 - 58.

[21] Angeles, R. 和 Nath, R. Partner congruence in electronic data interchange - enabled relationships [J]. Journal of Business Logistics, 2001, 22 (2): 109 - 128.

[22] Antoncic, B. 和 Hisrich, R. D. Intrapreneurship: Construct refinement and cross - cultural validation [J]. Journal of Business Venturing Volume, 2001, 16 (5): 495 - 527.

[23] Argyris. C. 和 Schon, D. A. Organizational learning: A theory of action perspective [M]. Menlo Park: Addison - Wesley, Reading, 1978.

[24] Arnold, D. R. , Capella, L. M. 和 Smith, G. D. Strategic Retail Management [M]. MA: Addison - Wesley Publishing Company, 1991.

[25] Arthurs, J. D. 和 Busenitz, L. W. Dynamic capabilities and venture performance: The effects of venture capitalists [J]. Journal of Business Venturing, 2006, 21 (2): 195 - 215.

[26] Arvind, M. , Sanjay, G. 和 Omar, A. E. Absorptive capacity configurations in supply chasins: Gearing for partner - enabled market knowledge creation [J]. MIS Quarterly, 2005, 29 (1): 145 - 188.

[27] Aw, B. Y. 和 Batra, G. Technological capability and firm efficiency in Taiwan [J]. World Bank Economic Review, 1998, 12 (1): 59 - 79.

[28] Awuah, G. B. A firm's competence development through its network of exchange relationships [J]. Journal of Business 和 Industrial Marketing, 2001, 16 (7): 574 - 599.

[29] Awuah, G. B. Promoting infant industries in less developed countries (LDCs): A network approach to analyze the impact of the exchange relationships between multinational companies and their indigenous suppliers in LDCs' efforts to boost infant industries development [J]. International Business Review, 1997, 6 (1): 71 - 87.

[30] Baber, W. R. , Janakiraman, S. N. 和 Kang, S. Investment opportunities and the structure of

executive compensation [J]. Journal of Accounting and Economics, 1996, 21 (3): 297 -318.

[31] Badaracco, J. L. The knowledge link: How firms compete through strategic alliances [M]. Boston, MA: Harvard Business School Press, 1991.

[32] Baker, N. R., Green, S. G. 和 Bean, A. S. The need for strategic balance in R 和 D project portfolios [J]. Research Management, 1986, 29 (2): 38 -42.

[33] Bamford, C. E., Dean, T. J. 和 McDougall, P. P. Entry strategies and the growth of bank start - ups in the U. S. : A critical examination of the niche prescription for new ventures [A]. Paper presented at the ICSB World Conference, Brisbane, Australia, June. 2000.

[34] Banbury, C. M. 和 Mitchell, W. The effect of introducing important incremental innovations on market share and business survival [J]. Strategic Management Journal, 1995, 16 (5): 161 -182.

[35] Bantel, K. A. Technology - based "adolescent" firm configurations: Strategy identification, context, and performance [J]. Journal of Business Venturing, 1998, 13 (3): 205 -230.

[36] Barney, J. B. Firm resources and sustained competitive advantage [J]. Journal of Management, 1991, 17 (1): 99 -120.

[37] Barney, J. B. How a firm's capabilities affect boundary decisions [J]. Sloan Management Review, 1999, 40 (3): 137 -145.

[38] Barney, J. B. Is the resource - based 'view' a useful perspective for strategic management research? Yes [J]. Academy of Management Review, 2001, 26 (1): 41 -56.

[39] Barney, J. B. Organisational culture: Can it be a source of sustained competitive advantage? [J]. Academy of Management Review, 1986, 11 (3) 656 -665.

[40] Baron, R. M. 和 Kenny, D. The moderator - mediator variable distinction in social psychological research: Conceptual, strategic, and statistical considerations [J]. Journal of Personality and Social Psychology, 1986, 51 (6): 1173 -1182.

[41] Barringer, B. R. 和 Bluedorn, A. C. The relationship between corporate entrepreneurship and strategic management [J]. Strategic management Journal, 1999, 20 (5): 421 -444.

[42] Barringer, B. R., Jones, F. F. 和 Neubaum, D. O. A quantitative content analysis of the characteristics of rapid growth firms and their founders [J]. Journal of Business Venturing, 2005, 20 (5): 663 -687.

[43] Barthelemy, J. The hidden costs of it outsourcing [J]. MIT Sloan Management Review, 2001, 42 (3): 60 -69.

[44] Batjargal, B. Social capital and entrepreneurial performance in russia: A panel Study [EB/OL]. Working Paper Number, 352 December 2000 www. ssrn. com.

[45] Bauer, H. H., Grether, M. 和 Leach, M. Building customer relations over the internet [J]. Industrial Marketing Management, 2002, 31 (2): 155 -163.

[46] Baum, J. Organizational ecology [A]. Clegg, S., Hardy, C. 和 Nord, S. Handbook of Organization Studies [C]. London: Sage, 1996: 77 -114.

[47] Baum, J., Calabrese, T. 和 Silverman, B. Don't go it alone: Alliance composition and startups' per-

formance in Canadian biotechnology [J]. Strategic Management Journal, 2000, 21 (3): 267 – 294.

[48] Baum, J. R. 和 Locke, E. A. The relationship of entrepreneurial traits, skill, and motivation to subsequent venture growth [J]. Journal of Applied Psychology, 2004, 89 (4), 587 – 598.

[49] Baum, J. R., Locke, E. A. 和 Smith, K. G. A multidimensional model of venture growth [J]. Academy of Management Journal, 2001, 44 (2): 292 – 303.

[50] Bejou, D. 和 Palmer, A. Service Failure and Loyalty: An exploratory empirical study of airline customers [J]. Journal of Service Marketing, 1998, 12 (1): 7 – 22.

[51] Berger, A. N. 和 Udell, G. F. Relationship lending and lines of credit in small firm finance [J]. Journal of Business, 1995, 68 (3): 351 – 381.

[52] Berry, L. L. 和 Parasuraman, A. Marketing Services [M]. New York: Free Press, NY, 1991.

[53] Bhattacharaya, S. 和 Chiesa. G. Proprietary Information, Financial Intermediation, and Research Incentives [J]. Journal of Financial Intermediation, 1995, 4 (4): 328 – 357.

[54] Bhave, M. P. A process model of entrepreneurial venture creation [J]. Journal of Business Venturing, 1994, 9 (3): 223 – 242.

[55] Birley, S. The role of networks in the entrepreneurial process [J]. Journal of Business Venturing, 1985, 1 (1): 107 – 117.

[56] Blau, P. M. Exchange and Power in Social Life [M]. New York: John Wiley and Sons, 1964.

[57] Bleeke, J. 和 Ernst, D. The way to win in cross – border alliances [J]. Harvard Business Review, 1991, 69 (6): 127 – 135.

[58] Bloemer, J. 和 Odekerken – Schröder, G. J. Store satisfaction and store loyalty explained by customer – and store – related factors [J]. Journal of Consumer Satisfaction, Dissatisfaction and Complaining Behavior, 2002, 15: 68 – 80.

[59] Bolfing, C. P. How do customers express dissatisfaction and what can service marketers do about it? [J]. Journal of Services Marketing, 1989, 3 (2): 5 – 23.

[60] Bollingtoft, A., Ulhoi, J. P., Madsen, H. et al. The effect of financial factors on the performance of new venture companies in high tech and knowledge – intensive industries: An empirical study in Denmark [J]. International Journal of Management, 2003, 20 (4): 535 – 547.

[61] Boot, A. W. A. 和 Thakor, A. V. Can relationship banking survive competition ? [J]. Journal of Finance, 2000, 55 (2): 679 – 713.

[62] Boot, A. W. A. 和 Thakor, A. V. Moral hazard and secured lending in an infinitely repeated credit market game [J]. International Economic Review, 1994, 35 (4): 899 – 920.

[63] Boshoff, C. An Experimental study of service recovery options [J]. International Journal of Service Industry Management, 1997, 8 (2): 110 – 130.

[64] Box, T. M., White, M. A. 和 Barr, S. H. A contingency model of new manufacturing performance [J]. Entrepreneurship Theory 和 Practice, 1993, 18 (2): 31 – 45.

[65] Bronder, C. 和 Pritzl, R. Developing strategic alliances: A conceptual framework for successful

co - operation [J]. European Management Journal, 1992, 10 (4): 412 -421.
[66] Bruderl, J. 和 Preisendorfer, P. Fast growing business: Empirical evidence from German. study [J]. International Journal of Sociology, 2000, 30 (3): 45 -70.
[67] Bruderl, J. 和 Preisendorfer, P. Network support and the success of newly founded businesses [J]. Small Business Economics, 1998, 10 (3): 213 -225.
[68] Bruederl, J., Preisendoerfer, P. 和 Ziegler, R. Survival. chances of newly founded business organizations [J]. American sociological Review, 1992, 57 (2): 227 -242.
[69] Brush, C. 和 Vanderwerf, P. A comparison of methods and sources for obtaining estimates of new venture performance [J]. Journal of Business Venturing, 1992, 7 (2): 157 -170.
[70] Brush, C. International Entrepreneurship: The effects of firm age on motives of internationalization [M]. New York: Garland, 1995.
[71] Brush, C. G., Greene, P. G. 和 Hart, M. M. From initial idea to unique advantage: The entrepreneurial challenge of constructing a resource base [J]. Academy of Management Executive, 2001, 15 (1): 64 -78.
[72] Bruton, G. D. 和 Rubanik, Y. Resources of the firm, Russian high - technology startups and firm growth [J]. Journal of Business Venturing, 2002, 17 (6): 553 -576.
[73] Burt, R. Structural Holes: The social structure of competition [M]. Cambridge, MA: Harvard University Press, 1992.
[74] Busenitz, L. W., West, G. P., Shepherd, D., et al. A. Entrepreneurship research in emergence: Past trends and future directions [J]. Journal of Management, 2003, 29 (3): 285 -308.
[75] Butler, S. Changing the game: CRM in the e - World [J]. The Journal of Business Strategy, 2000, 21 (2): 13 -14.
[76] Bygrave, W. D. 和 Hofer, C. W. Theorizing about entrepreneurship [J]. Entrepreneurship Theory and Practice, 1991, 16 (2): 13 -22.
[77] Calantone, R. J., Çavuşgil, S. T. 和 Zhao, Y. Learning orientation, firm innovation capability, and business performance [J]. Industrial Marketing Management, 2002, 31: 515 -524.
[78] Campbell, A. J. 和 Cooper, R. G. Do customer partnerships improve new product success rates? [J]. Industrial Marketing Management, 1999, 28 (5): 507 -519.
[79] Cannon, J. P. 和 Perreault, W. D. Jr. Buyer - seller relationships in business markets [J]. Journal of Marketing, 1999, 36 (4): 439 -460.
[80] Carlsson, B. 和 Eliasson, G. The nature and importance of economic competence [J]. Industrial and Corporate Change, 1994, 3 (1): 687 -711.
[81] Carroll, G. R. A Stochastic model of organizational mortality: Review and reanalysis [J]. Social Science Research, 1983, 12 (4): 303 -329.
[82] Celly, K. S. 和 Frazier, G. L. Outcome - based and behaviour - based coordination efforts in channel relationships [J]. Journal of Marketing Research, 1996, 33 (2): 200 -210.
[83] Chanaron, J. J. 和 Perrin, J. The transfer of research, development and design to developing

countries [J]. Futures, 1987: 503 -512.

[84] Chandler, A. D. Strategy and Structure: Chapters in the history of the american industrial enterprise [M]. Cambridge, Mass. : The MIT Press, 1962.

[85] Chandler, A. D., Jr., Scale and scope: The dynamics of industrial capitalism [M]. Cambridge, MA: Harvard University Press, 1990.

[86] Chandler, G. 和 Hanks, S. Measuring the performance of emerging businesses: A validation study [J]. Journal of Business Venturing, 1993, 8 (5): 391 -408.

[87] Chandler, G. N. 和 Hanks, S. H. (a) Founder competence, the environment and venture performance [J]. Entrepreneurship: Theory and Practice, 1994, 18 (3): 77 -90.

[88] Chandler, G. N. 和 Hanks, S. H. (b) Market attractiveness, resource - based capabilities, venture strategies, and venture performance [J]. Journal of Business Venturing, 1994, 9 (4): 331 -349.

[89] Chang, T. Cultivating global experience curve advantage on technology and marketing capabilities [J]. International Marketing Review, 1996, 13 (6): 22 -42.

[90] Chatterjee, S. 和 Wernerfelt, B. The link between resources and type of diversification: Theory and evidence [J]. Strategic Management Journal, 1991, 12 (1): 33 -48.

[91] Chatterjee, S. Excess resources, utilization costs, and mode of entry [J]. Journal of Management Study1990, 33 (4): 780 -800.

[92] Chen, J. H. The effects of network linkages and internal capabilities on technology venture performance [A]. Academy of Management Best Conference Paper, 2006 ENT: E1 - E6.

[93] Cheng, E. W. L., Li, H. 和 Love, P. E. D. Establishment of critical success factors for construction partnering [J]. Journal of Management in Engineering, 2000, 16 (2): 84 -92.

[94] Child, J. 和 Faulkner, D. Strategies of cooperation: Managing alliances, networks, and joint ventures [M]. Oxford UK: Oxford University Press, 1998.

[95] Chirinko, R. S. 和 Schaller, H. Why does liquidity matter in investment equation? [J]. Journal of Money, Credit and Banking, 1995, 27 (2): 527 -548.

[96] Cho, H. J. 和 Pucik, V. Relationship between innovativeness, quality, growth, profitability, and market value [J]. Strategic Management Journal, 2005, 26: 555 -575.

[97] Chrisman, J., Bauerschmidt, A. 和 Hofer, C. The determinants of new venture performance: An extended model [J]. Entrepreneurship Theory and Practice, 1998, 23 (1): 5 -29.

[98] Christensen, C. M. The innovator's dilemma [M]. Boston, MA: Harvard Business School Press, 1997.

[99] Chung, K. 和 Charoenwong, C. Investment options, assets in place, and the risk of stocks [J]. Financial Management, 1991, 20 (3): 21 -33.

[100] Churchill. Jr., G. A. A paradigm for developing better measures of marketing constructs [J]. Journal of Marketing Review, 1979, 16 (1): 64 -73.

[101] Cohen, W. M. 和 Levinthal, D. A. Absorptive capacity: A new perspective on learning and

innovation [J]. Administrative Science Quarterly, 1990, 35 (1): 128 -152.

[102] Collis, D. J. 和 Montgomery, C. A. Competing on resources: Strategy in 1990s [J], Harvard Business Review, 1995, 73 (4): 118 -129.

[103] Collis, D. J. 和 Montgomery, C. A. Corporate strategy: Resources and the scope of the firm [M]. Chicago, IL: Irwin, 1997.

[104] Collis, D. J. A resources - based analysis of global competition: The case of bearing industry [J]. Strategic Management Journal, 1991, 12 (4): 49 -68.

[105] Colombo, M. G. 和 Grilli, L. Founders'human capital and the growth of new technology - based firms: A competence - based view [J]. Research Policy, 2005, 34 (6): 795 -816.

[106] Condit, P. M. Focusing on the customer: How boeing does it [J]. Research and Technology Management, 1994, 37 (1): 33 -37.

[107] Conner, K. R. A historical comparison of resourcebased theory and five schools of thought within industrial organization economics: Do we have a new theory of the firm [J]. Journal of Management, 1991, 17 (1): 121 -154.

[108] Cooper, A. C. Challenges in predicting new venture performance [A]. Bull, J., Thomas, H. 和 Willard, G. Entrepreneurship: Perspectives on theory building [C]. London: Elsevier Science Ltd. 1995: 109 -124.

[109] Cooper, A. C. The role of incubator organizations in the founding of growth - oriented firms [J]. Journal of Business Venturing, 1985, 1 (1): 75 -86.

[110] Cooper, A. C., Folta, T. 和 Woo, C. Y. Information acquisition and performance by start - up firms [A]. Churchill, N. C., Bygrave, W. D., Covin, J. G., et al. Frontiers of Entrepreneurship Research [C]. Wellesley, MA: Babson College, 1991: 276 -290.

[111] Cooper, A. C., Gimeno - Gascon, F. J. 和 Woo, C. Y. A resource - based prediction of new venture survival and growth [J]. Academy of Management Proceedings, 1991 (Summer): 68 -72.

[112] Cooper, A. C., Gimeno - Gascon, F. J. 和 Woo, C. Y. Initial human and financial capital as predictors of new venture performance [J]. Journal of Business Venturing, 1994, 9 (5): 371 -395.

[113] Cooper, R. G. 和 Kleinschmidt, E. J. Success factors in product innovation [J]. Research Technology Management, 1987, 16 (3): 215 -223.

[114] Coviello, N. E. 和 Munro, H. J. Growing the entrepreneurial firm: Networking for international market development [J]. European Journal of Marketing, 1995, 29 (7): 49 -61.

[115] Covin, J. G. 和 Slevin, D. P. A conceptual model of entrepreneurship as firm behavior [J]. Entrepreneurship Theory and Practice, 1991, 16 (1): 7 -25.

[116] Covin, J. G. 和 Slevin, D. P. Corporate entrepreneurship in high and low technology industries: A comparison of strategic variables, strategy patterns and performance in global markets [J]. Journal of Euro - Marketing 1994: 99 -127.

[117] Covin, J. G. 和 Slevin, D. P. New venture strategic posture, structure, and performance: An industry life cycle analysis [J]. Journal of Business Venturing, 1990, 5 (2): 123 - 135.

[118] Covin, J. G. 和 Slevin, D. P. Strategic Management of small firms in hostile and benign environments [J]. Strategic Management Journal, 1989, 10 (1): 75 - 87.

[119] Covin, J. G. 和 Slevin, D. P. The development and testing of an organizational - level entrepreneurship scale [A]. Ronstadt, R. , Hornaday, J. A. 和 Peterson, R. Frontiers of Entrepreneurship Research [C]. Babson College, Wellesley, MA, 1986: 628 - 639.

[120] Covin, J. G. , Green, K. M. 和 Slevin, D. P. Strategic process effects on the entrepreneurial orientation - sales growth rate relationship [J]. Entrepreneurship: Theory and Practice, 2006, 30 (1): 57 - 81.

[121] Covin, J. G. , Slevin, D. P. 和 Schultz, R. L. Implementing strategic missions: Effective strategic, structural and tactical choices [J]. The Journal of Management Studies, 1994, 31 (4): 481 - 505.

[122] Crosby, L. A, Evans, K. R. 和 Cowles, D. Relationship quality in services selling: An interpersonal influence perspective [J]. Journal of Marketing. 1990, 54 (3): 68 - 81.

[123] Crossan, M. M. , Lane, H. W. 和 White, R. E. An organizational learning framework: From intuition to institution [J]. Academy of Management Review, 1999, 24 (3): 522 - 537.

[124] Culhane, J. M. H. The entrepreneurial orientation - performance linkage in high - technology firms: An international comparative study [D]. Germany: University Of Massachusetts Amherst, 2003.

[125] Cusumano, M. A. 和 Selby. R. W. Microsoft secrets: How the world's most powerful software company creates technology, shapes markets, and manages people [M]. New York: The Free Press, 1995.

[126] Daghfous, A. absorptive capacity and the implementation of knowledge - intensive best practices [J]. SAM Advanced Management Journal, 2004, 69 (2): 21 - 27.

[127] Dale, C. The competitive networks of tourism e - mediaries: New strategies, new advantages [J]. Journal of Vacation Marketing, 2003, 9 (2): 109 - 118.

[128] Das, T. K. 和 Teng, B. Between trust and control: Developing confidence in partner cooperation in alliances [J]. Academy of Management Review, 1998, 23 (3): 491 - 512.

[129] Davenport, S. , Davies, J. 和 Grimes, C. Collaborative research programmes: Building trust from difference [J]. Technovation, 1999, 19 (1): 31 - 40.

[130] Davenport, T. H. 和 Prusak, L. Working knowledge: How organizations manage what they know [M]. Harvard Business School Press, Boston, MA, 1998.

[131] Davidsson, P. 和 Wiklund, J. Levels of analysis in entrepreneurship research: Current research practice and suggestions for the future [J]. Entrepreneurship Theory and Practice, 2001, 25 (4): 81 - 99.

[132] Day, G. S. The capabilities of market - driven organizations [J]. Journal of Marketing, 1994,

58 (4): 37 -62.

[133] Delaney, J. T. 和 Huselid, M. A. The impact of human resource management practices on perceptions of organizational performance [J]. Academy of Management Journal, 1996, 39 (4): 949 -969.

[134] Delmar, F. , Davidsson, P. 和 Gartner, W. Arriving at the high - growth firm [J]. Journal of Business Venturing, 2003, 18 (2): 189 -216.

[135] Deshpande, R. , Farley, J. U. 和 Webster, F. E. Corporate culture, customer orientation, and innovativeness in Japanese firms: A quadrad analysis [J]. Journal of Marketing, 1993, 57 (1), 23 -37.

[136] Dess, G. G. 和 Lumpkin, G. T. The role of entrepreneurial orientation in stimulating effective corporate entrepreneurship [J]. Academy of Management Executive, 2005, 19 (1): 147 -156.

[137] Dess, G. G. 和 Robinson, R. B. , Jr. Measuring organizational performance in the absence of objective measures: The case of the privately - held firm and conglomerate business unit [J]. Strategic Management Journal, 1984, 5 (3): 265 -273.

[138] Dess, G. G. , Lumpkin, G. T. 和 Covin, G. T. , Entrepreneurial strategy making and firm performance: Tests of contingency and configurational models [J]. Strategic Management Journal, 1997, 18 (9): 677 -695.

[139] Devlin, G. 和 Bleackley, M. Strategic alliance—guideline for success [J]. Long Range Planning, 1988, 21 (5): 18 -23.

[140] Diamond, D. W. Reputation acquisition in debt markets [J]. Journal of Political Economy, 1989, 97 (4): 828 -862.

[141] Dierickx, I. 和 Cool, K. Asset stock accumulation and sustainability of competitive advantage [J]. Management Science. 1989, 35 (12): 1504 -1511.

[142] DiMaggio, P. J. 和 Powell. W. W. The iron cage revisited: Institutional isomorphism and collective rationality in organizational. Fields [J]. American Sociological Review, 1983, 48 (2): 147 -60.

[143] Dodgson, M. Organizational learning: A review of some literatures [J]. Organization Studies, 1993, 14 (3): 375 -394.

[144] Dollinger, M. J. Entrepreneurship: Strategies and resources [M]. Boston, MA: Irwin. 1995.

[145] Doney, P. M. 和 Cannon, J. P. An examination of the nature of trust in buyer - seller relationships [J]. Journal of Marketing, 1997, 61 (2): 35 -51.

[146] Dore, R. Taking Japan Seriously [M]. Stanford, CA. Stanford University Press. 1987.

[147] Dorsch, M. J. , Swanson, S. R. 和 Kelley, S. W. The role of relationship quality in the stratification of vendors as perceived by customers [J]. Journal. Of the Academy of Marketing Science. 1998, 26 (2): 128 -142.

[148] Dowling, M. J. 和 McGee, J. E. Business and technology strategies and new venture performance: A study of the telecommunications equipment industry [J]. Management Science, 1994,

40 (12): 1663 - 1677.

[149] Drucker, P. F. , Innovation and Entrepreneurship: Practice and Principles [M]. New York: Harper 和 Row, 1985.

[150] Dunne, P. 和 Hughes, A. Age, size, growth and survival: UK companies in the 1980s [J]. Journal of Industrial Economics, 1994, 42 (2): 115 - 140.

[151] Dunne, T. , Roberts, M. J. 和 Samuelson, L. The growth and failure of U. S. manufacturing plants [J]. The Quarterly Journal of Economics, 1989, 104 (4): 671 - 98.

[152] Dunning, J. H. Multinational Enterprises and the Global Economy [M]. Okingham England and Reading, Mass: Addison Wesley. 1993.

[153] Dunning, J. H. Relational assets, networks and international business activity [A]. Dunning, J. H. 和 Boyd, G. Alliance Capitalism and Corporate Management, Entrepreneurial Cooperation in Knowledge - Based Economies [C]. Edward Elgar, Cheltenham, 2003.

[154] Dutta, S. , Narasimhan, O. 和 Rajiv, S. Success in high - technology markets: Is marketing capability critical? [J]. Marketing Science, 1999, 18 (4): 547 - 568.

[155] Dwyer, F. R. , Schurr, P. H. 和 Oh, S. Developing buyer - seller relationships [J]. Journal of Marketing, 1987, 51 (2): 11 - 27.

[156] Dyer, J. 和 Singh, H. The relational view: Cooperative strategy and sources of interorganizational competitive advantage [J]. Academy of Management Review, 1998, 23 (4): 880 - 879.

[157] Dyer, J. H. 和 Chu, W. The determinants of trust in supplier automaker relationships in U S, Japan and Korea [J]. Journal of International Business Studies, 2000, 31 (2): 259 - 285. .

[158] Dyer, J. H. 和 Nobeoka, H. Creating and managing a high - performance knowledge - sharing network: The TOYOTA case [J]. Strategic Management Joutnal, 2000, 21 (3): 345 - 367.

[159] Dyer, J. H. Effective interfirm collaboration: How firms minimize transaction costs and maximize transaction value [J]. Strategic Management Journal, 1997, 18 (7): 535 - 556.

[160] Eckhardt, J. T. 和 Shane, S. A. Opportunities and entrepreneurship [J]. Journal of Management, 2003, 29 (3): 333 - 349.

[161] Edelman, L. F. , Brush, C. G. 和 Manolova, T. Co - alignment in the resource - performance relationship: Strategy as mediator [J]. Journal of Business Venturing, 2005. 20 (3): 359 - 383.

[162] Eisenhardt, K. M. 和 Martin, J. A. Dynamic capabilities: What are they? [J]. Strategic Management Journal, 2000. 21 (10/11): 1105.

[163] Eisenhardt, K. M. 和 Schoonhoven, C. B. Organizational growth: Linking founding team, strategy, environment, and growth among US semiconductor ventures 1978 - 1988 [J]. Administrative Science Quarterly, 1990, 35 (3): 504 - 529.

[164] Eisenhardt, K. M. Making fast strategic decisions in high - velocity environments [J]. Academy of Management Journal, 1989, 27, 299 - 343.

[165] Elfring, T. 和 Hulsink, W. Networks in entrepreneurship: The case of high - technology firms [J]. Small Business Economics, 2003, 21 (4): 409 - 422.

[166] Endres, A. M. 和 Woods, C. R. Modern theories of entrepreneurial behavior: A comparison and appraisal [J]. Small Business Economics, 2006, 26 (2): 189 -202.

[167] Etemad, H. 和 Lee, Y. Technological capabilities and industrial concentration in NICs and industrialized countries: Taiwanese SMEs versus Southern Korean chaebols [J]. International Journal of Entrepreneurship and Innovation Management, 2001, 1 (3): 329 -355. .

[168] Evans, J. R. 和 Laskin, R. L. The relationship marketing process: Communication, interaction, dialogue, value [J]. Journal of Business and Industrial Marketing, 2004, 19 (2): 99 -113.

[169] Fahy, J. , Hooley, G. , Cox, T. , et al. The Development and impact of marketing capabilities in central europe [J]. Journal of International Business Studies, 2000, 31 (1): 63 -81.

[170] Farjoun, M. Beyond industry boundaries: Human expertise, diversification and resources - related industry groups [J]. Organization Science, 1994, 5: 185 -199.

[171] Farrelly, F. 和 Quester, P. Examining important relationship quality constructs of the focal sponsorship exchange [J]. Industrial Marketing Management. 2005, 34 (3): 211 -219.

[172] Ferri, G. , Kang, T. S. 和 Kim, I. J. The value of relationship banking during financial crises: Evidence from the Republic of Korea [J]. The World Bank Development Research Group Finance, 2001 (February): Policy Research Working Paper Series 2553.

[173] Fiol, C. M. 和 Lyles, M. A. Organizational learning [J]. Academy of Management Review, 1985, 10 (4): 803 -813.

[174] Folta, T. B. , Cooper, A. C. 和 Baik, Y. S. Geographic cluster size and firm performance [J]. Journal of Business Venturing, 2006. 21 (2): 217 -242.

[175] Fombrun, C. J. Strategies for network research in organizations [J]. Academy of Management Review, 1982, 7 (2): 280 -291.

[176] Ford, D. Develop your technology strategy [J]. Long Range Planning, 1988, 21 (1): 85 -95.

[177] Ford, J. K. , MacCallum, R. C. 和 Tait, M. The application of exploratory factor analysis in applied psychology: A critical review and analysis [J]. Personnel Psychology, 1986, 39 (2): 291 -314.

[178] Fornell, C. A national customer satisfaction barometer: The Swedish experience [J]. Journal of Marketing, 1992, 56 (1): 6 -20. 1992.

[179] Forrester, W. C. 和 Maute, M. F. The Impact of relationship satisfaction on attributions, emotions, and behaviors following service failure [J]. The Journal of Applied Business Research, 2001, 17 (1): 1 -14.

[180] Foss, N. J. More critical comments on knowledge - based theories of the firm [J]. Organization Science, 1996, 7 (5): 519 -524.

[181] Frazier, G. L. On the measurement of interfirm power in channels of distribution [J]. Journal of Marketing Research, 1983, 20 (2), 158 -66.

[182] Freeman, J. , Carroll, G. R. 和 Hannan, M. T. The liability of newness: Age dependence in organizational death rates [J]. American Sociological Review, 1983, 48 (5): 692 -710.

[183] Fynes, B. , de Búrca, S. 和 Marshall, D. Environmental uncertainty, supply chain relationship quality and performance [J]. Journal of Purchasing 和 Supply Management, 2004, 10 (4/5): 179 – 190.

[184] Fynes, B. , Voss, C. 和 de Burca, S. The Impact of supply chain relationship quality on quality performance [J]. International Journal of Production Economics, 2005, 96 (3): 339 – 354.

[185] Galbreath, J. Twenty – first century management rules: The management of relationships as intangible assets [J]. Management Decision, 2002, 40 (1/2): 116 – 126.

[186] Gallon, M. R. 和 Stillman, H. M. Putting core competency thinking into Practice [J]. Research Technology Management, 1995, 38 (3): 20 – 28.

[187] Gammeltoft, P. Development of firm – level technological capabilities [J]. Journal of the Asia Pacific Economy, 2004, 9 (1): 49 – 69.

[188] Ganesan, S. Determinants of long – term orientation in buyer – seller relationships [J]. Journal of Marketing, 1994, 58 (2): 1 – 19.

[189] Garbarino, E. 和 Johnson, M. S. The different roles of satisfaction, trust, and commitment in customer relationships [J]. Journal of Marketing, 1999, 63 (2): 70 – 87.

[190] Garvin, D. A. Building a learning organization [J]. Harvard Business Review, 1993, 71 (4): 78 – 91.

[191] Geller, L. Customer retention begins with the basics [J]. Direct Marketing, 1997, 60 (5): 58 – 62.

[192] Gemunden, H. G. , Ritter, T. 和 Heydebreck, P. Network configuration and innovation success: An empirical analysis in German high – tech industries [J]. International Journal of Research in Marketing, 1996, 13 (5): 449 – 462.

[193] George, G. Slack resources and the performance of privately held firms [J]. Academy of Management Journal, 2005, 48 (4): 661 – 676.

[194] Ghoshal, S. 和 Bartlett, C. A. The multinational corporation as an interorganizational network [J]. Academy of Management review, 1990, 15 (4): 603 – 625.

[195] Giget, M. The Bonsai trees of Japan industry [J]. Futures, 1988, 20 (2): 147 – 153.

[196] Gilbert. B. A. , McDougall, P. P. 和 Audretsch, D. P. New Venture growth: A review and extension [J]. Journal of. Management, 2006, 32 (6): 926 – 950.

[197] Gima, K. A. Inward technology licensing as an alternative to internal R 和 D in new product development: A conceptual framework [J]. Journal of Product Innovation Management, 1992, 9 (2): 156 – 167.

[198] Gittell, J. H. Relationship between service providers and their impact on customers [J]. Journal of Service Research, 2002, 4 (4): 299 – 311.

[199] Goerzen, A. 和 Beamish, P. The effect of alliance network diversity on multinational enterprise performance [J]. Strategic Management Journal, 2005, 26 (4): 333 – 354.

[200] Goodman, L. E. 和 Dion, P. A. The determinants of commitment in the distributor – manufac-

turer relationship [J]. Industrial Marketing Management, 2001, 30 (3): 287 -300.

[201] Granovetter, M. Economic action and social structure: The problem of embeddedness [J]. American Journal of Sociology, 1985, 91 (3): 481 -510.

[202] Granovetter, M. The strength of weak ties [J]. American Journal of Sociology, 1973, 78 (6): 1360 -1380.

[203] Granovetter, M. S. Problems of explanation in economic sociology [A]. Nohria, N. 和 Eccles, R. Networks and Organizations: Structure, Form, and Action [C]. Boston: Harvard Business school Press, 1992.

[204] Grant, R. Prospering in dynamically - competitive environment: Organizational capability as knowledge integration [J]. Organization Science 1996, 7 (4): 375 -387.

[205] Grant, R. M. 和 Baden - Fuller, C. A knowledge - based theory of inter - firm collaboration [J]. Academy of Management Best Paper Proceedings, 1995, 14 (6): 429 -458.

[206] Grant, R. M. The resource - based theory of competitive advantage: Implications for strategy formulation [J]. California Management Review, 1991, 33 (3): 114 -135.

[207] Greiner, L. E. Evolution and revolution as organisations grow [J]. Harvard Business Review, 1972, 4 (7/8): 37 -46.

[208] Greve, A. Network and entrepreneurship - an analysis of social relations, occupational background, and use of contacts during the establishment process [J]. Scandinavian Journal of Management, 1995, 11 (1): 1 -24.

[209] Griffin, J. The internet's expanding role in building customer loyalty [J]. Direct Marketing, 1996, 59 (7): 50 -53.

[210] Griffith, D. A. 和 Harvey, M. G. A resource perspective of global dynamic capabilities [J]. Journal of International Business Studies, 2001, 32 (3): 597 -606.

[211] Grover, V. , Cheon, M. 和 Teng. J. The effect of service quality and partnership on the outsourcing of information systems functions [J]. Journal of Management Information systems, 1996, 12 (4): 89 -116.

[212] Gruner, K. E. 和 Homburg, C. Does customer interaction enhance new product success? [J]. Journal of Business Research, 2000, 49 (1): 1 -14.

[213] Gulati, R. Alliances and networks [J]. Strategic Management Journal, 1998, 19 (4): 293 -317.

[214] Gulati, R. , Khanna, T. 和 Nohria, N. Unilateral commitments and the importance of process in alliances [J]. Sloan Management Review, 1994, 35 (3): 61 -69.

[215] Gulati, R. , Nohria, N. 和 Zaheer, A. Strategic networks [J]. Strategic Management Journal, 2000, 21 (3): 203 -215.

[216] Gundlach, G. T. 和 Murphy, P. E. Ethical and legal foundations of relational marketing exchanges [J]. Journal of Marketing, 1993, 57 (4): 35 -46.

[217] Gundlach, G. T. , Achrol, R. S. 和 Mentzer, J. T. The structure of commitment in exchange

[J]. Journal of Marketing, 1995, 59 (1): 78 -99.

[218] Haire, M. Biological models and empirical histories in the growth of organizations [A]. Haire, M. Model Organization Theory [M]. New York: John Wiley 和 Sons Inc, 1959.

[219] Hakam, A. N. 和 Chang, Z. Y. Patterns of technology transfer in singapore: The case of electronics and computer industry [J]. International Journal of Technology Management, 1988, 3 (1): 181 -188.

[220] Håkansson, H., Havila, V. 和 Pedersen, A. C. Learning in networks [J]. Industrial Marketing Management, 1999, 28 (5): 443 -452.

[221] Hall, R. The management of external resources [J]. Journal of General Management, 2000, 26 (1): 56 -68.

[222] Hamel, G. 和 Prahalad, C. K. Corporate imagination and expeditionary marketing [J]. Harvard Business Review, 1991, 69 (July - August): 81 -92.

[223] Hamel, G. 和 Prahalad, C. K. Strategic intent [J]. Harvard Business Review, 1989, 67 (3): 63 -76.

[224] Hamel, G. 和 Prahalad, C. K. Strategy as stretch and leverage [J]. Harvard Business Review, 1993, 71 (2): 75 -84.

[225] Hamel, G. Collaborate with your competitors and win [J]. Harvard Business Review, 1989, 67 (1): 133 -139.

[226] Hamel, G. Competition for competence and inter - partner learning within international strategic alliances [J]. Strategic Management Journal, 1991, 12 (4): 83 -103.

[227] Hamel, G. Leading the revolution [M]. Boston: Harvard Business School Press, 2000.

[228] Handfield, R. B., Ragatz, G. L., Petersen, K. J. et al. Involving suppliers in new product development [J]. California Management Review, 1999, 42 (1): 59 -82.

[229] Hannan, M. T. 和 Freeman, F. Structural inertia and organizational change [J]. American Sociological Review, 1984, 49 (2): 149 -164.

[230] Hansen, E. L. Entrepreneurial networks and new organization growth [J]. Entrepreneurship Theory and Practice, 1995, 19 (4): 7 -19.

[231] Harryson, S. Japanese technology and innovation management: From know - how to know - who [M]. Northhampton: Edward Elgar Publishing, 1998.

[232] Hart, C. W. L., Heskett, J. L. 和 Sasser, W. E. J. The profitable art of service recovery [J]. Harvard Business Review, 1990, 68 (4): 148 -156.

[233] Havnes, P. A. 和 Senneseth, K. A panel study of firm growth among SMEs in networks [J]. Small Business Economics, 2001, 16 (4): 293 -302.

[234] Heide, J. B. 和 John, G. Do norms matter in marketing relationships [J]. Journal of Marketing, 1992, 56 (2): 32 -44.

[235] Heirman, A. 和 Clarysse, B. The imprinting effect of initial resources and market strategy on the early growth path of start - Ups [A]. Working Papers of Faculty of Economics and Business

Administration, Ghent University, Belgium, 2005.

[236] Helleloid, D. 和 Simonin, B. Organizational learning and a firm's core competence [M]. New York: John Wiley 和 Sons, 1994.

[237] Hendriks, P. Why share knowledge ? The influence of ICT on motivation for knowledge sharing [J]. Knowledge and process Management, 1999, 6 (2): 91 - 100.

[238] Hennig - Thurau, T. 和 Klee, A. The impact of customer satisfaction and relationship quality on customer retention: A critical reassessment and model development? [J]. Psychology 和 Marketing, 1997, 14 (8): 737 - 765.

[239] Hennig - Thurau, T. Relationship quality and customer retention through strategic communication of customer skills [J]. Journal of Marketing Management, 2000, 16 (1 - 3): 55 - 79.

[240] Hewett, K. , Money, R. B. 和 Sharma, S. An exploration of the moderating role of buyer corporate culture in industrial buyer - seller relationships [J]. Journal of the Academy of Marketing Science, 2002, 30 (3): 229 - 239.

[241] Hibbard, J. D. , Kumar, N. 和 Stern, L. W. Examining the impact of destructive acts in marketing channel relationships [J]. Journal of Marketing Research, 2001, 38 (2): 45 - 61.

[242] Hite, J. M. 和 Hesterly, W. S. The evolution of firm networks: From emergence to early growth of the firm [J]. Strategic Management Journal, 2001, 22 (3): 275 - 286.

[243] Hite, J. M. Embedded network ties of emerging entrepreneurial firms: Patterns, processes, and evolutionary paths [D], Ph. D. Thesis, The University of Utah, 1999.

[244] Hitt, M. A. 和 Ireland, R. D. Corporate distinctive competence, strategy, industry and performance [J]. Strategic Management Journal, 1985, 6 (3): 273 - 293.

[245] Hitt, M. A. , Ireland, R. D. 和 Hoskisson, R. E. Strategy Management [M]. New York: West, 1997.

[246] Hoang, H. 和 Antoncic, B. Network - based research in entrepreneurship: A critical review [J]. Journal of Business Venturing, 2003, 18 (2): 165 - 187.

[247] Hobday, M. Innovation in East Asia: The challenge to Japan [M]. Cheltenham, UK: Edward Elgar Publishing, 1995.

[248] Hofer, C. W. 和 Schendel, D. E. Strategy Formulation: Analytical Concept [M]. New York: West Publishing Co. , 1978.

[249] Holden, M. T. 和 Otoole, T. Affirming communication's primary role in a manufacturer - retailer context [J]. Journal of Marketing Management, 2004, 20 (9 - 10): 1047 - 1073.

[250] Holm, D. B. , Eriksson, K. 和 Johanson, J. Business networks and cooperation in international business realationships [J]. Journal of International Business Studies, 1996, 27 (5): 1033 - 1054.

[251] Holmlund, M. The D 和 D model - dimensions and domains of relationship quality perceptions [J]. Service Industries Journal, 2001, 21 (3): 13 - 36.

[252] Homburg, C. 和 Pflesser, C. A multiple layer model of market - oriented organizarional cul-

ture: Measurement issues and performance outcomes [J]. Journal of Marketing Research, 2000, 37 (4): 449 -462.

[253] Homburg, C. , Kuester, S. , Beutin, N. 和 Menon, A. Determinants of customer benefits in business - to - business markets. a cross - cultural comparison [J]. Journal of International Marketing, 2005, 13 (3): 1 -31.

[254] Hoopes, D. 和 Postrel, S. Shared knowledge, " glitches", and product development performance [J]. Strategic Management Journal, 1999, 20 (9): 837 -865.

[255] Hoshi, T. , Kashyap, A. 和 Scharfstein, D. Corporate structure, liquidity, and investment evidence from Japanese industrial groups [J]. Quarterly Journal of Economics, 1991, 106 (1): 33 -60.

[256] Houston, J. 和 James, C. Do relationships have limits? Banking relationships, financial constraints, and investment [J]. The Journal of Business, 2001, 74 (3): 347 -373.

[257] Howells, J. Tacit knowledge and technology import [A]. Fahrenkrog, G. 和 Boekholt, P. Public policies to support technology import [C]. EIMS Report No. 8. Luxembourg: European Commission. 1994.

[258] Howells, J. Tacit knowledge, innovation and technology transfer [J]. Technology Analysis of Strategic Management, 1996, 8 (2): 91 -106.

[259] Hoy, F. , McDougall, P. P. 和 D'Souza, D. E. Strategies and environment of high growth firms [A]. Sexton, D. L. 和 Kasarda, J. D. The state of the art of entrepreneurship [C]. Boston: PWS - Kent. 1992.

[260] Hsieh, Y. C. 和 Hiang, S. T. A study of the impacts of service quality on relationship quality in search - experience - credence services [J]. Total Quality Management and Business Excellence, 2004, 15 (1), 43 -58.

[261] Hsu, J. Y. A Late - industrial District ? Learning network in the hsinchu science - based industrial park [D]. Ph. D. dissertation, University of California, 1997.

[262] Huber, G. P. Organizational learning: The contributing processes and literatures [J]. Organization Science, 1991, 2 (1): 88 -115.

[263] Hult, G. T. M. , Hurley, R. F. 和 Knight, G. A. Innovativeness: Its antecedents and impact on business performance [J]. Industrial Marketing Management, 2004, 33: 429 -438.

[264] Hunt, S. D. 和 Morgan, R. M. The comparative advantage theory of competition [J]. Journal of Marketing, 1995, 59 (2): 1 -15.

[265] Hurley, R. F. 和 Hult, G. T. M. Innovation, market orientation, and organizational learning: An integration and empirical examination [J]. Journal of Marketing, 1998, 62 (July): 42 -54.

[266] Hutt, M. D. , Stafford, E. R. , Walker, B. A. 和 Reinegen, P. H. Defining the social network of a strategic alliance [J]. Sloan Management Review, 2000, 41 (2): 51 -62.

[267] Hyytinen, A. 和 Pajarinen, M. Small business finance in finland: A descriptive study [A]. The Research Institute of the Finnish Economy Discussion papers, 2002, No. 812.

[268] Iansiti, M. 和 Clark, K. B. Integration and dynamics capability: Evidence from product development in automobiles and mainframe computers [J]. Industrial and Corporate Change, 1994, 3 (3): 557 - 605.

[269] Imai, K. I., Nonaka, I. 和 Takeuchi, H. Managing New Product Development: Lessons from Japan [M]. Boston: Harvard Business School Press, 1985.

[270] Ingham, H. 和 Thompson, S. Wholly - owned V. S. Collaborative venture for diversifying financial service [J]. Strategic Management Journal, 1994, 15 (1): 325 - 334.

[271] Ireland, R. D., Hitt, M. A. 和 Sirmon, D. G. A model of strategic entrepreneurship: The construct and its dimensions [J]. Journal of Management, 2003, 29 (6): 963 - 989.

[272] Jambulingam, T., Kathuria, R. 和 Doucette, W. R. Entrepreneurial orientation as a basis for classification within a service industry: The case of retail pharmacy industry [J]. Journal of Operations Management, 2005, 23 (1): 23 - 42.

[273] James, C. Some evidence on the uniquiness of bank loans: A comparison of bank borrowing, private placements, and public debt offerings [J]. Journal of Financial Economics, 1987, 19: 217 - 235.

[274] Jao, I. Y. The interaction - learning effects in cross - border manufacturing alliances [A]. The First International Management Conference, National Chi - Nam University, Puli. 1997.

[275] Jao, Y. W. Capability enhancement through manufacturing alliance [D]. Thesis for the Degree of Doctor of Philosophy. The University of London, 1996.

[276] Jap, D. Pie - expansion, efforts: Collaboration processes in buyer - supplier relationships [J]. Journal of Marketing Research, 1999, 36 (4): 461 - 475.

[277] Jap, Sandy, D. 和 Ganesan, S. Control mechanisms and the relationship life cycle: Implications for safeguarding specific investments and developing commitment [J]. Journal of Marketing Research, 2000, 37 (2): 227 - 245.

[278] Jarillo, J. C. On strategic networks [J]. Strategic Management Journal, 1988, 9 (1): 31 - 41.

[279] Jaworski, B. J. 和 Kohli, A. K. Market orientation: Antecedents and consequences [J]. Journal of Marketing, 1993, 57 (3): 53 - 70.

[280] Johanson, J. 和 Mattson, L. G. Inter - organizational relations in industrial system: A network approach compared with the transaction - cost approach [J]. International Studies of Management and Organization, 1987, 17 (1): 34 - 48.

[281] Johnson, J. L. Strategic integration in industrial distributionchannels: Managing the interfirm relationship as a strategic asset [J]. Journal ofAcademy of Marketing Science, 1999, 27 (1): 4 - 18.

[282] Johnson, J. L., Sohi, R. 和 Grewal, R. The role of relational knowledge stores in interfirm partnering [J]. Journal of Marketing, 2004, 68 (3): 21 - 36.

[283] Johnson, J. T., Barksdale, H. C. 和 Boles, J. S. Factors associated with customer willingness to refer leads to salespeople [J]. Journal of Business Research, 2003, 56 (4): 257

-263.

[284] Jones, G. R. 和 George, J. M. The experience and evolution of trust: Implications for cooperation and teamwork [J]. Academy of Management Review, 1998, 23 (3): 1306 -1317.

[285] Jones, G. R. Organizational Theory: Text and Cases (3th) [M]. New Jersey: Prentice - Hall Inc. , 2001.

[286] Jones, T. O. 和 Sasser, W. E. Why satisfied customers defect [J]. Harvard Business Review, 1995, 73 (6): 88 -99.

[287] Jose, A. B. External linkages and technological innovation: (some) topical issues [J]. International Journal of Entrepreneurship and Innovation Management, 2003, 3 (1/2): 151 -175.

[288] Joshi, A. W. 和 Stump, R. L. Determinants of commitment and opportunism: Integrating and extending insights from transaction cost analysis and relational exchange theory [J]. Canadian Journal of Administrative Science, 1999, 16 (4): 334 -352.

[289] Kaish, S. 和 Gilad, B. Characteristics of opportunities search of entrepreneurs versus executives: Sources, interests, and general alertness [J]. Journal of Business Venturing, 1991, 6: 45 -61.

[290] Kale, P. , Singh, H. 和 Perlmutter, H. Learning and protection of proprietary assets in strategic alliances: Building relarional capital [J]. Strategic Management Journal, 2000, 21 (3): 217 -237.

[291] Kamath, R. R. 和 Liker, J. A second look at Japanese product development [J]. Harvard Business Review, 1994, 72 (6): 154 -164.

[292] Kanter, R. M. Collaborative advantage [J]. Harvard Business Review, 1994, 72 (7/8): 96 -108.

[293] Karagozoglu, N. 和 Brown, W. B. Time - base management of the new product development process [J]. Journal of Product Innovation Management, 1993, 10 (3): 204 -215.

[294] Karagozoglu, N. Environmental uncertainty, strategic planning, and technological competitive advantage [J]. Technovation, 1993, 13 (6): 335 -347.

[295] Kauser, S. 和 Shaw, V. International strategic alliances: The impact of behavioral characteristics on success [J]. Journal of Euro - Marketing, 2001, 10 (1): 71 -98.

[296] Kazanjian, R. 和 Drazin, R. A stage - contingent model of design and growth for technology based new ventures [J]. Journal of Business Venturing, 1990, 5 (3): 137 -150.

[297] Kazanjian, R. K. Relation of dominant problems to stages of growth in technology - based new ventures [J]. Academy of Management Journal, 1988, 30 (2): 257 -279.

[298] Keating, R. , Rugimbana, R. 和 Quazi, A. Differentiating between service quality and relationship quality in cyberspace [J]. Managing Service Quality, 2003, 13 (3): 217 -232.

[299] Keaveney, S. M. Customer switching behavior in service industries: An exploratory study [J]. Journal of Marketing, 1995, 59 (2): 71 -82.

[300] Kelley, D. J. 和 Rice, M. P. Technology - based strategic actions in new firms: The influence

of founding. technology resources [J]. Entrepreneurship: Theory 和 Practice, 2001, 26 (1): 55 - 74.

[301] Kester, W. C. An option approach to corporate finance [A]. Altman, E. J. Handbook on Corporate Finance [C]. New York, NY: John Wiley 和 Sons, 1986: 3 - 35.

[302] Khandwalla, P. N. The Design of Organizations [M]. New York: Harcourt Brace Jovanovich, 1977.

[303] Kim, K. 和 Frazier, G. L. Measurement of distributor commitment in industrial channels of distribution [J]. Journal of Business Research, 1997, 40 (2): 139 - 154.

[304] Kim, L. The dynamics of technological learning in industrialization [A]. UNU/INTECH Discussion paper. 2000.

[305] Klepper, R. The management of partnering development is I/S outsourcing [J]. Journal of Information Technology, 1995, 10 (4): 249 - 258.

[306] Knight, G. A. Cross - cultural reliability and validity of a scale to measure firm entrepreneurial orientation [J]. Journal of Business Venturing, 1997, 12 (3): 213 - 225.

[307] Kodithuwakku, S. S. 和 Rosa, P. The entrepreneurial process and economic success in a constrained environment [J]. Journal of Business Venturing, 2002, 17 (5): 431 - 465.

[308] Kogut, B. 和 Zander, U. Knowledge of the firm, combinative capabilities, and the replication of technology [J]. Organization Science, 1992, 3 (3): 383 - 397.

[309] Kogut, B. Joint Ventures: Theoretical and empirical perspectives [J]. Strategic Management Journal, 1988, 9 (4): 319 - 322.

[310] Kohli, A. K. 和 Jaworski, B. J. Market orientation: The construct, research propositions, and managerial implications [J]. Journal of Marketing, 1990, 54 (2): 1 - 18.

[311] Kohli, R. 和 Park, H. A. Cooperative game theory model of quantity discounts [J]. Management Science, 1989, 35 (6): 693 - 707.

[312] Kotey, B. 和 Meredith, G. G. Relationships among owner/manager personal values, business strategies, and enterprise performance [J]. Journal of Small Business Management, 1997, 35 (2): 37 - 61.

[313] Kothandaraman, P. 和 Wilson, D. Implementing relationship strategy [J]. Industrial Marketing Management, 2000, 29 (4): 339 - 349.

[314] Kotler, P. Marketing Management: Analysis, Planning, Implementation and Control - 9th ed [M]. New Jersey: Prentice - Hall, 2000.

[315] Kraatz, M. S. Learning by association? Inter - organizational networks and adaptation to environmental change [J]. Academy of Management, 1998, 41 (6): 621 - 643.

[316] Kumar, N. The Power of Trust in Manufacturer - Retailer Relationships [J]. Harvard Business Review, 1996, 74 (6): 92 - 106.

[317] Kumar, N., Scheer, L. K. 和 Steenkamp, J. B. E. M. The effects of supplier fairness on vulnerable resellers [J]. Journal of Marketing Research, 1995, 32 (1): 54 - 55.

[318] Lado, A. , Boyd, N. 和 Wright, P. A competency based model of sustainable competitive advantage: Toward a conceptual integration [J]. Journal of Management, 1992, 18 (1): 77 -91.

[319] Lages, C. , Lages, C. R. 和 Lages, L. F. The relqual scale: A measure of relationship quality in export market ventures [J]. Journal of Business Research, 2005, 58 (8): 1040 - 1048.

[320] Lall, S. Industrial adaptation and technological capabilities in developing countries [A]. Killick, T. The Flexible Economy: Causes and Consequences of the Adaptability of National Economies [C], London: Routledge. , 1995: 34 -63.

[321] Lambert, D. M. , Emmelhaninz, M. A. 和 Gardner, J. T. Developing and implementing supply chain partnerships [J]. The International Journal of Logistics Management, 1996, 7 (2): 1 -17.

[322] Lane, P. J. 和 Lubatkin, M. Relative absorptive capacity and interorganizational learning [J]. Strategic Management Journal, 1998, 19 (5): 461 -477.

[323] Lane, P. J. , Salk, J. E. 和 Lyles, M. A. Absorptive capacity, learning, and performance in international joint ventures [J]. Strategic Management Journal, 2001, 22 (12): 1139 -1161.

[324] Lang, B. 和 Colgate, M. Relationship quality, on - line banking and the information technology gap [J]. International Journal of Bank Marketing, 2003, 21 (1): 29 -37.

[325] Larson, A. 和 Starr, J. A. A network model of organization formation [J]. Entrepreneurship: Theory and Practice, 1993, 17 (2): 5 -15.

[326] Lassar, W. M. 和 Kerr, J. L. Strategy and control in supplier - distributor relationships: An agency perspective [J]. Strategic Management Journal, 1996, 17 (8): 613 -632.

[327] Lawler, E. J. 和 Yoon, J. Network structure and emotion in exchange relations [J]. American Sociological Review, 1998, 63 (3): 871 -894.

[328] Lechner, C. 和 Dowling, M. Firm networks: External relationships as sources for the growth and competitiveness of entrepreneurial firms [J]. Entrepreneurship 和 Regional Development, 2003, 15 (1): 1 -26.

[329] Lechner, C. , Dowling, M. 和 Welpe, I. firm networks and firm development: The role of the relational mix [J]. Journal of Business Venturing, 2006, 21 (4): 514 -540.

[330] Lee, C. , Lee, K. 和 Pennings, J. M. Internal capabilities, external networks, and performance: A study on technology - based ventures [J]. Strategic Management Journal, 2001, 22 (6/7): 615 -640.

[331] Lee, D. Y. 和 Tsang, E. W. K. The effects of entrepreneurial personality, background and network activities on venture growth [J]. Journal of Management Studies, 2001, 38 (4): 583 -602.

[332] Lee, H. 和 Choi, B. Knowledge management enablers, processes, and organizational performance: An integrative view and empirical examination [J]. Journal of Management Information System, 2003, 20 (1): 179 -228.

[333] Lee, H. L. Effective inventory and service management through product and process redesign [J]. Operations Research, 1996, 44 (1): 151 - 159.

[334] Lee, H. L., Padmanabham, V. 和 Whang, S. Information distortion in a supply chain: The bullwhip effect [J]. Management Science, 1997, 43 (4): 546 - 558.

[335] Lee, J. 和 Kim, Y. Effect of partnership quality on is outsourcing success: Conceptual framework and empirical validation [J]. Journal of Management Information Systems, 1999, 15 (4): 29 - 61.

[336] Lee, M. 和 Om, K. A conceptual framework of technological innovation management [J]. Technovation, 1994, 14 (1): 7 - 16.

[337] Lenoard - Barton, D. Wellsprings of Knowledge: Building and Sustaining the Sources of Innovation [M]. Boston, Masachusetts, Harvard Business School Press. 1995.

[338] Levinthal, D. Wisdom from wharton: R 和 D as investment in learning [J]. Chief Executive, 1992, 11/12: 62 - 64.

[339] Levit, T. The Marketing Imagination [M]. New York: The Press, 1986.

[340] Levitt, B. 和 March, J. G. Organizational learning [J]. Annual Review of Sociology, 1988, 14: 319 - 340.

[341] Li, T. 和 Calantone, R. J. The impact of market knowledge competence on new product advantage [J]. Journal of Marketing, 1998, 62 (4): 13 - 29.

[342] Lieberman, M. 和 Montgomery, D. First - mover advantages [J]. Strategic Management Journal, 1988 (Special Issue), 9 (1): 41 - 58.

[343] Liebeskind, J. P., Oliver, A. L., Zucker, L. 和 Brewer, M. Social networks, learning and flexibility: The structure and processes of a regional learning organization [J]. Organization Science, 1996, 7: 428 - 443.

[344] Liljander, V. 和 Strandvik, T. The nature of customer relationships in services [A]. Swartz, T. A. Bowen, D. E. 和 Brown, S. W. Advances in Services Marketing and Management: Research and Practice (Vol. 4) [C]. Greenwich, CT: JAI Press, Inc., 1995: 141 - 167.

[345] Limerick, D. 和 Cunnington, B. Managing The New Organization: A Buleprint for Networks and Strategic Alliances [M]. Jossey - Bass Publishers., 1993.

[346] Lin, N. Building a network theory of social capital [J]. Connections, 1999, 22 (1): 28 - 51.

[347] Littunen, H. Networks and local environmental characteristics in the survival of new firms [J]. Small Business Economics, 2000, 15 (1): 59 - 71.

[348] Lorange, P. 和 Ross, J. Formation of cooperative ventures: Competence mix of the management teams [J]. Management International Review, 1990, 30 (Special issue): 69 - 86.

[349] Low, M. B. 和 Macmillan, I. C. Entrepreneurship: Past research and future challenges [J]. Journal of Management, 1988, 14 (2): 138 - 161.

[350] Lumpkin, G. T., Wales, W. J. 和 Ensley, M. D. Entrepreneurial Orientation Effects on New

Venture Performance: The Moderating Role of Venture Age [J]. Academy of Management Best Conference Paper, 2006 ENT: N1.

[351] Lumpkin, G. T. 和 Dess, G. G. Clarifying the entrepreneurial orientation construct and linking it to performance [J]. Academy of Management Review, 1996, 21: 135 – 173.

[352] Lumpkin, G. T. 和 Dess, G. G. Linking two dimensions of entrepreneurial orientation to firm performance: The moderating role of environment and industry life cycle [J]. Journal of Business Venturing, 2001, 16 (5): 429 – 451.

[353] Lundvall, B. A. Innovation as an interactive process: From user – producer interaction to the national system of innovation [A]. Dosi, G. et al. Technical Change and Economic Theory [C]. London, Pinter Publishers, 1988: 349 – 369.

[354] Lussier, R. N. Startup business advice from business owners to would – be entrepreneurs [J]. S. A. M. Advanced Management Journal, 1995, 60 (1): 10 – 15.

[355] Lyles, M. A. Learning among joint venture sophisticated firms [J]. Management International Review, 1988, 28: 85 – 98.

[356] Madanmohan, T. R., Kumar, V. 和 Kumar, U. Import – led Technological Capability: A comparative analysis of indian and indonesian manufacturing firms [J]. Technovation – The International Journal of Technological Innovation and Entrepreneurship, 2004, 24 (12): 979 – 999.

[357] Madique, M. A. 和 Patch, P. Corporate strategy and technological policy [A]. Tushman, M. L. 和 Moore, W. L. Readings in the Management of Technology [C]. Boston: Pitman, 1982: 273 – 285.

[358] Mahoney, J. T. 和 Pandian, J. R. The resource – based view within the conversation of strategic management [J]. Strategic Management Journal, 1982, 13 (5): 363 – 380.

[359] Maidique, M. 和 Ziger, B. The new product learning cycle [J]. Research. Policy, 1985, 14 (6): 299 – 313.

[360] Makhija, M. V. 和 Ganesh, U. The relationship between control and partner learning in the learning – related joint ventures [J]. Organization Science, 1997, 8 (5): 508 – 527.

[361] Malone, T. W. 和 Crowston, K. The interdisciplinary study of coordination [J]. ACM Computing Surveys, 1994, 26 (1): 87 – 120.

[362] Man, T. W. Y., Lau, T. 和 Chan, K. F. The competitiveness of small and medium enterprises: A conceptualization with focus on entrepreneurial competencies [J]. Journal of Business Venturing, 2002, 17 (2): 123 – 142.

[363] Manev, I. M., Gyoshev, B. S. 和 Manolova, T. S. The role of human and social capital and entrepreneurial orientation for small business performance in a transitional economy [J]. International Journal of Entrepreneurship 和 Innovation Management, 2005, 5 (3/4): 298 – 318.

[364] Marsh, H. W. 和 Hocevar, D. The application of confirmatory factor analysis to the study of self – concept. First and higher order factor structures and their invariance across age groups [J]. Psychological Bulletin, 1985, 97 (3): 562 – 582.

[365] Matsuno, K., Mentzer, J. T. 和 Ozsomer, A. The effect of entrepreneurial proclivity and market orientation on business performance [J]. Journal of Marketing, 2002, 66 (3): 18 - 32.

[366] Mayer, R. C., Davis, J. H. 和 Schoorman, F. D. An integrative model of organization trust [J]. Academy of Management Review, 1995, 20 (3): 709 - 734.

[367] McAlister, D. T. 和 Erffmeyer, R. C. A content analysis of outcomes and responsibilities for consumer complaint to third - party organizations [J]. Journal of Business Research, 2003, 56 (4): 341 - 351.

[368] McDonald, F. 和 Vertova, G. Geographical concentration and competitiveness in the European Union [J]. European Business Review, 2001, 13 (3): 157 - 165.

[369] McDonald, G. W. Structural exchange and marital interaction [J]. Journal of Marriage and the Family, 1981, 43 (4): 825 - 839.

[370] McDonough, E. F. Faster new product development: Investigation the effects of technology and characteristics of the project leader and team [J]. Journal of Product Innovation Management, 1993, 10 (3): 241 - 250.

[371] McGee, J. E. 和 Dowling, M. J. Using R 和 D cooperative arrangements to leverage managerial experience: A study of technology - intensive new ventures [J]. Journal of Business Venturing, 1994, 9 (1): 33 - 48.

[372] Mcgee, J. E. 和 Peterson, M. Toward the development of measures of distinctive competencies among small independent retailers [J]. Journal of Small Business Management, 2000, 38 (2): 19 - 33.

[373] McHugh, P., Merli, G. 和 Wheeler, W. A. Beyond Business Process Reengineering: Towarda the Holonic Enterprises [M]. Chichester: John Wiley 和 Sons, 1995.

[374] Menon, A. 和 Varadarajan, P. R. A model of marketing knowledge use within firms [J]. Journal of Marketing, 1992, 56 (4): 53 - 71.

[375] Mentzer, J. T., Min, S. 和 Zacharia, Z. G. The nature of interfirm partnering in supply chain management [J]. Journal of Marketing, 2000, 76 (4): 549 - 568.

[376] Meyers, P. W. Non - linear learning in large technological firm: Period four implies chaos [J]. Research Policy, 1990, 19: 97 - 115.

[377] Michael, J. 和 Yukl, G. Managerial level and subunit function as determinants of networking behavior in organizations [J]. Group and Organization Management, 1993 (3), 328 - 351.

[378] Miles, M. 和 Arnold, D. The relationship between marketing orientation and entrepreneurial orientation [J]. Entrepreneurship Theory and Practice, 1991, 15 (4): 49 - 65.

[379] Miles, R. E. 和 Snow, C. C. Causes of failures in network organizatioiis [J]. California Management Review, 1992, 34 (4): 53 - 71.

[380] Miller, D. 和 Camp, B. Expliring determinants of success in corporate ventures [J]. Journal of Business Venturing, 1985, 1 (2): 87 - 105.

[381] Miller, D. 和 Friesen, P. H. Archetypes of strategy formulation [J]. Management Science,

1978, 24 (9): 921 - 933.

[382] Miller, D. 和 Friesen, P. H. Innovation in conservative and entrepreneurial firms: Two models of strategic momentum [J]. Strategic Management Journal, 1982, 3 (1): 1 - 25.

[383] Miller, D. 和 Friesen, P. H. Strategy - making and environment: The third link [J]. Strategic Management Journal, 1983, 4 (3): 221 - 235.

[384] Miller, D. The correlates of entrepreneurship in three types of firms [J]. Management Science, 1993, 29 (7): 770 - 791.

[385] Miller, G. J. Managerial dilemmas: The political economy of hierarchy [M]. New York: Cambridge University Press, 1992. .

[386] Mitchell, J. C. The Concept and Use of Social Structure [A]. Mitchell, J. C. Social Network in Urban Situations [M]. Eng: University of Manchester Press, 1969.

[387] Mitchell, W. The dynamics of evolving markets: The effects of business sales and age dissolutions and divestitures [J]. Administrative Science Quarterly 1994, 39 (4): 575 - 602.

[388] Mohr, J. 和 Nevin, J. R. Communication strategies in marketing channels: A theoretical perspective [J]. Journal of Marketing, 1990. 54 (4): 36 - 51.

[389] Mohr, J. 和 Spekman, R. E. Characteristics of partnership success: Partnership attributes, communication behavior, and conflict resolution techniques [J]. Strategic Management Journal, 1994, 15 (2): 135 - 152.

[390] Mohr, J. J. 和 Nevin, J. R. Communication strategies in marketing channels: A theoretical perspective [J]. Journal of Marketing, 1990, 54 (4): 36 - 51.

[391] Mohr, J. J. , Fisher, R. J. 和 Nevin, J. R. Collaborative communication in interfirm relationships: Moderating effects of integration and control [J]. Journal of Marketing, 1996, 60 (3): 103 - 115.

[392] Möller, K. 和 Anttila, M. Marketing capability: A key success factor in small business [J]. Journal of Marketing Management, 1987, 3 (2): 185 - 203.

[393] Monczka, R. M. , Callahan, T. J. 和 Nichols, E. L. Predictors of relationships among buying and supplying firms [J]. International Journal of Physical Distribution 和 Logistics Management 1995, 25 (10): 45 - 59.

[394] Moorman, C. Organizational market information processes: Cultural antecedents and new product outcomes [J]. Journal of Marketing Research, 1995, 3 (8): 318 - 335.

[395] Moorman, C. , Deshpande, R. 和 Zaltman, G. Factors affecting trust in market research relationships [J]. Journal of Marketing, 1993, 57 (1): 81 - 101.

[396] Moorman, R. , Zaltman, G. 和 Deshpande, R. Relationships between providers and users of marketing research: The dynamics of trust within and between organizations [J]. Journal of Marketing Research, 1992, 29 (3): 314 - 329.

[397] Morgan, R. M. 和 Hunt, S. D. The commitment - trust theory of relationship marketing [J]. Journal of Marketing, 1994, 58 (3): 20 - 38.

[398] Morris, B. G. A. 和 Cadogan, J. W. Partner symmetries, partner conflict and the quality of joint venture marketing strategy: An empirical investigation [J]. Journal of Marketing Management, 2001, 17 (1-2): 223-256.

[399] Morris, M. H. 和 Sexton, D. L. The concept of entrepreneurial intensity: Implications for company performance [J]. Journal of Business Research, 1996, 36 (1): 5-13.

[400] Morris, M. H. Entrepreneurial Intensity: Sustainable Advantage for Individuals, Organizations, and Societies [M]. Westport, CT: Quorum Books, 1998.

[401] Morris, M. H., Davis, L. 和 Allen, W. Fostering corporate entrepreneurship: Cross-cultural comparisons of individualism versus collectivism [J]. Journal of International Business Studies, 1994 (1). 65-89.

[402] Mosakowski, E. Entrepreneurial resource, organizational choice, and competitive outcomes. Organization Science, 1998, 9 (6): 625-643.

[403] Munch, R. Sociological Theory: From the 1850s to the Present [M]. Chicago: Nelson-Hall Publishers. 1993.

[404] Murphy, G. B. Trailer, J. W. 和 Hill, R. C. Measuring performance in entrepreneurship research [J]. Journal of business Research, 1996, 36 (1): 15-23.

[405] Myers, P. W. Non-linear learning in large technological firms: Period four implies chaos [J]. Research Policy, 1990, 19 (3): 97-115.

[406] Nahapiet, J. 和 Ghoshal, S. Social capital, intellectual capital and the organizational advantage [J]. Academy of Management Review, 1998, 23 (2): 242-266.

[407] Narus, J. A. 和 Anderson, J. C. Distributor contributions to partnerships with manufacturers [J]. Business Horizons, 1987, 30 (5): 34-42.

[408] Naudé, P. 和 Buttle, F. Assessing relationship quality [J]. Industrial Marketing Management, 2000, 29 (4): 351-361.

[409] Nelson, B. R. 和 Winter, S. G. The Schumpeterian trade off revisited [J]. American Economic Review, 1982, 72 (1): 114-132.

[410] Nevis, E. C., DiBella, A. J. 和 Gould, J. M. Understanding organizations as learning systems [J]. Sloan Management Review, 1995, 36 (2): 73-85.

[411] Nohria, N. 和 Garcia-Pont, C. Global strategic linkages and industry structure [J]. Strategic Management Journal, 1991, 12 (4): 105-124.

[412] Nonaka, I. 和 Takeuchi, H. The Knowledge Creating Company: How Japanese Companies Create the Dynamics of Innovation [M]. New York: Oxford University Press, 1995.

[413] Nonaka, I., Toyama, R. 和 Konno, N. SECI, Ba and leadership: A unified model of dynamic knowledge creation [J]. Long Range Planning, 2000, 33 (1): 5-34.

[414] Oliver, C. Determinants of interorganizational relationships: Integration and future directions [J]. Academy of Management Review, 1990, 15 (2): 241-265.

[415] Ong, C. S. 和 Lai, J. Y. Development of an instrument for measuring user satisfaction with

knowledge management systems [A]. Paper presented at the 38th Hawaii International Conference on System Sciences, Hawaii, USA., 2004, January 5 - 8.
[416] Orser, B. J., Hogarth - Scott, S. 和 Riding, A. L. Performance, firm size, and management problem solving [J]. Journal of Small Business Management, 2000, 38 (4): 42 - 58.
[417] Ostgaard, T. A. 和 Birley, S. New venture growth and personal networks [J]. Journal of Business Research, 1996, 36 (1): 37 - 50.
[418] Ouchi, W. G. Markets, bureaucracies and clans [J]. Administrative Science Quarterly, 1980, 25 (2): 129 - 141.
[419] Palvia, P. C. A Model and instrument for measuring small business user satisfaction with information technology [J]. Information and Management, 1996, 31 (3): 151 - 163.
[420] Panda, H. 和 Ramanathan, K. The role of technological capability in value addition: The case of firms in the electricity sector [J]. Technology Management, 1995, 2 (1): 84 - 100.
[421] Parise, S. 和 Casher, A. Alliance portfolios: Designing and managing your network of business - partner relationships [J]. Academy of Management Executive, 2003, 17 (4): 25 - 39.
[422] Park, S. H. 和 Luo, T. Guanxi and organizational dynamic: Organizational networking in chinese firms [J]. Strategic Management Journal, 2001, 22 (5): 455 - 477.
[423] Park, S. H., Chen, R. 和 Gallagher, S. Firm resources as moderators of the relationship between market growth and strategic alliances in semiconductor start - ups [J]. Academy of Management Journal, 2002, 45 (3): 527 - 545.
[424] Park, S. O. 和 Ungson, G. R. Interfirm rivalry and managerial complexity: A conceptual framework of alliance failure [J]. Organization Science, 2001, 12 (1): 37 - 53.
[425] Peng, M. W. Firm growth in transitional economies: Three longitudinal cases from China, 1989 - 1996 [J]. Organization Studies, 1997, 18 (3): 385 - 413.
[426] Pennings, J. M. 和 Harianto, F. The Diffusion of technological innovation in the commercial banking industry [J]. Strategic Management Journal, 1992, 13 (1): 29 - 46.
[427] Penrose, E. T. The Theory of The Growth of The Firm [M]. New York: John Wiley, 1959.
[428] Petersen, M. A. 和 Rajan, R. G. The effect of credit market competition on lending relationship [J]. The Quarterly Journal of Economics, 1995, 95 (110): 407 - 443.
[429] Petroni, A. The analysis of dynamic capabilities in a competence - oriented organization [J]. Technovation, 1998, 18: 179 - 189.
[430] Pfeffer, J. 和 Salancik, G. R. The external control of organization: A resource dependence perspective [M]. New York: Harper and Row, 1978.
[431] Pfeffer, J. Competitive advantage through people [M]. Boston: Harvard Business School Press, 1994.
[432] Pisano, G. P. Innovation through markets, hierarchies, and joint ventures: Technology Strategy and collaborative arrangements in the biotechnology industry [D]. Unpublished Dissertation, University of California, 1988.

[433] Porter, M. E. 和 Fuller, M. B. Coalitions and Global Strategy [M]. Boston: Harvard Business School Press. 1986.

[434] Porter, M. E. Competitive Advantage [M]. New York: Free Press, 1985.

[435] Powell, W. W. Hybrid organizational arrangements: New form or transitional development? [J]. California Management Review, 1987, 30 (1): 67 -87.

[436] Prahalad, C. k. 和 Hamel, G. The core competence of the corporation [J]. Harvard Business Review, 1990, 68 (3): 79 -91.

[437] Premaratne, S. P. Networks, resources, and small business growth: The experience in sri lanka [J]. Journal of Small Business Management, 2001, 39 (4): 363 -371.

[438] Probst, G. 和 Büchel, B. Organisational Learning [M]. London: Prentice - Hall, 1997.

[439] Ragatz, G. L., Handfield, R. B. 和 Scannell, T. V. Success factors for integrating suppliers into new product development [J]. Journal Product Innovation Management, 1997, 14 (3): 190 -202.

[440] Ray, D. Outsourcing can cut costs [J]. Asian Business, 1995, 31 (10): 66 -67.

[441] Reed, R. 和 Defillippi, R. J. Causal ambiguity, barriers to imitation, and sustainable competitive advantage [J]. Academy of Management Review, 1990, 15 (1): 88 -102.

[442] Reicheld, F. F. 和 Sasser, Jr. W. E. Zero defections: Quality comes to services [J]. Harvard Business Review, 1990, 68 (5): 105 -111.

[443] Reyniers, D. J. 和 Tapiero, C. S. The delivery and control of quality in supplier - producer contracts [J]. Management Science, 1995, 41 (10): 1581 -1589.

[444] Richardson, G. B. The Organization of industry [J]. The Economic Journal, 1972, 82 (3): 883 -896.

[445] Ring, P. S. 和 Van de Ven, A. H. Developmental process of cooperative interorganizational relationships [J]. Academy of Management Review, 1994, 19 (1): 90 -118.

[446] Roberts, E. B. 和 Hauptman, O. The financing threshold effect on success and failure of biomedical and pharmaceutical start - ups [J]. Management Science, 1987, 33 (3): 381 -394.

[447] Roberts, K., Varki, S. 和 Brodie, R. Measuring the quality of relationships in consumer services: An empirical study [J]. European Journal of Marketing, 2003, 37 (1/2): 169 -196.

[448] Roberts, P. W. Product innovation, product - market competition and persistent profitability in the U. S. pharmaceutical industry [J]. Strategic Management Journal, 1999, 20 (7): 655 -670.

[449] Robinson, K. An examination of the influence of industry structure on eight alternative measures of new venture performance for high potential independent new ventures [J]. Journal of Business Venturing, 1998, 14 (2): 165 -187.

[450] Robinson, K. C. 和 McDougall, P. P. Entry barriers and new venture performance: A comparison of universal and contingency approaches [J]. Strategic Management Journal, 2001, 22 (6/7): 659 -685.

[451] Robinson, R. J. 和 Osnabrugge, M. V. Angel Investing: Matching Startup Funds with Startup

Companies [M]. San Francisco: Jossey – Bass, 2000.

[452] Rogers, E. 和 Kincaid, D. L. Communication networks: Toward a new paradigm for research [M]. New York: Free Press, 1981.

[453] Rosenzweig, E. D., Roth, A. V. 和 Dean Jr, J. W. The influence of an integration strategy on competitive capabilities and business performance: An exploratory study of consumer products manufacturers [J]. Journal of Operations Management, 2003, 21 (4): 437 – 456.

[454] Roth, A. V. 和 Marubecheck, A. S. The knowledge factory for accelerated learning practices [J]. Planning Review, 1994, 22 (3): 26 – 33.

[455] Roure, J. B. 和 Maidique, M. A. Linking prefunding factors and high the venture capital start – up [J]. Journal of Business Venturing, 1986, 1 (3): 415 – 423.

[456] Salavou, H. 和 Loiukas, S. Radical product innovations in SMEs: The dominance of entrepreneurial orientation [J]. Creativity and Innovation Management, 2003, 12 (2): 94 – 108.

[457] Sanchez, R., Heene, A. 和 Thomas, H. Introduction: Towards the Theory and Practice of Competence – based Competition [A]. Sanchez, R., Heene, A. 和 Thomas, H. Dynamics of competence – based competition: Theory and practice in the new strategic management [M]. Oxford: Pergamon, 1996: 1 – 36.

[458] Sandberg, W. R. New venture performance: The role of strategy and industry structure [M]. Lexington, MA: Lexington Books, 1986.

[459] Sanders, W. G. 和 Boivie, S. Sorting things out: Valuation of new firms in uncertain markets [J]. Strategic Management Journal, 2004. 25 (2): 167 – 186.

[460] Sandy. D. J. Pie – expansion efforts: Collaboration processes in buyer – supplier relationships [J]. Journal of Marketing Research, 1999, 36 (4): 52 – 68.

[461] Saxenian, A. The origins and dynamics of production networks in Silicon Valley [J]. Research Policy, 1991, 20 (5): 423 – 437.

[462] Saxenian, A. L. Regional Advantage: Culture and Competition in Silicon Valley and Route 128 [M]. Cambridge MA: Harvard University Press., 1994.

[463] Schein, E. H. Innovative Cultures and Organizations [A]. Allen, T. J. 和 Scott Morton, M. S. Information Technology and the Corporation of the 1990s [C]. New York: Oxford, 1994: 125 – 146.

[464] Schoenecker, T. 和 Swanson, L. Indicators of firm technological capability: Validity and performance implications [J]. IEEE Transactions on Engineering Management, 2002, 49 (1): 36 – 44.

[465] Schoonhoven, C. B., Eisenhardt, K. M. 和 Lyman, K. Speeding products in market: Waiting time to first product introducing in new firms [J]. Administrative Science Quarterly, 1990, 35 (1): 177 – 208.

[466] Schul, P. L., Little, T. E. 和 Pride, W. M. Channel climate: Its impact on channel members' satisfaction [J]. Journal of Retailing, 1985, 61 (2): 9 – 38.

[467] Schumpeter, J. The theory of economic development: An inquiry into profits, capital, credit, interest, and business cycle [M]. Cambridge, MA: Harvard University Press, 1934.

[468] Schutjens, V. 和 Stam, E. The evolution and nature of young firm networks: A longitudinal perspective [J]. Small Business Economics, 2003, 21 (2): 115 - 134.

[469] Selznick, P. Leadership in Administration: A Sociological Interpreation [M]. NewYork: Harper 和 Row, 1957.

[470] Senge, P. Sharing knowledge [J]. Executive Excellence, 1997, 14 (11): 17 - 18.

[471] Serapio, M. G. 和 Cascio, W. F. End - games in international alliances [J]. Academy of Management Executive 1996, 10 (1): 62 - 73.

[472] Seybold, P. B. Customers. com: How to Create a Profitable Business Strategy for the Internet and Beyond [M]. Patricia Seybold, Inc. , 1998.

[473] Shan, W. An empirical analysis of organizational strategies by entrepreneurial high - technology firms [J]. Strategic Management Journal, 1990, 11 (2): 129 - 139.

[474] Shane, S. 和 Cable, D. Network ties, reputation, and the financing of new ventures [J]. Management Science, 2002, 48 (3): 364 - 381.

[475] Shane, S. A. 和 Venkataraman, S. The promise of entrepreneurship as a field of research [J]. Academy of Management Review, 2000, 25 (1): 217 - 226.

[476] Shane, S. A. Prior knowledge and the discovery of entrepreneurial opportunities [J]. Organization Science, 2000, 11 (4): 448 - 469.

[477] Shannon, C. E. 和 Weaver, W. The Mathematical Theory of Communication [M]. Urbana: University of Illinois Press. 1949.

[478] Sharif, M. N. Basis for techno - economic policy analysis [J]. Science and Public Policy, 1988, 15 (4): 217 - 229.

[479] Shaw, M. J. , Subramaniam, C. , Tan, G. W. 和 Welge, M. E. Knowledge management and data mining for marketing [J]. Decision Support Systems, 2001, 31 (1): 127 - 137.

[480] Shelton, L. M. Scale barriers and growth opportunities: A resource - based model of new venture expansion [J]. Journal of Enterprising Culture, 2005, 13 (4): 333 - 357.

[481] Shemwell, D. J. J. , Cronin, J. J. J. 和 Bullard, W. R. Relational exchange in services: An empirical investigation of ongoing customer service - provider relationships [J]. International Journal of Service Industry Management, 1994, 5 (3): 57 - 68.

[482] Sher, J. H. , Wong, V. 和 Shaw, V. Absorptive capacity and learning in technology transfer: The case of Taiwanese IT firms [A]. AIB Annual Conference, Birmingham, 1996: 337 - 57.

[483] Shrader, R. Influences on and performance implications of internationalization by publicly owned U. S. new ventures: A risk taking perspective [D]. Doctoral dissertation, Georgia State University, 1996.

[484] Shrader, R. C. 和 Simon, M. Corporate versus independent new ventures: Resource, strategy and performance differences [J]. Journal of Business Venturing, 1997, 12 (1): 47 - 66.

[485] Siguaw, J. A., Baker, T. L. 和 Simpson, P. M. Preliminary evidence on the composition of relational exchange and its outcomes: The distributor perspective [J]. Journal of Business Research, 2003, 56 (4): 311 -312.

[486] Simon, H. A. The Sciences of the Artificial [M]. Cambridge: MIT Press, 1996.

[487] Simpson, T. J. 和 Mayo, D. T. Relationship management: A call for fewer influence attempts? [J]. Journal of Business Research, 1997, 39 (3): 209 -218.

[488] Singh, A. 和 Whittington, G. The size and growth of firms [J]. Review of Economic Studies, 1975, 42 (1): 15 -26.

[489] Singh, J. 和 Sirdeshmukh, D. Agency and trust mechanisms in consumer satisfaction and loyalty judgements [J]. Journal of the Academy of Marketing Science, 2000, 28 (1): 150 -167.

[490] Singh, J. V., Tucker, D. J. 和 House, R. J. Organizational legitimacy and the liability of newness [J]. Administrative Science Quarterly, 1986, 31 (2): 171 -193.

[491] Singh, K. 和 Mitchell, W. Growth dynamics the bidirectional relationship between interfirm collaboration and business sales in entrant and incumbent alliances [J]. Strategic Management Journal, 2005, 26 (6): 497 -521.

[492] Sinkula, J. M. Market information processing and organizational learning [J]. Journal of Marketing, 1994, 58 (1): 35 -45.

[493] Sivadas, E. 和 Dwyer, F. R. An examination of organizational factors influencing new product success in internal and alliance -based processes [J]. Journal of Marketing, 2000, 64 (1): 31 -49.

[494] Slater, S. 和 Narver, J. C. Intelligence generation and superior customer value [J]. Journal of the Academy of Marketing Science, 2000, 28 (1): 120 -127.

[495] Slater, S. F. 和 Narver, J. C. Market orientation and the learning organization [J]. Journal of Marketing, 1995, 59 (3): 63 -74.

[496] Slater, S. F. 和 Narver, J. C. Market orientation, customer value, and superior performance [J]. Business Horizons, 1994, 37 (2): 22 -28.

[497] Smilor, R. 和 Gill, M. The new business incubator [M]. Lexington, MA: D. C. Health and Co, 1986.

[498] Smith, J. B. 和 Barclay, D. W. The effects of organizational differences and trust on the effectiveness of selling partner relationship [J]. Journal of Marketing, 1997, 61 (1): 3 -21.

[499] Smith, J. B. Buyer -seller relationships: Similarity, relationship managements, and quality [J]. Psychology 和 Marketing. 1998, 15 (1): 321.

[500] Spanos, Y. E. 和 Lioukas, S. An examination into the causal logic of rent generation: Contrasting Porter's competitive strategy framework and the resource -based perspective [J]. Strategic Management Journal, 2001, 22 (10): 907 -934.

[501] Stalk, G., Evans, P. 和 Shulman, L. E. Competing on capabilities: The new rules of corpo-

rate strategy [J]. Harvard Business Review, 1992, 70 (2): 57 - 69.

[502] Starr, J. A. 和 Macmillan, I. C. Resource cooptation via social contracting: Resource acquisition. strategies for new ventures [J]. Strategic Management Journal, 1990, 11 (1): 79 - 92.

[503] Starr, J. A. Resource parsimony and resourcefulness in new venture creation: Lessons from habitual entrepreneurs [D]. Dissertation proposal and work - in - progress. The Wharton School, University of Pennsylvania, 1990.

[504] Stearns, T. M. Strategic Alliances and performance of high technology new firms [A]. Reynolds, P., et al. Frontiers of Entrepreneurship Research [C]. Babson: Babson College 1996: 268 - 281.

[505] Sterman, J. D. Learning in and about complex systems [J]. System Dynamics Review, 1994, 10 (2 - 3): 291 - 330.

[506] Stevenson, H. H. 和 Jarillo, J. C. A paradigm of entrepreneurship: Entrepreneurial management [J]. Strategic management Jaurnal, 1990, 11 (1): 17 - 27.

[507] Stewart, K. S. The relationship between strategic planning and growth in small businesses [D]. DBA, Nova Southeastern University, 2004.

[508] Stinchcombe, A. Social structure and organizations [A]. March, J. Handbook of Organization [C]. Chicago, ILL: Rand McNally, 1965: 142 - 193.

[509] Storbacka, K., Strandvik, T. 和 Grönroos, C. Managing customer relationships for profit: The dynamics of relationship quality [J]. International Journal of Service Industry Management, 1994, 5 (5). 21 - 38.

[510] Stuart, T. E., Hoang, H. 和 Hybels, R. C. Interorganizational endorsements and the performance of entrepreneurial ventures [J]. Administrative Science Quarterly, 1999, 44 (2): 315 - 349.

[511] Suchman, M. C. Managing legitimacy: Strategic and institutional approaches [J]. The Academy of Management Review, 1995, 20 (3): 571 - 610.

[512] Swap, W., Leonard, D., Shields, M. 和 Abrams, L. Using mentoring and storytelling to transfer knowledge in the workplace [J]. Journal of Management Information Systems, 2001, 18 (1): 95 - 114.

[513] Szulanski, G. Exploring internal stickiness: Impediments to the transfer of best practices within the firm [J]. Strategic Management Journal, 1996, 17 (10): 27 - 43.

[514] Takeishi, A. Bridging inter - and intra - firm boundaries: Management of supplier involvement in automobile product development [J]. Strategic Management Journal, 2001, 22 (5): 403 - 433.

[515] Tam, J. L. M. 和 Wong, Y. H. Interactive selling: A dynamic framework for services [J]. Journal of Services Marketing, 2001, 15 (5): 379 - 396.

[516] Tan, D. 和 Mahoney, J. T. Examining the penrose effect in an international business context: The dynamics of Japanese firm growth in U. S. industries [J]. Managerial and Decision Eco-

nomics, 2005, 26: 113 - 127.

[517] Tan, K. C, Kannan, V. J. 和 Handfield, R. B. Supply chain management: Supplier performance and firm performance [J]. International Journal of Purchasing and Materials Management, 1998, 34 (3): 2 - 9.

[518] Tasi, W. Knowledge transfer in intraorganizational networks: Effects of network position and absorptive capacity on business unit innovation and performance [J]. Academy of Management Journal, 2001, 44 (5): 996 - 1005.

[519] Tax, S. S., Brown, S. W. 和 Chandrachekaran, M. Customer evaluations of service complaint experiences: Implications for relationship marketing [J]. Journal of Marketing, 1998, 62 (2): 35 - 28.

[520] Teece, D. Profiting from technological innovation: Implications for integration, collaboration, licensing and public policy [J]. Research Policy, 1986, 15 (6): 285 - 305.

[521] Teece, D. J. 和 Pisano, G. The dynamic capabilities of firms: An introduction [J]. Industrial and Corporate Change, 1994, 3 (3): 537 - 556.

[522] Teece, D. J. Capturing value from knowledge assets: The new economy, markets for know - how, and intangible assets [J]. California Management Review, 1998, 40 (3): 55 - 79.

[523] Teece, D. J. Towards an economic theory of the multiproduct firm [J]. Journal of Economic Behavior 和 Organization, 1982, 3 (1): 39 - 63.

[524] Teece, D. J., Pisano, G. 和 Shuen, A. Dynamic capabilities and strategic management [J]. Strategic Management Journal, 1997, 18 (7): 509 - 533.

[525] Thakur, S. P. Size of investment, opportunity choice and human resources in new venture growth: Some typologies [J]. Journal of Business Venturing, 1999, 14 (3): 283 - 309.

[526] Thorelli, H. B. Networks: Between markets and hierarchies [J]. Strategic Management Journal, 1986, 7 (1): 37 - 51.

[527] Tilly, R. Banking institutions in historical and comparative perspective: . Germany, Great Britain and the United States in the nineteenth and early twentieth. century [J]. Journal of Institutional and Theoretical Economics, 1989, 145 (1): 189 - 209.

[528] Tripsas, M. Surviving radical technological change through dynamic capability: Evidence from the typesetter industry [J]. Industrial and Corporate Change, 1997, 6 (2): 341 - 377.

[529] Tsai, K. H. The impact of technological capability on firm performance in taiwan's electronics industry [J]. Journal of High Technology Management Research, 2004, 15 (2): 183 - 95.

[530] Tsai, M. T. 和 Shih, C. M. The impact of marketing knowledge among managers on marketing capabilities and business performance [J]. International Journal of Management, 2004, 21 (4): 524 - 530.

[531] Tsai, W. 和 Ghoshal, S. Social capital and value creation: The role of intrarfirm networks [J]. Academy of Management Journal, 1998, 41 (4): 464 - 476.

[532] Tsai, W. Knowledge transfer in intraorganizational networks: Effects of network position and

absorptive capacity on business unit innovation and performance [J]. Academy of Management Journal, 2001, 44 (5): 96 - 1004.

[533] Tsai, W. Social capital, strategic relatedness and the formation of intraorgantional linkages [J]. Strategic Management Journal, 2000, 21 (9): 925 - 939.

[534] Tsai, W. M. H., MacMillan, I. C. 和 Low, M. B. Effects of strategy and environment on corporate venture success in industrial markets [J]. Journal of Business Venturing, 1991, 6 (1): 9 - 28.

[535] Uzzi, B. Social structure and competition in interfirm networks: The paradox of embeddedness [J]. Administrative Science Quarterly, 1997, 42 (1): 33 - 35.

[536] Uzzi, B. The sources and consequences of embeddedness for the economic performance of organizations: The network effect [J]. American Sociological Review, 1996, 61 (4): 674 - 698.

[537] Uzzi, J. G. Corporate social capital and the cost of financial capital: An embeddedness approach [A]. Leenders, R. 和 Gabbay, S. Corporate Social Capital and Liability [M]. Boston, MA: Kluwer Academic Publishers, 1999: 446 - 459.

[538] Van de Ven, A. H., Hudson, R. 和 Schroeder, D. Designing new business start - ups: Entrepreneurial, organizational, and ecological considerations [J]. Journal of Management, 1984, 10 (1): 87 - 107.

[539] Venkataraman, S. The distinctive domain of entrepreneurship research: An editor's perspective [A]. Katz, J. 和 Brockhaus, R. Advances in entrepreneurship, firm emergence and growth [C]. Greenwich, C T: JAI Press, 1997: 119 - 138.

[540] Venkatraman, N. Strategic orientation of business enterprises [J]. Management Science, 1989, 35 (8): 947 - 962.

[541] Von Hippel, E. the source of innovation [M]. New York: Oxford University Press, 1988.

[542] Vorhies, D. W. 和 Harker, M. The capabilities and performance advantages of market - driven firms: An empirical investigation [J]. Australian Journal of Management, 2000, 25 (2): 145 - 171.

[543] Vorhies, D. W. An investigation of the factors leading to the development of marketing capabilities and organizational effectiveness [J]. Journal of Strategic Marketing, 1999, 6 (1): 3 - 23.

[544] Walter, A., Auer, M. 和 Ritter, T. h. The impact of network capabilities and entrepreneurial orientation on university spin - off performance [J]. Journal of Business Venturing, 2006, 21 (4): 541 - 567.

[545] Walter, A., Muller, T. A., Helfer, G. 和 Ritter, T. Functions of industrial supplier relationships and their impact on relationship quality [J]. Industrial Marketing Management, 2003, 32 (2): 159 - 169.

[546] Walter, A., Ritter, T. 和 Gemunden, H. G. Value creation in buyer - seller relationships:

Theoretical considerations and empirical results from a supplier's perspective [J]. Industrial Marketing Management, 2001, 30 (4): 365 -377.

[547] Wang, C. B., Chen, T. Y., Chen, Y. M., et al. Development of a virtual enterprise access control model for resource sharing across enterprises [A]. Concurrent Engineering Conference, Dallas, Texas, USA, 2005..

[548] Wassim, A. 和 Alain, F. A conceptual approach of entrepreneurial orientation within small business context [J]. Journal of Enterprising Culture, 2005, 13 (1): 21 -45.

[549] Watkins, K. E. 和 Marsick, V. J. Sculpting the learning organization: Lessons in the art and science of systemic [M]. San Francisco: Jossey - Bass, 1993.

[550] Watson, J. Modeling the relationship between networking and firm performance [J]. Journal of Business Venturing (2006), doi: 10.1016/j. jbusvent. 2006. 08. 001.

[551] Wayland, R. E. 和 Cole, P. C., Customer Connections: New Strategies for Growth [M]. Boston: Harvard Business School Press, 1997.

[552] Weerawardena, J. The role of marketing capability in innovation - based competitive strategy [J]. Journal of Strategic Marketing, 2003, 11 (1): 15 -35.

[553] Weinzimmer, L. G., Nystron, P. C. 和 Freeman, S. J. Measuring organizational growth: Issues, consequences and guidelines [J]. Journal of Management, 1998, 24 (2): 235 -262.

[554] Weiss, L. Quantitative studies of industrial organization [A]. Intrilligator, M. D. Frontiers of Quantitative Economics [C]. North - Holland: Amsterdam, 1971: 362 -411.

[555] Wernerfelt, B. From critical resources to corporate strategy [J]. Journal of General Management, 1989, 14 (3): 4 -12.

[556] Westhead, P. 和 Storey, D. J. Links between higher education institutions and high technology firms [J]. Omega International Journal of Management Science, 1995, 23 (4): 345 -360.

[557] Westney, D. E. Domestic and foreign learning curves in managing international cooperative strategies [A]. Contractor, F. J. 和 Lorange, P. Cooperative strategies in international business [C]. Lexington, MA: Lexington Books, 1988: 339 -346.

[558] Westphal, L., Kim, L. 和 Dahlman, C. Reflections on the republic of korea's acquisition of technological capability [A]. Rosenberg, N. 和 Frischtak, C. International Technology [M]. New York: Praeger Publishers, 1985: 167 -221.

[559] Wheeler, B. C. NEBIC: A dynamic capabilities theory for assessing net - enablement [J]. Information System Research, 2003, 13 (2): 125 -146.

[560] Wigand, R. T. Electronic commerce: Definition, theory, and context [J]. The Information Society, 1997, 13 (1): 1 -16.

[561] Wiklund, J. 和 Shepherd, D. Aspiring for, and achieving growth: The moderating role of resources and opportunities [J]. Journal of Management Studies, 2003, 40 (8): 1919 -1941.

[562] Wiklund, J. 和 Shepherd, D. Entrepreneurial orientation and small business performance: A configurational approach [J]. Journal of Business Venturing, 2005, 20 (1): 71 -91.

[563] Wiklund, J. 和 Shepherd, D. Knowledge – based resources, entrepreneurial orientation, and the performance of small and medium – sized businesses [J]. Strategic Management Journal, 2003, 24 (13): 1307 – 1314.

[564] Wiklund, J. The sustainability of the entrepreneurial orientation performance relationship [J]. Entrepreneurship: Theory and Practice, 1999, 24 (1): 37 – 48.

[565] Williamson, E. O. Transaction – cost economics: The governance of contractual relations [J]. Journal of Law and Economics, 1979, 22 (10): 233 – 261.

[566] Williamson, O. E. The modern corporation: Origins, evolution, attributes [J]. Journal of Economic Literature, 1981, 19 (4): 1537 – 1568.

[567] Wilson, D. 和 Jantrania, S. Understanding the value of a Relatinship [J]. Asia – Australia marketing journal, 1996, 2 (1): 55 – 66.

[568] Wilson, D. T. An integrated model of buyer – seller relationships [J]. Journal of the Academy of Marketing Science, 1995, 23 (4): 335 – 345.

[569] Witt, P. Information networks of small and medium – sized enterprises [J]. Journal of Enterprising Culture, 1999, 7 (3): 213 – 231.

[570] Wolfe, R. A. Organisational innovation: Review, critique and suggested research directions [J]. Journal of Management Studies, 1994, 31 (3): 405 – 431.

[571] Wolff, M. F. Building trust in alliances [J]. Research Technology Management, 1994, 37 (3): 12 – 15.

[572] Woo, K. S. 和 Ennew, C. Business to business relationship quality: An IMP conceptualization and measurement [J]. European Journal of Marketing, 2004, 38 (9/10): 1252 – 1271.

[573] Yli – Renko, H. , Autio, E. 和 Sapienza, H. J. Social capital, knowledge acquisition, and knowledge exploitation in young technology – based firms [J]. Strategic Management Journal, 2001, 22 (6 – 7): 587 – 613.

[574] Yli – Renko, H. , Autio, E. 和 Tontti, V. Social capital, knowledge, and the international growth of technology – based new firms [J]. International Business Review, 2002, 11 (3): 279 – 304.

[575] Youndt, M. A. , Snell, S. A. Dean, J. W. 和 Lepak, D. P. Human resource management, manufacturing strategy, and firm performance [J]. Academy of Management Journal, 1996, 39 (4): 836 – 866.

[576] Young – Ybarra, C. 和 Wiersema, M. Strategic flexibility in information technology alliances: The influence of transaction cost economics and social exchange theory [J]. Organization Science, 1999, 10 (4): 439 – 459.

[577] Yusuf, A. Critical success factors for small business: Perceptions of south pacific [J]. Journal of Small Business Management, 1995, 33 (2): 68 – 73.

[578] Yusuf, A. Environmental uncertainty, the entrepreneurial orientation of business ventures and performance [J]. International Journal of Commerce and Management, 2002, 12 (3/4):

83 - 103.

[579] Zahra, S. 和 Bogner, W. Technology strategy and software new ventures' performance: Exploring the moderating effects of the competitive environment [J]. Journal of Business Venturing, 1999, 15 (2): 135 - 173.

[580] Zahra, S. , Ireland, R. 和 Hitt, M. International expansion by new venture firms: International diversity, mode of market entry, technological learning, and performance [J]. Academy of Management Journal, 2000, 43 (5): 925 - 950.

[581] Zahra, S. A. 和 Covin, J. G. Contextual influences on the corporate entrepreneurship - performance relationship: A longitudinal analysis [J]. Journal of Business Venturing, 1995, 10 (1): 43 - 58.

[582] Zahra, S. A. 和 Garvis, D. M. International corporate entrepreneurship and firm performance: The moderating effect of international environmental hostility [J]. Journal of Business Venturing, 2000, 15 (5 - 6): 469 - 492.

[583] Zahra, S. A. 和 George, G. Absorptive capacity: A review, reconceptualization and extension [J]. Academy of Management Review, 2002, 27 (2): 185 - 203.

[584] Zahra, S. A. Technology strategy and financial performance: Examining the moderating role of the firm's competitive environment [J]. Journal of Business Venturing, 1996, 11 (3): 189 - 219.

[585] Zahra, S. A. , Jennings, D. F. 和 Kuratko, D. F. The antecedent and consequences of firm - level entrepreneurship: The state of the field [J]. Entrepreneurship: Theory and Practice, 1999, 24 (2): 45 - 64.

[586] Zahra, S. A. , Neubaum, D. O. 和 El - Hagrassey, G. M. Competitive Analysis and New Venture Performance: Understanding the Impact of Strategic Uncertainty and Venture Origin [J]. Entrepreneurship: Theory 和 Practice, 2002, 27 (1): 1 - 28.

[587] Zahra, S. A. , Nielson, A. P. 和 Bogner, W. C. Corporate entrepreneurship, knowledge and competence development [J]. Entrepreneurship: Theory and Practice, 1999, 23 (3): 169 - 189.

[588] Zehir. C. , Acar, A. Z. 和 Tanriverdi, H. Identifying organizational capabilities as predictors of growth and business performance [J]. The Business Review, 2006, 5 (2): 109 - 116.

[589] Zeithaml, V. A. , Leonard Berry, L. 和 Parasuraman, A. 1996, The behavioral consequences of service quality [J]. Journal of Marketing, 1996, 60 (2): 31 - 46.

[590] Zhao, L. 和 Aram, J. D. Networking and growth Of young technology - intensive ventures in China [J]. Journal of Business Venturing, 1995, 10 (5): 349 - 370.

[591] Zhou, K. Z. , Yim, C. K. 和 Tse, D. K. The effects of strategic orientations on technology - and market - based breakthrough innovations [J]. Journal of Marketing, 2005, 69 (2): 42 - 60.

[592] Zimmerman, M. 和 Zeitz, G. Beyond survival: Achieving new venture growth by building legitimacy [J]. Academy of Management Review, 2002, 27 (3): 414 - 432.

[593] Zimmerman, T. M., Zeitz, G. 和 Coombs, J. Legitimacy, resources, and growth in new firms [A]. working paper, 2005.
[594] Zollo, M. 和 Winter, S. G. Deliberate learning and the evolution of dynamic capabilities [J]. Organization Science, 2002, 13 (3): 339-351.
[595] 阿伦斯，托马斯．如何管理高速成长公司 [M]. 北京：商务印书馆国际有限公司，1999.
[596] 巴隆，罗伯特．A.，谢恩，斯科特．A.（译者：张玉利，谭新生和陈立新）创业管理基于过程的观点 [M]. 机械工业出版社，2005.
[597] 巴罗，C. 小型企业 [M]. 北京：中信出版社，1998.
[598] 宝贡敏，余红剑．网络关系与创业互动机制研究 [J]. 研究与发展管理，2005 (3): 46-51.
[599] 宝贡敏．企业成长与竞争战略管理——基于我国经济与文化特点的分析 [M]. 太原：山西人民出版社，2004.
[600] 蔡梨，苗淑娟和李雪灵．我国创业企业资金需求的实证研究 [A]. 张玉利，张维和陈立新．创业管理理论与实践的新发展 [C]. 北京：清华大学出版社，2004.
[601] 曹楠．企业的政府公关 [D]. 硕士学位论文，上海外国语大学，2004.
[602] 曹为忠，詹雪阑，陈郁雯．台湾中小企业策略联盟绩效影响因素之研究 [J]. 产业金融（中国台湾），2003 (118): 84-101.
[603] 陈佳贵．关于企业生命周期和企业蜕变的探讨 [J]. 中国工业经济，1995, 11 (1): 5-13.
[604] 陈龙真，黄佐钘，周海炜．社会资本、企业资源与动态能力分析 [J]. 现代管理科学，2005 (4): 66-67.
[605] 陈震红，董俊武．创业机会的识别过程研究 [J]. 科技管理研究，2005 (2): 133-136.
[606] 陈正男，林素吟，丁学勤．信任、承诺与其相关因素的关系：加盟体系的实证研究 [J]. 台湾管理学刊（中国台湾），2005, 5 (2): 209-239.
[607] 大卫·欧文著．孙宁译．企业成长战略 [M]. 大连：东北财经大学出版社，2003.
[608] 蒂蒙斯．战略与商业机会 [M]. 北京：华夏出版社，2002.
[609] 东方赢．超速模式：21 世纪企业的主导模式 [M]. 北京：企业管理出版社，2000.
[610] 董俊武．企业的本质性质与企业成长的理论研究 [D]. 博士学位论文，武汉理工大学，2004.
[611] 范秀成，刘建华．顾客关系、信任与顾客对服务失败的反应 [J]. 南开管理评论，2004, 7 (6): 9-14.
[612] 方家平．政府关系营销 左右 IT 企业命运的力量 [EB/OL]. http://www.gimoo.net/news/roll/200504/60254.shtml, 2005-4-15.
[613] 方世荣，杨伟智，周文琼．新产品开发绩效之研究关系管理观点 [J]. 科技管理学刊（中国台湾），2004, 9 (1): 89-124.
[614] 方卫华．硅谷高科技发展的社会基础：中介组织 [J]. 社会学研究，2001 (4): 89-98.
[615] 费淑静．民营中小企业融资体系研究 [D]. 博士学位论文，西北农林科技大学，2004.

[616] 格兰特、贝登·富勒. 知识和经济组织：公司间合作分析的应用 [A]. 科鲁夫，乔治·旺. 知识创新：价值的源泉 [M]. 北京：经济管理出版社，2003.
[617] 郭斌，刘曼路. 民间金融与中小企业发展：对温州的实证分析 [J]. 经济研究，2002 (10)：40-46.
[618] 郭锐. 商业友谊对关系品质和顾客忠诚的影响之研究 [D]. 硕士学位论文，武汉大学，2005.
[619] 韩小芸，汪纯孝. 服务性企业顾客满意感与忠诚感关系 [M]. 北京：清华大学出版社，2003.
[620] 何雍庆，曾真真. 从关系品质观点建构行销功能委外之成功模式——以台湾保险业为例 [J]. 中华管理评论（国际学报）（中国台湾），2003，6 (6)：49-62.
[621] 侯杰泰，温忠麟，成子娟. 结构方程模型及其应用 [M]. 北京：教育科学出版社，2004.
[622] 黄芳铭. 结构方程模式理论与应用 [M]. 北京：中国税务出版社，2005.
[623] 黄顺春，尹艳芬. 民企营造政企关系的风险 [J]. 经营与管理，2005 (7)：12-13.
[624] 黄志娜. 中国软件企业成长路径和影响因素的实证研究 [D]. 硕士学位论文，清华大学，2003.
[625] 简俊成，洪清德. 外部知识移转之研究——以台湾上市上柜制造业公司为例 [J]. 管理学报（中国台湾），2003，20 (5)：929-964.
[626] 姜彩芬，向长江. 利用 CRM 提高顾客关系质量 [J]. 商业经济文荟，2003，5：57-59.
[627] 蒋阳升. 供应链关系协调管理研究 [D]. 博士学位论文，西南交通大学，2004.
[628] 金萍，赵民杰. 保险客户保留因素分析 [J]. 现代管理科学，2005 (3)：30-32.
[629] 金泉. 新创企业成长机理研究综述 [A]. 张玉利等. 创业研究与教育国际研讨会论文集 [C]. 天津：南开大学，2006.
[630] 柯俊杰. 网络关系与新创企业发展 [J]. 商业时代，2006 (12)：43-44.
[631] 科斯 (a). 企业、市场与法律 [M]. 上海：上海三联书店，1994.
[632] 科斯 (b). 企业的性质. 载于：论生产的制度结构 [M]. 上海：上海三联书店，1994.
[633] 科特勒·菲利普. 营销管理 [M]. 北京：中国人民大学出版社，2001.
[634] 詹姆斯·布莱恩·奎恩，利用知识、科学和技术创新最大化 [A]. 鲁迪·拉各斯，丹·霍尔特休斯，知识优势——新经济时代市场制胜之道 [M]. 北京：机械工业出版社，2002，139-164.
[635] 野中郁次郎，论知识创造的动态过程 [A]. 鲁迪·拉各斯，丹·霍尔特休斯，知识优势——新经济时代市场制胜之道 [M]. 北京：机械工业出版社，2002，66-98.
[636] 赖宏志. 网络关系对新创企业发展影响之研究——以台湾高科技公司为例 [D]. 博士学位论文，政治大学（中国台湾），2003.
[637] 李虹霖. 基于创业视角的民营企业成长规律研究 [D]. 博士学位论文，吉林大学，2006.
[638] 李华晶. 基于创业与战略融合的企业成长研究 [J]. 首都经济贸易大学学报，2004

(6)：19－25.
［639］李怀祖．管理研究方法论［M］．西安：西安交通大学出版社，2004.
［640］李惠英．关于提升中小企业营销能力的研究［D］．硕士学位论文，西南财经大学，2001.
［641］李志能．企业新创——孵化的理论与组织管理［M］．上海：复旦大学出版社，2001.
［642］林汉川，魏中奇．小企业发展与创新［M］．上海财经大学出版社，2001.
［643］林惠春．政府关系决定企业生存和发展［J］．国际公关，2005（6）：33－34.
［644］林建煌，彭庆怀．大陆行销通路合作关系、影响策略、与通路绩效关联性之研究——以汽车产业为例［A］．提升台湾执行力学术研讨会（中国台湾），2003：1－21.
［645］林景新．政府公关：在规则内平衡［J］．大经贸，2005（9）：38－39.
［646］林隆仪，李水河．关系品质在服务外包对组织绩效的影响效果之研究——以交通部暨所属机关为例［J］．台湾管理学刊，2005，5（1）：75－100.
［647］林强．基于新创企业绩效决定要素的高科技企业孵化机制研究［D］．博士学位论文，清华大学，2003.
［648］林润辉．网络组织与企业高成长［M］．天津：南开大学出版社，2004.
［649］林嵩，姜彦福．创业研究进展综述与分析［J］．管理现代化，2005（6）：22－24.
［650］林嵩，姜彦福，张帏．创业机会识别：概念、过程、影响因素和分析架构［J］．科学学与科学技术管理，2005（6）：128－132.
［651］林嵩，张帏，林强．高科技创业企业资源整合模式研究［J］．科学学与科学技术管理，2005（3）：143－147.
［652］林怡，张文杰．供应链企业间的信任问题研究［J］．铁道物资科学管理，2003，21（6）：20－21.
［653］林媛媛．论企业营销能力评价指标体系的建设［J］．商业时代，2005（35）：23－25.
［654］刘帮成，王重鸣．跨国创业导向与创新能力关系研究：基于知识的视角［J］．科学学与科学技术管理，2007（1）：90－96.
［655］刘常勇．创业管理的12堂课［M］．北京：中信出版社，2002.
［656］刘建新．顾客信任的形成机理及其营销管理研究［J］．经济问题探索，2006（2）：122－127.
［657］刘人怀，姚作为．关系质量研究述评［J］．外国经济与管理，2005，27（1）：26－33.
［658］刘新华．跨国公司构建和谐政府关系之道［J］．国际公关，2005（6）：40－42.
［659］卢福财，何炜．论中国传统关系网络对外部网络的影响［J］．当代财经，2005（2）：71－74.
［660］陆立军．科技型中小企业：环境与对策［M］．北京：中国经济出版社，2002.
［661］吕庆华．保持客户关系是关系营销的关键［J］．理论探索，2005（1）：67－68.
［662］罗宾斯·P．斯蒂芬．管理学（第7版）［M］．北京：中国人民大学出版社，2004.
［663］罗青军．基于关系网络的企业竞争优势构建研究［J］．河北经贸大学学报，2005，26（3）：62－66.

[664] 罗炜．企业合作创新理论研究［M］．上海：复旦大学出版社，2002.
[665] 罗正英．中小企业融资问题研究［M］．北京：经济科学出版社，2004.
[666] 马金书．企业网络与企业创新——一个社会资本的视角［J］．云南行政学院学报，2003（1）：108-111.
[667] 马钦海，李艺．服务企业——顾客沟通内容要素及渠道［J］．技术经济与管理研究，2005（2）：52-53.
[668] 马庆国．管理统计——数据获取、统计原理、SPSS 工具与应用研究［M］．北京：科学出版社，2002.
[669] 马歇尔．经济学原理［M］．北京：商务印书馆，1965.
[670] 孟宪昌．风险投资与高技术企业成长［M］．成都：西南财经大学出版社，2003.
[671] 莫庆云．供应商关系功能对 BtoB 关系质量的影响研究［D］．硕士学位论文，浙江大学，2005.
[672] 潘晓靖．渠道关系品质影响因素研究［D］．硕士学位论文，武汉大学，2005.
[673] 彭文平．关系型融资理论述评［J］．经济社会体制比较，2004（6）：139-141.
[674] 邱皓政．结构方程模式：LISREL 的理论、技术与应用［M］．台北：双叶书廊有限公司，2006.
[675] 曲延军．创业企业战略选择及成长模式研究［D］．硕士学位论文，清华大学，2005.
[676] 畲日新，许嘉文和陈厚铭．国际化资源联结特性、能力提升与厂商产业网络地位之关系研究［J］．台湾管理学刊（中国台湾），2003，3（2）：85-102.
[677] 司徒达贤．战略管理新论——观念构架与分析方法［M］．上海：复旦大学出版社，2003.
[678] 孙学敏．中小企业成长的实质及成长路径［J］．郑州大学学报（哲学社会科学版），2004，37（4）：66-69.
[679] 唐翌．社会网络特性对社会资本价值实现的影响［J］．经济科学，2003（3）：115-122.
[680] 陶凌云．中小企业融资能力的累积性放大模型构想［J］．上海金融学院学报，2005（6）：10-14.
[681] 陶新元，常庆欣．中小企业成长与关系融资［J］．学习与实践，2005（12）：36-38.
[682] 童牧．关系型融资研究［D］．博士学位论文，复旦大学，2004.
[683] 王桂林，庄贵军．中国营销渠道中企业间信任的概念模型［J］．当代经济科学，2004，26（1）：39-45.
[684] 王立平，张先锋，刘志迎．企业-科研机构合作创新的演化博弈分析［J］．合肥工业大学学报（自然科学版），2005，28（12）：1565-1569.
[685] 王庆喜．企业资源与竞争优势：基于浙江民营制造业企业的理论与经验研究［D］．博士学位论文，浙江大学，2005.
[686] 王铁军．中国中小企业融资 28 种模式［M］．北京：中国金融出版社，2004.
[687] 王晓飞．浙江省高技术新创企业成长模式与创业环境研究［D］．硕士学位论文，浙江工业大学，2001.

[688] 王振州．知识整合与新产品开发鸡效之研究——动态能力观点［D］．硕士学位论文，中原大学（中国台湾），2000.
[689] 王重鸣，夏霖，阳浙江．基于战略视角的创业导向研究［J］．技术经济，2006，25(8)：1－2，7.
[690] 王重鸣．心理学研究方法［M］．北京：人民教育出版社，2001.
[691] 魏江．企业技术能力论——技术创新的一个新视角［M］．北京：科学出版社，2002.
[692] 温齐默，劳伦斯·G. 北乔译．快速成长：如何获得并保持快速成长［M］．北京：经济管理出版社，2003.
[693] 邬爱其．企业网络化成长——国外企业成长研究新领域［J］．外国经济与管理，2005，27（10）：10－18.
[694] 吴思华．策略九说——策略思考的本质［M］．上海：复旦大学出版社，2002.
[695] 吴晓波，韦影，杜健．社会资本在企业开展产学研合作中的作用探析［J］．科学学研究，2004，22（6）：629－633.
[696] 项保华．战略管理——艺术与实务［M］．北京：华夏出版社，2001.
[697] 谢延浩．基于关系质量的渠道行为机理研究［D］．硕士学位论文，南京理工大学，2003.
[698] 熊伟．高新技术企业营销能力新论［M］．北京：中国经济出版社作者，2005.
[699] 薛红志．创业导向、战略模式与组织绩效关系研究［J］．经济理论与经济管理，2006，(3)：71－75.
[700] 晏文胜．创业融资的机理研究［D］．博士学位论文，武汉理工大学，2004.
[701] 杨德林，陈春宝．模仿创新自主创新与高技术企业成长［J］．中国软科学，1997（8）：107－112.
[702] 杨皎平．基于供应链系统的供需协调研究［D］．硕士学位论文，辽宁工程技术大学，2004.
[703] 杨农．战略合作经济学：网络时代的企业生存法则［M］．北京：中国财政经济出版社，2004.
[704] 杨鹏鹏，万迪昉，梁晓莉．企业家社会资本及其与企业情报竞争力关系的实证研究——以陕西小型民营科技企业为例［J］．情报杂志，2005（7）：29－31.
[705] 姚作为．关系质量的关键维度［J］．科技管理研究，2005（8）：132－137.
[706] 叶明．战略联盟：高技术企业成长的新途径［J］．东南大学学报（哲学社会科学版），2002，4（3）：106－113.
[707] 叶学锋，魏江．关于资源类型和获取方式的探讨［J］．科学学与科学技术管理，2001(9)：40－43.
[708] 伊丽莎白·切尔．企业家精神：全球化、创新与发展［M］．北京：中信出版社，2004.
[709] 余伟萍．企业持续发展之源：能力法则与策略应用［M］．北京：清华大学出版社，北京交通大学出版社，2005.
[710] 曾圣雅．新创企业的网络特质与演变［A］．全球化经营策略论坛，中国台北，2004，1－43.

[711] 张保隆，陈玮玲．提升台湾IC制造业竞争力之策略选择［J］．工业工程与管理，2004（3）：1－5.
[712] 张方华，林仁方．企业的社会资本与技术合作［J］．科研管理，2004，25（2）：31－36.
[713] 张广玲，吴文娟．关系质量评估的研究范畴、方法与展望［J］．武汉大学学报（哲学社会科学版），2005，58（6）：795－800.
[714] 张捷．结构转换期的中小企业金融研究：理论、实证与国际比较［M］．北京：经济科学出版社，2003.
[715] 张世云，薛有志．USOs研究及其对中国创业研究的启示［A］．张玉利等．创业研究与教育国际研讨会论文集［C］．天津：南开大学，2006：40－48.
[716] 张炜．中小高技术企业创业知识资本与成长绩效关系研究［D］．博士学位论文，浙江大学，2005.
[717] 张玉利，李乾文．创业导向、双元能力与组织绩效关系的实证研究［A］．张玉利等．创业研究与教育国际研讨会论文集［C］．天津：南开大学，2006.
[718] 张玉利，刘竹青．美国高成长企业的特征［J］．中国中小企业，2001（6）：58.
[719] 张玉利，徐海林．企业成长管理九讲［M］．天津：天津人民出版社，2003.
[720] 张玉利，徐海林．中小企业成长中的复杂性管理及知识显性化问题研究［J］．外国经济与管理，2002，24（3）：18－23.
[721] 张玉利，任学锋．小企业成长的管理障碍［M］．天津：天津大学出版社，2001.
[722] 张玉利．企业成长的非对称性问题［A］．中国企业成长研讨会论文集［C］．北京：对外经贸大学，2004.
[723] 赵俊平，徐畅．基于营销资源及其利用的企业市场营销能力综合评判［J］．黑龙江八一农垦大学学报，2005，17（6）：105－108.
[724] 赵鹏．不断更新自己——我国企业成长的三个关键因素［J］．经济导刊，1999（4）：42－45.
[725] 赵晓庆．企业技术学习的模式与技术能力积累途径的螺旋运动过程［D］．博士学位论文，浙江大学，2001.
[726] 赵郁文．跨国委托制造对台湾信息电子厂商营运能力之提升效果［J］．中山管理评论（中国台湾），1998，6（4）：1113－1135.
[727] 周寄中．科学技术创新管理［M］．北京：经济科学出版社，2002.
[728] 朱沆，齐娥和汪纯孝等．提高关系质量，增强客户信任感［J］．中山大学学报（社会科学版），1997（1）：1－7.
[729] 朱和平，王韬．中小型高技术企业成长因素的识别研究［J］．经济论坛，2004（23）：52－53.
[730] 朱沛．创业者的知识与创业机会对差异性产品竞争优势之影响——在原产业成长期创业之情境［D］．博士学位论文，政治大学（中国台湾）．2005.
[731] 朱文仪，黄延聪．国际策略联盟中厂商间知识移转与厂商能力发展［J］．台湾管理学刊（中国台湾），2002，2（1）：105－124.

附录1　调查问卷

尊敬的小姐/女士/先生，您好：

首先非常感谢您在百忙之中给予本研究帮助！

问卷旨在研究“企业外部网络关系对企业成长的影响”。问卷填答无所谓对错，您只需根据贵公司实际情况进行填写即可。本人以人格保证，您给的一切信息只用于本学术研究，不作任何其他用途。

谢谢！祝您事业成功、企业蒸蒸日上！

请您就以下问题对照贵企业实际情况直接在相应的数字上打“√”或作其他标记。

说明，以下表中各数字指代意义如下：

1——完全不同意；2——不同意；3——不确定；4——同意；5——完全同意

1 创业导向方面

PQ1/Q1.1.1/①我公司在过去两年内推出了很多新产品或服务	1	2	3	4	5
PQ2/Q1.1.2/我公司产品或服务组合在过去两年内变化很大	1	2	3	4	5
PQ3/Q1.1.3/我公司在过去两年内很重视产品或服务的创新	1	2	3	4	5
PQ4/Q1.2.1/在过去两年内，我公司倾向于选择投资高风险高回报的项目	1	2	3	4	5
PQ5/Q1.2.2/在过去两年内，我公司在经营战略及战术行动上表现很大胆	1	2	3	4	5
PQ6/　　　/我公司倾向于主要依靠内部积累实现成长	1	2	3	4	5
PQ7/Q1.2.3/当决策面临高不确定性时，我们非常谨慎，生怕决策失误（反）	1	2	3	4	5
PQ8/Q1.3.1/我公司常率先在市场上推出新产品或服务等	1	2	3	4	5
PQ9/Q1.3.2/我公司重视不断开发外部环境中的机会	1	2	3	4	5
PQ10/Q1.3.3/我公司通常能捷足先登，较竞争对手抢先进入新市场	1	2	3	4	5

① 每个问项前的“PQ数字”表示该问项在小规模预调研问卷中的编号，不出现在正式大规模调研问卷中；“Q数字．数字．数字”表示该问项在正式大规模调研问卷中的编号，其不出现在预调研问卷中。

2 营销能力方面

PQ11/Q2. 3/我公司促销活动效率很高	1	2	3	4	5
PQ12/Q2. 1/我公司了解顾客的需求	1	2	3	4	5
PQ13/Q2. 2/我公司能快速向市场导入新产品或服务	1	2	3	4	5
PQ14/　　/市场研究有效帮助我公司制定了营销计划	1	2	3	4	5
PQ15/ Q2. 4/营销能力成功帮助我公司参与了市场竞争	1	2	3	4	5

3 技术能力方面

PQ16/Q3. 1/我公司能创造性地整合利用各种知识与技术	1	2	3	4	5
PQ17/Q3. 2/我公司产品或服务品质很高	1	2	3	4	5
PQ18/Q3. 3/我公司能不断运用现有技术发展新技术	1	2	3	4	5
PQ19/Q3. 4/我公司能及时开发出市场所需新产品或服务	1	2	3	4	5
PQ20/Q3. 5/我公司拥有很多新产品（服务）或专利	1	2	3	4	5

4 融资能力方面

PQ21/Q4. 1/我公司外部筹资渠道多样	1	2	3	4	5
PQ22/Q4. 2/我公司能迅速自外部筹资所需资金	1	2	3	4	5
PQ23/Q4. 3/我公司外部筹资成本低	1	2	3	4	5
5 与合作伙伴之间的关系方面	1	2	3	4	5

请您结合贵公司与对贵公司有重要影响的主要供应商、经销商、外包关系厂商等存在合作关系的企业（公司）之间的互动关系填答以下问题。

PQ24/Q5. 1. 1/我公司与合作伙伴间经常进行非正式的信息交流	1	2	3	4	5
PQ25/Q5. 1. 2/合作伙伴会告诉我公司变化的项目要求	1	2	3	4	5
PQ26/Q5. 1. 3/合作伙伴会及时向我公司提供有关信息	1	2	3	4	5
PQ27/Q5. 1. 4/我公司与合作伙伴间能彼此分享对方专有信息	1	2	3	4	5
PQ28/Q5. 2. 1/合作伙伴相信我公司在决策时会兼顾他们的利益	1	2	3	4	5
PQ29/Q5. 2. 2//合作伙伴相信我公司会在他们需要时给予帮助	1	2	3	4	5
PQ30/Q5. 2. 3/合作伙伴相信我公司能信守诺言	1	2	3	4	5
PQ31/Q5. 2. 4/合作伙伴常怀疑我公司所提供信息的真实性（反）	1	2	3	4	5
PQ32/Q5. 3. 1/我公司与合作伙伴均制定有良好的合作共事规则	1	2	3	4	5
PQ33/Q5. 3. 2/我公司与合作伙伴的各项事务均有良好的日程安排	1	2	3	4	5
PQ34/Q5. 3. 3/我公司与合作伙伴各项活动均协调得很好	1	2	3	4	5
PQ35/Q5. 3. 4/来自我公司与合作伙伴的人员能正确且富有效率地共事	1	2	3	4	5
6 与顾客之间的关系方面	1	2	3	4	5

请您结合贵公司与主要顾客之间的互动关系填答以下问题。

PQ36/Q6. 1. 1/我公司常邀请顾客参加营销与计划工作	1	2	3	4	5
PQ37/Q6. 1. 2/我公司让顾客充分了解我们的产品或服务	1	2	3	4	5

PQ38/Q6.1.3/顾客会将他们的需求信息告诉我公司	1	2	3	4	5
PQ39/Q6.1.4/我公司在经营过程中常征求顾客意见	1	2	3	4	5
PQ40/Q6.2.1/顾客相信我公司不会损害他们的利益	1	2	3	4	5
PQ41/Q6.2.2/顾客认为我公司值得信任	1	2	3	4	5
PQ42/Q6.2.3/顾客认为我公司精通自己的业务	1	2	3	4	5
PQ43/Q6.2.4/顾客相信我公司能信守诺言	1	2	3	4	5
PQ44/Q6.3.1/顾客常称赞我公司的出色工作	1	2	3	4	5
PQ45/Q6.3.2/总体来说，顾客对我公司比较满意	1	2	3	4	5
PQ46/Q6.3.3/我公司常收到顾客的抱怨（反）	1	2	3	4	5
PQ47/Q6.3.4/我公司产品或服务达到了顾客的期望要求	1	2	3	4	5

7 与政府部门之间的关系方面

请你结合贵公司与对贵公司经营活动有重要影响的主要政府部门及其官员之间的互动关系填答以下问题

PQ48/Q7.1.1/政府部门会及时告诉我公司最新经济政策信息	1	2	3	4	5
PQ49/Q7.1.2/我们常邀请政府官员来我们公司指导工作	1	2	3	4	5
PQ50/Q7.1.3/政府部门会及时向我公司通报相关信息	1	2	3	4	5
PQ51/　　/政府部门常告诉我公司市场与技术等信息	1	2	3	4	5
PQ52/Q7.1.4/我公司与政府官员常进行接触与沟通	1	2	3	4	5
PQ53/Q7.2.1/政府部门常担心我公司会欺骗他们（反）	1	2	3	4	5
PQ54/　　/政府部门认为我公司具有良好发展前途	1	2	3	4	5
PQ55/ Q7.2.2/政府部门相信我公司能合法经营	1	2	3	4	5
PQ56/ Q7.2.3/政府部门相信我公司能信守诺言	1	2	3	4	5
PQ57/ Q7.2.4/政府部门认为我公司值得信任	1	2	3	4	5
PQ58/Q7.3.1/我公司严格按照政府部门的要求办事	1	2	3	4	5
PQ59/Q7.3.2/我公司去政府部门办事时气氛很不愉快（反）	1	2	3	4	5
PQ60/Q7.3.3/我公司常受到政府有关部门的表扬	1	2	3	4	5
PQ61/Q7.3.4/总体来说，政府部门对我公司比较满意	1	2	3	4	5

8 与金融机构之间的关系方面

请你结合贵公司与对贵公司经营活动有重要影响的银行、信用社及民间借贷机构等组织或个人等主要金融机构之间的互动关系填答以下问题

PQ62/Q8.1.1/我公司与金融机构均愿意互换己方重要信息	1	2	3	4	5
PQ63/Q8.1.2/我公司与金融机构之间会互相提供对对方有用的信息	1	2	3	4	5
PQ64/Q8.1.3/我公司与金融机构常进行各种非正式信息交流，而非仅限于事先的安排	1	2	3	4	5
PQ65/Q8.1.4/我公司与金融机构会互相通报可能影响对方的事件或变化等信息	1	2	3	4	5
PQ66/Q8.2.1/金融机构相信我公司能信守诺言	1	2	3	4	5
PQ67/Q8.2.2/金融机构认为我公司值得信任	1	2	3	4	5

PQ68/Q8.2.3/金融机构常担心我公司会欺骗他们（反）	1	2	3	4	5
PQ69/ /金融机构认为没有必要提防我公司	1	2	3	4	5
PQ70/Q8.2.4/金融机构相信我公司不会损害其利益	1	2	3	4	5
PQ71/Q8.3.1/当我公司遭遇批评时，金融机构会为我们进行辩护	1	2	3	4	5
PQ72/Q8.3.2/金融机构能忍受我公司给其增添的麻烦	1	2	3	4	5
PQ73/Q8.3.3/金融机构愿不遗余力地扩大与我公司的业务	1	2	3	4	5
PQ74/Q8.3.4/金融机构希望与我公司保持长期的业务关系	1	2	3	4	5
9 企业成长方面					
PQ75/Q9.1/与竞争者相比，我公司近两年内员工数增长更快	1	2	3	4	5
PQ76/Q9.2/与竞争者相比，我公司近两年内销售增长率更高	1	2	3	4	5
PQ77/Q9.3/与竞争者相比，我公司近两年内市场份额增长速度更快	1	2	3	4	5
10 企业成长外部环境方面					
PQ78/Q10.1/我公司所在行业各企业普遍成长较慢（反）	1	2	3	4	5
PQ79/Q10.2/我公司所在行业内企业间竞争激烈（反）	1	2	3	4	5
PQ80/Q10.3/我公司所处外部环境中存在大量成长机会	1	2	3	4	5

11 我公司注册日期为（ ）年（ ）月。

12 我公司成立之初员工数为（ ）人，现在员工总数约为（ ）人。

13 我公司经济类型为：（ ）（或请在相应数字上打“√”表示）

（1）个人独资企业（2）合伙企业（3）有限责任公司（4）股份有限公司

14 我公司所处行业为：（ ）（或请在相应数字上打“√”表示）

（1）IT 硬件 （2）IT 软件 （3）生物医药 （4）新材料 （5）新能源 （6）先进制造

（7）现代农业 （8）环保技术 （9）空间技术、海洋技术或核技术 （10）其他高技术行业

如以上均不符合贵公司情况，敬请您在此填写贵企业的行业名称或主要经营范围：

15 我公司所在地区为：（ ）（或请在相应数字上打“√”表示）

（1）杭州 （2）南昌 （3）苏州 （4）南京 （5）北京 （6）上海

（7）天津 （8）广州 （9）深圳 （10）武汉 （11）成都 （12）西安

16. 您在贵企业担任的职位为：（ ）（或请在相应数字上打“√”表示）

（1）所有者之一 （2）非业主的高层管理人员 （3）中层管理人员 （4）其他人员

再次衷心感谢您对本研究的大力支持，如您对本研究结果感兴趣，请在此留下您方便的联系方式，待本研究完成后，我们将及时向您反馈本研究结果。

E－mail：

详细通讯地址：

邮 编：

地 址：

收信人：

附录 2　相关模型结构方程 LISREL 程序

全部变量测量模型联合验证性因子分析模型 T 及
理论模型 A、B、C、D、E、F、G 与 H 结构方程 LISREL 程序

A	*B*	*C*	*D*	*E*	*F*	*G*	*H*	*T*	Observed Variables：
A		*C*	*D*	*E*	*F*	*G*	*H*	*T*	Q1. 1. 1 Q1. 1. 2 Q1. 1. 3 Q1. 2. 1 Q1. 2. 2 Q1. 2. 3 Q1. 3. 1 Q1. 3. 2 Q1. 3. 3 Q2. 1 Q2. 2 Q2. 3 Q2. 4 Q3. 2 Q3. 3 Q3. 4 Q3. 5 Q4. 1 Q4. 2 Q4. 3
	B	*C*	*D*	*E*	*F*	*G*	*H*	*T*	Q5. 1. 1 Q5. 1. 2 Q5. 1. 3 Q5. 1. 4 Q5. 2. 1 Q5. 2. 2 Q5. 2. 3 Q5. 2. 4 Q5. 3. 1 Q5. 3. 2 Q5. 3. 3 Q5. 3. 4 Q6. 1. 1 Q6. 1. 2 Q6. 1. 3 Q6. 1. 4 Q6. 2. 1 Q6. 2. 2 Q6. 2. 3 Q6. 2. 4 Q6. 3. 1 Q6. 3. 2 Q6. 3. 3 Q6. 3. 4 Q7. 1. 1 Q7. 1. 2 Q7. 1. 3 Q7. 1. 4 Q7. 2. 1 Q7. 2. 2 Q7. 2. 3 Q7. 2. 4 Q7. 3. 1 Q7. 3. 2 Q7. 3. 3 Q7. 3. 4 Q8. 1. 1 Q8. 1. 2 Q8. 1. 3 Q8. 1. 4 Q8. 2. 1 Q8. 2. 2 Q8. 2. 3 Q8. 2. 4 Q8. 3. 1 Q8. 3. 2 Q8. 3. 3 Q8. 3. 4
A	*B*	*C*		*E*	*F*	*G*	*H*	*T*	Q9. 1 Q9. 2 Q9. 3 Q10. 1 Q10. 2 Q10. 3 Q11 Q12
A	*B*	*C*	*D*	*E*	*F*	*G*	*H*	*T*	Covariance Matrix （此处插入各模型相关变量按上述 Observed Variables 项相关顺序排列而成的协方差下三角矩阵） **Sample Size**：276 **Latent Variables**：
A	*B*	*C*		*E*	*F*	*G*	*H*	*T*	V9
A		*C*	*D*	*E*	*F*	*G*	*H*	*T*	V1 V2 V3 V4
	B	*C*	*D*	*E*	*F*	*G*	*H*	*T*	V5 V6 V7 V8
A	*B*	*C*		*E*	*F*	*G*	*H*	*T*	V10 V11 V12
A		*C*	*D*	*E*	*F*	*G*	*H*	*T*	V1. 1 V1. 2 V1. 3
	B	*C*	*D*	*E*	*F*	*G*	*H*	*T*	V5. 1 V5. 2 V5. 3 V6. 1 V6. 2 V6. 3 V7. 1 V7. 2 V7. 3 V8. 1 V8. 2 V8. 3
A	*B*	*C*	*D*	*E*	*F*	*G*	*H*	*T*	Relationships：

续表

A	B	C	D	E	F	G	H	T	Observed Variables :
A	B	C		E	F	G	H	T	Q9. 1 = 1 * V9; Q9. 2 - Q9. 3 = V9
A		C	D	E	F	G	H	T	Q1. 1. 1 = 1 * V1. 1; Q1. 1. 2 - Q1. 1. 3 = V1. 1 Q1. 2. 1 = 1 * V1. 2; Q1. 2. 2 - Q1. 2. 3 = V1. 2 Q1. 3. 1 = 1 * V1. 3; Q1. 3. 2 - Q1. 3. 3 = V1. 3 V1. 1 = 1 * V1; V1. 2 - V1. 3 = V1 Q2. 1 = 1 * V2; Q2. 2 - Q2. 4 = V2 Q3. 2 = 1 * V3; Q3. 3 - Q3. 5 = V3 Q4. 1 = 1 * V4; Q4. 2 - Q4. 3 = V4
	B	C	D	E	F	G	H	T	Q5. 1. 1 = 1 * V5. 1; Q5. 1. 2 - Q5. 1. 4 = V5. 1 Q5. 2. 1 = 1 * V5. 2; Q5. 2. 2 - Q5. 2. 4 = V5. 2 Q5. 3. 1 = 1 * V5. 3; Q5. 3. 2 - Q5. 3. 4 = V5. 3 Q6. 1. 1 = 1 * V6. 1; Q6. 1. 2 - Q6. 1. 4 = V6. 1
	B	C	D	E	F	G	H	T	Q6. 2. 1 = 1 * V6. 2; Q6. 2. 2 - Q6. 2. 4 = V6. 2 Q6. 3. 1 = 1 * V6. 3; Q6. 3. 2 - Q6. 3. 4 = V6. 3 Q7. 1. 1 = 1 * V7. 1; Q7. 1. 2 - Q7. 1. 4 = V7. 1 Q7. 2. 1 = 1 * V7. 2; Q7. 2. 2 - Q7. 2. 4 = V7. 2 Q7. 3. 1 = 1 * V7. 3; Q7. 3. 2 - Q7. 3. 4 = V7. 3 Q8. 1. 1 = 1 * V8. 1; Q8. 1. 2 - Q8. 1. 4 = V8. 1 Q8. 2. 1 = 1 * V8. 2; Q8. 2. 2 - Q8. 2. 4 = V8. 2 Q8. 3. 1 = 1 * V8. 3; Q8. 3. 2 - Q8. 3. 4 = V8. 3 V5. 1 = 1 * V5; V5. 2 - V5. 3 = V5 V6. 1 = 1 * V6; V6. 2 - V6. 3 = V6 V7. 1 = 1 * V7; V7. 2 - V7. 3 = V7 V8. 1 = 1 * V8; V8. 2 - V8. 3 = V8
A	B	C		E	F	G	H	T	Q10. 1 = 1 * V10; Q10. 2 - Q10. 3 = V10 Q11 = 1 * V11; Q12 = 1 * V12
A	B	C	D	E	F	G	H		Paths :
A									V1 V2 V3 V4 V10 V11 V12 - > V9
	B								V5 V6 V7 V8 V10 V11 V12 - > V9
		C							V1 V2 V3 V4 V5 V6 V7 V8 V10 V11 V12 - > V9
			D						V5 - > V1 V2 V3 V4 V6 - > V1 V2 V3 V7 - > V1 V2 V4 V8 - > V1 V4

续表

A	B	C	D	E	F	G	H	T	Observed Variables :
				E					V1 V2 V3 V4 V10 V11 V12 - > V9
					F				V1 V2 V3 V10 V11 V12 - > V9
						G	H		V1 V10 V11 V12 - > V9 V2 - > V1 V9 V3 - > V1 V9
						G			V4 - > V1 V9
					F		H		V4 - > V1 V2 V3 V9
				E	F	G	H		V5 - > V1 V2 V3 V4 V9 V6 - > V1 V2 V3 V9 V7 - > V1 V2 V4 V9 V8 - > V1 V4 V9
A	B	C	D	E	F	G	H	T	Set the Error Variance of Q11 to 0 Set the Error Variance of Q12 to 0
A		C							Set the Covariance of V1 - V12 to 0
	B		D	E	F	G	H		Set the Covariance of V5 - V12 to 0
A	B	C	D	E	F	G	H	T	**Path Diagram** **LISREL Output** EF SC ND = 4 AD = 500 **End of Problem**

注：指令前的A、B、C、D、E、F、G、H或T等字样表示其所在用虚线分隔开各行内指令为对应模型所含指令，如表中模型A、B、C、E、F、G、H与T均含有“Q9.1 = 1 * V9；Q9.2 - Q9.3 = V9”指令，而模型D则不含该指令。其余类推。

致 谢

本项目在研究中得到了浙江大学宝贡敏教授的悉心指导与俞秀金老师的关心与鼓励。

在此出版之际，我还非常感谢黄新建教授、张旭教授、张玉利教授、郝志敏老师、徐兴华老师、贾生华教授、项保华教授、李超英老师、徐民老师、吴江海老师、秦晓渤老师、张亚芬老师、邓宏胜老师、温肇东教授、张苙云教授、赖宏志博士、简俊成博士、熊欣华博士、刘昭麟博士、黄芳铭博士、周子敬博士、林尊先生、魏跃建先生、范友峰先生、程华教授、董进才教授、申恩平教授、季晓芬教授、周晓东教授、王庆喜、田野、周明建、谢凤华、皮永华、杨志蓉、杨静、鞠芳辉、王立生、徐碧祥、史江涛、赵鑫、赵卓嘉、谢益辉、张剑生、雷富林、章茂山、李向阳、饶汉生、王妍、舒驰、刘璐琳、熊南京、寇福明、郝亚民、邵晓秋、辛文、徐为明、陈咸奖、董旗、邹绍平、杨林、方萃浩、江青虎、邓政康、罗四芽、钟海州、邓婷、陶表益、曾波、葛苗、邱建松、施瑞龙、杨卫华、马芳、王迎春、苗文斌、马刚、韦小柯、饶荣建、王龙凑、周辉龙、曾红梅、余树林、阮强、李德绍、付江涛、弓美霞、陆小丽、何雄明、李建生、黄建波、徐国琳、张天灵、吴献彩、王群、吴翔、傅志强等老师、同学与朋友以及我的学生郭秀娟、杨福、杨梦皎、丰嘉强、喻静娴、王沁莹、金慧、何平与刘乐乐等人。他们或直接支持了本项目的调研，或指导了本项目的研究思路，或指导了本研究的数据分析，或为本研究提供了重要的参考资料，或为我创造了良好的学习条件，或给予了我重要的精神与物质支持，或帮忙进行了文稿校对等。

此外，我的父母、妻女与兄弟姐妹等家人都给予了我许多精神与物质上的支持。

在此，本人一并向他们致谢！

余红剑

2017 年 3 月于中国杭州